青年机车乘务员三年制培养教材

青年机车乘务员岗位技能学习鉴定考评手册

——六步七十八关鉴定法

中国铁路兰州局集团有限公司　编

中国铁道出版社有限公司

2025年·北　京

内 容 简 介

本书为"青年机车乘务员三年制培养教材"之一。全书分为基本知识、作业标准、模拟演练、应急处置、列车操纵和安全底线六步共七十八关，主要包括机车各部件检查、故障应急处置、《铁路技术管理规程》条款导读、《机车乘务员一次乘务作业程序标准》、呼唤应答标准、列车平稳操纵以及涉及行车安全的规章制度等内容。

本书可作为电力机车和内燃机车新职司机岗位作业能力和安全行车基本功鉴定以及素质提升用书，也可作为晋升机车司机鉴定、提职机车副司机理论实作考试培训学习资料。

本书内容如有不符最新规章标准之处，以最新规章标准为准。

图书在版编目(CIP)数据

青年机车乘务员岗位技能学习鉴定考评手册：六步七十八关鉴定法/中国铁路兰州局集团有限公司编. —北京：中国铁道出版社有限公司，2023.5(2025.11 重印)
青年机车乘务员三年制培养教材
ISBN 978-7-113-30023-4

Ⅰ.①青… Ⅱ.①中… Ⅲ.①机车-乘务人员-技术培训-教材 Ⅳ.①U268

中国国家版本馆 CIP 数据核字(2023)第 041977 号

书　　名：**青年机车乘务员岗位技能学习鉴定考评手册——六步七十八关鉴定法**
作　　者：中国铁路兰州局集团有限公司

责任编辑：王晓阳　　**编辑部电话**：(010) 51873421　　**电子邮箱**：jiche@tdpress.com
封面设计：高博越
责任校对：刘　畅
责任印制：高春晓

出版发行：中国铁道出版社有限公司（100054，北京市西城区右安门西街 8 号）
网　　址：https://www.tdpress.com
印　　刷：北京盛通印刷股份有限公司
版　　次：2023 年 5 月第 1 版　2025 年 11 月第 2 次印刷
开　　本：787 mm×1 092 mm 1/16　**印张**：18.75　**字数**：377 千
书　　号：ISBN 978-7-113-30023-4
定　　价：85.00 元

编 委 会

前　言

中国国家铁路集团有限公司提出了中国铁路“三个世界领先、三个进一步提升”的奋斗目标，吹响了“交通强国、铁路先行”、率先实现现代化的进军号角，机务系统作为勇当交通强国、铁路先行的“火车头”，离不开机车乘务员队伍的现代化管理，机车乘务员是铁路行车工种的关键岗位，是铁路运输生产的“排头兵”，是保障运输安全的“第一岗位”。随着新建线路的开通运营，铁路运输能力的不断提高，以及列车开行对数的不断增加，大量高校毕业生等新职人员被安排到机车乘务员岗位，机车乘务员队伍呈现出年轻化的态势，队伍结构、技术业务素质不能与铁路快速发展相适应。如何科学合理地设计年轻机车乘务员培养规划和方案，全面提升年轻机车乘务员学业务、强素质、练本领的积极性和主动性，培养出一支与我国铁路在世界领先地位相称的机车乘务员队伍，已成为机务系统亟待攻关的课题。

在充分调研的基础上，结合机车乘务员培养周期，中国铁路兰州局集团公司机务部会同集团公司工会、团委、劳卫部、职培部、宣传部和各机务段共同制定了《兰州局集团公司青年机车乘务员三年制培养实施办法》(以下简称《办法》)，本《办法》紧扣“强基达标、提质增效”工作主题，创造性地将青年机车乘务员分成副司机一年级、二年级、三年级和司机一年级、二年级、三年级，按照不同学年、不同年级，采取学分、学时制进行系统化、规范化、制度化培训培养，努力打造一支有理想守信念、讲政治顾大局、懂技术会创新、敢担当讲奉献的机务铁军。

为系统、全面地推进青年机车乘务员三年制培养工程，帮助青年机车乘务员及培训管理人员了解掌握本专业及相关专业知识，丰富知识结构，提升业务水平，机务系统组织各机务段技术人员、相关专业人员编制了青年机车乘务员三年制培养教材，包括司机专业理论知识、副司机专业理论知识、机车乘务员相关知识、行车安全装备基础知识、青年机车乘务员岗位技能学习鉴定考评手册——六步七十八关鉴定法五大类5本教材，对学员到司机、高级工到技师过程所需所学内容进行了梳理归纳。本系列教材力求做到重点突出、简明扼要、通俗易懂，是青年机车乘务员日常培训教材，亦可作为轮轨司乘人员教学用书。

本书由兰州局集团公司何鹏总策划，李照安、王永录、高永旺、李喆主编，王建功、马国忠、赵虎雄、何风宇主审，参与编写的人员有：吕生堃、张在海、王彦、彭德民、苏亚伟、桑艺。

本系列教材得到了铁路局集团公司领导、职培部等部门的大力支持，由于编者认知能力有限，编写中难免有疏漏和不足之处，恳请读者在使用过程中加以谅解，积极向编者提供宝贵意见，促使本系列教材进一步完善和提升。

编委会

2022 年 10月

目　录

第一章　基本知识(第一步,10关)

第一节　机车检查与试验

一、机车检查

(一)机车检查准备工作规则

1. 着装规定:应穿规定的工作服、戴工作帽、劳保绝缘鞋。

2. 工具:手电筒、笔、记活本、棉丝、检车锤。

3. 防护设置:打上止轮器、设置禁动牌。

4. 作业前准备:机车空气制动阀制动位,机车空气制动阀挂上禁动牌,蓄电池电源断开。

5. 机车整备作业时的检查应由司机、副司机配合进行,学习司机在司机进行制动机机能试验时,确认撒砂、制动机制动缓解作用是否良好。

示例:

选手:报告考委,×××段现职副司机×××前来参加×××年×季提职司机实作机车检查考试,请指示。

考委:安全准备工作。

选手:是。

机车应停于有地沟的平直线路上,大闸、小闸均在运转位,停放制动缓解位,机车二、五(七)动轮打止轮器,防止机车溜逸。机车前后1.5 m处各放一块渡板,来车方向20 m处设防护牌,打开隔离开关,挂好接地线;机车总风缸压力应在700 kPa以上,蓄电池闸刀置于断开位,各自动开关全部向上闭合位,各塞门位置正确;单阀、自阀缓解,司机室放置禁动牌。

考委:准备工作。

选手:是。

检车锤一把,头重0.25 kg,长125 mm,把长470 mm(略长于小臂);手电筒一把,聚光明亮;棉丝少许。

(二)机车检查作业规则

1. 循序检查,由上至下、由里到外、从左到右。

2. 检查方法：手动、鼻嗅、目视、测试量塞。

3. 各种电机盖、蓄电池组箱盖未打开的内部不须检查，只检查外部状态[除规定打开的盖外，其他防护盖(罩)检查完后须恢复原状]。

4. 机车检查须按规定的检查方法进行，发现假设故障处所后严禁处理或恢复。

5. 检查假设故障处所需目视确认的严禁手动确认。

6. 机车检查每走一步必检一处，不得走空步，只允许前进不允许后退。

7. 身体相对位置发生变化时，两条腿位置向后移动视为后退。

8. 机车检查发现视为故障的部件或处所时应向考委呼唤报告故障部件名称及处所，报告正确时考委应回复“假设”并按规定下发对应故障的活牌，如果报告三次裁判员未回复“假设”视为无效。

(三)作业时间分配规则

1. 准备工作不在检查作业时间内，不计时间。

2. 检查报活填写时间 10 min 不在检查作业时间内，另计时。

3. 内燃机车实作检查作业时间 30 min。顺序分配如下：

(1)机车一个前端部作业时间 3 min；

(2)下部一侧二分之一走行部作业时间 10 min；

(3)机车下部车底地沟一个转向架作业时间 5 min；

(4)机车上部司机室、机械间一侧作业时间 7 min；

(5)基本处理操作作业时间 5 min。

4. 电力机车实作检查作业时间 25 min。顺序分配如下：

(1)机车一个前端部作业时间 3 min；

(2)下部一侧二分之一走行部作业时间 10 min；

(3)机车下部车底地沟一个转向架作业时间 3 min；

(4)机车上部司机室、机械间一侧作业时间 4 min；

(5)基本处理操作作业时间 5 min。

(四)作业时间考核规则

1. 机车检查作业原则上不允许超时检查，如需超时检查必须由考生提出申请，然后根据实际超出时间按规定考核。

2. 机车每项检查作业时间不许超过 5 min(不含 5 min)，每项超时到达规定时间须终止此项检查作业，按序进行下一项作业。每项合计超时到达规定时间须终止检查作业。

3. 检查作业时间采取提醒方式，由考委控制，每项检查距规定的作业项剩余时间 2 min 时提醒一次，到点时须再次提醒。

(五)设活标识设置规则

1. 白色线为裂纹,长度不超过 30 mm。

2. 白色空心圈为剥离,直径不超过 40 mm。

3. 白色空心圈在橡胶部件上为老化,直径不超过 15 mm。

4. 白色实心圈为擦伤,直径不超过 20 mm。

5. 三道及以上白色平行线为部件表面拉伤,长度不超过 30 mm。

6. 红色标记为烧损,长度不超过 30 mm。

7. 润滑及摩擦部件表面,黑、灰、干为欠油。

8. 多个白色空心圈在油表表面上为油质乳化,直径不超过 0.2 mm。

9. 白色线在油表表面上为显示油位,长度须与油表(直径)表面宽度相同,否则为裂纹。

(六)机车检查方法

机车检查方法主要分为锤检法、手检法、目视法、鼻嗅法、测量法、测试法等。机车乘务员日常检查方法要求如下:

1. 锤检法:锤击是靠检车锤敲击零部件时发出音响及手握锤柄的振动感觉来判断螺栓的紧固程度或部件是否发生断裂。锤击适用于 14 mm 以上的各紧固螺栓、弹簧装置以及适宜用锤击判别的容易发生断裂的部件。使用锤击检查时应根据螺栓的大小,部件的状态和位置,用力适当,掌握好“轻重缓急”,不可用力过大,以免损伤部件。不准锤击带有压力的管接头以及摩擦工作面和光洁度较高的部件,14 mm 及其以下的螺栓、螺钉禁止锤击。锤触主要适用于一些较细的管子和卡子,以及一些脆弱部件,也适用于 14 mm 及其以下的螺栓、螺钉,视其是否松缓或裂损。锤撬是用锤柄或锤尖拨动、撬动一些零部件的跳动量、横动量及间隙等。

2. 手检法:对不适宜锤检的部件应用手动检查。手动包括晃、拍、握、拧,适用于较细小的螺钉、管接头、各种阀门及仪表、电器等。采用“晃动看安装、手拧看松漏”的方法,检查是否有松缓、泄漏、安装不牢固等现象,判断各油管路、风管路阀门开闭位置是否正确。手触主要适用于检查有关部件的温度、管路的振动等。手触时应先用手背感觉温度,再用手指判断温度,避免烫伤及碰伤。温度判别方法见表 1-1。

表 1-1　温度判别方法

热别	相应的温度	判别方法
平热	40 ℃上下	能长时间手触
微热	70 ℃上下	手触能持续 3 s
强热	90 ℃上下	不能手触
激热	近 150 ℃	变色
烧热	150 ℃以上	生烟

3. 目视法：检查范围包括各仪表指针的位置、检验日期，油管路的泄漏，各油水位、油质的确认，机车零部件的变形、裂纹、丢失、脱落、歪斜、折损、擦伤、剥离、堵塞、泄漏、卡滞、磨耗、缺油、拉伤、发热、火花、变色程度，砂储量、工具、备品、消防器材。

4. 鼻嗅法：根据气味判断部件及电器装置发热、烧损等。

(七)机车检查检查考试流程

1. 待考：按规定时间准时到指定地点候考。

2. 考试出场：听从主考指示出场，出场时需带齐规定的检查作业工具用品。

3. 进场：按指定进场路线行走进场，进场后首先摆放检查作业工具用品。

4. 摆放工具：进场后检查作业工具用品摆放在指定的工具台面上。

5. 检录报到：检查作业工具用品摆放完后即刻向主考报到，听取安排。

6. 向考委报到：根据主考安排向考委报到，听取指示做好作业检查前准备工作。

7. 安全防护：首先进行机车下部然后再进行机车上部安全防护设置检查(如设置完成只作检查确认)。

8. 检查工具用品：机车检查作业开始前须对机车检查所使用的检查工具用品状况进行检查。

9. 检查作业：向考委请示开始检查作业，根据考委指示按检查线路进行机车检查。

10. 检查作业完成：机车检查作业完成后，向考委说明。根据考委指示在指定地点进行机车检查报活填票。

11. 交报活票：报活填票须在规定时间内完成，完成后将活票和活牌一同交到主考处。

12. 收拾工具：交报活票后，收拾清点检查作业所携带的工具用品准备退场。

13. 按指示退场：听从考委指示，按规定线路退场。

(八)HXD1C 型电力机车检查作业程序

检查部位	检查项目	检查内容及要求	方法
一、Ⅱ端前部	1. Ⅱ端前上部	(1)头灯、前窗玻璃无破损，表面清洁，刷雨器外观完整，位置正确； (2)重联插座安装牢固无破损、锁闭装置良好，内部插孔无放电灼痕、密封良好； (3)辅照灯、标志灯玻璃无破损，表面清洁，安装螺栓齐全紧固无松动； (4)标志、标牌齐全，机车型号清晰完整，空调滤风网安装螺栓齐全紧固，滤风网无破损，无异物堵塞	目视 手检
	2. Ⅱ端前部左侧	(1)平均管、总风管无破损变形，安装卡子齐全，螺栓紧固，折角塞门状态良好，管接头无泄漏； (2)各软管无老化破损、无龟裂，水压试验标记不超过 3 个月，风管连接器无破损，胶圈无老化丢失，平均管、总风管连接器口面与地面应垂直，各风管挂管卡座无开焊破损； (3)左侧引导脚踏、扶手无开焊裂损； (4)左排障器、排障板外观完整无破损变形，排障板安装螺栓齐全紧固，距轨面高度 100～120 mm	目视 手检 锤检

续上表

检查部位	检查项目	检查内容及要求	方法
一、Ⅱ端前部	3. Ⅱ端车钩	(1)钩提杆无变形,提杆座无开焊,安装螺栓齐全紧固无松动,防跳凸台无变形裂纹,与下锁销装置连接稳固,钩提杆作用灵活无卡劲; (2)前从板、从板座无破损变形,钩尾框无破损裂纹,车钩支撑架无开焊裂纹,垫板、调整垫板完整无损,安装螺栓齐全紧固; (3)钩尾销完整无破损,钩尾销螺栓齐全紧固,开口销开度(60°)符合要求; (4)车钩冲击座安装螺栓齐全紧固,无开焊变形,车钩钩肩距冲击座距离大于90 mm; (5)车钩吊杆、均衡梁无弯曲变形,无破损裂纹,调整板齐全,摩擦板油润良好,防落安全吊索安装牢固,无断股破损; (6)钩头摆动灵活,钩体各部无裂纹,防跳销锁闭作用良好; (7)钩舌销无折损,开口销开度符合要求,钩舌销径向间隙(1~5 mm)符合规定; (8)钩舌无裂纹,钩舌与锁铁磨动部润滑良好,钩舌尾部与锁铁间隙小于7 mm,接触面高度不少于40 mm,钩舌与钩耳上、下间隙(8~10 mm)符合规定;	目视 手检 锤检
		(9)下锁销装置无变形破损,销轴连接稳固,油润良好; (10)车钩中心线距轨面高度(815~890 mm)符合规定,两车钩连接后中心线水平差不超过75 mm; (11)车钩三态试验作用灵活无卡劲,全开位220~250 mm。推动钩舌转动灵活,锁闭位110~130 mm	目视 手检
	4. Ⅱ端前部右侧	(1)均衡管、总风管、列车管无破损变形,安装卡子齐全,螺栓紧固,折角塞门状态良好,管接头无泄漏; (2)各软管无老化破损、龟裂,水压试验标记不超过3个月,各风管连接器无破损,胶圈无老化丢失; (3)均衡管、总风管连接器口面与地面应垂直,列车管软管与机车中心垂线夹角应为45°,各风管挂管卡座无开焊破损; (4)列车管排风试验作用良好; (5)右侧引导脚踏、扶手无开焊裂损; (6)右排障器、排障板外观完整无破损变形,排障板安装螺栓齐全紧固,距轨面高度110~120 mm	目视 手检 锤检
二、走行部右侧	1. 车体右侧外观	(1)车体右侧面无变形、倾斜,表面清洁,无膨出凹入; (2)司机室侧窗玻璃表面清洁无破损,后视镜安装牢固,无破损变形; (3)机车型号、所属局段标志清晰,救援吊座盖板完整,安装螺栓齐全紧固,标记清晰; (4)司机室门完整无损,手把杆安装牢固无变形,脚踏板无开焊裂纹,车门联动式门锁锁闭良好	目视 手检
	2. Ⅱ端右侧排障器内部	(1)车体Ⅱ端牵引梁各部无开焊裂纹,总风管、平均管、列车管无破损变形,安装卡子齐全,螺栓紧固,各截断塞门位置(全部在开放位)正确,接头无漏风; (2)车体牵引座无开焊裂纹,法兰组件安装螺栓齐全紧固,橡胶关节无老化、龟裂; (3)牵引杆Ⅱ各部无开焊裂纹,无破损变形,防落装置螺栓齐全紧固,防落安全吊座无开焊裂纹,穿销齐全,开口销开度正确,安全钢丝绳无破损断股; (4)排障器安装座无开焊裂纹,排障器筋板无开焊裂纹,安装螺栓齐全紧固,排障器吊挂联板无破损变形,穿销、开口销齐全完整,开口销开度正确; (5)机车信号感应器安装支架无开焊裂纹,安装螺栓齐全紧固,感应器外观完整无破损,接线接头安装紧固,接线卡子齐全,螺栓紧固,与车体无接磨; (6)车体中央纵梁无开焊裂纹,抗蛇行横向油压减振器上、下安装座无开焊裂纹,安装螺栓齐全紧固,油压减振器外观完整,位置正确无漏油; (7)转向架前端梁无开焊裂纹,各风管支架无断裂,风管无破损变形,卡子齐全,螺栓紧固;	目视 手检 锤检

续上表

检查部位	检查项目	检查内容及要求	方法
二、走行部右侧	2. Ⅱ端右侧排障器内部	(8)牵引连杆组件上、下吊座无开焊裂纹，牵引连杆组件无破损变形，橡胶关节无老化，关节头无断裂，安装螺栓齐全紧固； (9)安全钢丝绳上、下吊座无开焊裂纹，穿销、开口销齐全，开口销开度符合要求，安全钢丝绳无破损断股； (10)牵引杆Ⅰ无开焊裂纹，无破损变形，牵引销轴连接器油堵齐全，牵引销轴卡位置正确，螺栓紧固，牵引销轴滑环、滑套油润良好，无透锈； (11)右四扫石器支架无开焊裂纹，无破损变形，安装螺栓及螺栓套管齐全紧固无松动，扫石器铝板无变形破损，下端面距轨面高度不小于 75 mm； (12)扫石器橡胶装配钢板完整，安装螺栓齐全紧固，橡胶板完整无破损，无老化变形，橡胶板下端面距轨面高度为 30～35 mm，安装位置正确； (13)右六动轮弹簧储能制动器外观完整无破损裂痕，安装螺栓齐全紧固，制动缸防尘罩无老化、破损，制动缸排气螺栓紧固，防尘帽无老化、丢失； (14)制动杆各部无破损裂痕，轴位螺栓齐全紧固无松动； (15)制动缸、储能器风管无老化破损，风管接头紧固无泄漏，安装卡子齐全紧固，与车体无接磨； (16)储能器外观完整无破损裂痕，安装螺栓齐全紧固，铅封良好无丢失，紧急缓解装置拉环无丢失，作用良好	目视 手检 锤检
	3. 右四砂箱	(1)右六动轮弹簧储能制动器制动拉杆吊座无开焊裂纹，安装螺栓齐全紧固，橡胶关节无老化，关节头无断裂； (2)制动拉杆各部无破损裂痕，柱螺栓无弯曲变形，螺母齐全紧固，制动杆各部无破损裂痕，闸片托架吊耳座无开焊裂纹，吊耳上、下柱螺栓及防松螺母齐全紧固，吊耳无破损裂痕； (3)闸片托架各部无破损裂痕，锁栓锁闭良好，制动闸片无断裂破损，闸片厚度(原型 24 mm，到限 5 mm)符合规定，闸片与摩擦环间隙(单侧 1～2 mm，双侧 2～4 mm)符合规定，制动、缓解作用良好； (4)右四砂箱安装座无开焊裂纹，安装螺栓及螺栓套管齐全紧固无松动，砂箱箱体外观完整无变形，无开焊裂纹，脚踏板无开焊裂纹，防滑包裹无破损，砂箱盖无破损变形，砂量充足，砂质干燥无异物，砂箱盖锁闭严密； (5)撒砂器安装螺栓齐全紧固，电源接线无老化破损，接线支架无开焊裂纹，接线安装稳固，风管、下砂胶管无老化破损，卡箍对齐全，安装稳固无松脱，风管接头无泄漏； (6)撒砂马蹄胶管无老化破损，管夹紧固，管口与轨面平行，无偏斜，距轨面高度 35～55 mm，与车轮踏面间距 61 mm，撒砂试验砂管畅通，下砂量(0.5～1.6 L/min)符合要求，落砂位置正确； (7)轮轨润滑储脂罐安装螺栓齐全牢固，开口销齐全，开度符合要求，注油口密封良好无漏油，软管无破损老化，与车体无接磨，软管卡子安装紧固，轮缘喷油器支架无开焊裂纹，安装螺栓齐全紧固，喷油嘴位置正确	目视 手检 锤检
	4. 右六动轮	(1)转向架侧梁无开焊裂纹，摇头止挡座无裂纹变形，摇头止挡安装牢固，调整垫无破损，止挡与止挡座间隙(120 mm)符合要求； (2)车体整体起吊座无开焊裂纹，转向架整体起吊座无开焊裂纹； (3)一系垂向油压减振器上、下安装座无开焊裂纹，安装螺栓齐全紧固无松动，橡胶关节无老化破损，关节头无断裂，油压减振器无破损漏油； (4)轴箱止挡座无开焊裂纹，轴箱止挡无碰撞变形，间隙符合要求； (5)第六轴前、后一系弹簧上、下安装座无破损裂纹，前、后一系弹簧无断裂变形，无伤痕，弹簧垫、调整垫无破损，橡胶垫无老化龟裂； (6)轴箱拉杆座无开焊裂纹，轴箱拉杆安装螺栓齐全紧固无松动，轴箱拉杆无裂损变形，球形橡胶关节无老化破损，关节头无断裂； (7)轴箱各部无裂纹，轴箱端盖安装螺栓齐全紧固，轴箱温度无过热，轴箱温度贴片无变色，轴头接地线安装紧固，接线套管无老化破损，接线支架无开焊裂纹，接线卡子齐全紧固；	目视 手检 锤检

续上表

检查部位	检查项目	检查内容及要求	方法
二、走行部右侧	4. 右六动轮	(8)右六动轮轮辋、辐板、轮毂无裂纹,制动盘安装螺栓齐全紧固无松动,制动盘散热肋片间隙无异物堵塞; (9)制动盘外摩擦环表面清洁无污损、无裂纹(热裂纹长度不超过 100 mm,穿透性裂纹长度不超过 80 mm,不允许出现从内径贯穿到外径以及贯穿到散热肋片的穿透裂纹,浅散状细微龟裂允许存在),无灼烧痕迹和碎片,单个碎片面积不超过 1 cm^2,总碎片面积不超过 5 cm^2,刮痕深度不超过 1.5 mm,凹面深度不超过 2 mm	目视 手检 锤检
	5. 第六、五轴中间右侧	(1)第六电机母线外观完整无损,定位卡子及螺栓齐全紧固,位置正确,第六电机机壳无破损裂痕,机壳接地线无破损断股,安装螺栓齐全紧固通风筒无破损变形,电机端盖安装螺栓齐全紧固,电机出风网无异物堵塞; (2)齿轮箱箱体无变形裂损,齿轮箱与电机合口安装螺栓齐全紧固,齿轮箱上、下合口螺栓齐全紧固,密封良好无漏油; (3)第六电机悬挂装置吊座无开焊裂纹,电机吊杆完整无损,安装螺栓及高压安全垫齐全紧固,开口销开度符合要求,橡胶关节无老化破损,关节头无断裂; (4)防落块表面清洁无腐蚀,销轴、垫片完好无损,开口销开度符合要求,防落块与电机防落槽上、下间隙不小于 2 mm; (5)转向架牵引梁各部无开焊裂纹,牵引座无开焊裂纹,橡胶关节无老化破损,表面清洁无油污; (6)牵引杆Ⅰ各部无开焊裂纹,无破损变形,位置正确,防落安全吊座无开焊裂纹,穿销齐全,开口销开度正确,安全钢丝绳无破损断股; (7)右五动轮单元制动器制动拉杆吊座无开焊裂纹,安装螺栓齐全紧固,橡胶关节无老化,关节头无断裂,制动拉杆无破损裂痕,柱螺栓无弯曲变形,螺母齐全紧固; (8)单元制动器外观完整无破损裂痕,安装螺栓齐全紧固,制动缸防尘罩无老化破损,制动缸排气螺栓无松动,防尘帽无老化丢失; (9)制动缸风管无老化破损,风管接头紧固无泄漏,安装卡子齐全紧固,与车体无接磨; (10)制动杆各部无破损裂痕,轴位螺栓齐全紧固无松动; (11)闸片托架吊耳座无开焊裂纹,吊耳上、下柱螺栓及防松螺母齐全紧固,吊耳无破损裂痕; (12)闸片托架各部无破损裂痕,锁栓锁闭良好,制动闸片无断裂破损,闸片厚度(原型 24 mm,到限 5 mm)符合规定,闸片与摩擦环间隙(单侧 1～2 mm,双侧 2～4 mm)符合规定,制动、缓解作用良好; (13)垂向止挡座无开焊裂纹、无变形破损,垂向止挡安装螺栓齐全紧固无松动,漆封标记清晰,垂向止挡尼龙垫、调整垫完整无损,垂向止挡与垂向止挡座间隙(35 mm)符合规定; (14)二系油压减振器上、下安装座无开焊裂纹,安装螺栓齐全紧固无松动,橡胶关节无老化破损,关节头无断裂,油压减振器无破损漏油; (15)轴箱拉杆座无开焊裂纹,前、后轴箱拉杆安装螺栓齐全紧固无松动,轴箱拉杆无裂损变形,球形橡胶关节无老化破损,关节头无断裂; (16)右六、右五动轮轮缘厚度(原型 34 mm)、高度(原型 27～28 mm)符合要求,轮缘无碾堆,踏面擦伤深度不超过 0.7 mm,磨耗深度不超过 7 mm,踏面无缺陷(缺陷、剥离深度不超过 1 mm,长度不超过 40 mm)	目视 手检 锤检
	6. 右五动轮	(1)二系弹簧组安装座无开焊裂纹,二系各弹簧无断裂变形,无破损伤痕,安装牢固,位置正确,二系各弹簧的弹簧垫、调整垫、完整无损,橡胶垫无老化破损; (2)横向止挡座无开焊裂纹,横向止挡安装螺栓齐全紧固,横向止挡尼龙橡胶组件无老化破损,调整垫齐全完整,横向止挡与横向止挡座间隙(自由间隙 35 mm,弹性间隙 5 mm)符合规定; (3)架车底座无开焊裂纹,标记清晰,转向架制造铭牌完整清晰,粘贴牢固,中间轴起吊座无开焊裂纹,中间轴起吊架外观完整无变形,安装螺栓齐全紧固;	目视 手检 锤检

续上表

检查部位	检查项目	检查内容及要求	方法
二、走行部右侧	6. 右五动轮	(4)轴箱止挡座无开焊裂纹,轴箱止挡无碰撞变形,间隙符合要求; (5)第五轴前、后一系弹簧上、下安装座无破损裂纹,前、后一系弹簧无断裂变形,无伤痕,弹簧垫、调整垫无破损,橡胶垫无老化龟裂; (6)轴箱拉杆座无开焊裂纹,轴箱拉杆安装螺栓齐全紧固无松动,轴箱拉杆无裂损变形,球形橡胶关节无老化破损,关节头无断裂; (7)轴箱各部无裂纹,轴箱端盖安装螺栓齐全紧固,轴箱温度无过热,轴头接地线安装紧固,接线无老化破损,接线支架无开焊裂纹,接线卡子齐全紧固; (8)右五动轮轮辋、辐板、轮毂无裂纹,制动盘安装螺栓齐全紧固无松动,制动盘散热肋片间隙无异物堵塞; (9)制动盘外摩擦环表面清洁无污损、无裂纹(热裂纹长度不超过 100 mm,穿透性裂纹长度不超过 80 mm,不允许出现从内径贯穿到外径以及贯穿到散热肋片的穿透裂纹,浅散状细微龟裂允许存在),无灼烧痕迹和碎片,单个碎片面积不超过 1 cm^2,总碎片面积不超过 5 cm^2,刮痕深度不超过 1.5 mm,凹面深度不超过 2 mm	目视 手检 锤检
	7. 第五、四轴中间右侧	(1)第六电机、第五电机母线外观完整无损,定位卡子及螺栓齐全紧固,位置正确,第五电机机壳无破损裂痕,机壳接地线无破损断股,安装螺栓齐全紧固,通风筒无破损变形,电机端盖安装螺栓齐全紧固,电机出风网无异物堵塞; (2)齿轮箱箱体无变形裂损,齿轮箱与电机合口安装螺栓齐全紧固,齿轮箱上、下合口螺栓齐全紧固,密封良好无漏油; (3)中间横梁各部无开焊裂纹,第五电机悬挂装置吊座无开焊裂纹,电机吊杆完整无损,安装螺栓及高压安全垫齐全紧固,开口销开度符合要求,橡胶关节无老化破损,关节头无断裂; (4)防落块表面清洁无腐蚀,销轴、垫片完好无损,开口销开度符合要求,防落块与电机防落槽上、下间隙不小于 2 mm; (5)右四动轮弹簧储能制动器制动拉杆吊座无开焊裂纹,安装螺栓齐全紧固,橡胶关节无老化,关节头无断裂,制动拉杆无破损裂痕,柱螺栓无弯曲变形,螺母齐全紧固; (6)弹簧储能制动器外观完整无破损裂痕,安装螺栓齐全紧固,制动缸防尘罩无老化破损,制动缸排气螺栓紧固,防尘帽无老化丢失; (7)制动缸、储能器风管无老化破损,风管接头紧固无泄漏,安装卡子齐全紧固,与车体无接磨; (8)储能器外观完整无破损裂痕,安装螺栓齐全紧固,铅封良好无丢失,紧急缓解装置拉环无丢失,作用良好; (9)制动杆各部无破损裂痕,轴位螺栓齐全紧固无松动; (10)闸片托架吊耳座无开焊裂纹,吊耳上、下柱螺栓及防松螺母齐全紧固,吊耳无破损裂痕; (11)闸片托架各部无破损裂痕,锁栓锁闭良好,制动闸片无断裂破损,闸片厚度(原型 24 mm,到限 5 mm)符合规定,闸片与摩擦环间隙(单侧 1～2 mm,双侧 2～4 mm)符合规定,制动、缓解作用良好; (12)车体底架地板电缆、管路安装座安装螺栓齐全紧固,密封良好,电缆、管路连接良好; (13)架车底座无开焊裂纹,标记清晰,救援吊座盖板完整,安装螺栓齐全紧固,标记清晰; (14)制动指示器安装支架无开焊裂纹,安装螺栓齐全紧固无松动,各风管无变形破损,风管接头安装紧固无泄漏,制动指示器显示正确; (15)轴箱拉杆座无开焊裂纹,轴箱拉杆安装螺栓齐全紧固无松动,轴箱拉杆无裂损变形,球形橡胶关节无老化破损,关节头无断裂; (16)自动过分相装置安装架无开焊裂纹,安装螺栓齐全紧固,自动过分相车载感应器外观完整无破损,车载感应器底面距轨面高度 110～120 mm,接线及套管无破损,接头安装紧固无松脱,接线卡子齐全紧固;	目视 手检 锤检

续上表

检查部位	检查项目	检查内容及要求	方法
	7. 第五、四轴中间右侧	(17)右五、右四动轮轮缘厚度(原型 34 mm)、高度(原型 27～28 mm)符合要求,轮缘无碾堆,踏面擦伤深度不超过 0.7 mm,磨耗深度不超过 7 mm,踏面无缺陷(缺陷、剥离深度不超过 1 mm,长度不超过 40 mm)	目视 手检 锤检
	8. 右四动轮	(1)摇头止挡座无裂纹变形,摇头止挡安装牢固,调整垫无破损,止挡与止挡座间隙(120 mm)符合要求; (2)转向架侧梁无开焊裂纹,转向架整体起吊座无开焊裂纹,车体整体起吊座无开焊裂纹; (3)一系垂向油压减振器上、下安装座无开焊裂纹,安装螺栓齐全紧固无松动,橡胶关节无老化破损,关节头无断裂,油压减振器无破损漏油; (4)轴箱止挡座无开焊裂纹,轴箱止挡无碰撞变形,间隙符合要求; (5)第四轴前、后一系弹簧上、下安装座无破损裂纹,前、后一系弹簧无断裂变形、无伤痕,弹簧垫、调整垫无破损,橡胶垫无老化龟裂; (6)轴箱拉杆座无开焊裂纹,轴箱拉杆安装螺栓齐全紧固无松动,轴箱拉杆无裂损变形,球形橡胶关节无老化破损,关节头无断裂; (7)轴箱各部无裂纹,轴箱端盖安装螺栓齐全紧固,轴箱温度无过热,轴头接地线安装紧固,接线无老化破损,接线支架无开焊裂纹,接线卡子齐全紧固; (8)右四动轮轮辋、辐板、轮毂无裂纹,制动盘安装螺栓齐全紧固无松动,制动盘散热肋片间隙无异物堵塞; (9)制动盘外摩擦环表面清洁无污损、无裂纹(热裂纹长度不超过 100 mm,穿透性裂纹长度不超过 80 mm,不允许出现从内径贯穿到外径以及贯穿到散热肋片的穿透裂纹,浅散状细微龟裂允许存在),无灼烧痕迹和碎片,单个碎片面积不超过 1 cm^2,总碎片面积不超过 5 cm^2,刮痕深度不超过 1.5 mm,凹面深度不超过 2 mm	目视 手检 锤检
二、走行部右侧	9. 右三砂箱	(1)冷却塔散热器出风口表面清洁,无异物堵塞,散热片外观完整,无破损变形; (2)转向架后端梁无开焊裂纹,各风管无破损变形,风管支架无开焊断裂,管夹齐全完整,螺栓紧固; (3)第四电机机壳无破损裂痕,机壳接地线无破损断股,安装螺栓齐全紧固,通风筒无破损变形,电机端盖安装螺栓齐全紧固,电机出风网无异物堵塞; (4)齿轮箱箱体无变形裂损,齿轮箱与电机合口安装螺栓齐全紧固,齿轮箱上、下合口螺栓齐全紧固,密封良好无漏油; (5)第四电机悬挂装置吊座无开焊裂纹,电机吊杆完整无损,安装螺栓及高压安全垫齐全紧固,开口销开度符合要求,橡胶关节无老化破损,关节头无断裂; (6)防落块表面清洁无腐蚀,销轴、垫片完好无损,开口销开度符合要求,防落块与电机防落槽上、下间隙不小于 2 mm; (7)右三扫石器支架无开焊裂纹,无破损变形,安装螺栓及螺栓套管齐全紧固无松动,扫石器铝板无变形破损,下端面距轨面高度不小于 75 mm; (8)右三砂箱安装座无开焊裂纹,安装螺栓及螺栓套管齐全紧固无松动,砂箱箱体外观完整无变形,无开焊裂纹,砂箱盖无破损变形,砂量充足,砂质干燥无异物,砂箱盖锁闭严密; (9)撒砂器安装螺栓齐全紧固,电源接线无老化破损,接线支架无开焊裂纹,安装卡子齐全紧固,接线接头安装稳固无松脱,风管、下砂胶管无老化破损,卡箍对齐全、安装牢固,风管接头无泄漏; (10)撒砂马蹄胶管无老化破损,管夹紧固,管口与轨面平行,无偏斜,距轨面高度 35～55 mm,与车轮踏面间距 61 mm,撒砂试验砂管畅通,下砂量(0.5～1.6 L/min)符合要求,落砂位置正确; (11)右四动轮轮缘厚度(原型 34 mm)、高度(原型 27～28 mm)符合要求,轮缘无碾堆,踏面擦伤深度不超过 0.7 mm,磨耗深度不超过 7 mm,踏面无缺陷(缺陷、剥离深度不超过 1 mm,长度不超过 40 mm)	目视 手检 锤检

续上表

检查部位	检查项目	检查内容及要求	方法
二、走行部右侧	10. 主变压器后部右侧	(1)车体底架中央纵梁无开焊裂纹,冷却塔散热器进、出油金属软管外观完整,无破损变形,管箍齐全,螺栓紧固,无渗漏油,金属软管法兰连接螺栓齐全紧固,快速放油堵齐全,安装紧固,无渗漏油; (2)车体底架变压器梁无开焊裂纹,总风缸风管防寒包裹无破损,各接线及套管无破损,安装卡子齐全,螺栓紧固; (3)变压器安装吊座无开焊裂纹,安装螺栓齐全紧固无松动,防落穿销、垫圈、开口销齐全,开口销开度符合规定,变压器油箱接地线无破损断股,安装螺栓齐全紧固; (4)主变压器出油口蝶阀安装螺栓齐全紧固,油泵联管放气塞安装紧固无渗漏油,油泵上法兰连接螺栓齐全紧固,无渗漏油; (5)变压器油泵安装座无开焊裂纹,安装螺栓齐全紧固,油泵外观完整无破损变形,接线盒安装牢固,油泵出油口蝶阀安装螺栓齐全紧固,无渗漏油; (6)变压器进、出油管无开焊裂纹,无渗漏油,进、出油管定位器无开焊破损,位置正确,U形卡子齐全,螺栓紧固,油流继电器外观完整,安装螺栓齐全紧固; (7)变压器油箱外观完整,无破损变形,补强筋板无开焊裂纹,表面清洁、漆膜完好,各铭牌、字母牌清晰完整,各部无渗漏油	目视 手检 锤检
	11. 右侧总风缸	(1)车体制造铭牌清晰完整,安装螺栓齐全完整; (2)总风缸安装吊座无开焊裂纹,安装螺栓齐全紧固无松动; (3)总风缸吊装带无破损变形,连接螺栓无变形,螺栓紧固; (4)安全吊索安装座无开焊裂纹,穿销、开口销齐全完整,开口销开度符合要求; (5)安全吊索安装牢固无破损断股,紧固拉钩无开焊变形,螺栓齐全紧固,漆封标记清晰; (6)总风缸缸体无碰撞变形,焊缝平整无开焊裂纹,制造铭牌清晰完整,安装螺栓齐全紧固; (7)总风缸排水阀阀根无开焊裂纹,排水阀齐全紧固无泄漏; (8)总风缸风管焊接牢固,焊缝平整无开焊裂纹,风管防寒包裹无破损	目视 手检 锤检
	12. 主变压器前部右侧	(1)车体底架变压器梁无开焊裂纹,各接线及套管无破损,安装卡子齐全,螺栓紧固; (2)变压器安装吊座无开焊裂纹,安装螺栓齐全紧固,防落穿销、垫圈、开口销齐全,开口销开度符合规定,变压器油箱接地线无破损断股,安装螺栓齐全紧固; (3)主变压器出油口蝶阀安装螺栓齐全紧固,油泵联管放气塞安装紧固无渗漏油,油泵下法兰连接螺栓齐全紧固,无渗漏油; (4)变压器油泵安装座无开焊裂纹,安装螺栓齐全紧固,油泵外观完整无破损变形,接线盒安装牢固,接线接头无松脱,油泵接地线无破损,安装牢固; (5)主变压器压力释放阀外罩安装牢固无破损,接线稳固无松脱,压力释放阀未动作(开启压力:70 kPa,关闭压力:37.5 kPa); (6)变压器进油管无开焊裂纹,无渗漏油,油流继电器外观完整无破损,安装螺栓齐全紧固,接线盒安装牢固,接线无松脱,上盖吸合紧密无丢失,放油堵安装紧固无渗漏油,蝶阀安装螺栓齐全紧固,蝶阀开启位置正确,无渗漏油现象; (7)变压器油箱外观完整,无破损变形,补强筋板无开焊裂纹,表面清洁、漆膜完好,各铭牌、字母牌清晰完整,各部无渗漏油; (8)车体底架中央纵梁无开焊裂纹,车号识别装置安装座无开焊裂纹,安装支架完整无破损变形,安装螺栓齐全紧固,车号识别装置外观完整安装牢固,接线接头稳固无松脱; (9)卫生间地板管道安装座安装螺栓齐全紧固,密封良好,各管座无开焊裂纹,卫生间溢流管、地漏管无堵塞; (10)卫生间进水管、排污管安装支架座无开焊裂纹,安装支架无破损变形,安装螺栓齐全紧固,进水锥形管安装牢固无丢失,排污管防寒包裹无破损,排污阀关闭良好无泄漏;	目视 手检 锤检

续上表

检查部位	检查项目	检查内容及要求	方法
二、走行部右侧	12. 主变压器前部右侧	(11)库用插座安装支架无开焊裂纹,行灯插座、DC 600 V 插座、AC 380 V 插座安装螺栓齐全紧固,插座盖齐全完整无破损,盖装严密,插座内部插孔无放电灼痕,接线安装稳固无松脱、无破损	目视 手检 锤检
三、机车底部地沟	1. Ⅱ端排障器内部	(1)车体Ⅱ端牵引梁左侧无开焊裂纹,总风管、平均管无破损变形,安装卡子齐全,螺栓紧固,各截断塞门位置(全部在开放位)正确,各风管接头无漏风,各接线无破损,安装卡子齐全,螺栓紧固; (2)Ⅱ端左侧排障器安装座无开焊裂纹,排障器及其筋板无开焊裂纹,安装螺栓齐全紧固,排障器吊挂板无破损变形,吊挂座无开焊裂纹,穿销、开口销齐全完整,开口销开度正确,排障板无破损变形,安装螺栓齐全紧固,距轨面高度 110~120 mm; (3)左侧机车信号感应器安装支架无开焊裂纹,安装螺栓齐全紧固,感应器外观完整无破损,接线接头安装紧固,接线卡子齐全,螺栓紧固; (4)Ⅱ端车钩前从板、从板座无破损变形,钩尾销完整无破损,钩尾销螺栓齐全紧固,开口销开度符合要求,钩尾框各部无破损裂痕,车钩支撑架无开焊裂纹,垫板、调整垫板完整无损,安装螺栓齐全紧固; (5)车钩缓冲器无破损裂痕,左、右变形单元安装螺栓齐全紧固无松动,吸能钢管无破损变形,最大容许变形量不超过 140 mm; (6)车体牵引座无开焊裂纹,法兰组件安装螺栓及套管齐全紧固,橡胶关节无老化龟裂,盖板、密封圈无破损变形,内六角螺栓塞齐全紧固无松脱; (7)牵引杆Ⅱ各部无开焊裂纹,无破损变形,位置正确,防落装置螺栓齐全紧固,防落安全吊座无开焊裂纹,穿销齐全,开口销开度正确,安全钢丝绳无破损断股; (8)车体Ⅱ端牵引梁右侧无开焊裂纹,总风管、平均管、列车管无破损变形,安装卡子齐全,螺栓紧固,各截断塞门位置(全部在开放位)正确,各风管接头无漏风,各接线无破损,安装卡子齐全,螺栓紧固; (9)Ⅱ端右侧排障器安装座无开焊裂纹,排障器及其筋板无开焊裂纹,安装螺栓齐全紧固,排障器吊挂板无破损变形,吊挂座无开焊裂纹,穿销、开口销齐全完整,开口销开度正确,排障板无破损变形,安装螺栓齐全紧固,距轨面高度 110~120 mm; (10)右侧机车信号感应器安装支架无开焊裂纹,安装螺栓齐全紧固,感应器外观完整无破损,接线接头安装紧固,接线卡子齐全,螺栓紧固	目视 手检 锤检
	2. 转向架Ⅱ前端梁	(1)转向架Ⅱ前端梁各部无开焊裂纹,抗蛇行横向油压减振器外观完整无渗漏油,安装座无开焊裂纹,橡胶关节无老化破损,关节头无断裂,安装螺栓齐全紧固,各风管支架无断裂,风管无破损变形,卡子齐全,螺栓紧固各风管接头无漏风; (2)右四砂箱安装座无开焊裂纹,安装螺栓及螺栓套管齐全紧固无松动,砂箱箱体外观完整无变形,无开焊裂纹; (3)撒砂器安装螺栓齐全紧固,电源接线无老化破损,接线卡子齐全紧固,接线接头安装稳固无松脱,风管、下砂胶管无老化破损,卡箍对齐全,安装牢固,风管接头无泄漏; (4)撒砂马蹄胶管无老化破损,管夹紧固,管口与轨面平行,无偏斜,距轨面高度 35~55 mm,与车轮踏面间距 61 mm,撒砂试验砂管畅通,下砂量(0.5~1.6 L/min)符合要求,落砂位置正确; (5)右四扫石器支架无开焊裂纹,无破损变形,安装螺栓及螺栓套管齐全紧固无松动,扫石器铝板无变形破损,下端面距轨面高度不小于 75 mm; (6)扫石器橡胶装配钢板完整,安装螺栓齐全紧固,橡胶板完整无破损,无老化变形,橡胶板下端面距轨面高度为 30~35 mm,安装位置正确; (7)轮缘喷油器支架无开焊裂纹,安装螺栓齐全紧固,软管无破损老化,喷油嘴位置正确; (8)牵引连杆组件上、下吊座无开焊裂纹,牵引连杆组件无破损变形,橡胶关节无老化,关节头无断裂,安装螺栓齐全紧固;	目视 手检 锤检

续上表

检查部位	检查项目	检查内容及要求	方法
三、机车底部地沟	2. 转向架Ⅱ前端梁	(9)牵引销轴连接器安装牢固,油堵齐全,牵引销轴卡位置正确,螺栓紧固,牵引销轴滑环、滑套油润良好,无透锈,安全钢丝绳上、下吊座无开焊裂纹,穿销、开口销齐全,开口销开度符合要求,安全钢丝绳无破损断股; (10)牵引杆Ⅰ无开焊裂纹,无破损变形,安全吊挂板无开焊裂纹,穿销、开口销齐全,开口销开度符合要求; (11)左四扫石器支架无开焊裂纹,无破损变形,安装螺栓及螺栓套管齐全紧固无松动,扫石器铝板无变形破损,下端面距轨面高度不小于75 mm; (12)扫石器橡胶装配钢板完整,安装螺栓齐全紧固,橡胶板完整无破损,无老化变形,橡胶板下端面距轨面高度为30～35 mm,安装位置正确; (13)轮缘喷油器支架无开焊裂纹,安装螺栓齐全紧固,软管无破损老化,喷油嘴位置正确; (14)左四砂箱安装座无开焊裂纹,安装螺栓及螺栓套管齐全紧固无松动,砂箱箱体外观完整无变形,无开焊裂纹; (15)撒砂器安装螺栓齐全紧固,电源接线无老化破损,接线卡子齐全紧固,接线安装稳固无松脱,风管、下砂胶管无老化破损,卡箍对齐全,安装牢固,风管接头无泄漏; (16)撒砂马蹄胶管无老化破损,管夹紧固,管口与轨面平行,无偏斜,距轨面高度35～55 mm,与车轮踏面间距61 mm,撒砂试验砂管畅通,下砂量(0.5～1.6 L/min)符合要求,落砂位置正确	目视 手检 锤检
	3. 第六轴	(1)第六轴左侧单元制动器制动拉杆吊座无开焊裂纹,安装螺栓齐全紧固,橡胶关节无老化,关节头无断裂,制动拉杆无破损裂痕,柱螺栓无弯曲变形,螺母齐全紧固; (2)单元制动器外观完整无破损裂痕,安装螺栓齐全紧固,制动缸防尘罩无老化破损,制动缸排气螺栓无松动,防尘帽无老化丢失; (3)制动缸风管无老化破损,风管接头紧固无泄漏,安装卡子齐全紧固,与车体无接磨,制动杆各部无破损裂痕,轴位螺栓齐全紧固无松动; (4)闸片托架吊耳座无开焊裂纹,吊耳上、下柱螺栓及防松螺母齐全紧固,吊耳无破损裂痕,闸片托架各部无破损裂痕,锁栓锁闭良好,制动闸片无断裂破损,闸片厚度(原型24 mm,到限5 mm)符合规定,闸片与摩擦环间隙(单侧1～2 mm,双侧2～4 mm)符合规定,制动、缓解作用良好; (5)左六动轮轮缘厚度(原型34 mm)、高度(原型27～28 mm)符合要求,轮缘无碾堆,踏面擦伤深度不超过0.7 mm,磨耗深度不超过7 mm,踏面无缺陷(缺陷、剥离深度不超过1 mm,长度不超过40 mm); (6)左六动轮挡泥板无破损变形,安装螺栓齐全紧固,位置正确,左六动轮轮辋、辐板、轮毂无裂纹,制动盘安装螺栓齐全紧固无松动,制动盘散热肋片间隙无异物堵塞; (7)制动盘外摩擦环表面清洁无污损、无裂纹(热裂纹长度不超过100 mm,穿透性裂纹长度不超过80 mm,不允许出现从内径贯穿到外径以及贯穿到散热肋片的穿透裂纹,浅散状细微龟裂允许存在),无灼烧痕迹和碎片,单个碎片面积不超过1 cm^2,总碎片面积不超过5 cm^2,刮痕深度不超过1.5 mm,凹面深度不超过2 mm; (8)车体底架中央纵梁、隔墙梁无开焊裂纹,各风管无破损变形,安装卡子齐全,螺栓紧固,各风管接头无漏风,电机母线外观完整无破损,定位卡子及螺栓齐全紧固; (9)第六牵引电机母线盒无破损,母线盒盖安装螺栓齐全紧固,第六牵引电机速度传感器、温度传感器接线外观完整无破损,安装卡子及螺栓齐全紧固无松动; (10)抱轴箱外观完整无破损裂痕,上、下合口螺栓齐全紧固,抱轴承润滑油嘴齐全完整,防尘帽无丢失,抱轴箱与齿轮箱合口O形密封圈无破损,合口螺栓齐全紧固无松动; (11)齿轮箱合口螺栓齐全紧固无松动,合口密封无渗漏油,注油孔、放油孔油堵齐全紧固无渗漏油,齿轮箱油位表无破损,安装牢固无渗漏油,润滑油油位、颜色正常; (12)第六轴右侧弹簧储能制动器制动拉杆吊座无开焊裂纹,安装螺栓齐全紧固,橡胶关节无老化,关节头无断裂,制动拉杆无破损裂痕,柱螺栓无弯曲变形,螺母齐全紧固;	目视 手检 锤检

续上表

检查部位	检查项目	检查内容及要求	方法
三、机车底部地沟	3. 第六轴	(13)弹簧储能制动器外观完整无破损裂痕,安装螺栓齐全紧固,制动缸防尘罩无老化破损,制动缸排气螺栓紧固,防尘帽无老化丢失,储能器外观完整无破损裂痕,安装螺栓齐全紧固,铅封良好无丢失,紧急缓解装置拉环无丢失,作用良好; (14)制动缸、储能器风管无老化破损,风管接头紧固无泄漏,安装卡子齐全紧固,与车体无接磨,制动杆各部无破损裂痕,轴位螺栓齐全紧固无松动; (15)闸片托架吊耳座无开焊裂纹,吊耳上、下柱螺栓及防松螺母齐全紧固,吊耳无破损裂痕,闸片托架各部无破损裂痕,锁栓锁闭良好,制动闸片无断裂破损,闸片厚度(原型 24 mm,到限 5 mm)符合规定,闸片与摩擦环间隙(单侧 1～2 mm,双侧 2～4 mm)符合规定,制动、缓解作用良好; (16)右六动轮轮缘厚度(原型 34 mm)、高度(原型 27～28 mm)符合要求,轮缘无碾堆,踏面擦伤深度不超过 0.7 mm,磨耗深度不超过 7 mm,踏面无缺陷(缺陷、剥离深度不超过 1 mm,长度不超过 40 mm)	目视 手检 锤检
	4. 第六牵引电机	(1)转向架侧梁无开焊裂纹,轴箱拉杆座无开焊裂纹,轴箱拉杆安装螺栓齐全紧固无松动,前、后轴箱拉杆无裂损变形,球形橡胶关节无老化破损,关节头无断裂; (2)右六动轮挡泥板无破损变形,安装螺栓齐全紧固,位置正确,右六动轮轮辋、辐板、轮毂无裂纹,制动盘安装螺栓齐全紧固无松动,制动盘散热肋片间隙无异物堵塞; (3)制动盘内摩擦环表面清洁无污损、无裂纹(热裂纹长度不超过 100 mm,穿透性裂纹长度不超过 80 mm,不允许出现从内径贯穿到外径以及贯穿到散热肋片的穿透裂纹,浅散状细微龟裂允许存在),无灼烧痕迹和碎片,单个碎片面积不超过 1 cm^2,总碎片面积不超过 5 cm^2,刮痕深度不超过 1.5 mm,凹面深度不超过 2 mm; (4)右六动轮轮缘厚度(原型 34 mm)、高度(原型 27～28 mm)符合要求,轮缘无碾堆,踏面擦伤深度不超过 0.7 mm,磨耗深度不超过 7 mm,踏面无缺陷(缺陷、剥离深度不超过 1 mm,长度不超过 40 mm); (5)齿轮箱箱体无破损变形,齿轮箱合口螺栓齐全紧固,密封良好无渗漏油,齿轮箱与电机合口安装螺栓齐全紧固,电机端盖安装螺栓齐全紧固,电机出风网无异物堵塞; (6)转向架牵引梁各部无开焊裂纹,各风管支架无断裂,风管无破损变形,风管接头无漏风,安装卡子齐全,螺栓紧固,转向架牵引座无开焊裂纹,橡胶关节无老化龟裂,表面清洁无油污,盖板、密封圈无破损变形,内六角螺栓塞齐全紧固无松脱; (7)第六电机悬挂装置吊座无开焊裂纹,电机吊杆完整无损,橡胶关节无老化破损,关节头无断裂,安装螺栓及高压安全垫齐全紧固,开口销开度符合要求; (8)防落块表面清洁无腐蚀,销轴、垫片完好无损,开口销开度符合要求,防落块与电机防落槽上、下间隙不小于 2 mm; (9)牵引杆Ⅰ各部无开焊裂纹,无破损变形,安全板无破损断裂,安装螺栓齐全紧固,穿销齐全,开口销开度正确; (10)第六电机机壳无破损裂痕,电机母线外观完整无破损,定位卡子及螺栓齐全紧固,位置正确,机壳接地线无破损断股,安装螺栓齐全紧固,通风筒无破损变形,安装螺栓齐全紧固,位置正确无偏移,电机端盖无破损裂痕,安装螺栓齐全紧固,电机轴承润滑油嘴齐全完整,防尘帽无丢失; (11)左六动轮挡泥板无破损变形,安装螺栓齐全紧固,位置正确,左六动轮轮缘厚度(原型 34 mm)、高度(原型 27～28 mm)符合要求,轮缘无碾堆,踏面擦伤深度不超过 0.7 mm,磨耗深度不超过 7 mm,踏面无缺陷(缺陷、剥离深度不超过 1 mm,长度不超过 40 mm); (12)转向架侧梁无开焊裂纹,轴箱拉杆座无开焊裂纹,轴箱拉杆安装螺栓齐全紧固无松动,前、后轴箱拉杆无裂损变形,球形橡胶关节无老化破损,关节头无断裂	目视 手检 锤检

续上表

检查部位	检查项目	检查内容及要求	方法
四、机车上部司机室及走廊	1. Ⅰ端司机室	(1)Ⅰ端左侧司机室门完整无损，脚踏板无开焊裂纹，手把杆安装牢固无变形破损，联动式门锁、锁把完整，车门开关、锁闭作用良好； (2)司机室左侧墙完整无损，左侧窗玻璃无破损，表面清洁，开闭灵活，锁闭器作用良好，机车制造铭牌完整清晰，车载通话器安装牢固，外观完整，司机室左柜外观完整无损，锁闭良好，刮雨器转换开关安装牢固，烟灰盒、茶杯托架完整无损； (3)记点灯安装牢固，表面清洁无破损，前窗玻璃无破损，表面清洁，窗加热电线无破损松脱，遮阳布无破损，作用良好，刮雨器外观完整，喷淋点动按钮作用良好，刮雨器试验作用良好； (4)司机室主台板无破损变形，安装螺栓齐全紧固，高音风笛按钮、无人警惕按钮完整无损，作用良好，制动显示屏、风表面板、LKJ2000 型监控装置显示屏、微机显示屏安装螺栓齐全紧固，表面清洁无破损，风表检验合格不超期(6 个月)； (5)双针速度表面板安装螺栓齐全紧固，表面清洁无破损，网压/控制电压表显示正确，检验合格不超期(2 年)，手动过分相按钮、微机复位按钮、紧急制动按钮完整无损，作用良好，紧急制动复位旋钮作用良好，仪表灯、记点灯、走廊灯开关完整无损，作用良好； (6)CIR 机车综合无线通信设备显示终端安装螺栓齐全紧固，显示屏无破损，表面清洁，各按键作用良好，送、受话器外观完整，接线无破损，Ⅰ(隧道车站)键、Ⅱ(平原车站)键、PPT(送话)按键作用良好； (7)电子制动阀 EBV 安装螺栓齐全紧固，外观完整无破损，自动制动手柄、单独制动手柄位置正确，铭牌完整清晰，自动换端、停放制动、停放缓解按钮完整无损，作用良好，扳键开关组安装螺栓齐全紧固，各扳键完整无损，标记清晰，位置正确； (8)主司机控制器安装螺栓齐全紧固，钥匙开关、方向手柄、牵引/制动手柄外观完整无破损，标记清晰，位置正确； (9)司机室中柜外观完整无损，锁闭良好，司机室取暖、空调模式、空调风速、窗加热、紧急运行、监控隔离、无人警惕隔离转换开关安装牢固，外观完整，作用良好； (10)机车重联电话安装牢固，外观完整无损，指示灯显示正常，送、受话器外观完整，接线接头稳固，作用良好，打印终端安装牢固，外观完整，打印纸箱盖无破损，不缺纸，电源插座安装牢固，外观完整无损，无放电灼痕； (11)撒砂、无人警惕、低音风笛脚踏开关安装牢固，完整无损，作用灵活，司机座椅安装牢固，外观完整无破损，各扳手无断裂破损，作用灵活； (12)司机室天花板完整无损，司机室照明灯灯罩完整无损，照明作用良好，前照灯灯箱底盖无破损变形，安装螺栓齐全紧固，机车信号机安装螺栓齐全紧固，卡扣锁闭良好，信号灯、灯罩完整无损，上、下行转换开关作用灵活，接线无破损，接头安装牢固无松脱； (13)司机室副台板无破损变形，安装螺栓齐全紧固，高音风笛按钮完整无损，作用良好，微机系统调试端口底座安装牢固，卡扣无松脱，语音箱安装螺栓齐全紧固，外观完整无损； (14)司机室右柜外观完整无损，锁闭良好，烟灰盒、茶杯托架完整无损，副司机座椅安装牢固，外观完整无破损，各扳手无断裂破损，作用灵活； (15)司机室右侧墙完整无损，右侧窗玻璃无破损，表面清洁，开闭灵活，锁闭器作用良好，右侧司机室门完整无损，联动式门锁、锁把完整，车门开关、锁闭作用良好； (16)司机室后墙完整无损，紧急制动阀安装牢固，制动阀手把完整，铅封良好，衣帽钩完整无损，安装牢固，添乘座椅外观完整无损，安装牢固，作用良好，司机室取暖器外观完整无损，安装牢固，手提式灭火器外观完整，安放稳固，检验不超期(1 年)，铅封良好； (17)Ⅰ端机械间门完整无损，观察窗玻璃无破损，表面清洁，门锁、锁把完整，开关、锁闭作用良好	目视 手检 锤检

续上表

检查部位	检查项目	检查内容及要求	方法
四、机车上部司机室及走廊	2. Ⅰ端辅变流柜	(1)机车顶盖1各部无开焊裂纹,盖装严密,无漏雨现象,走廊灯1安装牢固,灯罩无破损,接线无松脱; (2)辅变流柜外观完整无损,柜门锁闭良好,制造铭牌、警示牌完整清晰,接线、电缆连接器安装牢固,连接良好,锁扣、螺栓齐全紧固,接线、电缆及套管无破损,接线定位卡子齐全紧固; (3)辅变流柜观察窗无破损,锁闭螺栓齐全紧固,辅变控制单元(ACU)各插件安装紧固无松脱,指示灯显示正常,各插头插接紧固,接线无松脱破损	目视 手检
	3. 走廊前端墙及第一牵引通风机	(1)走廊前端墙完好无损,机车顶盖1接地线无破损断股,安装螺栓齐全紧固,端墙出线座安装牢固,接线及接线套管无破损,各风管无破损变形,管接头无漏风,安装卡子齐全,螺栓紧固; (2)接地杆齐全完整,固定卡箍、螺栓齐全紧固,接地杆表面清洁无污损,检验合格不超期(6个月); (3)Ⅰ端受电弓气阀板完整无损,安装螺栓齐全紧固,受电弓截断塞门、电空阀、调压阀、安全阀及升弓时间、升弓压力微调器安装牢固,接头严密无漏风,升弓压力检测器安装牢固,各接线无松脱破损; (4)第一牵引风机进风筒无破损变形,安装螺栓齐全紧固,风筒接地线无破损,安装牢固; (5)风筒法兰连接外观完整,无破损变形,密封良好,法兰连接安装螺栓齐全紧固; (6)第一牵引通风机外观完整无损,制造铭牌完整清晰,接线盒焊接牢固,接线盒盖安装螺栓齐全紧固,接线安装牢固无松脱,接线及套管无破损,固定卡子齐全紧固; (7)出风筒外观完整,无破损变形,接地线无破损,安装牢固	目视 手检 锤检
	4. Ⅰ端空气干燥器	(1)车体右侧墙各部无开焊裂纹,空气干燥器安装板安装螺栓齐全紧固,轮缘喷油器、风笛气阀板安装牢固,各风管无破损变形,管节头无漏风,漆封良好; (2)高、低音风笛电空阀完整无损,安装螺栓齐全紧固,各接线无破损,接线安装牢固无松脱,高、低音风笛球阀完整无损,安装牢固,阀口位置正确(开放位); (3)轮缘喷油器电磁阀完整无损,安装牢固,接线无破损,接线安装牢固无松脱,球阀完整无损,安装牢固,阀口位置正确(开放位),排泄阀外观完整无损,安装牢固,阀口位置正确(开放位); (4)干燥塔外观完整无损,安装螺栓齐全牢固,电控器安装牢固,接线无破损,接线接头安装紧固无松脱,指示灯显示正确; (5)干燥塔出气止回阀安装螺栓齐全紧固,出气连接体无破损裂纹,风管安装牢固,管接头无泄漏; (6)精细滤油器外观完整无损,风管接头无泄漏,手动泄放阀安装牢固,阀口位置正确(关闭位),最小压力阀(止回阀)、安全阀、A20球阀外观完整无损,安装牢固,A20球阀阀口位置正确(开放位),风管无破损变形,橡胶软管无老化破损,各部无泄漏; (7)排气电磁阀外观完整,安装牢固,手动排泄试验作用良好,进气连接体无破损裂纹,高压安全阀外观完整无损,安装牢固,风管安装牢固,管接头无漏风;进气阀外观完整无损,安装螺栓齐全牢固; (8)消声器外观完整无损,安装螺栓齐全紧固,排泄球阀安装牢固,阀口位置正确(开放位),排泄软管无老化破损	目视 手检 锤检
	5. Ⅰ端空气压缩机	(1)车顶盖1安装螺栓齐全紧固,车顶扶梯完好无损,扶梯安装牢固; (2)螺杆式空气压缩机机体油气筒外观完整无损,安装螺栓齐全紧固,最小压力维持阀外观完整无损,安装牢固,安全阀外观完整无损,安装牢固无泄漏,手动释放吊环作用良好,加油口盖安装紧固,无渗漏油,泄油口油堵齐全紧固,无渗漏油,视油镜完整无损,油质、油位正常; (3)油细分离器外观完整无损,安装牢固无泄漏,温控阀外观完整无损,安装螺栓齐全紧固,高、低温油管无破损变形,管接头无渗漏;	目视 手检 锤检

续上表

检查部位	检查项目	检查内容及要求	方法
四、机车上部司机室及走廊	5. Ⅰ端空气压缩机	(4)电控箱外观完整无损,安装螺栓齐全紧固,计数器显示正常,箱门锁扣作用良好,接线端子安装牢固,接线无破损,安装牢固无松脱,压力开关、温度开关接线接头安装牢固无松脱; (5)空气滤清器外观完整无损,安装牢固,进气口无异物堵塞,进气软管无老化破损,管箍齐全紧固,真空指示器安装牢固,显示正常,进气阀外观完整无损,安装牢固,卸荷阀外观完整无损,卸荷管无破损变形,管接头无泄漏; (6)冷却风机后盖、蜗壳、中托架外观完整无损,安装螺栓齐全紧固,扩压器、空-油冷却器外观完整无损,法兰连接螺栓齐全紧固,各风管、油管接头紧固无泄漏,压缩空气出风软管无老化破损,管箍齐全紧固无泄漏,冷却空气出风筒无破损变形,检修口盖安装螺栓齐全紧固; (7)空气压缩机电机外观完整无损,制造铭牌完整清晰,接线盒安装牢固,接线接头紧固无松脱,接线套管无破损,接线固定卡子齐全紧固,接地线无破损,安装牢固; (8)螺杆式空气压缩机安装底座无开焊裂纹,安装螺栓齐全紧固,减振器橡胶件无老化破损,共用安装支架无开焊裂纹,安装螺栓齐全紧固	目视 手检 锤检
	6. 辅助压缩机系统及风源柜	(1)风源柜总成支架各部无开焊裂纹,吊耳齐全,安装牢固,总风缸外观完整,管座、端盖、缸体焊缝平整无裂纹,总风缸 1、2 联管无破损变形,管接头安装牢固无泄漏,制造铭牌完整清晰; (2)辅助压缩机风缸安装牢固,外观完整,各部无开焊裂纹,风管接头安装牢固无泄漏,辅助压缩机电机外观完整,安装螺栓齐全紧固,接线无破损,接线接头安装紧固无松脱; (3)压缩机机体完好无损,油标杆安装紧固无渗漏油,空气滤清器完好无损,安装紧固,进风口无异物堵塞,油位表(放油堵)无破损,安装紧固无渗漏油,油质、油位正常; (4)总风缸截止阀 A10 安装牢固,管接头无泄漏,总风节流阀、止回阀完好无损,安装牢固,接头无泄漏,各风管卡子齐全,螺栓紧固; (5)KM-2 紧急放风阀 N97 外观完整无损,安装螺栓齐全紧固,管接头无泄漏; (6)S-1 型铝合金双向复轨器外观完整,无破损裂痕,固定螺栓齐全紧固,压车铁完整无损,安装螺栓齐全紧固,无偏移	目视 手检 锤检
	7. 第二牵引通风机	(1)第二牵引风机进风筒无破损变形,安装螺栓齐全紧固,风筒接地线无破损,安装牢固; (2)风筒法兰连接外观完整,无破损变形,密封良好,法兰连接安装螺栓齐全紧固; (3)第二牵引通风机外观完整无损,制造铭牌完整清晰,接线盒焊接牢固,接线盒盖安装螺栓齐全紧固,接线安装牢固无松脱,接线及套管无破损,固定卡子齐全紧固; (4)出风筒外观完整,无破损变形,接地线无破损,安装牢固	目视 手检 锤检
	8. 第三方柜	(1)车顶门无破损变形,液压杆完整无损,安装牢固,车顶门密封良好,车顶门锁锁闭良好,车顶盖 1 接地线无破损断股,安装螺栓齐全紧固,车顶扶梯完好无损,扶梯挂杆无开焊裂纹,扶梯安装牢固; (2)第三方柜外观完好无损,吊耳齐全,安装牢固,柜门锁扣作用良好,柜门开闭灵活; (3)各安装层支架无破损裂痕,安装板完整无损,各安装螺栓齐全紧固,各层安装板及柜门接地线无破损断股,安装牢固; (4)GPS2000 控制盒外观完整无损,安装牢固,数模转换盒外观完整无损,安装牢固,接线无破损,接头紧固无松脱; (5)本补切换装置外观完整无损,安装牢固,接线无破损,接头紧固无松脱,转换开关完整无损,作用良好,鸣笛记录接口装置外观完整无损,安装牢固,各指示灯显示正常; (6)机车运行监测数据无线传输装置外观完整无损,安装牢固,总线扩展盒外观完整无损,安装牢固,接线无破损,接头紧固无松脱;	目视 手检 锤检

续上表

检查部位	检查项目	检查内容及要求	方法
四、机车上部司机室及走廊	8. 第三方柜	(7)机车信号主机箱外观完整无损,安装牢固,指示灯显示正常,TAX2箱外观完整无损,安装牢固,各插件安装牢固无松脱; (8)调车接线盒、监控通信接线盒外观完整无损,安装牢固,接线无破损,接头紧固无松脱,LKJ2000型监控装置主机箱外观完整无损,安装牢固,防尘盖无破损,各插件安装牢固无松脱,指示灯显示正常; (9)CIR机车综合无线通信设备主机箱外观完整无损,安装牢固,各接线、电缆无破损,接线接头安装紧固无松脱; (10)矩形连接器外观完整无损,插头体、插座体插接紧密,接线无破损,安装牢固无松脱	目视 手检 锤检
	9. 制动柜	(1)制动柜总成支架各部无开焊裂纹,安装螺栓齐全紧固,风管支架安装牢固,各风管无破损变形,管接头无泄漏,风管卡子齐全紧固,吊耳齐全,安装牢固; (2)压力传感器B08、B05、B06、B07外观完整无损,安装牢固,管接头无泄漏,接线无破损,接线接头紧固无松脱; (3)压缩空气检测接头A73、截断塞门A24外观完整无损,安装牢固,管接头无泄漏,检测套管外观完整无损,安装牢固,柱塞齐全完整,A24塞门位置正确(垂直—开通位); (4)连锁钥匙阀U99外观完整无损,安装牢固,蓝色钥匙位置正确(垂直—开通位),接线无破损,接线接头紧固无松脱; (5)M-IPM中央集成处理器模块,外观完整无损,安装螺栓齐全紧固,通信电缆无破损,各转接插头安装紧固无松脱,指示灯显示正常; (6)RIM、CJB电源、继电器接口模块,外观完整无损,安装牢固,电气接口连接器外观完整无损,插头、插座安装牢固,接线无破损,接头紧固无松脱; (7)各模块支承板完整无损,安装螺栓齐全紧固,各接线无破损,固定卡子齐全紧固; (8)P50主压缩机启停控制模块:压力监控器外观完整无损,安装牢固,接线无破损,接线插头安装紧固无松脱; (9)S10紧急制动模块:电磁阀外观完整无损,安装牢固,接线无破损,接线插头安装牢固无松脱,截止旋塞外观完整无损,安装牢固,旋柄位置正确(垂直—开通位); (10)U43辅助空气压缩机(升弓)模块:检测套管外观完整无损,安装牢固,柱塞完整,安全阀、双联止回阀、过滤器、测压计、截止旋塞外观完整无损,安装牢固,测压计指针指示正常,截止旋塞旋柄位置正确(B01U43、14水平—关闭位、B01U43、13水平—开通位),压力监控器外观完整无损,安装牢固,接线无破损,接线插头安装紧固无松脱; (11)F41撒砂控制模块:减压阀外观完整无损,安装螺栓齐全紧固,调整螺栓、背母齐全紧固,漆封良好,电磁阀外观完整无损,安装牢固,接线无破损,接线插头安装紧固无松脱,截止旋塞外观完整无损,安装紧固,旋柄位置正确(水平—开通位); (12)Z10制动缸压力切除模块:双向止回阀外观完整无损,安装牢固,截止旋塞外观完整无损,安装紧固,旋柄位置正确(B01Z10、22,B01Z10、23均在水平—开通位); (13)B40储能制动模块:止回阀、双向止回阀、减压阀外观完整无损,安装牢固,减压阀调整螺栓、背母齐全紧固,漆封良好,截止旋塞外观完整无损,安装牢固,旋柄位置正确(水平—开通位),脉冲电磁阀、压力监控器外观完整无损,安装紧固,接线无破损,接线插头安装紧固无松脱; (14)电空控制单元EPCU支承板完好无损,安装牢固,各模块网络通信电缆无破损,各模块电缆接头安装紧固无松脱,压缩空气干燥器外观完整无损,安装紧固; (15)列车管控制单元BPCP、20管控制单元20CP、均衡风缸控制单元ERCP、机车无动力装置DER、制动缸控制单元BCCP、DB三通阀DBTV、13管控制单元13CP、16管控制单元16CP、电源盒PSJB外观完整无损,安装牢固;	目视 手检 锤检

续上表

检查部位	检查项目	检查内容及要求	方法
四、机车上部司机室及走廊	9. 制动柜	(16)各模块检测套管外观完整无损，安装牢固，柱塞完整，制动缸控制单元 BCCP 电磁阀外观完整无损，安装牢固，接线无破损，接线插头安装紧固无松脱，无动力塞门位置正确（正常运用位 OUT），电源盒 PSJB 接线无破损，接线接头安装紧固无松脱； (17)储能制动风管排水球阀 A14、辅助空气压缩机风缸 U88 排水球阀 U14 外观完整无损，安装牢固，阀口位置正确（关闭位）	目视 手检 锤检
	10. 第三牵引通风机	(1)机车顶盖 2 各部无开焊裂纹，盖装严密，无漏雨现象，走廊灯 2 安装牢固，灯罩无破损，接线无松脱； (2)高压隔离开关外观完整，安装牢固，车顶底板无破损变形，密封良好，手轮、固位盘、凸轮、锁块安装牢固无松动，接线无破损，接线安装紧固无松脱，手轮位置指示正确（闭合位）； (3)第三牵引风机进风筒无破损变形，安装螺栓齐全紧固，风筒接地线无破损，安装牢固，风筒法兰连接外观完整，无破损变形，密封良好，法兰连接安装螺栓齐全紧固； (4)第三牵引通风机外观完整无损，制造铭牌完整清晰，接线盒焊接牢固，接线盒盖安装螺栓齐全紧固，接线安装牢固无松脱，接线及套管无破损，固定卡子齐全紧固； (5)出风筒外观完整，无破损变形，接地线无破损，安装牢固	目视 手检 锤检
	11. 冷却塔Ⅱ	(1)冷却塔外观完整，顶盖密封圈无老化破损，走廊进风百叶窗无破损，百叶窗关闭挡板齐全完整，锁闭螺栓齐全紧固，上、下检修维护门完整无损，安装螺栓齐全紧固，警示铭牌完整清晰； (2)复合散热器外观完整无变形，焊缝平整无裂纹，与冷却塔密接良好，制造铭牌完整清晰； (3)水膨胀箱外观完整，无膨胀变形，安装螺栓齐全紧固，液位计安装牢固无渗漏，液位管无破损，液位指示正常； (4)水膨胀箱进、出水金属软管无破损，进、出水球阀完整无损，安装牢固，管接头无泄漏，球阀阀柄位置正确（开通位），旋压阀安装牢固无渗漏，软管无老化破损，浮控开关安装牢固无渗漏，接线无破损，接头紧固无松脱； (5)电控箱外观完整无损，安装牢固，各接线及套管无破损，接线安装牢固无松脱，接地线无破损，安装牢固； (6)冷却水泵、安装支架外观完整无损，安装螺栓齐全紧固，接线安装紧固无松脱，水泵进口法兰连接安装螺栓齐全紧固，金属波纹管无破损变形，蝶阀外观完整无损，碟阀座无开焊裂纹，安装螺栓齐全紧固无渗漏； (7)水泵出口法兰连接安装螺栓齐全紧固，金属弯管无破损变形，注水/放水球阀外观完整无损，安装牢固无渗漏，阀柄位置正确（关闭位），球阀阀盖安装牢固，过滤器外观完整无损，安装牢固无渗漏； (8)冷却塔出油口管座安装牢固，出油管无破损变形，油管支架安装牢固，卡箍对齐全，螺栓紧固，管接头无泄漏，金属软管无破损； (9)复合散热器水路、油路排泄管座无开焊裂纹，排泄球阀外观完整，安装牢固无渗漏，阀柄位置正确（关闭位），水路排泄球阀阀盖安装牢固，油路排泄球阀橡胶盖无老化破损； (10)冷却塔底座安装螺栓齐全紧固，接地线无破损，安装螺栓齐全紧固	目视 手检 锤检

(九)HXD2 型电力机车检查作业程序

顺序	检查部位	检查内容及要求	方法
B车端前部	1. 前端上部	头灯、喇叭，前窗玻璃、刮雨器、副灯、标志灯外观完好。标志，标牌完整清晰。空调整流罩无破损，无异物堵塞，检修门锁闭严密手扶杆及脚踏板安装牢固、无变形	手检 锤检 目视

续上表

顺序	检查部位	检查内容及要求	方法
B车端前部	2. 前端左侧排障器、平均管、总风连管、车钩提杆	排障器无碰伤变形开焊,排障器调整螺栓紧固,距轨面高(110+10) mm。 平均管、总风管各折角塞门手柄动作灵活,软管无硬化、老化、龟裂和凸凹现象,接头无泄漏,安装座良好,螺栓紧固齐全。重联插座接线无破损。 车钩提杆座牢固,无开焊,钩提杆无弯曲,变形,提钩动作灵活无卡滞	手检 锤检 目视
	3. 车钩	钩舌全开位开度为 220～250 mm。 车钩吊杆装置无裂纹,磨耗板油润良好,车钩摆动灵活。 钩体、钩舌、下锁销各部无裂纹。防跳装置良好。 钩舌销无弯曲、折损(径向间隙 1～4 mm),开口销良好(开度为 60°)。钩舌尾部防跳台及锁铁油润良好。钩舌与钩耳上下间隙 8～10 mm,防跳台不小于 90°,锁铁跳动量为 5～22 mm。车钩水平中心线距轨面高度应在 815～890 mm 之间。 车钩锁闭位开度为 110～130 mm。车钩三态(闭锁、开锁、全开)作用良好	手检 锤检 目视
	4. 前端右侧	制动软管、平均管、总风管各折角塞门手柄动作灵活,各软管无老化、龟裂和凸凹现象,水压试验不超过 3 个月,软管安装完好,螺栓紧固,软管连接器无裂纹,软管皮圈无丢失、破裂,软管与机车中心线夹角应为 45°,放风试验,风管畅通。 重联插座压盖严密,插针无倒针	手检 锤检 目视
走行部右侧	1. 车体外观	车体无倾斜、变形,无膨出凹入,侧窗玻璃完整。车体吊装孔盖齐全,安装良好	目视
	2. B车第一砂箱	砂箱盖完整无损,扣锁良好,关闭严密;箱内砂子干燥,无异物,颗粒均匀;撒砂器风管、清扫堵及调整螺栓齐全牢固。 机车自动信号装置及自动过分相装置,安装架螺栓紧固,接线无松脱。 砂管防脱吊链安装牢固,管路外观良好,无堵塞,不偏斜,撒砂软管距轨面高度为 25～35 mm,撒砂软管与轮对踏面间距为 15～30 mm。 扫石器安装良好,符合标准,胶皮无破损。扫石器安装板下端面距轨面高度不小于 110 mm,扫石器橡胶板下端面距轨面高度为(31±10) mm。 制动管、平均管第二折角塞门安装良好,位置正确	手检 锤检 目视
	3. 司机室门窗及手扶杆	侧窗、侧门严密。 手扶杆安装牢固,脚蹬安装牢固无变形	手检 目视
	4. B车第一动轮及第一轴箱各部检查	轮缘喷油嘴位置正确,接头无漏油;轮喷喷头距踏面距离为:20～30 mm;距轮缘距离为:40～50 mm。 动轮踏面无剥离、擦伤,踏面擦伤深度不大于 0.7 mm,剥离长度不大于 40 mm,深度不大于 1 mm。轮缘无碾堆垂直磨耗高度不大于 18 mm,距顶点 18 mm 处厚度应为 23～34 mm。轮辋无裂纹。 一系垂向油压减振器无漏油,安装螺栓齐全紧固,上座及托板无裂纹。 轴箱拉杆连体状态良好,橡胶关节无老化、无裂纹和挤出。一系垂向止挡间隙(25±2) mm;轴箱吊坐安装牢固,无裂纹;轴箱前后弹簧装置无裂纹、无压死现象。轴箱状态良好,内外螺栓牢固,无漏油,无裂纹;轴箱接地装置良好,接地线断股面积不超过 10%、无松脱现象。轴箱温度传感器接线无松脱、破损,接头紧固;行灯外罩无破损	手检 锤检 目视

续上表

顺序	检查部位	检查内容及要求	方法
走行部右侧	5. B车第一转向架	侧墙检修门锁闭良好。 转向架右构架各部焊波无开焊；各管路无泄漏，安装牢固。 二系弹簧无断裂。二系横向油压减振器、垂向油压减振器无漏油，安装螺栓齐全紧固，安装座无裂纹。 停放制动缓解拉环无丢失，作用良好；第一动轮闸瓦间隙符合规定（横向位移时为 5 mm，正常时为 8 mm）	目视 手检 锤检
	6. B车第二动轮及第二轴箱各部检查	参照B车第一动轮制动装置、第一动轮与轴箱的检查内容及要求。增检速度传感器安装牢固，标牌清晰，六角空心螺栓棱角无磨损，连接线良好与车体无接磨，接头连接器无松旷，接线盒支架无裂纹	目视 手检 锤检
	7. B车第二砂箱	砂箱盖完整无损，扣锁良好，关闭严密；箱内砂子干燥，无异物，颗粒均匀；砂箱各部无开焊，撒砂器风管、清扫堵及调整螺栓齐全牢固。砂管防脱吊链安装牢固，管路外观良好，无堵塞，不偏斜，撒砂软管距轨面高度为25～35 mm，撒砂软管与轮对踏面间距为 15～30 mm	目视 手检 锤检
	8. B车蓄电池箱、库用插座、制动指示牌	蓄电池箱外观无破损，接线无松脱，检查孔盖紧固严密。行灯插座安装座无开焊，螺栓紧固，接线无松脱，压盖严密，内部座芯洁净，无烧损灼痕。空气制动和停放制动指示牌外观无破损，风管接头无泄漏，风管卡子无松动	目视 手检 锤检
	9. B车变压器侧部	变压器外观良好，无开焊裂纹。变压器油泵接线无松脱；各油管、卡箍、法兰安装良好，无漏油。 变压器冷却器严密无开焊	目视 手检
	10. B车第三砂箱	砂箱盖完整无损，扣锁良好，关闭严密；箱内砂子干燥，无异物，颗粒均匀；砂箱各部无开焊，撒砂器风管、清扫堵及调整螺栓齐全牢固。砂管防脱吊链安装牢固，管路外观良好，无堵塞，不偏斜，撒砂软管距轨面高度为25～35 mm，撒砂软管与轮对踏面间距为 15～30 mm	手检 锤检 目视
	11. B车第三、四动轮及轴箱各部检查	参照B车第一动轮制动装置、第一动轮与轴箱的检查内容及要求。在第四动轮处增检轮缘华宝油储油罐安装牢固，油箱及轮缘润滑分配器安装牢固，安装座无裂损，螺栓松动者紧固；油管、风管接头安装牢固无泄漏，注油口盖严密	目视 手检 锤检
	12. 侧面检修门	侧墙检修门锁闭良好	目视
	13. 连接部右侧	入库插座箱，箱盖严密，螺栓无松动。 重联插座安装牢固无破损，重联电缆线状态良好；接地线无紧固； 钩提杆无变形，提杆绑扎良好防跳装置良好，车钩装置良好； 各风管塞门位置正确连接状态良好，软管无破损老化，塞门绑扎良好	目视 手检 锤检
	14. A车第四砂箱、第四动轮及第四轴箱各部检查	参照B车第一砂箱、第一动轮制动装置、第一动轮与轴箱的检查内容及要求	
	15. A车第三动轮及第三轴箱、第三砂箱各部检查		
	16. A车蓄电池箱、变压器侧部	蓄电池箱安装牢固，接线无松脱。 变压器外观良好，无开焊裂纹	目视 手检 锤检

续上表

顺序	检查部位	检查内容及要求	方法
走行部右侧	17. A车第二砂箱,第二动轮及第二轴箱各部检查	参照B车第一砂箱、第一动轮制动装置、第一动轮与轴箱的检查内容及要求	目视 手检 锤检
	18. A车第一动轮及第一轴箱、第一砂箱,各部检查		
A车前端部	前端部	参照机车B车前端部检查顺序、内容及要求	
走行部左侧	左侧各部及动轮等	参照走行部右侧各部位检查顺序、内容及要求	
车底部	1. B车排障器内侧	车钩牵引销套无窜动,止退销螺母无松动,开口销完好。钩体托板及缓冲器托板螺栓紧固,钩尾框有无裂纹,弹性胶泥缓冲器无裂纹,无异常磨耗或胶泥泄漏情况。车钩从板与前从板座、缓冲器与变形吸能元件立板之间不许有1 mm以上贯通间隙。从板摩擦部分无缺油和非正常磨损。托板螺栓齐全牢固。 排障器安装牢固,无变形。 自动信号接收装置支架牢固无开焊。接收装置导线无破损、松动、脱落。 自动过分相装置安装螺栓紧固,各部无破损,插座,接线良好。 总风管、列车管、平均管各管路接头无漏风,塞门位置正确。 砂管支架安装牢固。 电子标签支架安装牢固,接线无松脱。 喷淋储水箱严密,各管路无泄漏。 砂箱体完整,无开焊,安装座牢固,螺栓不松动,撒砂阀良好、撒砂器风管、清扫堵及调整螺栓齐全牢固。排石器安装牢固,排石器无开支架无开焊、螺栓紧固,胶皮完整,高度符合标准。扫石胶皮距轨面高度10～15 mm	目视 手检 锤检
	2. B车第一动轮及牵引电机	砂管角度不偏斜。撒砂软管距轨面高度为25～30 mm,撒砂软管与轮对踏面间距为15～30 mm。砂管U形卡子无松动。 轮箍处无裂纹、轮缘符合标准,轮缘厚度23～34 mm。无碾堆。 轮缘喷油嘴位置正确,各管路接头无泄漏。 第一轮对空心轴抱轴箱无裂损;抱轴箱合口螺栓、固定螺栓无松动防缓标记清晰。 牵引电机风道帆布无破损,合口卡子无松动。电机母线无老化、灼痕,定位紧固,夹板螺体齐全、牢固。接线插头、插座严密,无松动;温度传感器接头无松脱,安装牢固。电机外观良好,无裂纹,安装牢固,注油堵无松动、丢失。 齿轮箱箱体安装螺栓无松动,箱体无开焊、裂纹、漏油、变形,油封无漏油,加油口、放油堵齐全无丢失。油位符合标准。 牵引电机悬挂装置放落座安装螺栓无松动,开口销齐全,开度正确;吊坐牢固,吊杆上下连接无松动。电机悬挂橡胶套无老化龟裂;防落座与防落吊座的距离为26 mm	目视 手检 锤检
	3. B车第一动轮单元制动装置及弹停设置背部	制动器外部状态良好,安装螺栓紧固,风管及接头无泄漏和裂纹。制动缸座严密。呼吸套管无老化、破损,上、下闸瓦钎挡销齐全无断裂,闸瓦托调整螺母及紧固螺母无松动。闸瓦安装正确,开口销完好。闸瓦无偏磨、裂纹,厚度不小于10 mm,闸瓦与轮箍踏面的缓解间隙应7～9 mm。调整螺母完整停放制动风缸软管接头安装牢固、无漏风,检查软管无老化、裂损	目视 手检 锤检
	4. B车第二动轮单元制动装置		

续上表

顺序	检查部位	检查内容及要求	方法
车底部	5. B车第二动轮及牵引电机	参照B车第一动轮及牵引电机各部位检查顺序、内容及要求	
	6. 端梁及牵引销座	牵引杆连杆无变形,牵引杆座安装螺栓无松动,各紧固螺栓防缓标记清晰、无错位;牵引座销、橡胶关节及牵引球铰连接结构状态良好,O形圈橡胶套中橡胶无老化、裂纹、鼓胀现象,金属部位无裂纹没有磨损、不超限。防脱钢索连接螺栓紧固。 库用插座接线无松脱	目视 手检 锤检
	7. 变压器下部及蓄电池箱背部	变压器箱体无开焊,无变形,无泄漏。管路安装螺栓紧固。油箱外部状态良好管路、管接头无漏油。 蓄电池箱背部状态完好,无变形	目视 手检
	8. B车第三、四动轮及牵引电机	参照B车第一、二动轮及牵引电机各部位检查顺序、内容及要求	目视 锤触
	9. A、B车连接处	A、B车连接处车钩装置连接良好;各风管塞门位置正确连接状态良好,软管无破损老化,塞门绑扎良好;两车钩牵引销套无窜动,止退销螺母无松动,开口销完好。钩体托板及缓冲器托板螺栓紧固,弹簧箱冲击座、钩尾框有无裂纹,从板摩擦部分无缺油和非正常磨损。托板螺栓齐全牢固	目视 锤触
	10. A车车底各部件	参照B车车底各部位检查顺序、内容及要求	
A车司机室	1. A车司机室左侧	司机室门锁闭作用良好,密封状态良好。司机室左侧侧窗玻璃清洁,作用灵活,锁闭器良好。 左侧侧墙暖风机外观状态良好。前窗玻璃清洁,暖窗器接线无松脱。 6A系统显示屏无破损,按键作用灵活。机车信号各灯罩无破损,完整清洁。 司机室空调出风口无异物堵塞。 制动显示屏、监控显示屏、微机显示屏、CIR显示终端完整清洁安装良好。制动装置仪表清晰明亮,指针位置正确;多功能显示模块仪表玻璃清洁无破损,外观良好。 EBV制动阀安装良好,作用灵活,各手柄位置正确。司机台各扳扭位置正确,无损坏,各功能按钮作用良好。 风笛、警惕按钮安装良好,手动灵活。 换向手柄、调速手柄机械联锁良好,位置正确。 各扳键开关开关自锁良好。 各转换开关、喷淋装置开关作用良好。 操纵台下部柜内各接线无烧损,接头无松动。 脚踏警惕阀、脚踏撒砂阀、脚踏风笛作用良好,左脚炉、膝炉外观状态良好。 路况摄像头状态良好,接线无松脱。 司机座椅安装牢固,扳手良好,作用灵活,司机室灯安装良好	目视 手检
	2. A车司机室右侧及司机室后部	风笛安装良好,手动灵活,作用良好。 司机室右脚炉、膝炉、右侧墙暖风机外观状态良好。 司机室烟雾报警探头和火灾探头、司机室摄像头状态良好。 司机室门锁、手柄齐全,作用良好。 学习司机侧窗玻璃清洁,作用灵活,锁闭器良好。左右后墙暖风机外观状态良好。 学习司机座椅安装牢固,扳手良好,作用灵活。 多功能坐卧两用椅、添乘座椅无破损。 机械间门作用灵活,密封胶条及玻璃压条严密,手柄及锁作用良好。 紧急放风阀、手柄齐全,位置正确。端子柜内各接线无破损,接头安装牢固。 后墙暖风机外观状态良好	目视 手检

续上表

顺序	检查部位	检查内容及要求	方法
A车机械间左侧	1. 微机柜	微机柜上部接线无松脱,绑扎良好。 蓄电池电压表清晰明亮,指针位置正确,辅助压缩机按钮、蓄电池上电、蓄电池切除按钮作用良好,库用开关、紧急制动隔离开关位置正确,作用良好。行灯插座螺栓紧固,压盖严密,内部座芯洁净,无烧损灼痕。 各低压电源自动开关均向上闭合	目视
	2. 6A设备柜	6A系统主机安装牢固,外观完好、无异常,各插头连接到位、无松动,各端子接线正确、无松动;高压绝缘检测装置显示屏无破损	目视
	3. 牵引变流柜	主变流器外观良好,各盖板均盖好,螺栓处于紧固状态,水位表水位符合规定,观察窗明亮清晰	目视
	4. 升弓气阀板及高压接地开关	升弓气阀板上的各管路接头无泄漏,单向节流阀、精密调压阀、安全阀无泄漏,升弓电磁阀外观良好,接线无松脱,开关位置正确;受电弓隔离塞门RB(IS)PT位置正确。 主断路器下方防护罩无破损,主断塞门位置正确,接线无松脱。 高压接地开关应在正常位,黄钥匙互锁良好,接线无松脱	目视 手检
	5. 复合冷却塔	检查孔盖螺栓无松动,油管接头无松动放油阀紧固无漏油。观察孔清洁明亮。油路与冷却水路无泄漏。 机械间摄像头安装牢固,接线无松脱,状态良好	目视 手检
	6. 无线电台柜	自动过分相装置安装牢固,接线无松脱,电度表外观无破损;列尾控制台、光闪控制箱、空调控制箱接线无松脱。 配重箱螺栓齐全紧固	目视 手检
	7. 通用柜、高压隔离开关	电钥匙箱上十把绿色钥匙位置正确,无断把现象;除库用开关外其他断路开关均向上闭合;防护网无破损。 高压隔离开关手柄位置正确。钥匙孔无堵塞;接线无松脱	目视 手检
	8. 安全设备柜	机车综合无线通信设备CIR主机接线无松脱,开关位置正确。 LKJ2000型监控主机、机车安全监控装置TAX2箱及机车信号车载系统安装牢固,接线无松脱。 复轨器安装稳固,螺栓齐全	目视 手检
	9. 牵引通风机、机械间风机组	牵引通风机及风道外观良好,各安装螺栓齐全紧固,接线无松动无烧损,接地线连接紧固	目视 手检
	10. 紧急中继阀	紧急中继阀各接头无泄漏,接线无松脱,塞门位置正确	目视 手检
	11. 生活设备柜	柜门锁闭严密,冰箱、电磁炉安装牢固,作用良好	目视 手检
连接处	A、B车连接处	照明设备良好,连接胶皮完整无破损。连接处门锁闭作用良好	目检
B车机械间左侧	1. 机械间检修门	检修门锁闭严密,各部无破损	目视
	2. 工具柜	工具箱外观完好,柜门锁闭严密,工具齐全,信号用具,防护用品齐全完好	目视
	3. 辅助变流柜	辅助变流柜外观良好,确认各空气开关均向上闭合,位置正确,接线无松脱	目视
	4. 车顶门	车顶门锁闭良好,钥匙锁互锁良好;扶梯安装牢固	目检
	5. 牵引变流器	主变流器外观良好,各盖板均盖好,螺栓处于紧固状态,水位表水位符合规定,观察窗明亮清晰	目视

续上表

顺序	检查部位	检查内容及要求	方法
B车机械间左侧	6. 复合冷却器塔	检查孔盖螺栓无松动,油管接头无松动放油阀紧固无漏油。观察孔清洁明亮。油路与冷却水路无泄漏。 机械间摄像头安装牢固,接线无松脱,状态良好	目视
	7. 升弓气阀板及高压接地开关	升弓气阀板上的各管路接头无泄漏,单向节流阀、精密调压阀、安全阀无泄漏,升弓电磁阀外观良好,接线无松脱,开关位置正确。 高压接地开关应在正常位,黄钥匙互锁良好,接线无松脱。 主断路器下方防护罩无破损,主断塞门位置正确,接线无松脱	目检
	8. 制动柜	制动柜上部各接线无松脱,绑扎良好;BCU 制动控制单元,安装牢固,接线无松脱。 分配阀无泄漏,手柄作用良好;总风/分配阀隔离塞门位置正确;中继阀无漏风。 一次缓解/阶段缓解塞门位置正确,其模块安装牢固各部无泄漏,分配阀电控模块接线无松脱,安装牢固;无动力回送塞门与重联塞门安装牢固,塞门位置正确。小闸隔离塞门位置正确,其模块安装牢固接线无松脱。 平均管重联塞门安装牢固,塞门位置正确;小闸电控模块、小闸中继、平均管中继安装牢固,接线无松脱。 司机控制阀、转向架中继阀、紧急排风阀等各阀件安装牢固无泄漏;停放制动隔离塞门,Ⅰ、Ⅱ架制动缸塞门,紧急排风隔离塞门,总风隔离塞门位置正确;各继电器接线良好。 各管路接头无漏风	目视 手检
	9. 气动柜	气动柜上各管路接头无漏风;辅助供风气动阀(蓝色钥匙)位置正确;各压力开关外罩无破损;主断吹扫塞门开放位;轮缘隔离塞门与管路平行;撒砂系统塞门位置正确;总风缸供风隔离阀、辅助供风隔离阀、总风管供风备份阀塞门位置正确,调压阀调整压力符合规定,过滤器排水塞门作用良好。机车防寒制动加热装置开关位置正确,接线无松脱,总风过滤器管路接头无泄漏	目视 手检
	10. 总风缸及空气压缩机	控制风缸、总风缸安装牢固,各管路连接完好,各接头无泄漏,各部螺栓紧固,各管路接头紧固,塞门位置正确。 空压机安装牢固螺栓无松动。电机安装及接线良好。散热器风扇良好。各管路无泄漏,进气过滤器无堵塞,玻璃球油表清晰,油位正常,加油口开关良好。 检查进气止回阀、最小压力阀、安全阀,油温控制阀、温度传感器安装状态良好。 总风安全阀、空压机安全阀安装及铅封良好	目视 手检
	11. 干燥器及辅助压缩机组	辅助压缩机安装螺栓紧固,电路连线牢固且与其他接触部件无磨损,表面清洁良好,各管路无泄漏,接线无松脱。 空气干燥器安装螺栓无松动,各单元无泄漏;电控器安装牢固,接线无松脱,电源开关位置正确	目检 手检
	12. 牵引通风机、机械间风机组	牵引通风机及风道外观良好,各安装螺栓齐全紧固,接线无松动无烧损,接地线连接紧固	目视 手检
右侧	机械间右侧走廊设备	参照机械间左侧走廊各部位检查顺序、内容及要求 A 车增检卫生间:照明灯明亮,排气扇作用良好,无漏气漏水现象。清洁无异物	

(十)HXD3D 型电力机车检查作业程序

HXD3D 型电力机车走行部检查步骤示意图如图 1-1 所示。

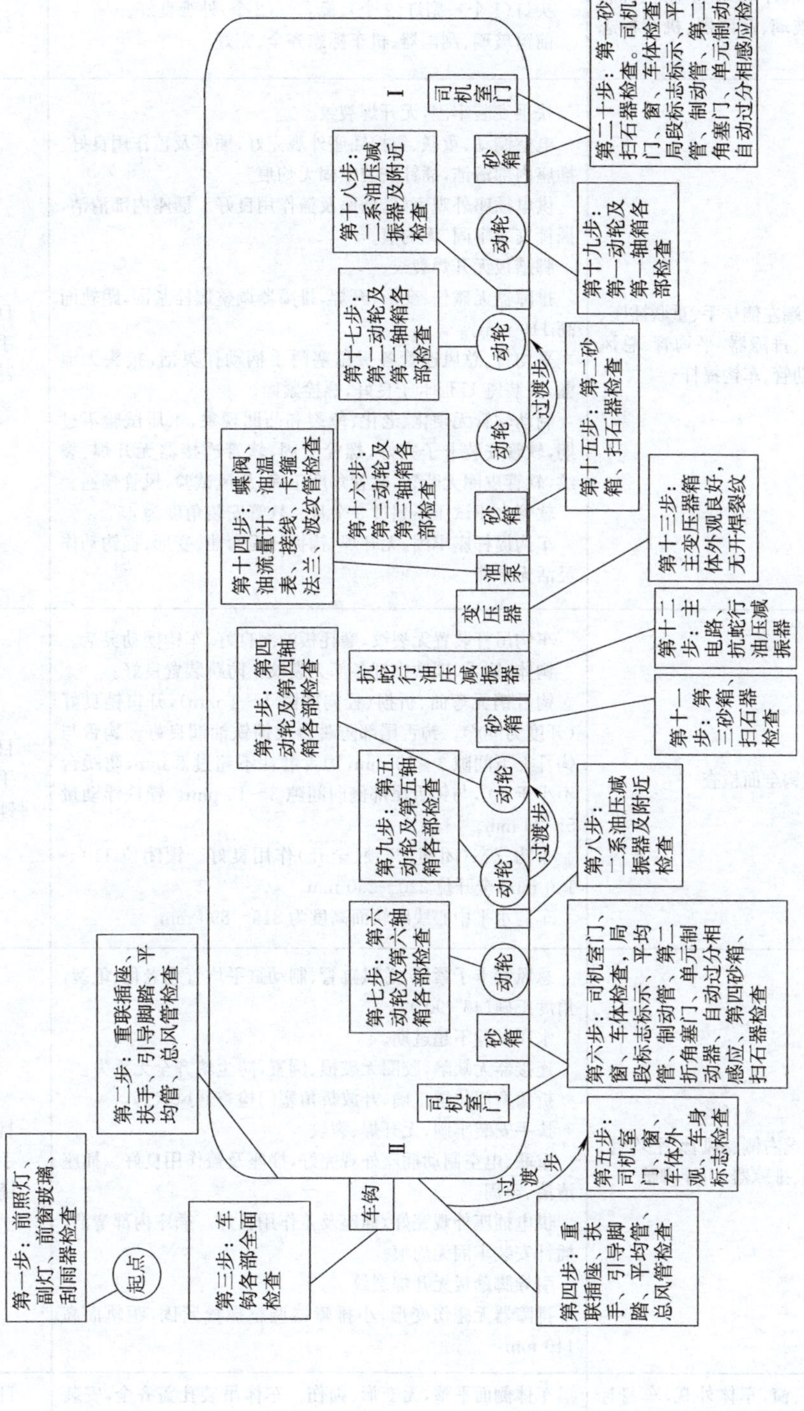

图 1-1 HXD3D 型电力机车走行部检查步骤示意图

1. HXD3D 型电力机车走行部检查项目及要求

作业顺序	检查部位	检查内容及要求	检查方法
1	Ⅱ端前端外观头灯、副灯、标志灯、前窗玻璃、刮雨器、机车标志检查	头灯(1个)、副灯(2个)、标志灯(2个)外观良好。 前窗玻璃、刮雨器、机车标志齐全、完好	目检
2	Ⅱ端前端左侧扶手、重联插座、引导脚踏、排障器、平均管、总风连管、制动管、车钩提杆	扶手安装牢固,无开焊裂纹。 电空制动、重联、集控插座外观完好,插座及盖作用良好。插座内部清洁,插针安装牢固无灼痕。 供电插座外观完好,插座及盖作用良好。插座内部清洁,插针安装牢固、无灼痕。 脚踏板无开焊裂纹。 排障器无碰伤、变形、开焊,排障器调整螺栓紧固,距轨面高 110 mm。 平均管、总风连管各折角塞门手柄动作灵活,接头无泄漏,安装座U形卡子良好,螺栓紧固。 制动软管无硬化、老化、龟裂和凸凹现象,水压试验不过期,软管安装卡子完好,螺栓紧固,软管连接器无开焊、裂纹,软管皮圈无断裂,软管角度正确,放风试验,风管畅通。 软管水压试压不超过3个月。软管安装角度为45°。 车钩提杆座牢固,无开焊,钩提杆无弯曲、变形,提钩动作灵活无卡滞	目视 手检 锤检
3	Ⅱ端车钩全面检查	车钩吊杆装置无裂纹,磨耗板油润良好,车钩摆动灵活。 钩体、钩舌、锁铁推杆各部无裂纹。防跳装置良好。 钩舌销无弯曲、折损(径向间隙 1～4 mm),开口销良好(开度为60°)。钩舌尾部防跳台及锁铁油润良好。钩舌与钩耳上下间隙 8～10 mm,钩舌磨耗不超过 8 mm,防跳台不小于 90°,与钩舌尾部侧向间隙 3～15 mm。锁铁浮动量 5～20 mm。 车钩三态(闭锁、开锁、全开)作用良好。锁闭位 110～130 mm,全开位 220～250 mm。 车钩水平中心线距轨面高度为 815～890 mm	目视 手检 锤检
4	Ⅱ端前端右侧总风管、平均管、重联插座、排障器、引导脚踏	总风管卡子紧固,总风缸管、制动缸平均管无老化、龟裂,角度正确(45°、90°)。 水压试验不超过期。 连接器无缺陷,胶圈无破损、倒置,防尘堵齐全无丢失。 折角塞门位置正确,开放折角塞门检查通风状态。 扶手安装牢固,无开焊、裂纹。 重联、电空制动插座外观完好,插座及盖作用良好。插座清洁、牢固。 供电插座外观完好,插座及盖作用良好。插座内部清洁,插针安装牢固无灼痕。 引导脚踏板无开焊裂纹。 排障器无碰伤变形,小排障器调整螺栓紧固,距轨面高 110 mm	目视 手检 锤检
5	机室门、窗,车体外观,车身标志检查	车体侧面平整,无变形、损伤。车体吊装孔盖齐全,安装良好	目视 手检

续上表

作业顺序	检查部位	检查内容及要求	检查方法
6	机车门、窗、标志及附属设备、制动管、平均管第二折角塞门,自动过分相感应器,排石器,第四砂箱,脚蹬检查	机车门、窗、标志及附属设备外观良好。 砂箱盖完整无损,扣锁良好,关闭严密。箱内砂子干燥,无异物,颗粒均匀。 制动管、总风管、平均管防撞塞门安装良好,位置正确。 机车自动信号装置及自动过分相装置,安装架螺栓紧固,接线无松脱。 排石器安装良好,符合标准,胶皮无破损。 排石器距轨面高 70～80 mm 扫石胶皮距轨面 10～15 mm。 砂箱外观良好,安装螺栓无松动,箱体无开焊。砂箱加热装置外观良好,电线无断线。砂管支架安装牢固,管路外观良好,无堵塞,不偏斜,距轨面高度符合标准。 撒砂胶皮管距轨面高度为 30～55 mm	目视 手检
7	第六动轮及第六轴箱各部检查	轮盘式制动单元系统安装牢固,夹钳作用良好,无开焊裂纹,吊杆及各螺栓无松动,单元制动缸无泄漏,缓解良好,活塞杆复位时,不得有卡滞现象,制动缸间隙调整器良好,闸瓦与制动盘缓解间隙 4 mm,制动盘不得有明显的台阶沟槽、拉伤。制动盘厚度 52.5 mm,磨耗不超过 1 mm,动作灵活,空气管路无泄漏。 一系弹簧无断裂、压死。 制动盘的摩擦面的摩擦限度为每侧 5 mm。凹面不超过 2 mm,热裂纹不超过 65 mm。注:检查时不得敲打制动盘的任何部位。 动轮踏面无剥离、擦伤、裂纹。制动器外观良好,闸瓦无裂纹、偏磨、不到限,闸瓦卡子作用良好。 轴箱状态良好,内外螺栓牢固,无漏油,无裂纹。 轴箱拉杆连体状态良好,橡胶关节无老化、裂纹和挤出。 轴箱接地线断股面积不超过 10%,无松脱现象。 一系油压减振器无漏油 ,上下安装支架无裂纹,安装螺栓牢固。 轮缘喷油嘴支架安装牢固。 轮缘润滑储油罐安装牢固,风管油管无老化	目视 手检
8	二系油压减振器各部	转向架右构架各部焊波无开焊。 转向架垂直支撑二系弹簧无裂纹,橡胶座无老化、龟裂。 二系油压减振器无漏油,安装螺栓齐全紧固,上座及托板无裂纹,上罩与车体不接磨	目视 手检
9	第五动轮及第五轴箱各部检查	横向止挡作用良好,间隙正常。车体与构架间接线安装良好。 轮盘式制动单元系统安装牢固,夹钳作用良好,无开焊裂纹,吊杆及各螺栓无松动,单元制动缸无泄漏,缓解良好,活塞杆复位时,不得有卡滞现象,制动缸间隙调整器良好,闸瓦与制动盘缓解间隙 4 mm,制动盘不得有明显的台阶沟槽、拉伤。制动盘厚度 52.5 mm,磨耗不超过 1 mm,动作灵活,空气管路无泄漏。 制动盘的摩擦面的摩擦限度为每侧 5 mm。凹面不超过 2 mm,热裂纹不超过 65 mm。注:检查时不得敲打制动盘的任何部位。	目视 手检

续上表

作业顺序	检查部位	检查内容及要求	检查方法
9	第五动轮及第五轴箱各部检查	动轮踏面无剥离、擦伤、裂纹。制动器外观良好，闸瓦无裂纹、偏磨、不到限，闸瓦卡子作用良好。轴箱状态良好，内外螺栓牢固，无漏油，无裂纹。 轴箱拉杆连体状态良好，橡胶关节无老化、裂纹和挤出，前后弹簧装置无裂纹。 一系弹簧无断裂、压死。 轴箱接地线断股面积不超过10%、无松脱现象。 轴箱止挡无开焊裂纹	目视 手检
10	第四动轮及第四轴箱各部检查	轮盘式制动单元系统安装牢固，夹钳作用良好，无开焊裂纹，吊杆及各螺栓无松动，单元制动缸无泄漏，缓解良好，活塞杆复位时，不得有卡滞现象，制动缸间隙调整器良好，闸瓦与制动盘缓解间隙4 mm，制动盘不得有明显的台阶沟槽、拉伤。制动盘厚度52.5 mm，磨耗不超过1 mm。动作灵活，空气管路无泄漏。 制动盘的摩擦面的摩擦限度为每侧5 mm。凹面不超过2 mm，热裂纹不超过65 mm。注：检查时不得敲打制动盘的任何部位。 动轮踏面无剥离、擦伤、裂纹。制动器外观良好，闸瓦无裂纹、偏磨、不到限，闸瓦卡子作用良好。轴箱状态良好，内外螺栓牢固，无漏油，无裂纹。 轴箱状态良好，内外螺栓牢固，无漏油，无裂纹。 轴箱拉杆连体状态良好，橡胶关节无老化、裂纹和挤出，前后弹簧装置无裂纹。 一系弹簧无断裂、压死。 轴箱接地线断股面积不超过10%、无松脱现象。 一系油压减振器无漏油 ，上下安装支架无裂纹，安装螺栓牢固	目视 手检
11	第三砂箱、撒砂装置检查	砂箱外观良好，安装螺栓无松动，箱体无开焊，上车脚蹬无开焊变形，砂箱盖完整无损，扣锁良好，关闭严密。 箱内砂子干燥，无异物，颗粒均匀。 砂箱加热装置外观良好，电线无断线，砂管支架安装牢固，管路外观良好，无堵塞，不偏斜，距轨面高度符合标准。 撒砂胶皮管距轨面高度为30～55 mm	目视 手检
12	主电路插座、抗蛇行油压减振器	主电路、控制电路入库插座安装座无开焊，螺栓紧固，压盖严密，座芯洁净，无烧损。接线无破损，松脱。 端梁处抗蛇行油压减振器安装牢固，螺栓无松动，无漏油现象	目视 手检
13	变压器	变压器外观良好，无开焊裂纹。支架吊装螺栓无松动	目视 手检
14	油泵	变压器油泵支架、接线、弹性连接管、流量计、蝶阀完好。 加油口、放油口阀无泄漏，手轮铅封良好。 各油管、卡箍、法兰安装良好，无漏油	目视 手检

2. HXD3D型电力机车下部检查项目及要求

作业顺序	检查部位	检查内容及要求	检查方法
1	Ⅱ端车钩下部及缓冲装置	钩体托板及缓冲器托板螺栓是否紧固,弹簧箱冲击座、钩尾框有无裂纹,从板摩擦部分是否缺油和非正常磨损	目视 锤触
	排障器	安装螺栓牢固,无开焊裂纹。排障器距轨面的高度为110 mm	锤击
	自动信号接收线圈及自动过分相装置	各安装螺栓紧固,各部无破损,插座、接线良好	目视 手动
	车底照明灯	安装牢固,玻璃罩完好,灯泡良好	目视
	车钩前部管路	总风管、列车管、平均管各管路接头无漏风,塞门位置正确,橡胶无老化/裂纹痕迹,安装牢固	目视 锤触
	牵引梁前部	检查各紧固件螺栓无松动,防缓线无位移。牵引销、橡胶关节及托板状态良好,O形圈没有磨损、不超限	目视
2	排石器	安装牢固,排石器无开支架无开焊、螺栓紧固,胶皮完整,高度符合标准。 扫石胶皮距轨面高度10～15 mm	目视
	左右第四砂箱背部	箱体完整,无开焊,安装座牢固,螺栓不松动,撒砂阀良好、砂管支架安装牢固、砂管角度不偏斜	目视 锤触
	第六动轮轮盘制动单元及弹停设置背部	制动器外部状态良好,安装螺栓紧固,来风管及接头无泄漏和裂纹。 轮盘式制动单元安装牢固,螺栓无松动,单元制动缸无泄漏,缓解良好,活塞杆复位时,不得有卡滞现象,制动盘不得有明显的台阶沟槽、拉伤。闸瓦吊杆、支架无开焊、裂纹。弹停拉钩灵活。 制动盘的摩擦面的摩擦限度不大于5 mm。注:检查时不得敲打制动盘的任何部位	目视 锤触 手检
3	二转向架前部	构架无裂纹、变形、开焊,各风管及卡子无松动,无破损漏风	目视 锤检 手检
	第六动轮轮对	轮箍无裂纹,轮缘符合标准,无碾堆,轮箍,轮心结合良好,无移位。 牵引电机大线无磨耗、灼痕,定位紧固。轮缘厚度23～34 mm	目视 测量
	第六动轮齿轮箱	箱体安装螺栓无松动,箱体无开焊、裂纹、漏油、变形,油封无漏油,油位符合标准,油堵不漏油,安装紧固	目视 手动 锤触
	第六轮对踏面清扫装置(部分机车未安装此装置)	踏面清扫制动装置,安装螺栓牢固,制动器外观良好,闸瓦无裂纹,偏磨、不到限,闸瓦穿销有开闭销良好	目视 手动锤检
	第六牵引电机	电机风道干净,无油泥,电机外观良好,无裂纹,安装牢固	目视 手动
4	第六牵引电机悬挂装置	悬挂座无裂纹、开焊,连接杆、吊杆无裂纹,橡皮垫无裂纹,下部螺母开口销安紧固、齐全,防落板无断裂、变形	目视 锤触
	第二转向架牵引销座	检查各紧固件螺栓无松动、防缓线无位移。牵引销、橡胶关节及托板状态良好,O形圈没有磨损、不超限	目视 锤触

3. HXD$_3$D 型电力机车上部检查顺序、项目及要求

作业顺序	检查部位	检查内容及要求	检查方法
1	Ⅰ端司机室门窗	(1)侧窗玻璃清洁，作用灵活，锁闭器良好。 (2)司机室门锁、手柄齐全，作用良好。司机室左侧墙暖风机外观状态良好。 (3)柜门个转化开关位置正确，转动灵活。柜门后部接线无松脱，柜内部接线紧固无松脱、灼痕，各插头、插座插接正确可靠	目视 手检
2	司机侧座椅、司机室灯	司机座椅安装牢固，扳手良好，作用灵活，司机室灯安装良好	
3	机车信号、操纵台仪表玻璃、微机显示屏、制动显示屏、大闸及小闸手柄位置、各扳钮位置	(1)6A 系统显示屏、机车信号完整清洁。 (2)前玻璃清洁，暖窗器接线无松脱，司机室空调出风口无异物堵塞。 (3)制动显示屏、监控显示屏、微机显示屏、CIR 显示终端完整清洁安装良好。压力组合模块、多功能显示模块仪表玻璃清洁，风表期限为三个月，其他仪表六个月从左至右。 (4)EBV 制动阀、备用制动手柄安装良好，作用灵活，各手柄位置正确。司机台各扳扭位置正确，无损坏。 (5)风笛、警惕按钮安装良好，手动灵活。 (6)换向手柄、司机控制器、警惕按钮良好，机械联锁良好，位置正确。接线无松动。 (7)各扳键开关及转换开关作用良。 (8)脚踏警惕阀、脚踏撒砂阀、脚踏风笛作用良好，左脚炉、膝炉外观状态良好。 (9)路况摄像头、司机盹睡摄像头等状态良好。 (10)司机室右脚炉、膝炉、右侧墙暖风机外观状态良好	
4	副司机侧座椅	副司机座椅安装牢固，各扳手良好，作用灵活。司机室烟雾报警探头和火灾探头、司机室摄像头状态良好	目视 手检
5	司机室门窗、电热器	(1)司机室门锁、手柄齐全，作用良好。 (2)侧窗玻璃清洁，作用灵活，锁闭器良好。左右后墙暖风机外观状态良好	目视 手检
6	机械间门、紧急放风阀、空调进风装置	(1)机械间门作用灵活，密封胶条及玻璃压条严密，手柄及锁作用良好。 (2)紧急放风阀、手柄齐全，位置正确	目视 手检
7	微机柜	查微机柜检查外观完好、无异常，各插头连接到位、无松动，各端子接线正确、无松动	目视 手检
8	端子柜	各端子接线正确、无松动	目视 手检
9	6A 系统柜	外观完好、无异常，各插头连接到位、无松动，各端子接线正确、无松动	目视 手检
	空气压缩机 1、空气干燥器 1 及空气辅助控制箱 1、双管供风装置等	空气压缩机 1、空气干燥器 1 及空气辅助控制箱 1 等外观良好、接线正确，无漏油等现象。双管供风装置塞门位置正确。检查空气辅助控制箱 1 内升弓气路板 1、升弓电磁阀 1、高音风笛电磁阀、低音风笛电磁阀及前架轮喷电磁阀外观良好，接线正确	

续上表

作业顺序	检查部位	检查内容及要求	检查方法
10	第一牵引通风机	牵引通风机及风道外观良好,各安装螺栓齐全紧固,接线无松动、无烧损	目视 手检
	高压网侧柜	高压柜锁闭良好,各螺栓无松动,外观良好,接线正确	
11	高压网侧柜、接地开关及主断路器	(1)高压柜锁闭良好。各螺栓无松动。 (2)外观良好,接线无松脱。 (3)高压接地开关应在正常位。 (4)主断路器外观良好、接线无松脱	目视 手检
	高压柜及车顶门、扶梯	(1)高压柜锁闭良好。各螺栓无松动。 (2)车顶门锁闭良好。 (3)车顶门锁闭,黄钥匙互锁良好。 (4)扶梯安装牢固	
	供电柜 1	供电柜外观良好,接线正确	
12	电源柜、滤波柜	蓄电池充电装置、蓄电池柜外观良好	目视 手检
	低压柜	控制电器柜、各开关、空气断路器良好,并在规定位置	
13	第一冷却塔	(1)复合冷却塔安装螺栓无松动,接线无松脱、烧损。风道良好。 (2)各管件无破损,法兰及螺栓无松动。水流量计状态良好	目视 手检
	主辅变流器 1/2	变流柜 1、变流柜 2 的各盖板均盖好,螺栓处于紧固状态,与主变压器间的导线连接良好,布赫继电器接线正常,无松动	
	第二冷却塔	(1)复合冷却塔安装螺栓无松动,接线无松脱、烧损。风道良好。 (2)各管件无破损,法兰及螺栓无松动。水流量计状态良好	
14	卫生间	卫生间门锁闭器良好,内部设施完好、清洁	目视 手检
	第三方设备柜	各设备作用良好,各插头插接到位无松动	
15	总风缸	总风缸安装牢固,各管路连接完好,各接头无泄漏。各塞门位置正确。各排水阀应在关闭位	目视 手检
	供电柜	供电柜外观良好,接线正确。高温探头外观良好	
16	空气辅助控制箱 2	检查空气辅助控制箱 2 内升弓气路板 2、升弓电磁阀 2、高音风笛电磁阀、低音风笛电磁阀及后架轮喷电磁阀外观良好,接线正确	目视 手检
	空气压缩机 2	(1)空压机安装螺栓无松动。 (2)电机安装及接线良好。 (3)进气过滤器无堵塞。 (4)真空指示器无变红。 (5)油位表玻璃清晰,油位在刻线以上。 (6)加油口盖密封良好。 (7)排油管堵无泄漏。 (8)冷却散热系统良好。 (9)各管路无泄漏。 (10)安全阀安装及铅封良好	
	空气干燥器 2	空气干燥器安装螺栓无松动,各单元无泄漏,油水分离器、自动排水阀良好	

续上表

作业顺序	检查部位	检查内容及要求	检查方法
17	第二牵引通风机	牵引通风机及风道外观良好，各安装螺栓齐全紧固，接线无松动无烧损	目视 手检
	制动柜	(1)总风缸塞门在开放位。 (2)列车管控制部分(BPCP)安装接线良好。 (3)均衡风缸控制部分(ERCP)安装接线良好，无动力塞门在关闭位。 (4)16 号管控制部分(16CP)安装及接线良好。 (5)20 号管控制部分(20CP)安装及接线良好。 (6)制动缸控制部分 BCCP 安装良好，DBI 电磁阀安装及接线良好。 (7)13 号管控制部分(13CP)安装及接线良好。 (8)电源接线盒(PSJB)安装及接线良好。 (9)DBT 安装牢固，制动缸塞门在开放位。 (10)弹停电磁阀(作用、缓解)及接线良好。 (11)弹停塞门及制动风缸塞门在开放。 (12)辅助空气压缩机及风缸、塞门、压力表安装牢固，油位符合标准，电机接地完好。 (13)IPM 各接线无松动	
18	端子柜	各端子接线正确、无松动	目视 手检
	工具柜	外观良好，锁闭良好	
19	Ⅱ端司机室检查	同上	目视 手检

二、机车试验

(一)HXD1C 型电力机车高、低压试验程序

1. 准备工作

第一步：

(1)所有检修，检查工作已经完成，人员已全部处于安全地点。

(2)库内进行实验时，机车应停于有接触网的线路上，撤除接地线，闭合接触网隔离开关。

(3)大闸置运转位、小闸置制动区，机车制动缸压力 300 kPa，停放制动置制动位防止机车溜逸。

(4)机车总风缸压力应在 900 kPa 以上，各塞门位置正确。

(5)确认换向手柄，调速手柄置 0 位，电钥匙断开位。

(6)确认主、辅变流柜门锁闭良好，走廊各室门、车顶门锁闭到位。

(7)确认机车高压接地开关，高压隔离开关在正常运行位置。

(8)确认司机室及低压柜各控制开关和模式选择开关在正常运行位。

(9)闭合低压柜所有单极、双极和三相自动开关，闭合控制电源柜所有自动开关。

(10)确认机械室、制动柜空气管路各塞门在机车正常运行位置,制动柜升弓气路阀U99上的蓝钥匙应转向竖直位,打开升弓气路。

第二步:

闭合电钥匙;看制动屏是否激活,查看制动屏工作状态(本机,不补风)。检查微机显示屏(主要数据、网络、辅助系统、工作状态、升弓、主断、列车参数)。

2. 试验顺序及活项

第一步:电钥匙给不上

(1)F105ZK断开;辅助判断:在没有闭合电钥匙前,制动屏信息显示司机室转换惩罚制动,闭合电钥匙后,制动屏信息显示变为安全惩罚。

(2)F107ZK断开;辅助判断同F105。

(3)VCM1、VCM2ZK同断;辅助判断:在没有闭合电钥匙前制动屏信息显示司机室转换惩罚制动,闭合电钥匙后,制动屏信息显示不变。

第二步:受电弓升不起

(1)紧急按钮按下在紧急位;辅助判断:制动屏有动力切除和非CCBⅡ引起的紧急制动信息提示。

(2)受电弓转换模式开关在前弓位;辅助判断:升弓时升起的为操作端的受电弓。

(3)K74、K75塞门关闭;辅助判断:按压微机复位按钮2~3次,再次给升弓扳钮,升起前弓。

(4)F114、TCUI、TCU2、U99没有明确的区分判断方法。

(5)F112ZK断开;辅助判断:蓄电池电压低于77 V。

第三步:主断路器无法闭合

(1)F01ZK断开;辅助判断:网压表无网压显示。

(2)U43红色塞门关闭、TCU1和水泵2或TCU2和水泵1自动开关断开,无明确判断方法。

第四步:辅机不起

(1)F113ZK断开;辅助判断:控制电压表控制电压为0。

(2)ACU1、ACU2ZK同断,Q21、Q22ZK同断,现象一样,不能区分。

第五步:压缩机不启动或不打风

(1)压缩机自动开关Q23、Q24ZK同断;辅助判断:两台压缩机不启动,总风不上升。

(2)压缩机自动开关Q23、Q24ZK只断开一个时辅助判断:总风上升缓慢,听压缩机启动声来判断。

(3)A10塞门关闭时辅助判断:压缩机打风总风不上升,给压缩机强泵后延时5 s后走廊有排风声。

(4)A2O 塞门关闭时辅助判断:如果只关闭一个,总风上升,给强泵后,走廊立即有连续间断的排风声;如果两个都关闭,总风不上升,给强泵后,走廊立即有连续间断的排风声。

第六步:制动机试验

现象:大、小闸不缓解。

原因:(1)F132(辅助判断:制动屏无表针,代码 090)。

(2)A24 塞门(辅助判断:制动屏总风压力 0)。

(3)F131(辅助判断:制动屏满天星)。

(4)F133(辅助判断:制动屏黑屏)。

(5)20CP(辅助判断:小闸不能缓解,制动屏代码 062)。

(6)13CP(辅助判断:全制位以前大、小闸正常,重联位和紧急位小闸只能侧缓到 420)。

(7)J100B 接线(辅助判断:看制动屏显示代码 085)。

(8)J102 接线(辅助判断:制动屏无表针,代码 090 走廊有排风声,排风声比 F132 短)。

(9)J103(辅助判断:看制动屏代码 100)。

(10)BPCP(辅助判断:看制动屏代码 016)。

(11)16CP(辅助判断:看制动屏代码 052)。

(12)J101(辅助判断:制动屏显示断开制动柜 ABCB 开关,代码 090 走廊有排风声,排风声比 F132 长)。

(13)非端大闸紧急位(辅助判断:看制动屏代码 014)。

(14)Z10 塞门(小闸无压力显示)。

第七步:停放制动施加无效

(1)B40 塞门关闭;辅助判断:司机室按压停放制动施加红色按钮,红灯亮。但是走廊只有电器动作声,没有排风声,按压绿色缓解按钮,红灯灭。

(2)F130ZK 断开;辅助判断:司机室停放制动施加按钮,红灯不亮,按压风笛时,风笛不响。

(3)F156ZK 断开时;辅助判断:如果停放制动提前施加,再断开 F156ZK,司机室停放制动红色按钮亮,按压绿色缓解按钮时,红灯不灭。如果停放制动没有施加,断开 F156ZK 后,按压停放制动施加按钮,红灯不亮。

处理方法:恢复。

第八步:24 V 电源

现象:司机室记点灯不亮。

原因:24 V 电源自动开关断开。

处理方法:恢复 24 V 电源自动开关。

第九步:牵引试验

前位牵引,前位制动,后位牵引,后位制动。

(1)现象:某一牵引电机无牵引力。

原因:某一牵引电机转换开关在切除位。

处理方法:恢复电机转换开关运位。

(2)现象:某一牵引电机无牵引力。

原因:某一牵引风机开关在断开位。

处理方法:恢复牵引风机开关。

(3)现象:某一架无牵引力。

原因:TCU1 或 TCU2 断开位。

处理方法:恢复 TCU1 或 TCU2 开关。

紧急驾驶,连挂模式。

高低压试验结束。

备注:在高低压试压里面第一步电器动作试验正常后必须做制动机试压,防止牵引试压时机车无制动。在牵引试压前做停放制动试压看停放制动是否正常防止牵引封锁。

CCBⅡ制动机"五步闸"检查方法见表 1-2。

表 1-2　CCBⅡ制动机"五步闸"检查方法

步骤	设置	自动制动手柄							单独制动手柄				检查内容
		运转	初制	制动	全制	抑制	重联	紧急	侧缓	运转	制动	全制	
1	本机\不补风	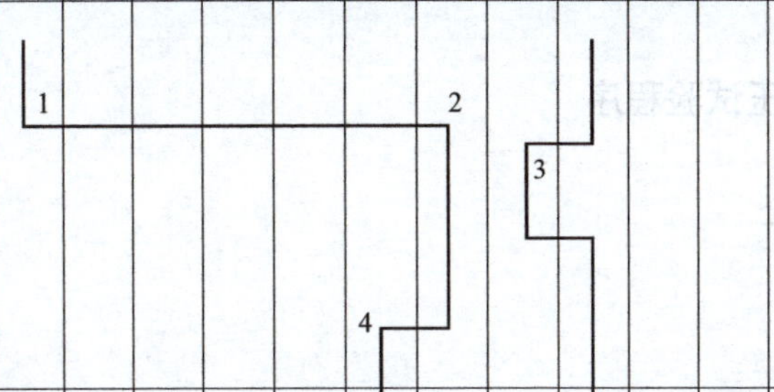											1. 总风压力750~900 kPa，制动缸压力0，均衡风缸压力500 kPa，制动主管压力500 kPa； 2. 制动主管压力在3 s内降为0，制动缸在3~5 s内升至200 kPa，并继续增压至450 kPa，均衡风缸压力降为0，紧急制动倒计时60 s开始； 3. 制动缸压力下降为0，手柄复位后制动缸压力恢复； 4. 60 s倒计时结束后操作，制动主管、均衡风缸、制动缸压力不变
2	本机\不补风	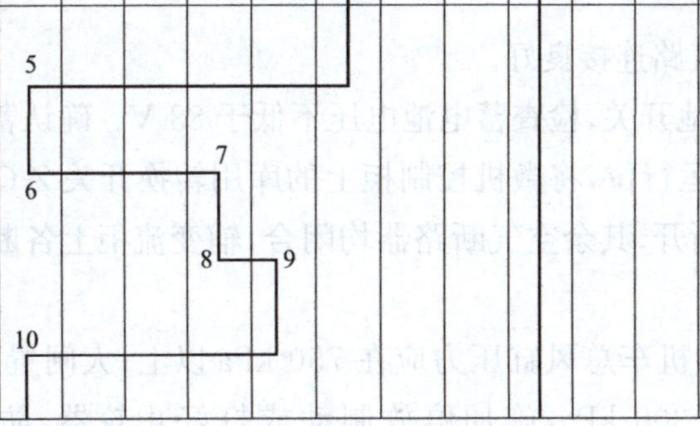											5. 均衡风缸增压至500 kPa，制动主管增压至480 kPa不大于9 s，制动缸压力下降为0； 6. 等60 s使系统各风缸充满风； 7. 均衡风缸在5~7 s减压到360 kPa，制动主管减压到均衡风缸压力±10kPa，制动缸6~8 s增压到360 kPa； 8. 保压1 min，均衡风缸压力泄漏不大于7 kPa，制动主管压力泄漏不大于10 kPa，制动缸压力变化不大于25 kPa； 9. 各压力无变化； 10. 均衡风缸增压至500 kPa，制动主管压力500 kPa，制动缸压力下降为0

续上表

步骤	设置	自动制动手柄							单独制动手柄				检查内容
		运转	初制	制动	全制	抑制	重联	紧急	侧缓	运转	制动	全制	
3	本机\不补风	14	11				13		12				11. 充满风后，均衡风缸减压50 kPa，制动主管减压到均衡风缸压力的±10 kPa，制动缸增压到70~110 kPa； 12. 制动缸压力下降为0，手柄复位后制动缸压力不恢复； 13. 均衡风缸以常用制动速率降为0，制动主管减压至55~85 kPa后保持，制动缸增压至450 kPa； 14. 均衡风缸增压至500 kPa，制动主管压力500 kPa，制动缸压力下降为0
4	本机\不补风			19						16 18		15 17	15. 阶段制动，制动缸压力阶段上升，全制动制动缸压力300 kPa； 16. 阶段缓解，制动缸压力阶段下降，运转位制动缸压力下降为0； 17. 制动缸在2~3 s上升到280 kPa，最终为(300±15) kPa； 18. 制动缸压力在3~5 s降到35 kPa以下； 19. 均衡风缸减压100 kPa，制动主管减压到均衡风缸压力的±10 kPa，制动缸增压到230~250 kPa
5	单机	22			20				21	24		23	20. 均衡风缸减压140 kPa，制动主管压力保持不变，制动缸压力保持不变； 21. 制动缸压力下降为0，手柄复位后制动缸压力不恢复； 22. 均衡风缸增压至500 kPa，制动主管压力保持不变，制动缸压力保持不变； 23. 制动缸压力在2~3 s上升到280 kPa，最终为300 kPa； 24. 制动缸压力在3~5 s降到35 kPa以下

注：试验完毕，机车恢复本机/不补风状态设置。

(二)HXD2型电力机车高、低压试验程序

1. HXD2型电力机车低压试验

(1)准备工作

①人员已全部处于安全位置。

②两节机车必须机械、电气、气路连接良好。

③闭合两节车的DJ-BA蓄电池开关，检查蓄电池电压不低于88 V。确认蓄电池柜上各自动开关和转换开关在正常运行位，将微机控制柜上的库用转换开关Z-QUAI置正常位。通用柜上除DJ- QUAI断开，其余空气断路器均闭合，辅变流柜上各断路开关及转换开关位置正确。

④确认各管路塞门位置正确，机车总风缸压力应在750 kPa以上；大闸置运转位、小闸置全制位，机车制动缸压力300 kPa，施加停放制动或打好止轮器，防止机车溜逸。

⑤确认换向手柄、调速手柄置 0 位,断开电钥匙。打开机械室门。

⑥确认各柜门锁闭良好,车顶门锁闭到位;高压接地开关在正常运行位置;高压隔离开关在运行位,气动柜上蓝钥匙插入锁孔,开通升弓风路(竖直水平位);10 把绿色钥匙在钥匙箱上。

(2)试验顺序及要求

①上电试验

a. 闭合操纵节蓄电池柜上的 BP-BA 蓄电池上电按钮,机车控制系统得电自检,计算机系统对全车控制网络进行检测,可听到电器的动作声,60 s 左右完成,在此过程中,听机车内部电器动作声及制动柜上充风声。

b. 自检结束后,检查微机显示屏、制动显示屏、6A 系统显示屏上电显示应正常,机车号设置正确。

c. 检查 A、B 节司机操纵台上控制电压表的电压指示应与蓄电池柜上电压表的显示相一致。

d. 按压蓄电池柜上的 BP-CBA 蓄电池切除按钮,听电器失电声及制动系统排风声。试后再次按压 BP-BA 蓄电池上电按钮。

②机车网侧高压绝缘检测

司机室电钥匙置分位时,将两节车气动柜上的升弓蓝色钥匙拔出,插入操纵节 6A 柜内绝缘监测模块钥匙处,旋转至开位,绝缘检测装置启动,电源指示灯、运行指示灯显示为绿色,并开始自检,自检完成后[自检指示灯(黄灯)闪烁后熄灭]。按下“出库检测”按钮,试验开始,此时绝缘检测指示灯(红色)闪烁,绝缘检测完毕后,司机确认绝缘良好(或听到绝缘良好的语音提示)。

③机车电钥匙试验

a. 将机车电钥匙置合位,观察微机显示屏显示正常,确认本节车司机室被占用正确,“主断分”灯点亮,确认停放制动灯亮,LKJ 显示屏、制动显示屏启动正常。

b. 将制动显示屏设置为“本机状态”,将大闸抑制位 1 s 后回运转位、小闸置全制位观察制动显示屏“动力切除”消除,制动显示屏均衡风缸、列车管风压显示 600 kPa,机车制动缸风压显示 300 kPa。

c. 将机车电钥匙置分位,LKJ 显示屏、制动微机显示屏关闭,主断灯灭,试后再次闭合电钥匙。

④显示屏操作试验

a. 按压微机显示屏主界面的【机车信息】按键,进入“机车信息”界面,确认显示的各种信息正确无异常。

b. 按压微机显示屏“控制”界面的【隔离】按键,进入“隔离”界面,确认各设备无隔离显示。

c. 按压微机显示屏“控制”界面的【受电弓】按键,进入“受电弓”界面,点击本、他车

【受电弓隔离】按键，确认本、他车受电弓被隔离，将受电弓扳键置升位，确认两车受电弓均无法升起，试后将受电弓扳键置降位，恢复两车被隔离的受电弓。

d. 试验后，按压【主界面】按键，返回"主界面"。

⑤主断路器按钮试验

按压微机显示屏"过程数据"界面的【信号状态】按键，进入"信号状态"界面，将主断扳键置合位，看显示屏 CC-DI-02. 04 与 CC-DI-02. 05 模块上的 32R 信号点亮；将主断扳键置分位，32R 信号灭，主断路器扳钮信号传输正常。

⑥压缩机扳钮试验

将压缩机扳键置合位，看显示屏 CC-DI-02. 06 模块上的 1970C 信号点亮；将压缩机扳键置分位，1970C 信号灭；将压缩机扳键置强泵位，1970B 信号点亮，松手后 1970B 信号灭，压缩机扳钮信号传输正常。

⑦手柄控制试验

将换向手柄由 0 位推至后位，看显示屏 CC-DI-02. 04 与 CC-DI-02. 05 模块上的 160 信号点亮，将换向手柄由后位推至 0 位，看 160 信号灭。

将换向手柄由 0 位推至前位，看显示屏 CC-DI-02. 04 与 CC-DI-02. 05 模块上的 158 信号点亮，将调速手柄由 0 位推至牵引区 * 位，10D 信号灭，10M 信号点亮，推至牵引最大级位，10J 与 10E 点亮，将调速手柄回 0 位，10D 亮，10J 与 10E 灭。

将调速手柄由 0 位推至制动区 * 位，10D 信号灭，10N 信号点亮，推至牵引最大级位，10K 与 10F 点亮，将调速手柄回 0 位，10D 亮，10K 与 10F 灭；将换向手柄由后位推至 0 位，看 158 信号灭。

换向、调速手柄信号传输正常。

⑧无人警惕控制试验

按压无人警惕按钮，看显示屏 CC-DI-02. 06 模块上的 1970A 信号点亮，松手后 1970A 信号灭。无人警惕按钮信号传输正常。试验后，按压微机显示屏【主界面】按键，返回主界面。

⑨弹停制动装置试验

a. 按压停放缓解按钮，确认弹停制动缓解，显示屏"停车制动"图标消失。

b. 按压停放制动按钮，确认弹停装置制动，显示屏"停车制动"图标亮。

⑩撒砂试验

分别将换向手柄置前、后位，脚踩撒砂开关，确认撒砂装置作用良好。

2. HXD_2 型电力机车高压试验

(1)准备工作

①确认机车各转换开关、车顶门、各屏柜门均在正常位。

②确认总风压力不低于 750 kPa，机车制动缸压力不低于 300 kPa；确认紧急按钮已

复位。

③控制电路电压不低于 88 V。

④本、他车制动柜各风路塞门设置正确,非操纵端大闸锁定在重联位,小闸置全制位,LKJ 模式设置为“补机”。

⑤操纵端司机调速、换向手柄均置 0 位、机车电钥匙在 0 位。

⑥车停留在有电区且接地线已撤除、隔离开关已闭合,机车两端地面防护牌、信号旗(信号灯)已撤除,机车周围无闲杂人员且均处于安全区域,高压试验人员均在司机室。

(2)试验顺序及要求

①机车电钥匙置合位

a. LKJ 显示屏、机车微机显示屏启动正常,机车微机显示屏上各数据、参数设置正确。

b. 将制动微机显示屏设置为“本机”状态,大闸置抑制位 1 s 后回运转位、小闸置全制位,确认制动显示屏“动力切除”消除,制动显示屏均衡风缸、列车管风压显示 600(500)kPa,机车制动缸风压显示 300 kPa。

②升降弓试验

a. 闭合受电弓扳键开关置升位 1～2 s 后松手(如果机车辅助风缸压力低于 550 kPa 时,则按下微机控制柜上的辅助压缩机启动按钮,辅助压缩机开始打风,待辅助风缸的气压达到 700 kPa 时,辅助空气压缩机自动停止打风)。

(a)确认微机显示屏受电弓图标旁显示升弓箭头。

(b)观察后端受电弓上升,无冲网现象,升弓时间不得大于 10 s。

(c)看机械网压表及微机显示屏网压显示正常。

b. 将受电弓扳键开关置降位。

(a)观察后端受电弓下降,无砸车顶现象,降弓时间不得大于 6 s;

(b)确认网压表及微机显示屏显示网压低于 3～5 kV。检查微机显示屏受电弓图标由“升弓”变为“降弓”。

试验后再次升起受电弓。

③主断路器试验

将主断路器扳键开关置合位 1～2 s,听主断路器闭合声,看操纵台上故障显示灯中的“主断分”灯灭,微机显示屏上显示“主断闭合”。

将主断路器扳键开关置断位,听主断断开声,看微机显示屏主断路器图标由黄色“主断闭合”变为“主断断开”,试验后将主断路器扳键开关置合位。

④压缩机试验

a. 将压缩机扳键开关置合位,如果总风压力小于 750 kPa 时,两台压缩机开始工作;当总风压力大于(900±20) kPa 时,压缩机停止工作。

b. 当总风压力高于 750 kPa 时，将压缩机扳键开关置强位不松手，当总风压力升至 950 kPa 时听高压安全阀喷气声；松开压缩机扳键开关置合位。

⑤换向手柄试验

a. 换向手柄置零位，移动调速手柄，调速手柄无法动作，确认换向手柄、调速手柄机械联锁正常。

b. 将换向手柄置前位、零位、后位，确认微机显示屏上方向与手柄位置方向一致。

⑥调速手柄试验

a. 小闸制动 300 kPa，缓解弹停制动，看“停车制动”红灯灭。

b. 换向手柄置后位，按压微机显示屏“过程数据”界面的【牵引/制动】按键，进入“牵引/制动”界面，缓慢推动调速手柄至 1 级位，看机车微机显示屏级位显示由 0 级位逐渐上升至 0.8～1.0 级位，看 A、B 车八台牵引电机随着输出级位的增大，设定牵引力(白色力矩)由 0 逐渐升至 8～10 kN，1 s 后实际牵引力(蓝色力矩)逐渐升至 8～10 kN。

c. 调速手柄退回 * 位，看微机显示屏八台牵引电机输出力矩变为 0、将手柄级位回 0 级。

d. 换向手柄置前位，按上述方法试验前位牵引。

e. 调速手柄离开 0 位至制 1 级位，看机车微机显示屏级位显示由 0 级位逐渐上升至 1.0 左右级位，看 A、B 车八台牵引电机设定制动力(白色力矩)由 0 逐渐升至 5.3 kN，将调速手柄退回 * 位，看微机显示屏八台牵引电机输出力矩变为 0，将调速手柄回 0 位。

⑦后备制动试验

a. 将司机操作端大闸手柄打到紧急位，在制动显示屏上按【设置】按钮 F4 进入下一级菜单。显示屏显示当前设置为：“常用”“双节”，按压制动显示屏对应【常用】按钮 F4，显示屏新设置变为“备用”，然后按 F1 确认当前设置。

b. 将操纵节制动柜平均管塞门 RB-EQ 置从控位，非操纵节制动柜平均管塞门 RB-EQ 置主控位。

c. 制动手柄回抑制位解锁，此时操纵节制动显示屏显示“备用”模式。

d. 试闸：操作大闸手柄，对机车进行制动和缓解确认操纵正常，试后恢复至正常制动模式。

法维莱制动机五步闸检查试验程序见表 1-3。

表 1-3　法维莱制动机五步闸检查试验程序

步骤	自动制动					直接制动			检查内容
	一次缓解位	阶段缓解位	中立位	制动位	紧急制动位	缓解位	中立位	制动位	
1	4	1			2		3		1.确认压力:总风缸在750～900 kPa，工作风缸、均衡风缸及制动主管为500 kPa(或600 kPa)，制动缸为0; 2.制动主管压力在3 s内减少到35 kPa以下，制动缸压力在3～5 s内达到(375±10) kPa，主断路器断开; 3.制动缸压力不变; 4.制动主管压力在11 s内升至580 kPa，制动缸压力在6～8 s缓解至40 kPa以下
2	6			5					5.10 s内均衡风缸压力过量减压至(400±5) kPa，后不再下降，制动主管压力追随均衡风缸压力，制动缸压力为(375±10) kPa; 6.均衡风缸和制动主管恢复到定压，制动缸压力缓减至0
3	8			7					7.(将抑制开关上扳至抑制位)均衡风缸压力减压50 kPa，制动主管压力与均衡风缸压力基本保持一致，制动缸压力≥90 kPa。待压力稳定后,记录1 min内制动主管和制动缸的压力下降值，不得高于10 kPa; 8.均衡风缸和制动主管恢复到定压，制动缸压力缓减至0
4						10		9	9.制动缸压力在2～3 s升至280 kPa; 10.制动缸压力在3～5 s从最大压力降至40 kPa，并继续降到0
5	12		11						11.按下紧急制动按钮，制动主管压力应在小于3 s内减少到0，制动缸压力应在3～5 s升至375 kPa; 12.提起紧急制动按钮，制动主管压力应在11 s内升至480(或580) kPa，制动缸压力在6~8 s内降至40 kPa以下

3. HXD_2 型电力机车高、低压试验活项

(1)故障现象及原因

①故障现象:受电弓故障无法升起

原因:a. 辅助风路切断阀关闭(蓝钥匙)。

b. 两端受电弓塞门关闭。

c. 网关供电断路器 CC(AC)GM 跳开。

②故障现象:主断路器故障无法闭合

原因:a. 库用转换开关检测位。

b. 主断路器 ZK 跳开。

c. 电控紧急按钮闭合位。

③故障现象:辅机系统故障,辅机无法启动

原因:a. 压缩机故障 ZK 跳开。

b. 压缩机空气开关跳开。

c. 辅助变流器按键跳开。

④故障现象:调速手柄无牵引力

原因:a. 两端油泵 1、油泵 2、断路器跳开。

b. 两端Ⅰ、Ⅱ制动缸隔离塞门关闭。

⑤故障现象:制动机故障

原因:a. 制动柜电源 ZK 跳开(大、小闸手柄无反应)。

b. 总风缸塞门关闭(总风压力不上升)。

c. 小闸隔离塞门关闭(小闸不制动)。

d. 重联塞门关闭(小闸不制动、大闸不减压、非常后不缓解)。

e. 平均管塞门主、从控位置错误(大闸无作用、小闸正常)。

f. EMP 断路器跳开。

(2)故障应急处理与防错操风险防范措施

①HXD_2 型电力机车故障应急处理方法见表 1-4。

表 1-4 HXD_2 型电力机车故障应急处理方法

序号	故障现象	应急处置方法	备　注
1	JZ-8 或法维莱制动机做无动力时,装有平均管防尘堵的机车可能不缓解	卸掉机车两端平均管防尘堵并开放平均管折角塞门	部分机车堵头无排风孔,拆除堵头,保存好,机车回段交整备车间
2	A 节微机显示屏显示 AX1-通信故障,给电制后移动调速手柄时电制级位不产生变化,微机复位无反应,3 min 后故障自动消除	调速手柄回零,再次给定手柄进行试验	维持运行,注意超速

续上表

序号	故障现象	应急处置方法	备　注
3	逆变器1电机转速检测故障	微机复位	密切关注轴牵引力发挥情况
4	UIC网关1通信故障,机车自动降弓跳主断	故障自动恢复不做处理;故障不自动恢复时首先检查网关模块电源开关位置,开关位置正常时复位处理	
5	B节MPU2故障	确认微机柜MPU2供电断路器是否在闭合位,如在断开位时将其闭合	复位后,维持运行不用换弓,断开故障的MPU供电断路器
6	RACPM通信故障,手柄级位自动降级	调速手柄回零,再次给定手柄进行试验	维持运行,注意超速
7	A节辅助变流器1、2隔离,辅助变流器1、2逆变器保护隔离	微机复位。复位失败时,单台辅助变流器隔离时切除维持运行,两台辅助变流器隔离时请求救援	只要不是辅助变流器输出接地,其他可以隔离辅助变流器维持运行
8	自动过分相装置故障	过分相注意手动断电	防止带电过分相
9	逆变器2隔离、整流器2隔离	微机复位	
10	制动显示屏流量表风量来回波动	首先检查模式设置,设置正确时维持运行	检查列车管是否发生泄漏,未发生泄漏时维持运行
11	ACU1通信故障	微机复位	复位不成功时隔离相应的辅助变流器
12	机车无牵引力	微机复位	
13	四象限×充电接触器卡分,×轴电机隔离	微机复位	复位不成功时隔离电机相应四象限
14	自动过分相启动但不自动断电	手动断电	维持运行
15	制动屏黑屏自动重新启动	启动正常时维持运行	
16	主变压器冷却回路异常	维持运行	需时刻监测主变压器油温情况
17	辅助变流器2交流输出接触器不一致	微机复位	复位不成功时隔离相应的辅助变流器
18	辅助变流器2输出接地	隔离辅助变流器维持运行	
19	A节牵引风机1故障,牵引封锁	对A节1、2电机进行隔离	
20	控制电路接地	维持运行	
21	受电弓无法升起	隔离故障受电弓,换另一弓运行	
22	A节四象限2硬件故障、辅助变流器1隔离	隔离辅助变流器1维持运行	
23	B节显示辅助变流器2输出电路保护隔离,辅变流2隔离	隔离辅助变流器2维持运行	只要不是辅助变流器输出接地,其他可以隔离辅助变流器维持运行
24	四象限1、2、3水压异常,整流器、逆变器隔离	隔离故障辅助变流器维持运行	
25	机车本务重联通信故障,受电弓自动降下	复位处理	复位后,维持运行不用换弓,断开故障MPU供电断路器

续上表

序号	故障现象	应急处置方法	备　注
26	A 节辅助变流器 1 斩波器门极驱动故障	维持运行	
27	A 节冷却塔风机 2 接触器卡分，辅助变流器 2 隔离，逆变器 3、4，整流器 3、4 隔离	复位处理	
28	故障界面显示 B 节逆变器电机过温	切除相应的电机	
29	四象限整流器 2、逆变器 2、辅助逆变器 1 故障	可维持运行	四象限整流器 2、3 故障，相应影响辅助变流器 1.2

②HXD2 型电力机车防错操风险防范措施见表 1-5。

表 1-5　HXD2 型电力机车防错操风险防范措施

序号	风险项点	防范措施	备　注
1	操纵节停放制动不缓解(非操纵节蓄电池 ZK 未闭合)	接车后，严格执行先开操纵端机车蓄电池开关，再走至非操作端打开蓄电池开关，等待 1 min 后，按压上电按钮的作业流程	
2	LKJ 机车信号无显示(三方设备柜中调监开关在调车位)	接车后，必须检查三方设备柜中调监开关打至监控位	
3	运行中非错操造成监控装置动作	检查非操纵端监控装置是否关机，若未关机，换端作业时，需将监控装置设置为“非本务”状态，并关闭监控装置	
4	换端时制动机转换阀转换不到位或错打转换阀	换端作业时，必须将制动柜中的转换开关一次性转换至规定位置，防止转换不到位造成机车制动机不缓解	
5	区间下坡道停车再动车前，方向手柄未打到向前位，速到大于 3 km/h，牵引力无法发挥	停车后恢复方向手柄，开车前确认手柄位置	机车在动车前，将换向手柄打到相应的方向
6	JZ-8 型制动机，紧急停车再开车，坡道起车时，“动力制动切除”未消除，牵引力发挥不了	开车时先进行“主控投入—主控切除—主控投入”转换，消除“动力制动切除”字样，再按照坡道起车操作	
7	换端后制动显示屏模式由“不补风”跳变为“补风”状态	换端后及时确认制动显示屏状态	
8	换端后制动屏定压模式由“600 kPa”跳变为“500 kPa”	换端后及时确认制动显示屏状态	制动机后台程序问题，截至目前出现过一次，且制动屏无显示
9	列车管压力 600 kPa 转 500 kPa 不成功	列车管压力为零进行转换	根据制动机种类转换，且在兰北出库前将 A、B 节列车管定压转换正确

(三)HXD3D 型电力机车高、低压试验程序

1. HXD3D 型电力机车低压试验

(1)准备工作

①确认车顶门、各柜门锁闭良好,7 把绿色钥匙全部插入机车钥匙箱,黄色钥匙插入到高压接地开关上,高压接地开关在运行位,蓝色钥匙插入空气制动柜内的升弓钥匙阀 U99 上并开通受电弓风路。

②确认各风路塞门在正常工作位置。

③确认电器柜除交流加热开关 QA26、直流加热开关 QA60、压缩机预热开关 QA37、和低温预热开关 SA71 断开位,其他各自动开关均在向上闭合位。各隔离开关置运行位。

④电源选择开关置自动位,闭合蓄电池自动开关,确认,机车控制电路电压不低于 96 V,总风缸风压不低于 750 kPa,将控制电器柜上试验开关 SA75 打至试验位。

⑤机车实施弹停制动。

⑥司机室各控制器在 0 位,打开机械室门。

(2)试验顺序及要求

①机车网侧高压绝缘检测

将司机钥匙旋转至分位,并将升弓电磁阀 U99 处的升弓蓝色钥匙拔出,插入 6A 柜内绝缘监测模块钥匙处,旋转至开位,绝缘检测装置启动,电源指示灯、运行指示灯显示为绿色,并开始自检,自检完成后[自检指示灯(黄灯)闪烁后熄灭]。按下“出库检测”按钮,试验开始,此时绝缘检测指示灯(红色)闪烁,绝缘检测完毕后,司机确认绝缘良好(或听到绝缘良好的语音提示)。

②机车电钥匙试验

a. 将机车电钥匙置合位

观察微机显示屏显示正常。按压控制界面—机车纵览见面,确认某端司机室被占用正确,检查确认机车总体状态。确认停放制动灯亮,制动显示屏启动正常,检查制动显示屏各数据、参数设置正确。

b. 将大闸置抑制位 1 s 后回运转位、小闸置全制位

观察制动显示屏“动力切除”消除,制动显示屏均衡风缸、列车管风压显示 600(500) kPa,机车制动缸风压显示 300 kPa。

③微机显示屏试验

状态指示屏“微机正常”“主断分”灯亮。按下状态指示屏自检按钮,电制动、控制接地、故障灯闪亮后灭,“微机正常”和“主断分”灯亮。其网压、控制电路电压显示与仪表模块显示一致。

④主、辅变流器切除试验

利用微机显示屏触摸开关，分别将主变流器、辅变流器切除、恢复一次。确认主变流器、辅变流器切除、恢复正常。

⑤受电弓预选试验

打开微机显示屏“控制”—“受电弓预选”界面，依次选择受电弓置弓1位、弓2位、全隔位、自动位，听网侧柜内电器动作声。

⑥断路器试验

将主断路器扳键开关置主断合位听主断路器闭合声；看状态指示屏主断分灯灭，微机显示屏显示主断合图标。

将主断路器扳键开关置主断分位听主断路器断开声；看状态指示屏“主断分”灯亮，微机显示屏显示“主断分”。

⑦弹停装置试验

a. 按压停放缓解按钮，确认弹停制动缓解，显示屏“停车制动”图标消失。

b. 按压停放制动按钮，确认弹停装置制动，显示屏“停车制动”图标亮。

c. 试后缓解停放制动。

⑧手柄试验

a. 换向手柄零位，移动调速手柄，调速手柄无法动作，确认换向手柄、调速手柄机械联锁正常。

b. 将换向手柄置前位、零位、后位，确认微机显示屏上方向与手柄位置方向一致。

c. 前位牵引试验。

(a)换向手柄置前位，按压主要数据—进入微机显示屏过程数据—牵引/制动力界面下，使司机控制器调速手柄在牵引模式下由零位逐级增加，直至最高级位17级，确认随着输出级位的增大，确认设定牵引力由51 kN逐渐升至437 kN，每个牵引变流器均有力矩输出。

(b)缓慢将调速手柄退至0位，看微机显示屏级位和牵引力显示逐步回0。

d. 后位牵引试验。

换向手柄置后位，按压主要数据—进入微机显示屏过程数据—牵引/制动力界面下，使机司制控器调速手柄在牵引模式下由零位逐级增加，直至最高级位17级，确认随着输出级位的增大，确认设定牵引力由51 kN逐渐升至437 kN，每个牵引变流器均有力矩输出。缓慢将调速手柄退至0位，看微机显示屏级位和牵引力显示逐步回0。

e. 换向手柄置于前位，调速手柄移至制动区域，确认调速手柄可在 * ～－1、0～－10、0级位范围内任意选择，微机显示屏显示制动90 kPa，禁止电制的字样，将制动缸压力缓解至90 kPa以下，提示消失，将调速手柄回0位，小闸置全制位。

⑨撒砂试验

分别将换向手柄置前、后位，脚踩撒砂脚踏阀，听确认撒砂装置动作声，确认撒砂作用良好。

⑩警惕装置试验

将微机显示屏界面设置为“维护测试”—“无人警惕试验”界面,换向手柄置前位,按压确认键,60 s 后在显示屏上“无人警惕”由绿色变为黄色闪动,按下无人警惕按钮或者踩下无人警惕脚踏开关,“无人警惕”变为绿色。等候(60+10) s 后惩罚制动施加,均衡风缸列车管减压 120 kPa,将大闸放在重联位超过 1 s,惩罚制动缓解。将换向手柄回 0 位。

⑪轮缘润滑功能试验

将微机显示屏界面设置为“维护测试”—“轮缘润滑试验”界面,分别按压“YV43”“YV44”按键,听轮缘装置动作声,确认轮缘润滑作用良好。低压试验完毕。

2. HXD3D 型电力机车高压试验

(1)准备工作

①确认机车各隔离开关、试验开关、故障转换开关、风路塞门均在正常位。车顶门、各屏柜门锁闭良好。

②确认总风风压不低于 750 kPa,机车制动缸风压不低于 300 kPa。

③检查控制电路电压不低于 96 V。

④通过微机显示屏将主变流器 CI1~CI6 全部切除。

⑤将非操纵端大闸锁定在重联位,小闸置全制位,锁闭非操纵端司机室门窗。

⑥确认操纵端司机控制器手柄在 0 位,机车电钥匙在 0 位。

⑦确认机车停留在有电区且接地线已撤除、隔离开关已闭合,机车两端地面防护牌、信号旗(信号灯)已撤除,机车周围无闲杂人员且均处于安全区域,高压试验人员均在司机室。

(2)试验顺序及要求

①机车电钥匙置合位

a. 确认制动显示屏启动正常,状态指示屏“微机正常”和“主断分”灯亮,制动显示屏各数据、参数设置正确。

b. 将大闸置抑制位 1 s 后回运转位,小闸置全制位,确认制动显示屏“动力切除”消除,制动显示屏均衡风缸、列车管风压显示 600(500) kPa,机车制动缸风压显示 300 kPa。

②升降弓试验

a. 将受电弓扳键开关置升位,如果机车辅助风缸压力低于 480 kPa,即压力开关 KP58 在断开状态,则机车辅助压缩机自动开始打风,待风压达到 735 kPa 时,辅压机停止打风。

(a)听升弓电磁阀得电充风声。

(b)观察受电弓上升正常,无冲网现象,升弓时间不得大于 5、4 s(从弓头动作时起)。

(c)确认网压表及微机显示屏网压显示正常。

b. 将受电弓扳键开关置降位。

(a)观察受电弓下降正常,无砸车顶现象,降弓时间不得大于 4 s(从弓头动作时起)。

(b)确认网压表及微机显示屏显示 0。

试验后再次升起受电弓。

③主断路器试验

将主断路器扳键开关置主断合位:

a. 看机车状态指示屏“主断分”灯灭;听主断路器闭合声。

b. 进入微机显示屏“辅助”界面,确认变压器油泵 KM11、KM12 闭合;辅助变流 2 输出频率 50 Hz;确认主、辅助变流器启动,并以定频定压方式向空气压缩机、油泵、水泵、牵引通风机、车体通风机、列供风机、辅助加热等装置开始供电;看控制电路电压显示 110 V。

④压缩机试验

a. 将压缩机扳键开关 SB45(SB46)置于合位,当总风缸压力低于(680±20) kPa 时,机车两台压缩机间隔 3 s 依次启动,投入工作;当总风缸压力低于(750±20) kPa 时,只有非操纵端压缩机投入工作(即Ⅰ端为操纵端时,空压机 2 工作;Ⅱ端为操纵端时,空压机 1 工作);当总风缸压力升至(900±20) kPa 时,压缩机自动停止工作。

b. 将压缩机扳键开关置于强泵位,两个压缩机依次启动,进入微机显示屏“辅助”画面,看压缩机 KM13、KM14 闭合;待总风缸压力升至(950±20) kPa 时,高压安全阀动作并连续排气,此时将扳键开关离开强泵位,压缩机停止泵风。

⑤低压电源柜单元选择功能试验

将电源装置 PSU 面板的 SW1 选择开关由自动位打到充电单元 1,此时充电单元 1 工作,观察面板上的电压值和充电电流值,应在正常允许范围内。再由充电单元 1 打至充电单元 2,此时充电单元 2 工作,观察面板上的电压输出值和充电电流值,应在正常允许范围内。最后将 SW1 打至 Auto 位,此时充电单元 1 和充电单元 2 均投入工作。

⑥客车供电空载试验

a. 将“列供 1A/B 组转换”开关和“列供 2A/B 组转换”开关分别打 A 位;将集控器故障隔离开关打至隔离位;闭合操纵端列车供电钥匙 SA105(SA106),确认微机显示屏指示的供电电压为 DC(600±30) V。

b. 再将两个转换开关打至“B”组试验,试验步骤同上。

试验完后将集控器故障隔离开关打至运行位,将“列供 1A/B 组转换”和“列供 1A/B 组转换”均打至 A 组或 B 组位。

⑦手柄试验

a. 换向手柄置前位。

听辅助变流器1(APU1)启动后,牵引及复合冷却风机启动。进入微机显示屏“辅助”画面,看辅助变流器1(APU1)输出频率升至25 Hz。将换向手柄回到0位。

b. 换向手柄后位试验,方法如上。

⑧牵引试验

a. 确认单阀制动300 kPa以上,停放制动置缓解位,看机车状态指示屏“停车制动”红灯灭。

b. 通过微机显示屏触摸开关恢复主变流器CI1～CI3,将调速手柄置牵引*位,微机显示屏显示“1、0”级、牵引电机M1～M3实际力矩显示无异常后立即将牵引手柄退回0位,看微机显示屏牵引电机M1～M3输出扭矩变为0、手柄级位显示0级。

c. 通过微机显示屏触摸开关切除主变流器CI1～CI3、恢复主变流器CI4～CI6,将调速手柄置牵引*位,微机显示屏显示“1、0”级、牵引电机M4～M6实际力矩显示无异常后立即将牵引手柄退回0位,看微机显示屏牵引电机M1～M3输出扭矩变为0、手柄级位显示“0”级。通过微机显示屏触摸开关切除主变流器CI4～CI6。

⑨制动机五步闸试验(见表1-2)

⑩备用空气制动的转换

将操作台左侧柜内的备用制动切换转换塞门至投入位,并且关闭控制电器柜上的制动微机断路器(QA69),微机显示屏记录并报出备用制动投入信息,此时备用空气制动系统激活,可以通过操作台右侧的备用制动阀对机车进行备用空气制动系统。

a. 将备用制动手柄由运转位移至制动位减压100 kPa;保压1 min,检查均衡风缸、列车管泄漏不得超过10 kPa;追加减压至170 kPa后回缓解位,均衡风缸及制动管恢复到600 kPa。

b. 将备用制动手柄由运转位移至紧急制动位,制动管3 s内减压至0,均衡风缸压力快速减至0,制动缸压力上升至(450±15) kPa。待制动管、均衡风缸风压排零后将备用制动手柄移至缓解位,均衡风缸及制动管恢复到600 kPa,制动缸压力下降到0。

c. 将备用制动恢复。

3. HXD3D型电力机车高、低压试验活项

(1)合电钥匙

现象:制动显示屏未激活。

原因:非操作端司机室被占用。

(2)升弓

现象:受电弓升不起。

原因:①微机屏受电弓全隔。

②U99塞门关闭。

③受电弓塞门关闭(辅助空气柜内)。

(3)合主断

现象:主断合不上。

原因:①紧急制动按钮按下(制动显示屏显示非 CCBⅡ引起的紧急制动)。

②U43、14 塞门关闭。

③SA75 试验位。

④QA1 断开(网压机械表无显示)。

(4)压缩机试验

现象:压缩机不打风/打风不止。

原因:①QA19/20 自动开关断开。

②KM13/14 继电器卡滞。

(5)辅助变流器

现象:辅助变流器一、二无牵引力输出。

原因:①APU1/2 隔离。

②辅机 1/2 自动开关断开。

③油泵/水泵/冷却塔风机自动开关断开(一/二架无流)。

(6)制动机

①制动屏满天星。

②微机自动开关断开。

③J5 接线松脱(大闸不制动不缓解,小闸正常)。

④制动屏无表针,代码 090。

⑤J6 松脱(大闸不制动不缓解,小闸正常)。

⑥16CP 松脱(制动缸无表针,代码 052)。

⑦13CP 松脱(小闸不能侧缓)。

⑧J4 接线松脱(紧急制动作用后,制动显示屏无 60 s 倒计时)。

⑨非操作端大闸紧急位(代码 014)。

⑩紧急制动按钮按下(紧急制动不缓解,制动屏显示非 CCBⅡ引起的紧急制动)。

⑪20CP 松脱(小闸只能侧缓至 200 kPa,代码 062)。

⑫制动管塞门半开(列车管减压不保压)。

⑬备用塞门备用位(有排风声,最大减压量起非常)。

⑭制动屏 ZK 断开(制动屏黑屏)。

⑮制动缸 1/2 塞门关闭(1/2 制动缸不制动不缓解)。

第二节 风管摘结

一、风管摘结职责分工

列车中车辆的连挂,由调车作业人员负责。软管的连结,有列检作业的始发列车由列检人员负责;无列检作业的,由调车作业人员负责。

动车组采用机车调车作业时,随车机械师或动车段(所)胜任人员负责过渡车钩和专用风管的安装与拆卸、电气连接线的连结与摘解并打开车门,调车人员负责车钩连结与摘解、软管摘结。

动车组无动力回送或被救援时,过渡车钩、专用风管的安装与拆卸由随车机械师负责,司机配合。

考虑列车编组相关作业(调车、列检)程序,明确了车辆与车辆之间车钩连挂、软管连结的工作分工。车辆间的连挂,由调车作业人员负责。车辆软管的连结,凡有列检作业的始发列车,由列检人员负责;无列检作业的,由调车作业人员负责。软管指制动软管。

动车组采用机车调车、无动力回送及救援时,须加装过渡车钩,过渡车钩和专用风管的安装与拆卸、电气连接线的连结与摘解均由随车机械师负责,在动车段(所)内调车而无随车机械师时,由动车段(所)指派胜任人员负责。动车组无动力回送或被救援时,过渡车钩、专用风管的安装与拆卸由随车机械师负责,司机配合。

列车机车与第一辆车的连挂,由机车乘务员负责。单班单司机值乘的由列检人员负责;无列检作业的列车,由车辆乘务员负责;无车辆乘务员的列车,由车站人员负责。

列车机车与第一辆车的车钩摘解、软管摘结,由列检人员负责。无列检作业的列车,车钩、软管摘解由机车乘务员(单班单司机值乘的由车辆乘务员)负责,软管连结由车辆乘务员负责;无车辆乘务员的列车,由机车乘务员(单班单司机值乘的由车站人员)负责。

列车机车与第一辆车电气连接线的连结与摘解由客列检作业人员负责,无客列检作业人员时,由车辆乘务员负责。

货物列车本务机车在车站调车作业时,无论单机或挂有车辆,与本列的车辆摘挂和软管摘结,均由调车作业人员负责。

货物列车本务机车在车站调车作业时,无论单机或挂有车辆,与本列的车辆摘挂和软管摘结,均由调车作业人员负责。

旅客列车在途中摘挂车辆时,车辆的摘挂和软管摘结,由调车作业人员负责,密封风挡和电气连接线的连结与摘解由车辆乘务员负责,其他由列检作业人员负责,无列检作业人员时,由车辆乘务员负责,必要时打开车门,以便于调车作业。装有密接式车钩的客车车辆摘挂时,过渡车钩的安装与拆卸由列检人员负责,无列检人员时由车辆乘务员负责。

列车机车与动车组过渡车钩的连结与摘解、软管摘结、电气连接线的连结与摘解,由随车机械师负责。

以上明确了列车中机车与车辆之间车钩连挂、软管(指制动软管)及电气连接线摘结的工作分工。

1. 机车与第一辆车的车钩连挂分工：由机车乘务员负责。但是遇单班单司机值乘的，由列检人员负责；无列检作业的列车，由车辆乘务员负责；无车辆乘务员的列车，由车站人员负责。

2. 机车与列车第一辆车的车钩摘解分工：由列检人员负责。无列检作业的列车，由机车乘务员负责；单班单司机值乘的，由车辆乘务员负责，无车辆乘务员的，由车站人员负责。

3. 机车与第一辆车的软管摘解、连结分工：由列检人员负责。无列检作业的列车，软管摘解由机车乘务员负责，单班单司机值乘的由车辆乘务员负责，无车辆乘务员的，由车站人员负责；软管连结由车辆乘务员负责，无车辆乘务员的列车，由机车乘务员负责，单班单司机值乘的由车站人员负责。

4. 双机或多机挂车：机车重联时，车钩的摘挂及软管的摘结工作，均由前位机车乘务组负责（如3台机车重联，2、3两台间由第2台机车负责，以此类推）。

5. 机车与第一辆车电气连接线的连结与摘解分工：电气连接线是对旅客列车而言，其摘结由客列检作业人员负责；无客列检作业人员时，由车辆乘务员负责。

6. 货物列车本务机车在车站调车（指车站利用本务机车进行调动车辆作业）：货物列车本务机车在车站进行调车作业时，无论单机或带有车辆，与本列的车辆连挂，车钩的摘挂和软管的摘结工作，均由调车作业人员负责。

7. 列车在途中摘挂车辆：旅客列车在途中因故摘挂车辆时，车辆车钩的摘挂和软管摘结，由调车作业人员负责，密封风挡和电气连接线的连结与摘解由车辆乘务员负责，其他由客列检作业人员负责，无客列检作业人员时，由车辆乘务员负责，必要时应打开相应车门，以便调车作业。

8. 装有密接式车钩的客车车辆摘挂：过渡车钩的安装和拆卸均由客列检人员负责，无客列检作业人员时，由车辆乘务员负责。

9. 列车机车连挂动车组：机车与动车组连挂时，须加装过渡车钩，机车与过渡车钩的连结与摘解、软管摘结、电气连接线的连结与摘解，由随车机械师负责。

列车到达车站停车时，机车乘务员必须使列车保持制动状态。摘开机车前，有关作业人员必须确认列车停妥、车列保持制动状态后，方可摘解软管和提钩摘车。需采取其他防溜措施时，按有关规定办理。

二、风管摘结方法

1. 连结方法

（1）检查2个软管各自的胶圈是否良好。

（2）左手抓住靠近自己的一个软管，然后用力向上弯起来，右手抓住另一个软管。

(3)调节好连接器角度,慢慢松开左手弯曲起来的软管,左手软管的连接器卡进右手软管的连接器。

(4)开放前后两个软管的折角塞门。

2. 摘解方法

(1)关闭前后两个软管折角塞门(一关前,二关后)。

(2)抓稳两个软管,用力往上。

第三节　车钩连挂状态检查确认与车钩钩舌及制动主管更换

一、车钩连挂状态检查确认

(一)防止列车起车分离检查确认七步骤

机车连挂试拉后:
第一步:检查确认机车车钩处于闭锁位,钩锁铁完全落槽;
第二步:检查确认车辆车钩处于闭锁位,钩锁铁完全落槽;
第三步:检查确认机车车钩防跳装置在锁闭位;
第四步:检查确认车辆车钩防跳装置在锁闭位;
第五步:检查确认机车钩提杆落槽;
第六步:检查确认车辆钩提杆落槽;
第七步:检查确认连挂车钩中心水平线高度差不超过 75 mm。

(二)检查车钩处于闭锁位的方法

机车连挂妥当后,应检查确认车钩处于闭锁位。当钩舌转动到闭锁位时,钩锁铁须能自由地落到钩舌尾部的座锁台上。

1. 13、15 型车钩:观察位于钩头下方的锁铁尾部(锁腿)露出钩体 10～15 mm,表明车钩被锁闭,锁腿不可见或外露长度不足时则表明车钩未锁住。

2. 16、17 型车钩:观察位于钩头下方的下锁销杆上的显示孔,整个显示孔均可见时,表明车钩已经被锁闭,显示孔不可见或不完全可见则表明车钩未锁住。检查确认车钩锁闭正常后,应将 16、17 型车钩的防跳插销插入显示孔内,如图 1-2 所示。

3. 15X 型车钩:HXD_{1D} 和 HXD_{3D} 型电力机车 15 型小间隙车钩。

机车车辆连挂后,只有当锁铁完全座落到位、车钩可靠锁闭时,车钩脱钩装置才能转动到正确位置并紧贴下锁销,此时必须将弹销穿入防脱钩装置上的两孔内,如图 1-3 所示。

图 1-2　16、17 型车钩防跳插销插入显示孔内

图 1-3　HXD1D 和 HXD3D 型电力机车 15X 型车钩防脱钩装置锁闭位位置

(三)检查车钩连挂状态基础知识

1. 连挂车钩中心水平线高度差不超过 75 mm

车钩是机车与车辆或车辆与车辆之间相互连挂的牵引连接装置。为了便于连挂和保证行车安全,必须把车钩高度规定在一定范围之内。车钩高度是由钢轨顶面至车钩连接中心水平线的距离。

《铁路技术管理规程(普速铁路部分)》以下简称《技规(普速)》第 264 条规定:动车组以外的列车中相互连挂的车钩中心水平线的高度差,不得超过 75 mm。

75 mm 高度差(图 1-4)是根据车钩中心线水平线距轨面的高度范围规定 815～890 mm 而定,是为了保证列车中机车车辆连挂时车钩高度的一致性。车钩的高度差,主要是由于车辆的空重、弹簧的强弱、车轮踏面的圆周磨耗、心盘垫板的厚薄,以及线路的状况等原因所造成的。

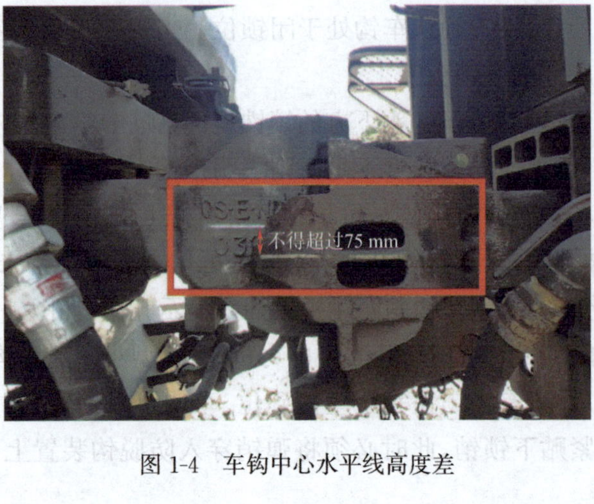

图 1-4　车钩中心水平线高度差

如果车钩高度差超过规定的范围,当列车运行至道岔、路基松软地段时,车辆上下

颠簸,尤其在陡坡线路上,容易发生脱钩而造成列车分离,并且高差过大时,使车钩钩舌牵引面变小,承受不了牵引力,易发生断钩。

2. 各型车钩型号区别

本段配属机车除 HXD_{1D}、HXD_{3D} 型电力机车外均为 13 型车钩,HXD_{1D}、HXD_{3D} 为 15X 型车钩(小间隙车钩),普通旅客列车为 15 型车钩(与密接式车钩不同),普通货物列车除大多为 13 型车钩,C_{63} 型、C_{76} 型及 C_{80} 型系列不摘钩进行翻车机卸货的货车为 16 或 17 型车钩。各型车钩形状如图 1-5 所示。发生断钩分离后,注意机车车钩钩舌(13、15X 型)与车辆 15、16、17 型车钩钩舌均不能互换。同型号车钩钩舌可以互换,16 与 17 型钩舌可以互换。车钩、钩尾框的最大永久变形、最小破坏载荷和最小极限载荷见表 1-6。

(a)13 型车钩

(b)15 型车钩

方型钩

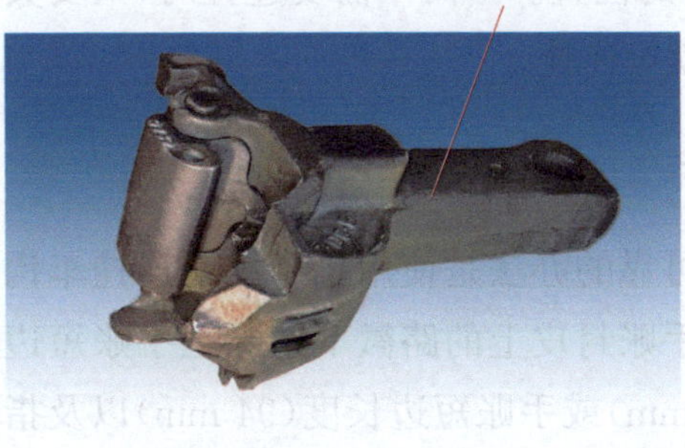

(c)17 型车钩

圆柱型钩身

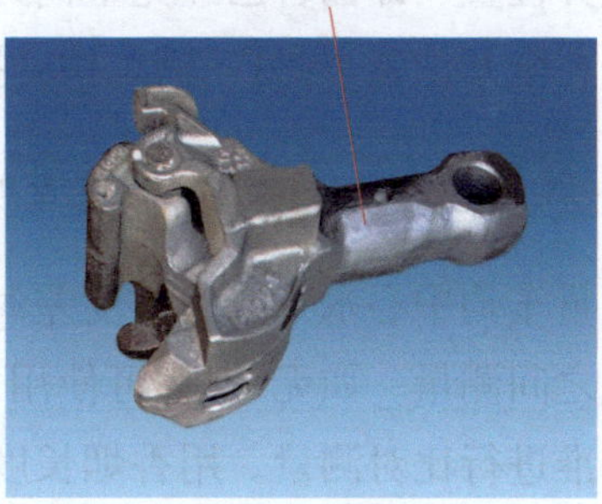

(d)16 型车钩

图 1-5　各型车钩形状

表 1-6　车钩、钩尾框的最大永久变形、最小破坏载荷和最小极限载荷

车钩种类	C 级钢				E 级钢			
	最大永久变形 mm		最小破坏载荷 kN	最小极限载荷 kN	最大永久变形 mm		最小破坏载荷 kN	最小极限载荷 kN
	在 1 335 kN 时	在 2 000 kN 时			在 1 780 kN 时	在 3 115 kN 时		
13B 型、16 型钩舌	0.8	—	2 950	—	0.8		3 430	—

续上表

车钩种类	C级钢				E级钢			
	最大永久变形 mm		最小破坏载荷 kN	最小极限载荷 kN	最大永久变形 mm		最小破坏载荷 kN	最小极限载荷 kN
	在 1 335 kN 时	在 2 000 kN 时			在 1 780 kN 时	在 3 115 kN 时		
13B型、16型、17型钩体	—	0.8	3 225	—	—	0.8	4 005	—
15型、15X型车钩	—	—	2 000	—	—	—	—	—
13B型、16型、17型钩尾框*	—	0.8	3 225	—	—	在3 340 kN时0.8	4 005	—
15型、15X型钩尾框*	—	0.8	3 225	—	—	—	—	—

* 钩尾框的最小极限载荷是指加载时使钩尾框的变形造成卡住缓冲器盒体的载荷。在试验时钩尾框的变形不应超过6.4 mm。

3. 车钩三态

锁闭位置—车钩的钩舌被钩锁铁挡住不能向外转开的位置。两个车辆连挂妥当后车钩就处在这个位置。

开锁位置—即钩锁铁被提起，钩舌只要受到拉力就可以向外转开的位置。摘钩时，只要其中一个车钩处在开锁位置，就可以把两辆连挂在一起的车辆分开。

全开位置—即钩舌已经完全向外转开的位置。当两车需要连挂时，只要其中一个车钩处在全开位置，与另一辆车钩碰撞后就可连挂。

4. 测量车钩中心水平线高度差的方法

测量车钩中心水平线的高度差时，最可靠的办法是使用尺子在两连挂车钩的中心水平线之间测量。如无量具，可使用司机手账封皮上的路徽下边缘至手账短边间距离作为基准进行比对测量。用香烟长度(84 mm)或手账短边长度(94 mm)以及指导簿短边长度(90 mm)进行比对测量的方法都是错误的。

二、车钩钩舌及制动主管更换

1. 车钩部件认知

13型车钩部件如图1-6的所示。

2. 车钩的主要技术参数

钩舌销直径41 mm，钩舌上下面的高度300 mm，防跳台接触面高度24 mm，车钩开锁及闭锁状态：锁闭位时为110～130 mm、全开位时为220～250 mm，用丁字尺测量车

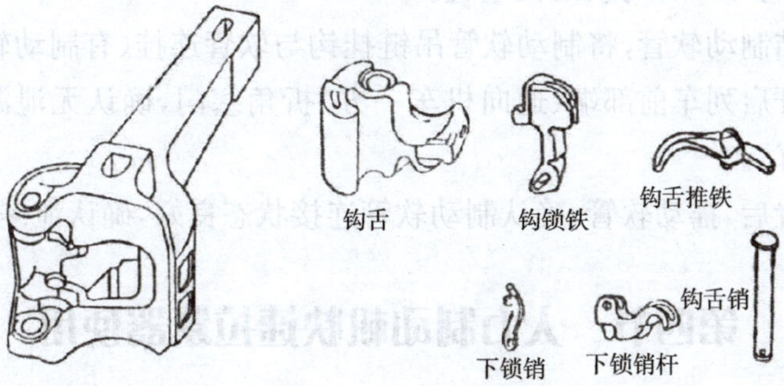

图 1-6　13 型车钩部件

钩中心高度其值自轨面至车钩中心线高度为 815～890 mm,两车钩连挂后中心水平线的高度差不能超过 75 mm,在锁闭位时用锤撬动钩锁的浮起量为 5～22 mm,钩舌销销孔径向间隙为 1～4 mm。

3. 车钩拆卸的安全注意事项

机车两端设置防护牌,小闸、大闸制动,挂禁动牌。二、五(七)动轮打止轮器。拆卸车钩时要按顺序进行,姿势正确,拆卸过程中加强人身安全。

4. 使用工具

卡丝钳、小撬棍、手锤、丁字尺、棉丝少许。

5. 操作技能

(1)用手锤、小撬棍拆下钩舌开口销,取下钩舌销后检查无裂纹、变形后放置指定地点。

(2)手扶钩舌,一手提起连杆使钩舌半开,然后双手搬下钩舌放置指定地点检查有无裂纹、变形。

(3)提起钩提杆,取出钩锁铁检查无裂纹、变形后放置指定地点。

(4)取下钩舌推铁无裂纹、变形后放置指定地点。

(5)车钩组装,其程序与拆卸相反。

6. 更换制动主管

(1)关闭故障车辆端折角塞门,关闭相邻车辆端折角塞门。

(2)摘开故障制动软管吊链挂钩(有制动软管吊链),摘解制动软管,卸下故障端制动软管。

(3)在制动软管螺纹接头处缠绕聚四氟乙烯薄膜。

(4)安装制动软管,并在连接器中装入垫圈(不得反装);制动软管连接器连接平面与车体中心夹角为45°，并与轨道面垂直。

(5)重新连结制动软管，将制动软管吊链挂钩与软管连挂（有制动软管吊链）。

(6)先缓慢开启列车前部端（通向机车一方）折角塞门，确认无泄漏后，缓慢开启列车后部端折角塞门。

(7)故障处置后，摇动软管，确认制动软管连接状态良好，确认泄漏故障消除。

第四节 人力制动机快速拉紧器使用

1. 人力制动机快速拉紧器的结构组成

人力制动机快速拉紧器的结构组成如图1-7所示。

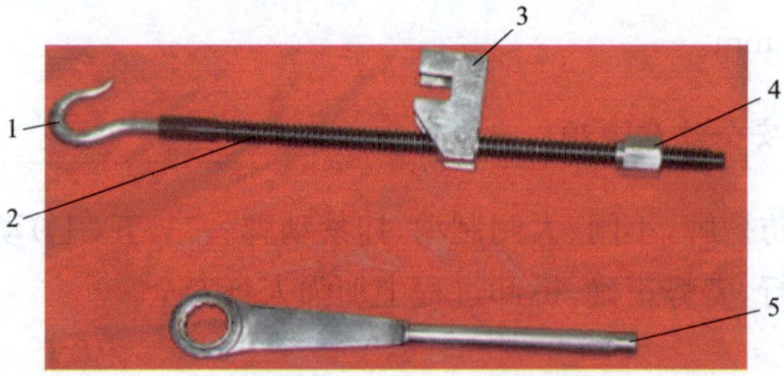

图1-7 人力制动机快速拉紧器的结构组成

1—挂钩；2—螺杆；3—卡扣；4—螺母；5—扳手

2. 人力制动机的使用方法

(1)将螺母旋至远离挂钩的一端，如图1-8所示。

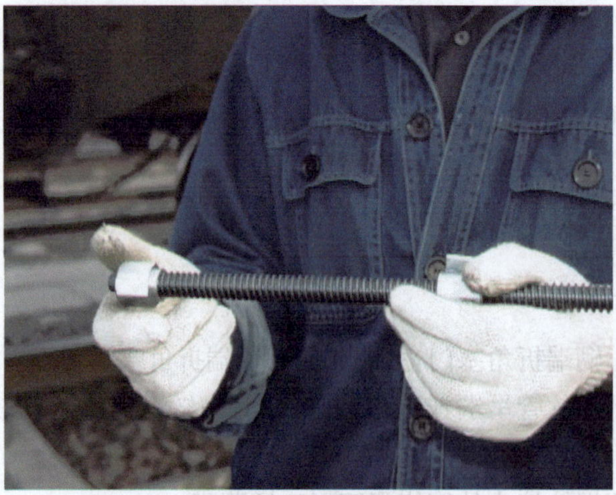

图1-8 将螺母旋至远离挂钩的一端

(2)将卡扣扣于车辆端梁处(车辆手制动机底座),如图 1-9 所示。

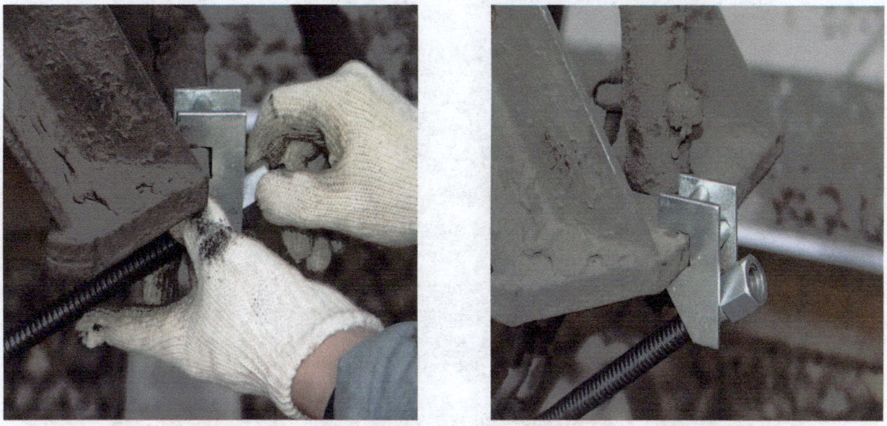

图 1-9　将卡扣扣于车辆端梁处

(3)将挂钩钩于车辆人力制动机拉链的某一环内,如图 1-10 所示。

图 1-10　将挂钩钩于车辆手制动机拉链的某一环内

(4)用本工具配套的棘轮扳手套在螺母上,顺时针旋转,如图 1-11 所示,直至将拉链拉紧,达到制动的目的。

(5)需要解除车辆制动时,将棘轮扳手套在螺母上,反时针旋转,直至车辆手制动机完全松开后,取下挂钩即可,如图 1-12 所示。

(6)作业完成后,将拉紧器放入工具箱内备用。

图 1-11 顺时针旋转扳手

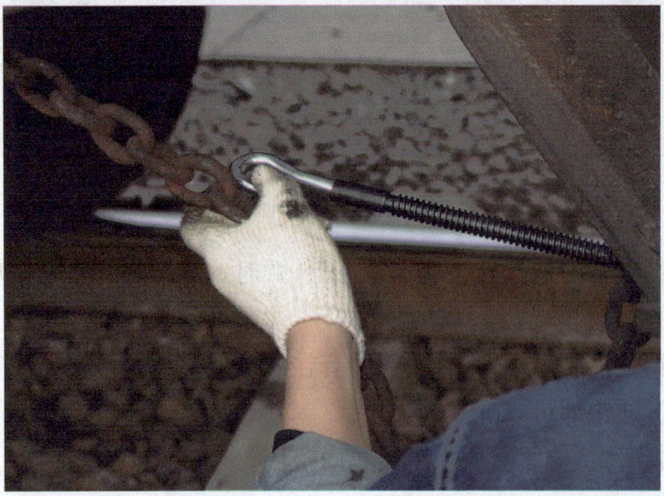

图 1-12 解除车辆制动的操作

3. 人力制动机拉紧器的使用要点和注意事项

(1)放置卡扣时,必须将卡扣位置放正,避免放置中途发生位移。

(2)在挂挂钩前,应将螺母旋至远离挂钩的最远端,以保证螺杆有足够的行程。

(3)在挂挂钩时,应先将人力制动机拉链用力往里拉,尽量缩小拉链的行程,然后将挂钩挂在能接近的最远的一环内。

(4)在解除拉紧器前首先要使车辆制动机保持制动状态,防止在解除时发生列车溜逸。

(5)在解除拉紧器时,不要手扶人力制动机拉链和螺杆,防止造成人身伤害。

第五节　火炬、响墩、轨道电路短接线使用

一、火炬使用说明

火炬如图 1-13 所示。

图 1-13　火炬

1. 应燃点在钢轨上。

2. 火炬插立与钢轨平面成 45°角,火炬头朝向顺风方向,以防熔渣阻碍火焰。

3. 打开火炬帽时,要防止帽内附有擦燃剂的小盖掉出丢失,擦点时要防止烧伤面部。

注意尽量不要在下列处所安放:

(1)道岔、钢轨接缝、平交道口及有特殊设置的地方;(2)无砟桥及隧道内(连续为长隧道的线路,按该区段的具体情况确定);(3)积雪和浸水地点。

二、响墩使用说明

1. 车辆乘务员、随车机械师及各类机车配备响墩。

2. 距防护车辆300 m设置响墩，从(救援)列车开来方向司机侧放置2个，副司机侧1个，水平投影距离间隔20 m放置。

3. 安放点轨面上积物清除干净，将带有磁铁的一面紧挨轨面放置。

4. 响墩防护距离不能少于规数，可以利用公里标、半公里标、百米标、与铁路平行的电线杆每孔50 m等方法测定距离。

响墩的设置及响墩分别如图1-14和图1-15所示。

图1-14 响墩的设置

图1-15 响墩

(一)放置距离

1. 已请求救援时，从救援列车开来方面(不明时，从列车前后两方面)，距离列车不小于300 m处防护。

2. 一切电话中断后发出的列车[持有《铁路技术管理规程(普速铁路部分)》(以下简称《技规(普速)》)附件3通知书1的列车除外]，应于停车后，立即从列车后方按线路最大速度等级规定的列车紧急制动距离位置处防护。

3. 对于邻线上妨碍行车地点，应从两方面按线路最大速度等级规定的列车紧急制动距离位置处防护，如确知列车开来方向时，仅对来车方面防护。

4. 列车分部运行，机车进入区间挂取遗留车辆时，应从车列前方距离不小于300 m处防护。

防护人员设置的响墩待停车原因消除后可不撤除(运行动车组列车的区段除外)。

(二)放置要求

每组三枚，两枚安放在来车方向左侧钢轨上，一枚安放在右侧钢轨上，每个响墩间隔距离 20 m,如图 1-16 所示。

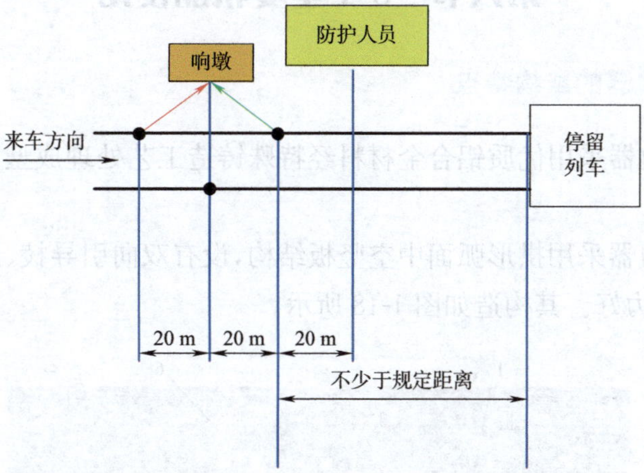

图 1-16　响墩的放置要求

三、轨道电路短接线使用说明

1. 单机(包括双机、专列回送机车)在自动闭塞区段区间紧急制动停车后不能立即恢复正常运行时,必须立即进行防护。

2. 在自动闭塞区段区间紧急制动停车后,具备移动条件时,司机须先将机车向前移动不少于 15 m(因特殊原因无法移动时除外),立即通知后续列车司机向两端站车站值班员(列车调度员)报告停车位置,并使用轨道短接线在单机运行后方 20 m 处对本分区轨道电路进行可靠短路(避开调谐区),如图 1-17 所示。防护后再与车站值班员(列车调度员)联控确认轨道电路是否可靠短路,若轨道电路未可靠短路,机车乘务员应将钢轨轨面清洁后,重新短路轨道电路。

3. 单机停于调谐区内时,司机必须立即将单机向前移出调谐区。无法移动时从单机后方调谐区外短路轨道电路进行防护。

4. 安装轨道电路短接线时,必须将轨面上的油泥、沙粒等杂物清除干净,保证短接线与轨面可靠接触,轨道电路短接线不得短接在调谐区内。

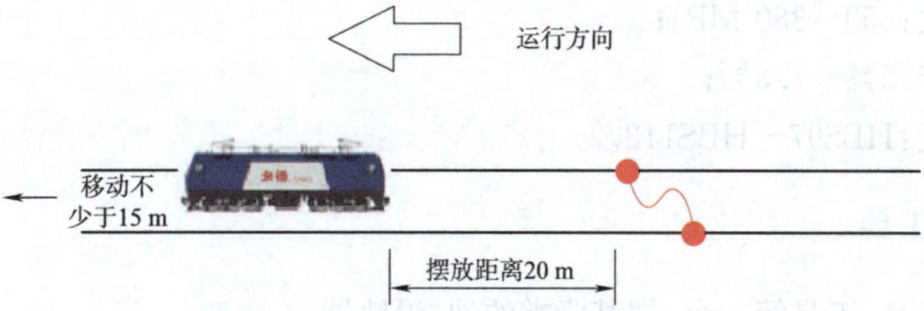

图 1-17　轨道电路短接线使用说明

第六节　S-1 型复轨器使用

一、S-1 型复轨器的结构特点

1. S-1 型复轨器采用优质铝合金材料经特殊铸造工艺处理成型，具有重量轻、强度高等优点。

2. S-1 型复轨器采用拱形弧面中空竖板结构，设有双向引导棱、踏铁、复轨器垫铁，结构合理，承压能力好。其构造如图 1-18 所示。

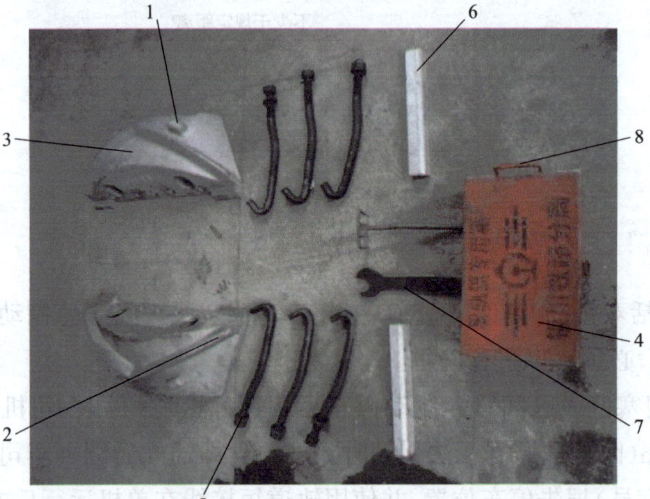

图 1-18　S-1 型复轨器构造

1—踏铁；2—双向引导棱；3—复轨器；4—工具箱；5—钩螺栓(各 3 根)；

6—垫铁(2 块)；7—专用扳手；8—手耙

二、主要技术参数

外形尺寸：长 900 mm、宽 310 mm、高 290 mm；

质量：45.5 kg/只；

抗拉强度：350～380 MPa；

延伸率：5.5%～7.5%；

表面硬度：HBS97～HBS112。

三、使用工具

复轨器一套、工具箱一个、锂基脂类的油、逼轨器。

四、操作技能

1. S-1 型铝合金双向复轨器由两只完全相同的主体组成,起复作业时须同时使用,如图 1-19 所示。

图 1-19　复轨器同时使用

2. 复轨器安装时应避开轨撑、轨距杆、钢轨接头、鱼尾板、腐朽枕木等,内外侧对齐摆放,内低外高,外侧复轨器与基本轨密贴并高于轨面,内侧复轨器应低于轨面并留有一定的轮缘间隙,然后将 3 根钩螺栓由钢轨底部穿进复轨器主体安装孔后拧紧固定螺栓。

3. 脱轨车轮至复轨器间用石砟或铁垫板等垫好,以减少拉复阻力,防止轧坏轨枕。

4. 每只 S-1 型复轨器备有一块专用铝垫板,垫板设计为平面摆放高度 40 mm,立面摆放高度 50 mm。起复机车、车辆时要按轨型加入垫板,以免复轨器主体折损。50 kg/m 钢轨平放,60 kg/m 钢轨立放。

5. 起复前应在复轨器引导棱及主体顶部涂油(最好是涂抹锂基脂类的油),以利于复轨器并减少引导棱的磨损。复轨器至脱轨车轮间铺垫石砟。特别注意在曲线处所进行起复作业时,应该在复轨器与钢轨腰内侧留有一定量的轮缘槽,使轮缘在起复的过程中能够顺利复位。

6. 当脱轨车轮距基本轨距超过 240 mm 时,应先采用“逼近”的方法,使脱轨车轮靠近基本轨后再进行复位。

第七节　区间通话柱及应急电话使用

一、区间通话柱的使用

区间通话柱如图 1-20 所示。

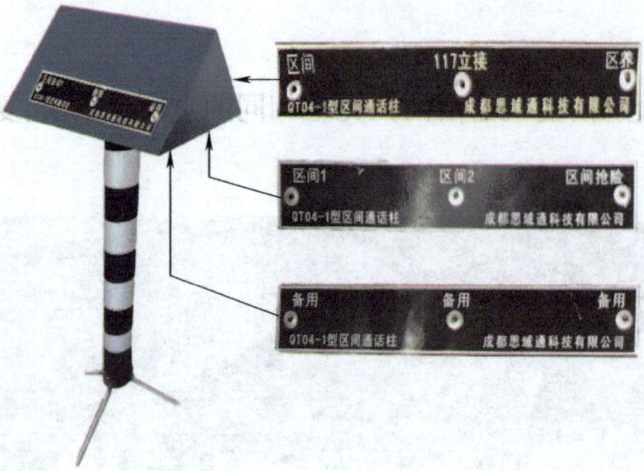

图 1-20　区间通话柱

区间通话柱使用说明：

1. 在通话柱区段，将电话插入通话柱上自动电话插孔，输入号码：117，进行拨叫。

2. 在 GSM-R 区段，使用 GSM-R 手持终端拨叫 117 立接台时，手持端输入号码：901071117，进行拨叫。

3. 使用铁路自动电话拨叫 117 立接台时，输入号码：117，进行拨叫。

二、区间应急电话的使用

区间应急电话如图 1-21 所示。

图 1-21　区间应急电话

1. 呼出电话

各扳键的用途定义：

指挥中心扳键：对应局指挥中心。

行调台扳键：对应局行调台。

上行车站扳键：对应该区间的上行车站。

下行车站扳键：对应该区间的下行车站。

当需要呼叫某用户时，按箭头方向扳动该扳键约 15°至扳不动为止，对方应答后即可进入通话状态。通话时不能松开扳键，否则通话中断。

2. 应答电话

当有用户呼入时，隧道终端响铃，此时扳键区右上角红色指示灯闪烁，使用人员扳动任意扳键即可应答。通话时扳键不能松开，松开后即挂机。

3. 挂机

用户通话时，只要松开扳键或者对方挂机均可挂断通话。

第八节　弓网部件认知及应急处置

接触网各部件名称如图 1-22 所示。

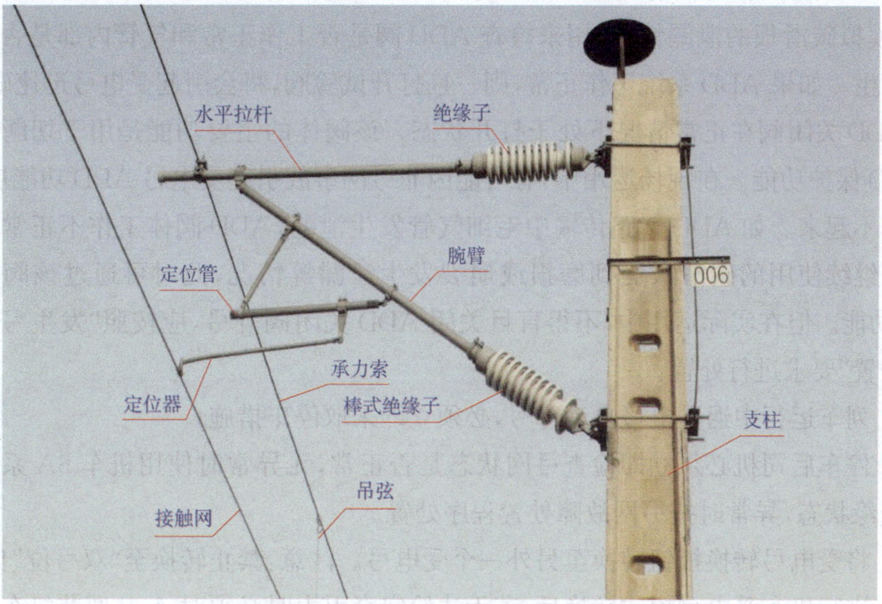

图 1-22　接触网各部件名称

自动降弓装置（ADD气路保护装置）原理及应急处置：ADD即Auto（自动）、Dropping（降落）、Device（装置）的首字母简写。自动降弓装置如图1-23所示，主要由快速降弓阀18、ADD试验阀20、ADD关闭阀19组成。在受电弓滑板断裂或磨损到限时，自动降弓装置会使受电弓迅速自动下降，避免受电弓和接触网继续损坏从而扩大故障。

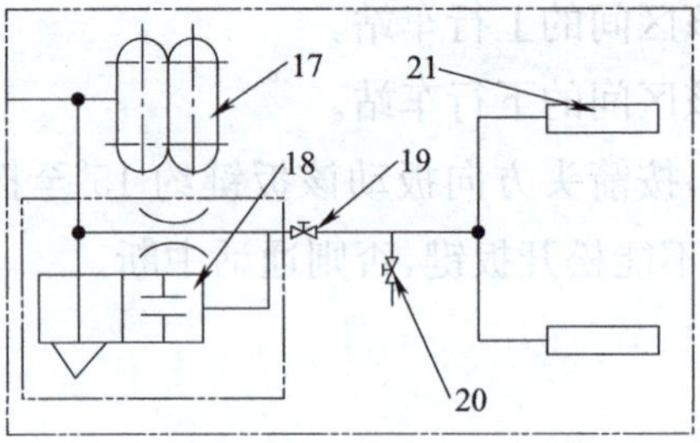

图1-23　自动降弓装置（ADD）

17—气囊；18—快速降弓（ADD）阀；19—ADD关闭阀；20—ADD试验阀；21—滑板

快速降弓（ADD）阀体内部分为两个腔体：一个腔体连接气囊，另一个腔体连接碳滑板。在正常的升弓以及降弓的操作工况下，ADD阀不工作。其中与碳滑板连接的腔体内部气压保持与碳滑板内部毛细气管一致。正常状态下，ADD内部通过一个节流阀控制不断给碳滑板内部毛细气管供气，保证其气压平衡，并防止小泄漏事故引起降弓动作的发生。

ADD试验阀在正常情况下处于闭合状态。该阀体主要功能是在现场组装以及检修中，模拟碳滑板的泄漏情况，用来检查ADD阀是否工作正常和气管内部是否有堵塞现象发生。如果ADD系统工作正常，则一旦打开试验阀，将会引起受电弓迅速砸弓。

ADD关闭阀在正常情况下处于打开状态。该阀体的主要功能是用于切断受电弓的ADD保护功能。在现场运用中，有可能因非弓网事故引起受电弓ADD功能启动，受电弓升不起来。如ADD气路传输中毛细气管发生泄漏，ADD阀体工作不正常或者仍然可以继续使用的碳滑板受到磨损或崩裂发生泄漏等情况，此时可通过该阀体关闭ADD功能。但在实际运用中，不得盲目关闭ADD关闭阀升弓，应按照“发生弓网异常时的处置”要求进行处置：

1. 列车运行中遇受电弓自动降弓，必须立即采取停车措施；

2. 停车后司机必须立即检查弓网状态是否正常，无异常时使用机车6A系统检测车顶绝缘状态，异常时按弓网故障处置程序处置。

3. 将受电弓转换扳钮转换至另外一个受电弓。注意：禁止转换至“双弓位”！

4. 进行机车受电弓模式转换后，若无法给定牵引力时必须对A、B两节机车同时进行大复位（注意：机车大复位时两节车必须同步进行！）。

第九节　车辆制动故障需做"关门车"的处置方法

1. 车辆制动机故障"关门车"处置流程

当车辆某辆车制动系统发生故障,如遇车辆某辆车制动系统发生故障,不需要该辆车产生制动作用时,应关闭该辆车制动缸截断塞门。其操作方法如下(一关二拉三确认):

(1)将该辆车截断塞门关闭;

(2)拉动缓解阀拉杆,排净副风缸余风,如图1-24所示,使该车辆处于缓解状态;

图1-24　制动支管、缓解阀拉杆及副风缸

(3)故障处置后,确认制动缸活塞杆复位;再次拉动缓解阀拉杆,确认余风排净。

2."关门车"操作方法图示(图1-25)

(a)一"关"　(b)二"拉"　(c)三"确认"

图1-25　"关门车"操作方法图示

第十节 《铁路技术管理规程(普速铁路部分)》条款导读 60 问

一、《铁路技术管理规程(普速铁路部分)》(以下简称《技规(普速)》)总则的涵义

总 则

铁路是国民经济大动脉、国家重要基础设施和大众化交通工具,是综合交通运输体系骨干、重要的民生工程和资源节约型、环境友好型运输方式,在我国经济社会发展中的地位至关重要。

铁路运输具有高度集中的特点,各工作环节须紧密联系、协同配合。为加强中国铁路总公司(简称铁路总公司)①铁路技术管理,确保国家铁路安全正点、方便快捷、高速高效,根据有关法律、法规、规章和技术标准等制定本规程②。本规程适用于国家铁路。

本规程包括高速铁路和普速铁路两部分,本部分为普速铁路部分,适用于 200 km/h 以下的铁路(仅运行动车组列车的铁路除外)。

本规程是国家铁路技术管理的基本规章,各部门、各单位制定的技术管理文件等,都必须符合本规程的规定。在铁路总公司明令修改以前,任何部门、任何单位、任何人员都不得违反本规程的规定。

国家铁路工作人员必须严格遵守和执行本规程的规定,在自己的职责范围内,以对国家和人民负责的态度,保证安全生产。各单位对遵守本规程成绩突出者,应予表扬或按有关规定给予奖励;对违反者,应视其违反程度和造成事故的性质、情节及后果,给予教育、处分。

1.《技规》制修订背景、过程、目的

1950 年,为使铁路各部门、各单位、各工种安全、准确、迅速、协调地开展运输生产活动,原铁道部制定了第 1 版《技规》,于 1950 年 2 月 2 日公布、6 月 1 日起正式实行。50 多年来,《技规》先后进行了 9 次修订,使其不断完善,适应不同时期铁路建设和运输的需要,发挥了铁路基本技术规章的作用。随着铁路实行管理体制改革、政企分开,为加强铁路总公司铁路技术管理,确保国家铁路安全正点、方便快捷、高速高效,根据国务院机构改革和职能转变方案,铁路总公司在原铁道部第 10 版《技规》、《铁路 200～250 km/h 既有线技术管理办法》、《铁路客运专线技术管理办法》等基础上,制定形成铁路总公司第 1 版《技规》。

2.《技规》制定的法律依据

铁路实行政企分开后,铁路总公司《技规》与行业标准和规范的关系发生了变化,铁

① 中国铁路总公司(简称铁路总公司)现更名为中国国家铁路集团有限公司(简称国铁集团)。

② 《铁路技术管理规程》,下同。

路总公司《技规》应遵循国家和行业有关法规、标准和相关规定,考虑到铁路技术管理的相关依据较多,本总则[①]不一一列举,仍以《中华人民共和国铁路法》和《铁路安全管理条例》为主要法律依据。

《铁路法》于1990年9月7日经中华人民共和国主席令第三十二号公布,自1991年5月1日起施行,是铁路管理的基本法律,在铁路的分类、铁路运输营业、铁路建设、铁路安全与保护等方面确立了一系列的基本原则和基本法律制度。

《铁路安全管理条例》于2013年8月17日经国务院令第639号公布,自2014年1月1日起施行,该条例对铁路建设质量安全、铁路专用设备质量安全、铁路线路安全、铁路运营安全、监督检查以及法律责任等做了全面规定。

以上两法律、法规所规定的一系列原则和制度,是铁路总公司铁路技术管理必须遵循的,如铁路建设的标准轨距、铁路交叉与道口、铁路线路安全保护区等。

3.《技规》的定位

铁路总公司《技规》是国家铁路技术管理的基本规章,定位为企业内部的基本技术规章,统领铁路总公司各专业技术规章、企业标准等。各部门、各单位制定的技术管理文件等,都必须符合本规程的规定。国家铁路工作人员必须严格遵守和执行本规程的规定,在自己的职责范围内,以对国家和人民负责的态度,保证安全生产。各单位对遵守本规程成绩突出者,应予表扬或按有关规定给予奖励;对违反者,应视其违反程度和造成事故的性质、情节及后果,给予教育、处分。在铁路总公司明令修改以前,任何部门、任何单位、任何人员都不得违反本规程的规定。确因受地质条件及周边环境等因素限制,如电力线路的电杆内缘至线路中心的水平距离、大风区段设挡风墙时的列车运行等,无法满足本规程的规定时,由铁路局制定安全措施或特殊行车组织办法,报铁路总公司批准。

4.《技规》的主要内容

铁路总公司《技规》分高速铁路部分和普速铁路部分两册,每册分别包含总则、技术设备、行车组织、信号显示、附图、附件、缩写词对照表、计量单位符号等几个部分。第一编技术设备规定了国家铁路的基本建设、产品制造、验收交接、技术性能、使用管理及保养维修方面的基本要求和标准;第二编行车组织规定了与行车相关的各部门、各单位、各工种在从事铁路运输生产时,必须遵循的基本原则、责任范围、工作方法、作业程序和相互关系;第三编信号显示规定了信号的显示方式和执行要求;附图规定了铁路建筑限界和机车车辆限界。与原铁道部第10版《技规》相比,规程主要增加了200 km/h及以上铁路的技术设备、行车组织、信号显示、限界等方面的内容,补充了200 km/h以下铁路新技术设备配置和行车组织方式变化的要求。

---

① 《铁路技术管理规程》总则,下同。

5.《技规》的适用范围

铁路总公司《技规》适用于国家铁路，包括高速铁路和普速铁路两部分。普速铁路部分，适用于200 km/h以下的铁路（仅运行动车组列车的铁路除外），包括设计速度200 km/h以下客货共线铁路、重载铁路以及仅运行普通旅客列车的铁路等，不包括仅运行动车组列车的铁路。这里所说的动车组指动力分散动车组。

6.《技规》特点

铁路总公司《技规》具有以下特点：

一是科学定位、系统完整。为体现高速铁路与普速铁路设备配置和行车方式等方面的差异，便于准确、全面地表述，便于各专业、各工种人员学习和使用，将《技规》分为高速铁路部分和普速铁路部分。铁路政企分开后，铁路总公司《技规》作为企业规章，不再对社会企业和人员在铁路线路影响范围内的活动进行规定，这些内容按《铁路安全管理条例》执行。铁路总公司《技规》沿用了原铁道部《技规》结构形式，并将原铁道部第10版《技规》（铁道部令第29号）和《铁路200～250 km/h既有线技术管理办法》、《铁路客运专线技术管理办法》等基本技术规章文件内容，系统整合为铁路总公司《技规》。

二是适应设备、体现发展。自2006年原铁道部第10版《技规》颁布以来，我国铁路技术设备特别是高铁技术设备发生了巨大的变化，铁路总公司《技规》大幅度增加了高速铁路的技术设备内容，同时对普速铁路线路、桥梁及隧道、通信信号、车站枢纽、机车车辆等设备提出了新的要求，行车组织方面的内容也有许多变化。

三是安全第一、兼顾效率。铁路总公司《技规》大部分条文内容都直接涉及铁路运输安全，《技规》始终把安全放在首位，对涉及安全的技术设备配置、行车作业组织等内容和要求，力求全面、准确、规范。同时在保证安全的前提下，针对铁路技术装备发展的新情况，在设备配置、行车作业方式等许多方面兼顾了运输效率。

四是先进适用、经济合理。铁路总公司《技规》在高速铁路部分和普速铁路部分都体现了技术的先进性和适用性，在高速铁路部分更多地对先进技术装备的应用进行了规定，在普速铁路部分更多地对适用技术的应用进行了规定。同时，有针对性地突出了经济合理建设和管理高速和普速铁路的要求。

五是科学规范、协调一致。铁路总公司《技规》强调要从源头上避免规章不一致的情况。铁路总公司《技规》作为企业基本规章，在统领专业规章、企业标准的同时，强调与国家标准、行业标准协调一致。在具体条文编写过程中，对于应由《铁路安全管理条例》规定的，严格按条例编写；对于需与设计规范相协调的，相同条款内容保持一致；对于应由专业技术规章规定的，《技规》只作原则规定。

六是务实严谨、便于操作。铁路总公司《技规》内容力求完整，描述准确，使相关单位和广大一线职工易于学习掌握。

二、机车车辆限界的定义(《技规(普速)》第14条)

第14条　一切建(构)筑物、设备,均不得侵入铁路建筑限界。与机车车辆有直接互相作用的设备,在使用中不得超过规定的侵入范围。客货共线铁路建筑限界见《技规(普速)》附图1。

在设计建(构)筑物或设备时,距钢轨顶面的距离应附加钢轨顶面标高可能的变动量(路基沉降、加厚道床、更换重轨等)。

机车车辆无论空、重状态,均不得超出机车车辆限界。客货共线铁路机车车辆限界见《技规(普速)》附图2。

机车车辆限界是一个和线路中心线垂直的极限横断面轮廓。机车车辆限界为静态限界轮廓,规定了机车车辆不同部位的宽度、高度的最大尺寸和其零部件至轨面的最小距离。除使用中需要探出的部分(如受电弓、后视镜等)需符合其他相关规定外,任何部分都应容纳在限界轮廓内,不得超越。

反之,如线路附近的异物侵入了机车限界轮廓之内,就会发生相撞事故。依据《技规》(普速)"客货共线铁路机车车辆限界"(附图2),机车限界距线路中心线为1 700 mm。标准水泥轨枕长为2 500 mm,其1/2为1 250 mm,从轨枕头部量起再有1 700－1 250＝450 mm距离内如有异物即发生相撞。

因标准轨距为1 435 mm,钢轨宽度为60 mm,从钢轨外侧量起再有1 700－1 435/2－60＝922.5 mm距离内如有异物即发生相撞。

三、铁路线路安全保护区的定义(《技规(普速)》第16条)

第16条　铁路线路两侧应按规定设立铁路线路安全保护区,在铁路线路安全保护区边界设置标桩,并根据需要设置围墙、栅栏、防护桩等防护设施。

在铁路线路安全保护区内修建各种建(构)筑物等设施,取土、挖砂、挖沟、采空作业或者堆放、悬挂物品,应征得铁路运输企业同意并签订安全协议。铁路运输企业应当派员对施工现场实行安全监督。

在铁路线路安全保护区以外、影响范围内进行影响铁路线路安全稳定的作业时,应当与铁路运输企业协商一致。

根据《铁路安全管理条例》第二十七条的规定,铁路线路两侧应当设立铁路线路安全保护区,并在铁路线路安全保护区边界设置标桩。铁路线路安全保护区范围如下:

铁路线路安全保护区的范围,从铁路线路路堤坡脚、路堑坡顶或者铁路桥梁(含铁路、道路两用桥,下同)外侧起向外的距离分别为:

(1)城市市区高速铁路为10 m,其他铁路为8 m;

(2)城市郊区居民居住区高速铁路为12 m,其他铁路为10 m;

(3)村镇居民居住区高速铁路为15 m,其他铁路为12 m;

(4)其他地区高速铁路为 20 m,其他铁路为 15 m。

四、事故救援列车的设置、救援队伍组织和救援装备的规定(《技规(普速)》第 23 条)

第 23 条　在铁路总公司指定地点设事故救援列车、电线路修复车、接触网抢修车,配备应急通信设备,并处于整备待发状态,其工具备品应保持齐全整洁,作用良好。

根据运输生产需要,铁路局应在无救援列车的编组站、区段站和二等以上车站成立事故救援队,配备简易起复设备和工具。

铁路总公司、铁路局应急救援指挥中心应建设应急平台,配备相应的应急指挥设施和通信等设备,确保事故现场的图像、话音及数据在规定的时限内传送至应急救援指挥中心。

机车、自轮运转特种设备上均应备有复轨器和铁鞋(止轮器)。

动车组应配备止轮器(铁鞋)、紧急用渡板、应急梯、过渡车钩和专用风管。

救援列车停留线,原则上应设在两端接通、便于救援列车出动的段管线(站线)上。救援列车基地应配备生产、生活、培训设施设备。

根据《铁路交通事故应急救援规则》(铁道部令第 32 号)中的有关规定,"加强铁路交通事故的应急救援工作,最大限度地减少人员伤亡和财产损失,尽快恢复铁路运输秩序",为及时处理行车事故,起复机车车辆,清除线路故障,迅速恢复行车,在铁路总公司指定的沿线适当地点设事故救援列车、电线路修复车、接触网抢修车,配备应急通信设备,并处于整备待发状态,其工具备品应保持齐全整洁,作用良好。各种维修、救援车辆上配备应急通信设备,如对讲机或其他专用通信设备,保证车上工作人员、现场和铁路局应急救援中心之间通信通畅,提高工作效率。

救援列车是在铁路线路上发生列车脱轨、颠覆和线路水害、塌方等事故时,用以排除线路故障物、起复机车车辆的专用车列。

电线路修复车是为了修复自然灾害或其他原因造成的信号、通信电线路损坏而装备的有工具、器材的专用车辆,可编入救援列车开往事故现场。

接触网检修车是为了修复电气化铁路接触网断线、电杆及铁塔倒伏、瓷瓶破损等情况而特设的专用车。

除上述三种救援设备外,为使发生轻微脱轨的机车车辆及时起复,根据运输生产需要,铁路局应在无救援列车的编组站、区段站和二等以上车站成立事故救援队,配备简易起复设备和工具。

随着铁路通信事业的发展和救援工作的需要,铁路总公司、铁路局应急救援指挥中心应建设应急平台,配备相应的应急指挥设施和通信等设备,确保事故现场的图像、话音及数据在规定的时限内传送至应急救援指挥中心,各种救援、维修车辆上配备应急通信设备,保证救援工作顺利进行。

为防止机车、自轮运转特种设备在线路上无动力停留时溜逸,应使用铁鞋(止轮器)

防溜。为使发生轻微脱轨的机车、自轮运转特种设备能及时起复,开通区间或线路,减少救援列车的出动,规定机车、自轮运转特种设备上均应备有复轨器,大型养路机械及轨道车还需配备液压复轨器。有关乘务人员应掌握复轨器的使用方法。

动车组应配备铁鞋(止轮器),以防止无动力停留时溜逸。在应急状态下,为方便动车组上的旅客换乘或疏散,需使用紧急用渡板、应急梯,故需随车配备。使用机车救援动车组时,需使用过渡车钩和专用风管,因此动车组还应配备过渡车钩和专用风管。

《铁路交通事故应急救援规则》(铁道部令第32号)第三十条规定:"事故应急救援需要出动救援列车时,救援列车应当在接到出动命令后30 min内出动",为保证迅速出动救援,救援列车停留线,原则上应设在两端接通、便于救援列车出动的段管线(站线)上。其固定停放线路,须与正线或到发线衔接,能够开入区间。救援列车基地应配备生产、生活、培训设施设备。

五、道岔号的含义(《技规(普速)》第46条)

第46条　道岔辙叉号数选择应符合下列规定:

1. 正线道岔的直向通过速度不应小于路段设计行车速度。

2. 用于侧向通过列车的单开道岔的辙叉号数应根据列车侧向通过的最高速度合理选用。

3. 侧向接发停车旅客列车的单开道岔,不得小于12号。

4. 侧向接发停车货物列车并位于正线的单开道岔,在中间站不得小于12号,在其他车站不得小于9号。

5. 列车轴重大于25 t的铁路正线单开道岔不得小于12号。

6. 其他线路的单开道岔不得小于9号。

7. 狭窄的站场采用交分道岔不得小于9号,但尽量不用于正线,必须采用时不得小于12号。

8. 峰下线路的对称道岔不得小于6号,三开道岔不得小于7号。

9. 段管线的对称道岔不得小于6号。

既有道岔的类型及辙叉号数不符合上述规定时,应按该道岔的辙叉号数限制行车速度,且应有计划地进行改造。

道岔是限制列车速度的关键设备。道岔号数与辙叉角成反比关系。辙叉角越小,道岔号就越大,导曲线半径也越大,机车车辆侧线通过道岔时就越平稳,允许的侧线过岔速度也就越高。所以采用大号码道岔对于列车运行是有利的,然而道岔号数越大,道岔全长就越长,铺设时占地就越多。因此,采用几号道岔来连接线路,要根据线路的用途来决定。目前,在我国铁路的主要线路上大多使用9、12、18号3个型号道岔。在线路上道岔辙叉号数应符合下列规定:

(1)用于侧向通过列车,速度80 km/h以上至140 km/h的单开道岔,不得小于30号。

(2)用于侧向通过列车,速度 50 km/h 以上至 80 km/h 的单开道岔,不得小于 18 号。

(3)用于侧向通过列车,速度不超过 50 km/h 的单开道岔,不得小于 12 号。

(4)用于侧向接发停车旅客列车的单开道岔,不得小于 12 号。

(5)用于侧向接发停车货物列车并位于正线的单开道岔,在中间站不得小于 12 号,在其他车站不得小于 9 号。

道岔号数:道岔因其辙叉角的大小不同,有不同的道岔号(N),道岔号数表明了道岔各部分的主要尺寸。对于道岔号我们习惯用辙叉角(α)的余切值来表示,如图 1-26 所示。$N=\cot\alpha=\dfrac{FE}{AE}$

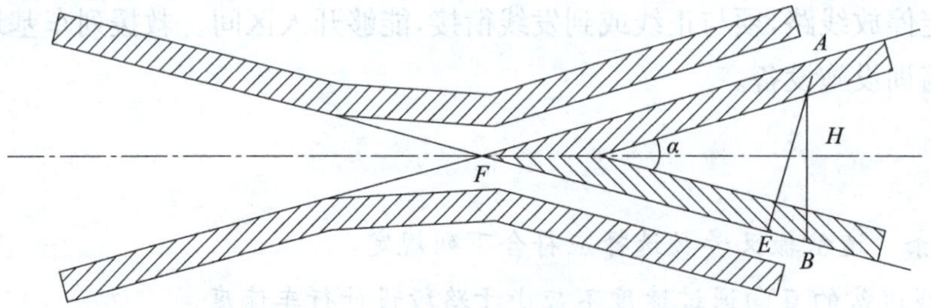

图 1-26 道岔相关参数示意

普通单开道岔如图 1-27 所示。

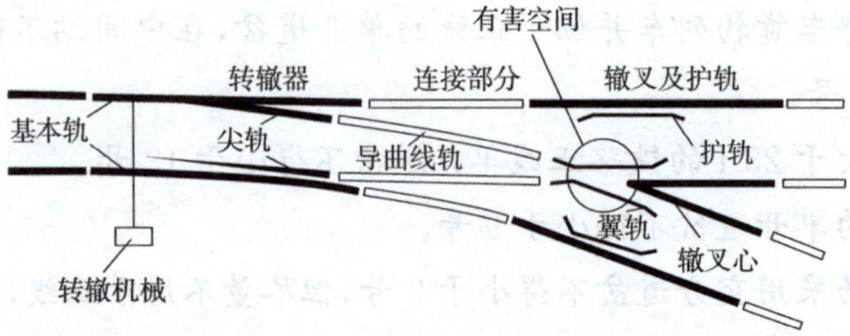

图 1-27 普通单开道岔

六、不同速度区段正线采用不同道岔类型的规定(《技规(普速)》第 47 条)

第 47 条 线路允许速度 120 km/h 及以下区段的正线道岔,采用固定型辙叉道岔;线路允许速度 120 km/h 以上至 160 km/h 及以下,或货车轴重 25 t 及以上区段的正线道岔,采用可动心轨道岔或固定型辙叉道岔,并采用外锁闭装置;线路允许速度 160 km/h 以上区段的正线道岔,须采用可动心轨道岔、外锁闭装置。

随着我国铁路的提速,道岔结构历经了多次升级换代,制造技术日趋完善,制造、铺设及养护维修标准相应提高。在既有线站场平面不作大的变动、保留正线道岔布置不小于 12 号的前提下,应选择适应不同运行条件的道岔结构形式。

我国目前道岔主要分为固定辙叉道岔和可动心轨辙叉道岔。由于固定辙叉道岔不可避免地存在护轨、辙叉翼轨冲击角和辙叉翼轨、心轨部分的垂向不平顺,在行车平稳性等方面较可动心轨差。可动心轨辙叉消除了有害空间,改善了垂向和横向的几何不平顺状态,同时为铺设跨区间无缝线路创造了条件。但可动心轨道岔造价较高,投资较大,且需增加转换设备。根据国内的使用经验,12 号固定辙叉单开道岔其直向通过速度最高可达 160 km/h。为在保证列车运行安全的前提下,实现设备投入的经济合理,在线路允许速度 120 km/h 及以下区段的正线道岔,采用固定型辙叉;在速度为 120 km/h 以上至 160 km/h 及以下的线路,或货车轴重 25 t 及以上区段的正线道岔,采用可动心轨道岔或固定型撤叉道岔,并采用外锁闭装置;线路允许速度 160 km/h 以上区段的正线道岔,须采用可动心轨道岔、外锁闭装置。

既有线路道岔不满足上述规定时,应逐步更换。

七、《技规(普速)》规定"各种信号机在正常情况下的显示距离"的原理(《技规(普速)》第 69 条)

第 69 条　各种信号机及表示器,在正常情况下的显示距离:

1. 进站、通过、接近、遮断信号机,不得小于 1 000 m;

2. 高柱出站、高柱进路信号机,不得小于 800 m;

3. 预告、驼峰、驼峰辅助信号机,不得小于 400 m;

4. 调车、矮型出站、矮型进路、复示信号机,容许、引导信号及各种表示器,不得小于 200 m。

在地形、地物影响视线的地方,进站、通过、接近、预告、遮断信号机的显示距离,在最坏的条件下,不得小于 200 m。

信号的显示距离,是指从机车上能够连续确认的显示距离。其前提条件是列车运行速度不超过 120 km/h 时,紧急制动距离应不大于 800 m。

因此,进站、通过、接近、遮断信号机的显示距离规定为不小于 1 000 m,是考虑了 800 m 列车的紧急制动距离和 200 m 司机确认信号时间和开始制动列车走行的距离,这样在信号机显示红灯时,司机确认信号后可以保证在信号机前停车。

高柱出站和高柱进路信号机因前方已有进站或进路信号机起到预告显示的作用,同时,这些信号机都设在站内。所以对其显示距离规定不得小于 800 m。

预告信号机本身没有停车信号的显示,仅仅是预告其主体信号机的显示状态,所以显示距离规定不得小于 400 m。

调车信号机,因调车速度较低;复示信号机是一种附属性质的信号,重复主体信号机的显示;引导信号是在司机未看到其显示之前,已经看到了主体信号机的显示。所以规定这些信号的显示距离不得小于 200 m。

在不办理通过列车的到发线上,由于容易确认信号,装设的矮型出站、矮型进路信号机,其显示距离规定不得小于 200 m。

各种表示器，只是起到表示的作用，不是绝对信号，并受机体构造的限制，所以显示距离规定不得小于 200 m。

对进站、通过、接近、遮断信号机的显示距离应当严格要求。在装设此类信号机时，应选择适当地点，尽可能使其显示距离达到标准。但因条件限制，如在山区弯道多、曲线半径小、隧道接连不断等最坏情况下，实在无法达到标准时，考虑到此类信号机均设有预告信号机，因此允许降低到不小于 200 m 的最低标准。预告信号机的显示距离在最坏条件下，不得小于 200 m。

径路：《技规》中的“列车径路”“运行径路”是指列车运行图、列车开行文电、调度命令等规定的列车从始发站到终到站所经过的线路。车站作为列车径路中一个点，其接发列车进路变更不属于变更列车径路。

进路：在《技规》中是指在站内、岔线、段管线，列车、机车（自轮运转特种设备）或车列由一个地点运行（移动）到另一个地点，所经由（或为此准备）的一段线路，集中联锁区一般采用按压列车、调车按钮的方式办理，进路包括列车进路和调车进路。列车进路包括接车进路、发车进路和通过进路，延续进路为接车进路的一部分。

经路：在《技规》中是指列车、机车（自轮运转特种设备）或车列由一个地点移动至另一地点所经过的路线，经路可以是一条进路，也可以是多条进路或进路与区间线路，联络线、走行线等综合构成。

八、信号机通常设在列车运行方向的左侧的原因以及信号机的内方（后方）、外方（前方）的定义（《技规（普速）》第 71 条）

第 71 条　信号机设在列车运行方向的左侧或其所属线路的中心线上空。反方向运行进站信号机可设在列车运行方向的右侧；其他特殊地段因条件限制，需设于右侧时，须经铁路局批准。

在确定设置信号机地点时，除满足信号显示距离的要求外，还应考虑到该信号机不致被误认为邻线的信号机。

我国铁路为左侧行车制，机车司机的位置统一设在左侧，为了便于司机瞭望信号，规定所有信号机均应设在列车运行方向的左侧。装设在信号桥或信号托架上的信号机，可以在线路左侧，也可以在其所属线路的中心线上空。

反方向运行进站信号机受限界等限制可设在列车运行方向的右侧。其他信号机在特殊情况下，如线路左侧没有装设信号机的条件（托架也无法装设）或因曲线、隧道、桥梁等影响，在保证不致使司机误认的条件下，经铁路局批准，也可设于右侧。

在确定信号机设置地点时，除应满足信号显示距离的要求外，还应考虑到信号机不致于被误认为邻线的信号机，装在右侧的信号机更应注意。

信号机防护的线路方向为信号机内方，亦称信号机后方。信号机显示的方向为信号机外方，亦称信号机前方。

九、进站信号机设置的规定(《技规(普速)》第72条)

第72条 车站必须设进站信号机。进站信号机应设在距进站最外方道岔尖轨尖端(顺向为警冲标)不小于50 m的地点,因调车作业或制动距离需要延长时,一般不超过400 m。

双线自动闭塞区间反方向进站信号机前方应设置预告标。

进站信号机的作用是防护车站,指示进站列车的运行条件,保证进站进路的正确和安全可靠,完成有关的联锁任务。所以,凡车站在列车的入口处都必须装设进站信号机。

进站信号机,应尽量避免装设在停车后起动困难的上坡道上、地势险峻地点、隧道内、桥梁上及停车后列车不能全部出清桥隧的停车地点。

在设有轨道电路的车站上,进站信号机应和轨道绝缘设在同一坐标上。如因轨缝移动或因线路改建等原因,不能设在同一坐标上时,允许轨道绝缘设在信号机前方或后方各1 m范围内。

为满足调车作业的需要,即一台机车挂一两辆货车,由一股道转向另一股道不致越出进站信号机,所以规定进站信号机应设于距进站道岔尖轨尖端(顺向为警冲标)不小于50 m的地点。

经常利用正线进行调车作业的车站,可适当延长进站信号机与进站道岔岔尖或进站道岔警冲标之间的距离,以便进行调车作业时,车列不致越出进站信号机,减少办理越出站界调车的手续。但该距离延长后,将影响车站的通过能力,所以延长的距离一般不得超过400 m。

双线自动闭塞区间反方向运行,因进站信号机前方未设色灯预告信号机,应在进站信号机外方设预告标。预告标应设在进站信号机外方900 m、1 000 m及1 100 m处。

十、出站信号机设置的规定(《技规(普速)》第73条)

第73条 在车站的正线和到发线上,应设出站信号机。出站信号机应设在每一发车线的警冲标内方(对向道岔为尖轨尖端外方)适当地点。

在调车场的编发线上,必要时可设线群出站信号机。

出站信号机的作用是作为列车占用区间的凭证,指示列车可否进入区间;与车站其他发车进路和敌对进路相联锁,信号开放后保证进路安全可靠;指示列车在站内停车的位置。所以,车站发车线上均应装设出站信号机。

出站信号机应设在每一发车线的警冲标内方(对向道岔为尖轨尖端外方)适当的地点。

设置出站信号机应考虑到少占用股道有效长。当发车线不设轨道电路时,在限界允许的条件下,应缩小与警冲标间的距离;当发车线设有轨道电路时,出站信号机宜与轨道绝缘设在同一坐标处,为了避免和减少在安装信号机时造成串轨、换轨和锯轨等情况，轨道绝缘设置在出站信号机前方 1 m 或后方 6.5 m 的范围内。

十一、通过信号机设置的规定（《技规（普速）》第 74 条）

第 74 条　通过信号机应设在闭塞分区或所间区间的分界处。自动闭塞区段的通过信号机，不应设在停车后可能脱钩、牵引供电分相的处所，也不宜设在起动困难的地点。

自动闭塞区段信号机设置位置和显示关系应根据列车牵引计算确定，并应满足列车运行速度规定的制动距离和线路通过能力的要求。

在自动闭塞区段内，当货物列车在设于上坡道上的通过信号机前停车后起动困难时，在该信号机上应装设容许信号。在进站信号机前方第一架通过信号机上，不得装设容许信号。

在三显示自动闭塞区段的进站信号机前方第一架通过信号机柱上，应涂三条黑斜线；四显示自动闭塞区段的进站信号机前方第一、第二架通过信号机的机柱上，应分别涂三条、一条黑斜线。

列车紧急制动距离和线路通过能力是进行自动闭塞设计的重要依据。列车的紧急制动距离限值，应符合《技规（普速）》第 263 条的规定。双线自动闭塞区段，列车追踪运行间隔时间宜采用 5～6 min。

自动闭塞区段信号机设置位置和显示关系应根据列车牵引计算确定，在此基础上，还应考虑下列因素。

在自动闭塞区段，通过色灯信号机原则上应和轨道绝缘设在同一坐标上。如因钢轨移动或线路改建等原因，轨道绝缘与信号机不能设在同一坐标上时，双线单方向运行线路上的通过色灯信号机，允许设在信号机前 1 m、后 6.5 m 的范围内。

线路所一般无管辖地段，只设有通过信号机，办理列车的通过。线路所亦可以设管理段，此时入口处信号机采用进站信号机机型，出口信号机采用出站信号机机型。

在线路变坡点的纵断面上看，当列车在变坡点处，由于相邻车辆的相对倾斜，使相邻车钩的中心线上下错动，若超过限定的数值时，就易引起脱钩。自动闭塞区段的通过信号机若设在该处，当停车后有可能造成脱钩的危险。在交流电力牵引区段的牵引供电分相处有无电区，列车一旦在此停车，有可能造成列车无牵引动力。因此规定：自动闭塞区段的通过信号机，不应该设在停车后可能脱钩、牵引供电分相等处所。

在四显示自动闭塞区段的进站信号机前方第一、第二架通过信号机的机柱上分别涂三条、一条黑斜线，与其他通过信号机相区别，起到预告作用。

十二、遮断信号机设置的规定（《技规（普速》第 75 条）

第 75 条　有人看守道口设遮断信号机；在有人看守的桥隧建（构）筑物及可能危及行车安全的坍方落石地点，根据需要设遮断信号机。该信号机距防护地点不得小于 50 m。

遮断信号机是设于规定的防护地点,平时灭灯不起信号作用,必要时使之亮灯,要求列车停车的信号机。

在有人看守的道口,为了在一旦发生危及行车及人身安全的情况时,能立即指示列车在道口外方停车,因此规定应装设遮断信号机。

在桥隧建筑物及可能危及行车安全的坍方落石地点,一般均设有固定值班的看守人员,昼夜巡视。为了在一旦发生危及行车安全的情况时,能及时地向列车发出停车信号,要求列车在障碍地点前方停车,因此规定根据需要装设遮断信号机。

遮断信号机的设置位置,距其防护地点不得少于 50 m。

遮断信号机平时灭灯,不起信号作用。当显示一个红灯时,要求列车必须在该信号机前方停车,不准越过该信号机。

为了避免和其他信号机混淆,遮断及其预告信号机采用方形背板,并在机柱上涂以黑白相间的斜线。

十三、预告信号机设置的规定(《技规(普速)》第 76 条)

第 76 条　半自动闭塞、自动站间闭塞区段,进站信号机为色灯信号机时,设色灯预告信号机或接近信号机。

遮断信号机和半自动闭塞、自动站间闭塞区段线路所通过信号机,设预告信号机。

列车运行速度不超过 120 km/h 的区段,预告信号机与其主体信号机的安装距离不得小于 800 m,当预告信号机的显示距离不足 400 m 时,其安装距离不得小于 1 000 m。

列车运行速度超过 120 km/h 的区段,设置两段接近区段,在第一接近区段和第二接近区段的分界处,设接近信号机,在第一接近区段入口内 100 m 处,设置机车信号接通标。

在非自动闭塞区段,当列车接近进站信号机时,只有预先了解其显示状态,才能安全高速地行车。

1. 列车运行速度不超过 120 km/h 的区段,当预告信号机显示黄色灯光时,列车必须准备在其主体信号机前停车,预告信号机与主体信号机间的距离规定不得小于 800 m,以满足列车制动距离的要求。当预告或其主体信号机的显示距离不足 400 m 时,为了让司机预先有足够的时间确认信号,规定预告信号机距主体信号机不得小于 1 000 m。

2. 列车运行速度超过 120 km/h 的线路,当采用半自动闭塞或自动站间闭塞时,应设置两个接近区段,在两个接近区段的分界处设接近信号机,接近区段的长度及接近信号机的安装位置应根据牵引计算确定。在第一接近区段入口 100 m 处设置“机车信号接通标”。

十四、调车信号机设置的规定(《技规(普速)》第 80 条)

第 80 条　为满足调车作业的需要,应设调车色灯信号机。

在作业繁忙的调车场上，因受地形、地物影响，调车机车司机看不清调车指挥人的手信号时，设调车表示器。

集中联锁的车站应根据站内调车作业的需要，装设调车信号机。

调车信号机的布置，必须根据车站的技术作业过程和调车作业的繁忙程度确定，并考虑站内必要的平行作业需要和较短的机车走行距离。

1. 出站及接、发车进路信号机可设调车信号显示，满足调车作业需要。

2. 尽头线、机车出库线、机待线、专用线及调车线等通向集中区的入口处，均应装设调车信号机。

3. 在咽喉区，应设置起下列作用的调车信号机：

(1)转线；

(2)平行作业；

(3)减少调机走行距离。

轨道绝缘与调车信号机不能设在同一坐标上时，允许轨道绝缘设在调车信号机前方或后方各 1 m 范围内。

调车信号应在车列全部越过调车信号后自动关闭(因有时机车在后面推送)；集中联锁道岔的电动转辙机，应具有挤岔的表示功能。当发生挤岔时，应切断表示电路，点亮挤岔表示灯，关闭防护该进路的信号机，同时发出挤岔报警。在被挤道岔和转辙机的功能未恢复时，应不能接通表示电路和接通控制电路，有关信号应不能开放。

十五、引导信号装设的规定(《技规(普速)》第 83 条)

第 83 条　进站及接车进路色灯信号机，均应设引导信号。

引导信号是准许列车在信号关闭条件下，按照规定的速度通过该信号机的信号。

在进站及接车进路(包括接发车进路)色灯信号机上，均应装设引导信号。当信号机发生故障、道岔失去表示、轨道电路故障时，色灯信号机不能正常开放；向进站、接车进路信号机联锁范围以外的线路上接车，可利用引导信号引导接车。在进行引导接车时，当列车头部越过引导信号后，即可关闭引导信号。

进站、接车进路信号机不能使用时，应开放引导信号。引导信号不能开放或无进站信号机时，应派引导人员接车。

引导接车时，列车以不超过 20 km/h 速度进站，并做好随时停车的准备。由引导人员接车时，应在引导员接车地点标处(未设的，引导人员应在进站信号机、进路信号机或站界标外方)，显示引导手信号接车。列车头部越过引导信号，即可关闭信号或收回引导手信号。

使用引导信号接车时，现场简称为"机械(信号)引导"；使用引导手信号接车时，现场简称为"人工(信号)引导"。

《铁路运输调度规则(普速铁路部分)》规定：使用引导手信号接车时，可使用语音记录装置良好的列车无线调度通信设备向司机发布、转达调度命令。使用引导信号接车(使用引导手信号除外)时,列车调度员不发布调度命令。

十六、复式信号机装设的规定(《技规(普速)》第85条)

第85条　进站、出站、进路信号机及线路所通过信号机,因受地形、地物影响,达不到规定的显示距离时,应设复示信号机。

设在车站岔线入口处的调车色灯信号机,达不到规定的显示距离时,根据需要可设调车复示信号机。

进站、出站、进路信号机及线路所通过信号机,因受地形、地物影响,达不到规定的显示距离时,应在其主体信号机显示能达到的最远处设置复示信号机,以保证信号的连续显示。

以进站复示信号机为例,在地形、地物影响视线的地方,为确保在最坏的条件下显示距离不得小于200 m,进站复示信号机应根据有关规定设置。

1. 复示信号机应装设在进站信号机显示能达到的最远处(小于200 m),即自复示信号机位置起,进站信号机的显示不得再中断。

2. 进站显示距离以进站信号显示距离加上复示信号显示距离后,能不小于200 m为最低限度。如进站信号机显示140 m,复示信号显示60 m,共200 m,即算合格。在极特殊情况下,两种信号显示距离之和仍不足200 m时,可以再装第二架复示信号机。

3. 在满足上述两条件的情况下,进站信号机的复示信号机显示距离允许小于200 m。

4. 在以上情况下,无论复示信号机显示距离多远,预告信号机距进站信号机的距离均不得小于1 000 m。

为防止进站复示信号机的显示与进站、接车进路及接发车进路信号机的绿色灯光显示相混淆,进站、接车进路及接发车进路信号机复示信号机的显示,采用由三个排列成等边三角形的月白色灯光组成。

出站及发车进路复示信号机的显示仍采用方形背板上一个绿色灯光的复示信号机。

调车复示信号采用方形背板上带月白色灯光。平时无显示,表示调车信号机在关闭信号状态;当调车信号机开放信号时,则调车复示信号机显示一个月白色灯光。

十七、三种闭塞设备(自动闭塞、自动站间闭塞和半自动闭塞)的区别及设置条件(《技规(普速)》第93条)

第93条　闭塞设备分为自动闭塞、自动站间闭塞和半自动闭塞。具体设置条件如下:

1. 在单线区段,应采用半自动闭塞或自动站间闭塞,繁忙区段可根据情况采用自动闭塞；

2. 在双线区段，应采用自动闭塞。

在一个区段内，原则上应采用同一类型的闭塞方式。

自动闭塞是根据列车运行及有关闭塞分区状态，自动变换通过信号机显示而司机凭信号行车的闭塞方法。其特征为：把站间划分为若干闭塞分区，有分区占用检查设备，一般设有通过信号机；站间能实现列车追踪；办理发车进路时自动办理闭塞手续，自动变换通过信号机的显示。

目前我国自动闭塞制式一般采用三显示、四显示信号制度。

三显示自动闭塞，其特征为：通过信号机具有3种显示；能预告列车前方2个闭塞分区状态；分2个速度等级，1个闭塞分区的长度满足从规定速度到零的制动距离。三显示自动闭塞中，黄灯是注意信号，表示运行前方有1个闭塞分区空闲，1个闭塞分区的长度能满足从规定速度到零的制动距离，可以越过黄灯后再开始制动。

四显示自动闭塞，其特征为：通过信号机具有4种显示；能预告列车前方3个闭塞分区状态；分3个速度等级，2个闭塞分区的长度满足从规定速度到零的制动距离。四显示自动闭塞中，绿黄灯是警惕信号，表示运行前方有2个闭塞分区空闲，2个闭塞分区的长度满足从规定速度到零的制动距离，可以越过绿黄灯后再开始减速；黄灯是限速信号，列车越过黄灯时必须减速至规定的限速值，不然就难以保证在下一个红灯前可靠停车。

自动站间闭塞是与集中联锁设备结合使用，目前采用计轴轨道检查装置或轨道电路自动检查区间空闲，随着办理发车进路自动构成站间闭塞，列车凭出站信号显示进入发车进路后，出站信号机自动关闭，待列车出清区间后自动解除闭塞。

半自动闭塞是人工办理闭塞手续，列车凭信号显示发车后，出站信号机自动关闭的闭塞方法。其特征为：站间或所间只准走行一列列车；人工办理闭塞手续；人工确认列车完整到达和人工恢复闭塞。

十八、速差式自动闭塞的特点(《技规(普速)》第94条)

第94条　在列车运行速度超过120 km/h的双线区段，采用速差式自动闭塞，列车紧急制动距离由两个及以上闭塞分区长度保证。

在列车运行速度超过120 km/h的双线区段，采用速差式自动闭塞，列车紧急制动距离由两个及以上闭塞分区长度保证。

速差制(式)信号是每一种信号显示均表示不同行车速度的信号显示制度。

速差式自动闭塞，其设计原则为：把列车运行速度分成若干级，每一个闭塞分区长度满足任一速度级差的制动距离要求；信号显示含有其防护闭塞分区的入口速度和出口速度指示；最小闭塞分区长度按最不利条件考虑。

随着列车运行速度的提高，尤其是采用具有速差概念的四显示自动闭塞后，信号显示有了比较明确的速度含义,其速度意义可用始端速度和终端速度表示。

自动闭塞设计时,应根据线路状况、机车类型、牵引重量、运能要求等因素划分速度等级。例如当速度分级为160—115—0 km/h时,信号显示的速度意义一般表示为:绿160/160、绿黄160/115、黄115/0。160～115 km/h和115～0 km/h就称为一个速度级差。自动闭塞设计,确定中间速度(115 km/h)时,应尽量使每一个速度级差所需的制动距离大致相同,这样就便于确定最小闭塞分区长度。

当列车运行速度不超过120 km/h时,紧急制动距离为800 m,因此信号机的显示距离、闭塞分区长度、信号机间的显示关系等均以800 m为基础规定的。

当列车运行速度超过120 km/h,例如160 km/h时,其紧急制动距离为1 400 m,因此按列车运行速度不超过120 km/h时,以紧急制动距离800 m为基础所划分的闭塞分区长度,一个闭塞分区长度是满足不了紧急制动距离的要求,应由两个及以上闭塞分区长度保证。

四显示自动闭塞划分速度等级,用两个闭塞分区长度满足紧急制动距离的要求,每一个闭塞分区长度就可缩小,从而压缩了列车运行间隔,兼顾了列车运行安全和运输效率。

十九、连续式和接近连续式机车信号的区别(《技规(普速)》第102条)

第102条　机车信号分为连续式和接近连续式。自动闭塞区段应装设连续式机车信号,半自动闭塞和自动站间闭塞区段应装设接近连续式机车信号。

车站正线、到发线应实现电码化或采用与区间同制式轨道电路。

机车信号的显示,应与线路上列车接近的地面信号机的显示含义相符。机车停车位置,应以地面信号机或有关停车标志为依据。

机车信号的显示,应与线路上列车接近的地面信号机的"显示含义相符",而不是"显示相符",这是因为随着列车运行速度的提高,机车信号信息不断增加并进一步细化,同一种地面信号显示在不同的条件下会有更具体的意义。

机车信号系统由车载设备和地面设备共同构成。车载设备主要由机车信号接收线圈、信号接收主机、信号显示器组成。地面设备主要是指向车载设备发送信号的轨道电路。

连续式机车信号是指地面装设连续的含有机车信号信息的轨道电路,机车信号车载设备通过机车信号接收线圈获得连续的地面轨道电路机车信号信息。自动闭塞区段的区间和车站均设有轨道电路,实现向车上连续发送信息,供连续式机车信号工作。

接近连续式机车信号是地面发送信号的轨道电路,只设在接近区段,当机车进入接近区段时,才能获得机车信号信息。接近连续式机车信号用在半自动闭塞区段和自动站间闭塞区段。

二十、GSM-R 移动通信区段组呼通话的规定(《技规(普速)》第 127 条)

第 127 条　在 GSM-R 移动通信区段,根据调度指挥的需要设置组呼。列车 GSM-R 无线调度电话系统准许列车调度员、车站值班员、助理值班员、信号员、机车(动车组)司机、自轮运转特种设备司机、纳入联控的道口看守人员加入组呼通话,根据需要允许列车长、随车机械师(车辆乘务员)、客运值班员、救援列车主任加入组呼通话;未纳入联控的道口看守、防护人员和巡守人员在紧急情况下,可加入组呼通话。

组呼业务是调度通信系统的主要功能。在 GSM-R 区段组呼包含紧急呼叫和普通组呼。紧急呼叫指机车司机、助理值班员、工务巡道人员、道口值班员向所属调度辖区的调度员、相邻的车站值班员以及相邻三小区范围内的机车司机、助理值班员、工务巡道人员、道口人员发起的 299 组呼。紧急呼叫优先级最高,一旦发起紧急呼叫,上述所有用户均被强制接入紧急通话,只有组呼发起者或者调度员、车站值班员能拆紧急呼叫。常用普通组呼包括车站基站区组呼、相邻三小区组呼等。

210 组呼与 299 组呼的区别及使用注意事项如下:

1. 210 组呼

车站基站区(车站基站覆盖的区域)的组呼,GSM-R 移动用户发起时,可同时向车站站区内的行车专业(机车司机、运转车长、助理值班员等)GSM-R 移动用户和车站值班员讲话;车站值班员 FAS 台发起时,可同时向车站站区内的行车专业(机车司机、运转车长、助理值班员等)GSM-R 移动用户讲话。

机车 CIR 设备在 GSM-R 模式下,在操作显示终端 MMI 上有站内组呼和邻站组呼的按键显示,在发起时直接按相应按键发起。在接收组呼时,在显示界面显示组呼类型,摘机接听 210 组呼。

2. 299 组呼

相邻三小区(3 个小区的覆盖区域,约 10 km 范围内)的组呼,可在紧急情况下同时向调度员、司机、列车长、随车机械师和在发起 299 组呼者当前 3 个小区覆盖范围内的 GSM-R 移动用户讲话。

GSM-R299 紧急组呼是 GSM-R 系统特有的组呼通信业务,具有最高的通话优先等级,能够快速建立语音通信信道,强制组呼区域范围内的调度电话和 GSM-R 终端用户自动接听通话。

仅在必须立即向列车调度员(车站值班员)、司机报告危及行车安全事项时,允许使用 GSM-R299 紧急组呼进行紧急呼叫。司机在发现危及行车安全等紧急情况下可按紧急呼叫键,发起 299 紧急呼叫,此时将呼叫本区段列车调度员,附近车站值班员,附近所有机车司机等用户。

紧急呼叫范围大,对用户影响很大,严禁在非紧急情况下使用299组呼(紧急呼叫)。严禁使用人员误发起GSM-R299紧急组呼,如确因操作不当误发起的,发起人要按操作使用方法立即拆除呼叫。发起呼叫的终端不能拆除呼叫的,发起人应及时向列车调度员报告,由列车调度员予以拆除。

二十一、《技规(普速)》对铁路信息网络"隔离"的规定(《技规(普速)》第149条)

第149条 铁路信息网络由铁路总公司、铁路局、站段三级局域网及其互联的广域网构成。铁路总公司、铁路局局域网分为安全生产网、内部服务网和外部服务网,站段局域网分为安全生产网、内部服务网。直接关系铁路运输生产的信息系统应部署在安全生产网,为铁路内部提供一般性服务的信息系统应部署在内部服务网,为社会提供公共服务的应用系统应部署在外部服务网。

安全生产网与内部服务网间实行逻辑隔离。安全生产网、内部服务网与外部服务网间实行安全隔离。禁止安全生产网和内部服务网直接与互联网连接,禁止外部服务网用户和设备直接访问安全生产网、内部服务网资源。

《技规(普速)》149条是关于铁路信息网络的规定。

定义了铁路信息网络的构成,规定了铁路信息系统在安全生产网、内部服务网和外部服务网中部署时的基本要求。

安全生产网、内部服务网和外部服务网是同一局域网中的不同区域。区域与区域之间部署安全设备,建立安全机制,形成防护边界。铁路信息网络局域网实施分网分域,旨在按不同网络所承载业务的重要程度及其所传输数据的安全需求,建设不同的安全保护措施,实施不同级别的安全防护,以实现等级保护、按需防控。禁止铁路站段直接通过互联网对社会提供公共服务,所以,站段局域网不设外部服务网。

依据《计算机信息系统国际联网保密管理规定》和国家保密局《电子政务保密管理指南》,明确规定安全生产网、内部服务网禁止直接与互联网连接,并与外部服务网实行安全隔离。

"逻辑隔离""安全隔离"是指通过采用技术手段、部署安全措施实现的网间隔离,可在受控状态下实现信息交换。"安全隔离"一般指采用动态物理隔离技术实现的隔离,"逻辑隔离"一般指采用防火墙技术实现的隔离。"安全隔离"强于"逻辑隔离"。

二十二、《技规(普速)》对铁路网络安全管理的规定(《技规(普速)》第151条)

第151条 应加强铁路网络安全管理,建立网络安全保障体系,采用相应的安全技术措施和管理措施,对信息系统进行安全保护。网络安全防护措施应与信息系统同步规划、同步建设、同步使用。实行网络安全等级保护制度和网络安全监督检查制度。实施网络安全风险管理,加强集中管控和实时监测。定期进行安全检查和安全测评,严格对第三方服务的管理与控制。按国家有关规定和业务运营需要,设置灾难恢复系统。

制定相应的应急预案，定期开展应急演练。

《技规(普速)》151 条是关于网络安全保护的规定，强调网络安全保障体系建设，从管理和技术措施等方面加强安全保护。铁路网络安全策略及各项安全措施应遵循国家的有关规定。当前，我国网络安全保障工作的总体要求是：坚持积极防御、综合防范的方针，全面提高信息安全防护能力，重点保护基础网络和重点信息系统的安全，创建安全健康的网络环境，保护公众利益，维护国家安全，构筑网络安全保障体系，促进信息化发展。铁路网络安全策略及各项安全措施主要包括：IT 基础设施及其运行环境安全、基础网络和重要信息系统的安全和数据信息安全等。

依据《中华人民共和国网络安全法》，应加强铁路网络安全管理，建立网络安全保障体系，采用相应的安全技术措施和管理措施，对网络系统进行安全保护。网络安全防护措施应与系统同步规划、同步建设、同步使用。

按照《中华人民共和国网络安全法》第二十一条“国家实行网络安全等级保护制度”和第五十条“履行网络安全监督管理职责”要求，网络运营者应当实行网络安全等级保护制度和网络安全监督检查制度，实施网络安全风险管理，加强集中管控和实时监测。

根据《信息技术 安全技术 信息安全管理体系 要求》(GB/T 22080—2008)、《信息安全技术 信息系统安全工程管理要求》(GB/T 20282—2006)、《信息技术 安全技术信息安全管理实用规则》(GB/T 22081—2008)等，必须严格对第三方服务的管理与控制。“第三方”一般指本企业外部的设备供应商、软件产品开发商、IT 维护和支持服务商、管理和业务咨询提供商等，应加强第三方服务能力确定、服务安全控制、服务质量监督等管理，完善信息安全保障体系，确保信息系统的安全。

依据《信息安全技术 信息安全风险评估规范》(GB/T 20984—2007)，信息安全风险评估是信息安全等级保护制度建设的重要科学方法之一，应贯穿于信息系统的规划、设计、实施、运行维护以及废弃各个阶段，开展自评估和检查评估，进行风险识别与风险分析，实施风险管理，采取有效的防护对策和整改措施，控制安全风险。

二十三、设置站台安全标线的距离要求(《技规(普速)》第 157 条)

第 157 条　旅客列车停靠的高站台边缘距线路中心线的距离为 1 750 mm，安全标线距站台边缘 1 000 mm。

非高站台安全标线与站台边缘距离为：列车通过速度不大于 120 km/h 时，1 000 mm；列车通过速度 120 km/h 以上至 160 km/h 时，1 500 mm；列车通过速度 160 km/h 以上至 200 km/h 时，2 000 mm。也可在距站台边缘 1 200 mm(困难条件下 1 000 mm)处设置防护设施。

高站台有利于旅客乘降，提高旅客上下车的舒适性，缩短列车停站时间，只有旅客列车停靠的站台宜设为高站台。但高站台对货物列车通过有影响，特别是不能通过超限货物列车，因此，有超限货物列车通过的站台不应设为高站台。

为确保旅客列车通过安全和旅客安全,对旅客站台边缘距线路中心线的距离和站台安全标线位置进行了规定。

旅客高站台距轨面1 250 mm,旅客站台边缘距线路中心线的距离应符合《技规(普速)》附图1"$v \leqslant 160$ km/h客货共线铁路建筑限界""基本建筑限界图"中高度1 250 mm处"站台建筑限界(正线不适用)"的规定(1 750 mm)。因客货共线铁路的正线需要开行超限货物列车,因此,旅客高站台不会邻靠正线,而位于到发线一侧的高站台适用该标准。

非高站台安全标线位置与列车速度有关。根据空气动力学原理,列车运行时将带动周围空气以相同速度运动,在一个空间内,高速流动的空气比低速流动的空气具有更小的压力,因此,在列车通过时,站台上候车的旅客身体前后具有不同的压力,人的身体将产生向列车一侧倾倒的趋势,列车通过速度越高,与列车距离越近,列车通过时产生的压力差越大,因此,通过列车速度越高防护安全距离越大。为了确定站台旅客安全防护距离,中国铁道科学研究院曾在环形试验基地进行过专项试验,站台安全标线距站台边缘的距离,主要根据试验结论确定。如果站台设于正线与到发线之间,正线列车通过速度较高,除设置站台安全标线外,根据需要也可设置站台防护栅栏或其他设施。防护栅栏距站台边缘1 200 mm(困难条件下1 000 mm),主要考虑当列车停止时,在栅栏与列车之间可供2个单人行走避让或1人带大件行李走行的需要。

二十四、《技规》对机车在出段前的检查要求(《技规(普速)》第170、264条)

第170条　牵引列车的机车在出段前,必须达到运用状态,主要部件和设备必须作用良好,符合铁路总公司有关机车运用、维修的规定,并符合下列要求:

1. 车钩中心水平线距钢轨顶面高度为815～890 mm。

2. 轮对:

(1)轮对内侧距离为1 353 mm,允许偏差为±3 mm;

(2)轮箍或轮毂不松弛;

(3)轮箍、轮毂、辐板(辐条)、轮辋无裂纹;

(4)轮缘的垂直磨耗高度不超过18 mm,并无碾堆;

(5)车轮踏面擦伤深度不超过0.7 mm;

(6)车轮踏面上的缺陷或剥离长度不超过40 mm,深度不超过1 mm;

(7)轮缘厚度在距踏面基线向上H距离处测量应符合《技规(普速)》第9表的规定(轮缘原设计厚度在25 mm及以下,由铁路局规定);

第9表　机车轮缘厚限度

序号	车轮踏面类型	测量点与踏面基线之间距离H(mm)	轮缘厚限度(mm)
1	JM2、JM3	10	34～23
2	JM	12	33～23

(8)车轮踏面磨耗深度不超过 7 mm;采用轮缘高度为 25 mm 磨耗型踏面时,磨耗深度不超过 10 mm。

在机车出段前的规定整备时间内,机车乘务员和外勤值班人员、地勤组人员必须对机车的技术状态进行认真检查,各主要部件和设备必须作用良好,符合运用要求。

1. 车钩高度与高度差

车钩是机车与车辆或车辆与车辆之间相互连挂的牵引连接装置。为了便于连挂和保证行车安全,必须把车钩高度规定在一定范围之内。车钩高度是由钢轨顶面至车钩连接中心水平线的距离。

《技规》第 264 条规定:动车组以外的列车中相互连挂的车钩中心水平线的高度差,不得超过 75 mm。75 mm 高度差是根据车钩中心线水平线距轨面的高度范围规定 815~890 mm 而定,是为了保证列车中机车车辆连挂时车钩高度的一致性。车钩的高度差,主要是由于车辆的空重、弹簧的强弱、车轮踏面的圆周磨耗、心盘垫板的厚薄,以及线路的状况等原因所造成的。

如果车钩高度差超过规定的范围,当列车运行至道岔、路基松软地段时,车辆上下颠簸,尤其在陡坡线路上,容易发生脱钩而造成列车分离,并且高差过大时,使车钩钩舌牵引面变小,承受不了牵引力,易发生断钩。

2. 轮对

轮对是指车轴及压装在车轴两端的一对车轮的总称。因为轮对负重大,并且在钢轨上高速运转,不仅与钢轨间产生复杂的力学作用,而且承载巨大的扭矩。因此,对机车轮对的技术要求要有严格的规定,以保证行车安全。

(1)两车轮内侧距离为 1 354 mm,容许偏差不得超过±4 mm。

这是因为机车在线路上运行时,车轮两侧的轮缘距钢轨内侧面需要保持一定的游间,以保证车轮顺利地通过,不致挤压钢轨而使钢轨变形或造成脱轨事故。

(2)轮箍(仅限于非整体车轮)或轮毂不松弛。

轮箍松弛时,如继续运用,必将造成轮箍折断、脱落,或曲拐销角度发生变化,从而引起严重机破事故。为了便于随时观察和鉴别轮箍是否松弛,在轮箍与轮辋侧面上相对部位涂有检查线,如发现该检查线错位,或在轮箍与轮辋套装处有透锈现象,应立即对该轮检查鉴定,如确认松弛时,则机车不能继续运用。

(3)车轮踏面、轮毂、辐板(辐条)、轮辋无裂纹。

机车运行中,车轮高速转动,这些部位受力复杂,产生裂纹后容易造成事故。因此,这些部位有裂纹时,不许投入运用。

(4)轮缘垂直磨耗高度不超过 18 mm,并无碾堆。

机车在运行中,轮缘与钢轨内侧面不断接触摩擦,必然在轮缘侧面垂直线方向形成垂直磨耗,并会发生碾堆现象。垂直磨耗超限后,当车轮通过曲线或道岔时,如果尖轨与基本轨不密贴,而轮缘侧面又紧紧贴靠基本轨时,由于剪切反力作用,可能导致轮缘爬上钢轨而脱线,或轧伤尖轨和挤坏道岔。出现碾堆后,对车轮或钢轨都会造成有害影响,应对车轮进行旋削。

(5)车轮踏面擦伤深度不超过 0.7 mm。

机车在运行中,由于踏面擦伤部位形成平面而失去圆滑滚动性能,并因动轴中心突然下降,必然与钢轨面间发生剧烈冲击,对机车部件及钢轨都有严重不良影响。擦伤深度超限越多,则危害越大。

(6)机车车轮踏面上出现缺陷时(如孔眼或空窝等),可能在其深部组织中存在着铸造不良的隐患,不论其面积大小,只要深度超过 1 mm,均须经过处理后方准继续运用。

车轮踏面上出现剥离,即在车轮表面上所产生的重皮。机车车轮踏面上的剥离长度不超过 40 mm,深度不超过 1 mm 时,仍允许继续运用,否则须经处理后方准运用。

(7)机车轮缘厚度应符合规定。

如果轮缘磨耗超过规定限度,由于轮缘强度不足,容易发生轮缘破损。

当机车通过对向道岔(指正对着岔尖的运行方向),尖轨与基本轨又不密贴时,如果轮缘磨耗过薄,有可能挤坏道岔尖轨。

当机车通过曲线时,如果轮缘厚度磨耗过限,由于离心力作用,容易造成车轮在钢轨面上的安全搭载量减小,存在安全隐患。

(8)车轮踏面磨耗深度不超过 7 mm。

如果车轮踏面磨耗深度超限,会破坏轮轨正常的几何关系,使机车运行不平稳,各部件发生不正常磨耗,特别是机车通过曲线时容易发生空转或滑行,使钢轨及道岔加速磨耗或造成损伤。因此,车轮踏面磨耗到限的机车不准运用。

二十五、《技规》对电气化铁路劳动安全的基本要求(《技规(普速)》第 205 条)

第 205 条　为保证人身安全,除专业人员执行有关规定外,其他人员(包括所携带的物件)与牵引供电设备带电部分的距离,不得小于 2 000 mm。

在设有接触网的线路上,严禁攀登车顶及在车辆装载的货物之上作业;如确需作业时,须在指定的线路上,将接触网停电接地并采取安全防护措施后,方准进行。

双线电气化铁路实行 V 形天窗作业时,为确保人身安全,应在设备、机具、照明、作业组织等方面采取相应措施。

在牵引供电设备带电区域作业时,为了保证人身安全,专业人员在作业时均须按规定的程序和措施进行作业,其他人员(包括所携带的物件)与牵引供电设备带电部分的距离,不得少于 2 000 mm,以防触电。

在电气化区段内,如因特殊原因(如整理、苫盖货物),确实需要攀登车顶或在装载货物的车辆上作业时,应将所在线路接触网断电,并做好接地防护措施后,方准进行车顶或车上作业。否则严禁在车顶或车上作业。

双线电气化铁路实行V形天窗作业时，一条线路停电检修，邻线接触网仍然带电并可能会有列车运行，所以双线电气化铁路实行V形天窗作业，应制定严格的安全保证和防护措施。（注：为了检修，需要停用或封锁区间，在此时段内无列车运行，列车运行图就会有一段空白，故形象地叫“天窗”；上行线或下行线封锁而不影响另一条线路行车，在列车运行图中形成“V”字形，形象地称为“V”形天窗。）

1. 典型案例

事故概况：某次客车在车站×道停车后，车站反映车厢顶部有人，办理停电后，该站4名工作人员登上列车顶部处置扒乘人员时，被感应电击中坠落车下，造成1人死亡，3人受伤。

事故原因：车站×道接触网停电后，作业人员未按规定在该股道采取可靠的接地线保护措施，盲目登上车顶；由于邻线带电接触网的静电感应和电磁感应效应，使×道停电接触网产生强大的感应电压，造成作业人员触电伤亡。

2. 感应电的产生原理、危害和预防

感应电分为静电感应和电磁感应两类。带电线路上有电压就有电场存在，就会出现静电感应；有电流就有电磁场存在，就会在附近线路上产生电磁感应，这是客观现象。

(1)静电感应

带电接触网线（或电力贯通线）的交变电压使周围空间有电场存在。在该电场的作用下，使相邻的停电接触网呈现带电状态，即产生静电感应。

①静电感应电压的特点

带电线路与停电接触网间的平行距离越小、带电线路的电压越高（电力贯通线电压10 kV，接触网电压25 kV），停电接触网上产生的静电感应电压越大。

②如何消除静电感应电压对作业人员的危害

在停电接触网与大地间设置一条可靠的保护接地线，使正、负静电荷间形成一条静电电流通路，此时静电感应电压近似为0。

(2)电磁感应

当未停电接触网线路上有电力机车运行时，接触网中就有交变电流，其周围就会建立起交变磁场。这种变化磁场会在邻线停电接触网上感应出电动势，这种现象称为电磁感应，也称“动磁生电”。例如双线电气化铁路实行V形天窗作业时，一条线路停电检修，邻线接触网仍然带电并可能会有列车运行的情况。

①电磁感应电压的特点

未停电的接触网（或电力贯通线）电流越大，与停电线路间的平行距离越小、平行长度越长，则在停电接触网上产生的电磁感应电压越高。

②如何消除电磁感应电压对作业人员的危害

在停电接触网作业区(多点平行作业)两端不超过1 000 m的距离内,分别设置一条可靠的保护接地线,使作业区内带有电磁感应电的接触网与大地之间形成一条环形闭合回路,此时在作业区内多点作业的人员就不会受到感应电流的危害。

3. 电气化铁路区段感应电的特点

在电气化铁路单线区段,接触网停电后自身不产生感应电的影响,只受到电力贯通线等电力线路的感应电影响;尤其是与接触网杆同杆架设的电力贯通线危害极大,在这种情况下,在停电接触网产生的感应电压可达数百甚至上千伏。

在电气化铁路复线区段,上下行接触网平行间距大多不超过10 m,平行长度可达10 km以上。当一线接触网停电后,其上产生的静电感应电压可达2 000 V以上;如此时未停电接触网线路上有电力机车运行,就会有交流电流建立交变磁场,由于电磁感应作用,就会在停电线路上感应出可达2 000 V以上的电磁感应电压。在这种情况下,停电接触网产生的感应电压共计可达4 000 V以上(此处未考虑电力贯通线影响)。

当发生感应触电时,因为在停电线路形成的感应电流回路或通路中无任何自动保护装置,线路不具备自动断开感应电的能力,多数情况下人体不能与带电体脱开。因此发生感应触电时,电击直接死亡的非常多。

4. 机车登顶作业时感应电分析

机车登顶作业是在一个点进行的作业,作业人员位置与所设接地线距离非常近,接触网上产生的静电感应电压将由接地线完全消除。同时,由于作业人员与接地线间的距离(相当于停电接触网与带电接触网的平行长度)在100 m以内,即使作业人员接触接触网线,但产生的电磁感应电压不会大于人体安全电压36 V。因此,只要采取了可靠的保护接地线措施,不会对作业人员的安全构成威胁。《电气化铁路有关人员电气安全规则》第46条 电气化铁路区段进行架空电力线路维修、施工作业时,在与铁路长距离平行作业区段内至少每隔1 km加装1组接地线。

综上所述,接地线具有消除感应电、防范误送电、防止外来电的重要作用。接地线就是安全线、就是生命线!

二十六、货物列车制动主管定压600 kPa转换至500 kPa后进行制动机试验的注意事项(《技规(普速)》第261条)

1. 按照《技规(普速)》第261条第20表注3:“遇机车换挂需将自动制动机列车主管压力由600 kPa改为500 kPa时,摘机前应对列车主管实施一次170 kPa的最大减压量操纵”。根据试验结果,此时副风缸压力有可能在480 kPa左右,比减压后的列车管压力430 kPa高出40~50 kPa。而列车主管定压为500 kPa后给列车充风,与

480 kPa 的副风缸压力只有 20 kPa 的压力差，会造成个别相对不灵敏的车辆制动机不缓解。即使列车实施紧急制动后，此时副风缸压力与实施最大有效减压量后的副风缸压力基本相同，制动主管与副风缸之间仍只有 20 kPa 的压力差，仍会造成个别相对不灵敏的车辆制动机不缓解。

2. 遇机车换挂需将自动制动机列车主管压力由 600 kPa 改为 500 kPa 时，司机摘机前应对列车主管实施一次 170 kPa 的最大加压量操纵，列检作业人员必须对全列车辆副风缸、制动缸拉动缓解阀进行排风处理。保证缓解列车时制动主管与副风缸之间有足够的压力差。

二十七、《技规（普速）》对关门车的编组和限速要求（《技规（普速）》第 262 条）

第 262 条　列车中的机车和车辆的自动制动机，均应加入全列车的制动系统。

货物列车中因装载的货物规定需停止制动作用的车辆，自动制动机临时发生故障的车辆，准许关闭截断塞门（简称关门车），但列检作业场所在站编组始发的列车中，不得有制动故障关门车。编入列车的关门车数不超过现车总辆数的 6%（尾数不足一辆按四舍五入计算）时，可不计算每百吨列车重量的换算闸瓦压力，不填发制动效能证明书；超过 6%时，按第 261 条规定计算闸瓦压力，并填发制动效能证明书交与司机。关门车不得挂于机车后部三辆车之内；在列车中连续连挂不得超过两辆；列车最后一辆不得为关门车；列车最后第二、三辆不得连续关门。对于不适于连挂在列车中部但走行部良好的车辆，经列车调度员准许，可挂于列车尾部，以一辆为限，如该车辆的自动制动机不起作用时，须由车辆人员采取安全措施，保证不致脱钩。

旅客列车、特快货物班列不准编挂关门车。在运行途中（包括在站折返）如遇自动制动机临时故障，在停车时间内不能修复时，准许关闭一辆，但列车最后一辆不得为关门车，120 km/h 速度等级及编组小于 8 辆的 140 km/h、160 km/h 速度等级列车按规定关门时需限速运行，车辆车务员须向司机递交限速证明书。

编有货物的军用列车、路用列车编挂关门车时，除有特殊规定外，实行货物列车的规定。

1. 为保证列车在施行制动时有足够的制动能力，确保列车在规定的制动距离内停车，列车中机车和车辆的制动机均应加入全列车的制动系统。

在列检作业场所在站编组始发的列车中，不得有制动故障关门车。如遇有因装载的货物规定需停止制动作用的车辆或在运行中自动制动机临时发生故障而一时不能修复的车辆时，允许关闭截断塞门的辆数，不得超过现车总辆数的 6%（尾数不足一辆按四舍五入计算）。这样，制动能力一般可以保证每百吨列车重量的闸瓦压力。如关门车数不超过现车总辆数的 6%时，为方便起见，可不计算每百吨列车重量的闸瓦压力，不填发制动效能证明书。

有列检作业场作业的车站编入货物列车的关门车数超过现车总辆数 6%时，列检人员负责计算闸瓦压力,负责填写制动效能证明书交与司机。司机接到制动效能证明书后,应校核每百吨列车重量闸瓦压力,不符合《技规(普速)》第261条及本区段的规定时,应要求车站值班员(助理值班员)进行处理或由列车调度员发给限速运行命令,司机按调度命令规定的限速值输入车速等级。

2. 为保证列车运行安全,列车必须有充分可靠的制动性能,因此规定了列车中对车辆制动机关门的限制。

(1)机后三辆之内和列车中连续关门,对全列车的制动作用和紧急制动作用可靠性有较大的影响,且列车中部连续关门,制动时列车的纵向冲动大。根据车辆制动阀的制动性能,规定机后三辆之内不得有关门车和列车中不得连续关门超过二辆。

(2)为避免列车尾部纵向冲动过大,造成最后一辆车脱轨,并防止列车最后一辆车分离后溜逸,规定列车最后一辆车不得为关门车,最后第二、三辆车不得连续关门。

(3)当车辆发生制动主管故障、通风不良、车钩故障等情况,但转向架技术状态良好时,考虑到对全列车制动作用的不利影响,不适于连挂在列车中部,在必要时可挂于列车尾部,此时对全列车制动作用的影响最小。如车辆的自动制动机不起作用时,必须对该车及相邻车辆连接的车钩采取防止车钩分离的安全措施,保证不发生车钩分离。

(4)基于安全性的要求,旅客列车、特快货物班列不准编挂关门车。在运行途中(包括在站折返)如遇自动制动机临时故障,在停车时间内不能修复时,准许关闭一辆,但为避免列车尾部纵向冲动过大,并防止列车最后一辆车分离后溜逸,规定列车最后一辆不得为关门车。

(5)《中国铁路总公司关于明确旅客列车制动故障关门限速有关规定的通知》(铁总运〔2015〕131号)要求:

①当120 km/h速度等级及编组小于8辆的140 km/h、160 km/h速度等级旅客列车运行途中(包括在站折返)遇自动制动机故障而关门1辆时,在≤20‰的下坡道区段,按100 km/h限速。

②旅客列车发生制动关门限速时,车辆乘务员须向机车司机递交《旅客列车制动关门限速证明书》。列车中途更换机车时,车辆乘务员应重新填写并向司机递交《旅客列车制动关门限速证明书》;更换机车乘务组时,机车乘务组双方交接《旅客列车制动关门限速证明书》。

③机车司机接到《旅客列车制动关门限速证明书》后,向列车调度员汇报,并在列车运行监控装置(LKJ)中选择100 km/h速度值,由LKJ监控运行至终到站,途中遇有>20‰的下坡道时,须按照LKJ限速要求监控运行。列车调度员须将限速列车情况通知相邻调度台及相邻铁路局。

二十八、调车作业要准确掌握的速度及安全距离的规定(《技规(普速)》第293条)

第293条　调车作业要准确掌握速度及安全距离,并遵守下列规定:

1. 在空线上牵引运行时，不准超过 40 km/h；推进运行时，不准超过 30 km/h。

2. 调动乘坐旅客或装载爆炸品、气体类危险货物、超限货物的车辆时，不准超过 15 km/h。

3. 接近被连挂的车辆时，不准超过 5 km/h。

4. 推上驼峰解散车辆时的速度和装有加、减速顶的线路上的调车速度，在《站细》内规定。经过道岔侧向运行的速度，由工务部门根据道岔具体条件规定，并纳入《站细》。

5. 在尽头线上调车时，距线路终端应有 10 m 的安全距离；遇特殊情况，必须近于 10 m 时，要严格控制速度。

6. 电力机车、动车组在有接触网终点的线路上调车时，应控制速度，距接触网终点标应有 10 m 的安全距离；遇特殊情况，必须近于 10 m 时，要严格控制速度。

7. 旅客未上下车完毕，除本务机车、补机摘挂作业外，不得进行旅客列车（车底）的连挂作业。

8. 遇天气不良等非正常情况，应适当降低速度。

调车作业的最高速度是根据调车作业的特点规定的，要求参加调车作业的人员必须认真遵守。

1. 调车作业时，车辆的自动制动机多数情况下不加入机车操纵的制动系统，车列的减速和停车都要靠机车本身的制动力；又因调车机车在作业中经常牵出和推进作业交替进行；再有调车作业所经线路的标准、等级及道岔的辙叉型号等可能比正线、到发线低，因此规定在空线上牵引运行时，不得超过 40 km/h。在空线上推进运行时，除同样受到上述限制外，又因车列在前，司机不便于瞭望前方的进路和信号，只依靠车列前端负责瞭望的调车人员向调车指挥人显示信号或发出指令，再由调车指挥人显示减速或停车信号（指令），由于中转信号需要时间，一旦发生险情，司机制动的时机将要推迟，容易造成事故，所以从调车速度上加以限制，规定为不得超过 30 km/h。

2. 为了保证旅客的安全和舒适，防止装载爆炸品、气体类危险货物（压缩气体、液化气体等）、超限货物等物品的车辆因制动或制动不及产生冲撞等情况而发生意外，所以规定调动这类车辆时，不准超过 15 km/h。

3. 连挂车辆时，为了避免损坏机车车辆和所装载的货物不至于发生窜动、倒塌和损坏，必须严格控制速度。因此规定接近连挂车辆时，不准超过 5 km/h。

4. 我国驼峰设备的峰高、道岔区长短、制动方法等各不相同；同时在调车场（编发场）的线路上还装设有加速顶、减速顶和停车器等设备，由于上述设备的构造不同，限制了机车车辆经过的速度。因此，推峰解散车辆的速度和经过装设有加速顶、减速顶和停车器等设备线路的调车速度，由车站在《站细》内规定。

为了检测车辆是否超载，部分车站在牵出线、走行线、交接线等处所装设了轨道衡等测重设备，为保证测重的准确性，机车车辆接近轨道衡等测重设备时，应限制运行速度，具体限速由车站根据设备的限制在《站细》内规定。

由于调车作业主要在调车场、货物线、段管线和专用线进行,进路上的道岔型号复杂,各种道岔的结构、尺寸标准、性能等有所不同,所以应由工务部门根据道岔具体条件,明确经过道岔侧向运行的速度,纳入《站细》。

5. 尽头线的终端不是车挡就是尽头站台,一旦掌握速度不当,可能造成前端车辆冲上车挡或与尽头站台发生冲突,所以规定距尽头线的终端留 10 m 的安全距离。在尽头式站台上进行装卸作业等特殊情况,必须进入 10 m 安全距离以内时,要严格控制速度,保证安全。

6. 在电气化铁路的部分线路上,根据技术条件和作业需要并未完全挂网,为了区分有电区与无电区,接触网的终点均挂有终点标。为了防止担当调车作业的电力机车或动车组越过终点标进入无电区,造成刮弓、塌网或将高压电带入无电区造成损害等事故,电力机车或动车组在该线路上调车时,调车人员与司机应严格控制速度,距接触网终点标应有 10 m 的安全距离。

遇特殊情况,必须近于接触网终点标 10 m 进行调车作业时,须严格控制速度。

7. 为防止调车作业中连挂冲撞、超速连挂等影响旅客上下车平稳、安全,提高服务质量,确保安全,规定在旅客上下车期间,除本务机车、补机摘挂作业外,不得进行旅客列车(车底)的连挂作业。

8. 天气不良是不利于调车作业的客观因素,对调车的影响程度很难预先确定,因此调车领导人、调车指挥人和司机可根据气候情况适当降低速度。调车作业中还会遇到很多不正常情况,例如邻线施工或发生事故,人员和机具随时可能侵入本线限界等等,此时,亦可依情况适当降低速度。

二十九、线路两旁堆放货物的距离要求(《技规(普速)》第 297 条)

第 297 条　线路两旁堆放货物,距钢轨头部外侧不得小于 1.5 m。站台上堆放货物,距站台边缘不得小于 1 m。货物应堆放稳固,防止倒塌。

不足上述规定距离时,不得进行调车作业。

为保证调车工作的安全与作业方便,线路两旁堆放货物,距钢轨头部外侧,不得少于 1.5 m,如图 1-28 所示。

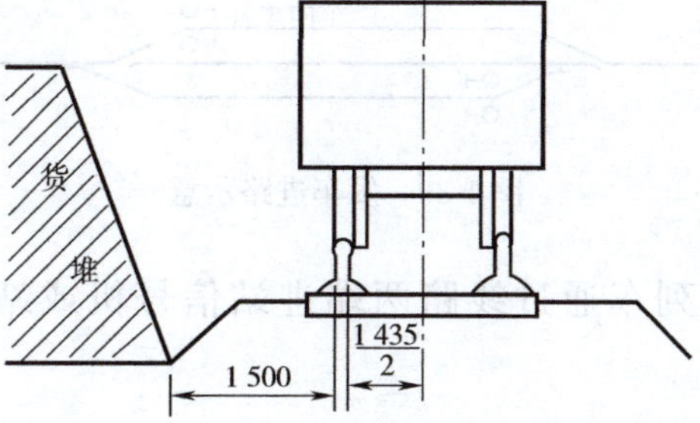

图 1-28　线路旁堆放货物距离示意图(单位:mm)

从图1-28中可以看出，由线路中心线起至堆放货物的距离为：轨距1 435 mm的二分之一，加钢轨头部宽(50 kg或43 kg轨)70 mm，再加钢轨头部外侧至堆放货物距离1.5 m，即

$$1\,435\times1/2+70+1\,500=2\,288(\text{mm})$$

由线路中心起至堆放货物距离，减去机车车辆限界自线路中心线计算1 700 mm，为堆放货物与机车车辆间的距离，即

$$2\,288-1\,700=588(\text{mm})$$

这个距离为调车人员走行与显示信号所必需的空间。在一般情况下，一个人的身宽为500 mm，588 mm的间隔距离是保证调车人员安全通行的最低要求。

站台上堆放货物时，考虑调车人员及其他有关作业人员作业条件，保证人身安全，防止货物倒塌掉在线路上，影响行车安全，所以规定站台上堆放货物，距站台边缘不得少于1 m。

货运人员要经常检查货物堆放距离、堆放的稳固程度，保证距离够、不倒塌。

货物堆放，不足上述规定距离时，不得进行调车作业。

三十、列车进路的分类及定义(《技规(普速)》第300条)

列车进路系指：

(1)接车进路，是指由进站信号机起至接车线末端计算该线有效长的警冲标或出站信号机(若有延续进路，为至延续进路末端)止的一段线路，如图1-29所示。

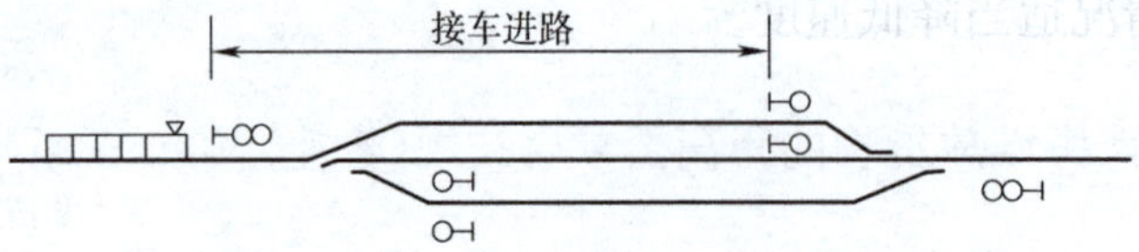

图1-29　接车进路示意

(2)发车进路，是指由列车前端起至相对进站信号机或站界标止的一段线路，如图1-30所示。

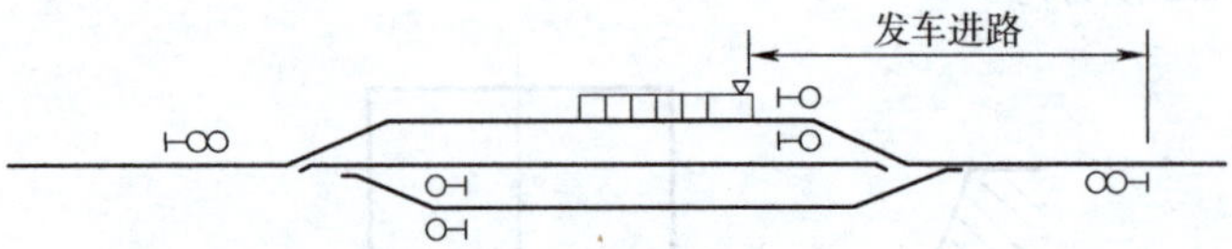

图1-30　发车进路示意

(3)通过进路，为该列车通过线路两端进站信号机或站界标间的一段线路，如图1-31所示。

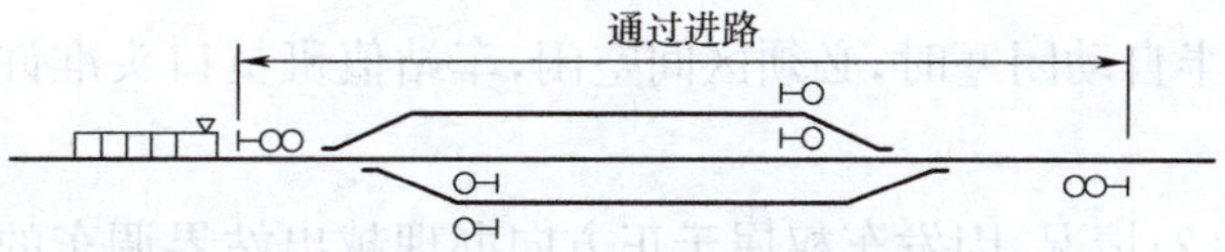

图 1-31　通过进路示意

占用或穿越上述列车进路直接影响接发列车的调车活动，以及在接发超限货物列车进路的邻线，线间距离不足 5 000 mm 的线路上调车，或接发非超限列车而在线间距离不足 5 000 mm 的邻线调动有超限货物的车辆等情况，均称为影响列车进路的调车作业。

三十一、越出站界调车的规定(《技规(普速)》第 302 条)

第 302 条　越出站界调车时，双线区间正方向，必须区间(自动闭塞区间为第一个闭塞分区)空闲；单线自动闭塞区间，闭塞系统必须在发车位置，第一个闭塞分区空闲，经车站值班员口头准许并通知司机后，方可出站调车。

单线半自动闭塞区间和双线反方向出站调车时，须有停止使用基本闭塞法的调度命令，与邻站办理闭塞手续，并发给司机出站调车通知书(附件 5)，如图 1-32 所示。

附件 5　出站/跟踪调车通知书

出站/跟踪 调车通知书

对方站承认的号码第……………………号，

准许 自/至 时 分 起/止 ……………机车由车站向……………区间 出站/跟踪 调车。

站(站名印)车站值班(扳道)员(签名)

年　　月　　日填发

图 1-32　出站调车通知书

越出站界调车是受车站调车设备限制，在区间空闲(自动闭塞为第一个闭塞分区空闲)的情况下，越过进站信号机或站界标进入区间调车的一种方法。由于是进入区间，不同一般的站内调车作业，为了保证列车运行和调车作业的安全，应遵守下列要求：

1. 双线区间正方向越出站界调车。

(1)当区间为自动闭塞时，必须从监督器上确认第一个闭塞分区空闲，车站值班员口头准许并通知司机,即可出站调车。

(2)当区间为半自动闭塞时,必须区间空闲,车站值班员口头准许并通知司机,即可出站调车。

上述双线(1)(2)情况,因发车权属于正方向办理越出站界调车的车站,对方站不能发车,所以可不与对方站办理占用区间闭塞手续,只要区间(自动闭塞为第一个闭塞分区)空闲,车站值班员口头准许并通知司机即可。

2. 双线区间反方向越出站界调车。

双线区间反方向越出站界调车时,因正常情况下占用区间的权限不属于本站,同时列车运行情况由列车调度员掌握,必须取得占用区间的权限,即停止基本闭塞法改用电话闭塞法(得到列车调度员发布的停止基本闭塞法改用电话闭塞法的调度命令),确认区间空闲后,由车站值班员与邻站办理电话闭塞手续,发给司机出站调车通知书,方可出站调车。

3. 单线区间越出站界调车。

(1)当区间为自动闭塞时,闭塞系统必须在发车位置,由办理越出站界调车的车站控制发车权,只要第一个闭塞分区空闲,经车站值班员口头准许并通知司机,即可出站调车。

(2)当区间为半自动闭塞时,区间必须空闲,得到停止基本闭塞法改用电话闭塞法的调度命令,与邻站办理电话闭塞手续取得占用区间的权限,并发给司机出站调车通知书,方可出站调车。

4. 无论单线或双线,在区间已改为电话闭塞法行车的情况下,越出站界调车时须经列车调度员口头准许,在确认区间空闲,与邻站办理闭塞手续取得占用区间的权限,发给司机出站调车通知书后,方可出站调车。

出站调车通知书由车站值班员填写,当调车机车距行车室较远时,可由扳道员、助理值班员等按车站值班员的指示填写,其格式为《技规(普速)》附件 5。

5. 越出站界调车作业完毕,应将出站调车通知书收回注销,具体收回注销办法由铁路局规定。当出站调车车列回站待避列车后,如需继续出站调车时,应重新办理手续。

越出站界调车时,为了防止错办,车站值班员应在控制台上揭挂“出站调车”表示牌(安全帽)。

三十二、越出站界调车须向司机发布调度命令的情况(《技规(普速)》第 231、302 条)

《技规(普速)》302 条规定:单线半自动闭塞区间和双线反方向出站调车时,须有停止使用基本闭塞法的调度命令,与邻站办理闭塞手续,并发给司机出站调车通知书(附件 5)。

《技规(普速)》231 条第 13 表“行车调度命令项目表”规定:“临时变更或恢复原行车

闭塞法”须向司机、车站值班员发布调度命令。

《铁路运输调度规则(普速)》附件二“常用行车调度命令模板”中第二节“临时变更或恢复原行车闭塞法”的第13项“单线半自动闭塞或双线反方向越出站界调车”调度命令模板为:

自接令时(______次列车到______站)起,______站至______站间______行”线停用基本闭塞法,改用电话闭塞法。准许______站利用该区间越出站界调车,限______时______分前完毕,作业完毕后恢复基本闭塞法。

因此,“单线半自动闭塞或双线反方向越出站界调车”属于《技规(普速)》231条第13表“临时变更或恢复原行车闭塞法”的范畴,须按规定向司机发布调度命令,并发给司机出站调车通知书(附件5)。并且,根据《铁路运输调度规则(普速)》第69条、《行规》第22条,“停基改电”时向司机发布、传达调度命令禁止使用列车无线调度通信设备。

我国普速铁路采用了三种基本闭塞法,以使列车严格按空间间隔运行,在最大程度上保证列车安全。当行车闭塞法发生变化时,行车凭证、作业要求等方面都发生了变化,为使车站接发车人员、列车司机明确闭塞法的变化,引起作业人员的重视,采取调度命令的形式告知。当基本闭塞设备恢复正常时,也须发布调度命令,向有关车站、列车明确。自动站间闭塞法行车转为半自动闭塞法行车及转回的调度命令,由于信号及司机行车方式不发生变化,调度命令可不发给司机。

三十三、跟踪出站调车的规定(《技规(普速)》第303条)

《技规(普速)》第303条跟踪出站调车,只准许在单线区间及双线正方向线路上办理,并须经列车调度员口头准许,取得邻站值班员承认的电话记录号码,发给司机跟踪调车通知书(附件5)。在先发列车尾部越过预告、接近信号机(或靠近车站的第一个预告标)或《站细》规定的间隔时间后,方可跟踪出站调车,但最远不得越出站界500 m。

遇下列情况,禁止跟踪出站调车:

1. 出站方向区间内有瞭望不良的地形或有长大上坡道(站名表由铁路局公布);
2. 先发列车需由区间返回,或挂有由区间返回的后部补机;
3. 一切电话中断;
4. 降雾、暴风雨雪时;
5. 动车组调车作业。

跟踪调车作业完毕,车站值班员确认跟踪调车通知书收回后,向邻站发出电话记录号码。列车虽已到达邻站,但跟踪调车通知书尚未收回时,禁止办理区间开通手续。

跟踪出站调车是指在列车由车站发出后,尚未到达前方站(线路所),间隔一定的距离或时间,即跟随前行列车,越出站界在规定距离内进行的调车作业。

跟踪出站调车只能在单线区间或双线正方向的线路上办理,并按下列要求进行,以确保安全。

1. 为使跟踪出站调车不影响列车运行,在办理时须经列车调度员口头准许。

2. 为了更好地掌握区间占用情况,防止跟踪出站调车的机车车辆返回车站前,两站错误办理闭塞,办理跟踪出站调车时,须在取得邻站车站值班员的承认的电话记录号码后,方可填写跟踪调车通知书,组织跟踪出站调车。

3. 发给司机的跟踪调车通知书,即《技规(普速)》附件5。填写时应将"出站"字样抹掉。跟踪调车通知书允许由扳道员、助理值班员等根据车站值班员的指示填发。

4. 办理跟踪出站调车时,为了防止错办,车站值班员应在控制台上揭挂"跟踪调车"表示牌(安全帽)。

5. 跟踪调车作业完毕,车站值班员确认跟踪调车通知书收回后,向邻站发出电话记录号码。列车虽已到达邻站,但跟踪调车通知书尚未收回时,禁止办理区间开通手续。

6. 承认跟踪出站调车及跟踪出站调车完毕发出电话记录号码及发出的时间填写在《行车日志》相应栏内。

7. 跟踪出站调车,因调车与列车运行是平行作业,能够缩短调车等待时间,充分利用通过能力。但由于调车与列车运行先后进入同一区间或闭塞分区,因而存在不安全因素,必须对跟踪出站调车进行严格的限制:

(1)跟踪出站调车只准在单线区间及双线正方向办理,双线反方向线路上不准办理。因为双线反方向行车已是特殊情况行车,再跟踪反方向运行的列车出站调车,增加不安全因素。

(2)为保证跟踪出站调车的车列与前行列车保持一定距离,只有前发列车尾部越过预告、接近信号机或靠近车站的第一个预告标后,方可跟踪出站调车。如受地形地物影响,看不见预告信号机或站界标,确认前发列车位置有困难时,应按《站细》规定的间隔时间进行。跟踪出站调车与前行列车距离,如图1-33所示。

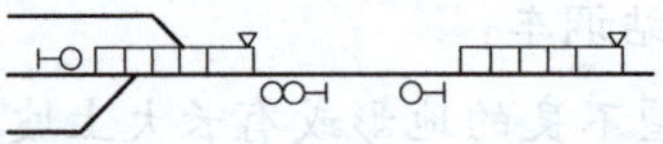

图1-33 跟踪出站调车示意图

(3)跟踪出站调车的机车、车辆最远不得越出站界500 m,这是考虑前发列车有途中退行的可能。按《技规(普速)》372条规定,退行列车在未得到后方站车站值班员准许时,不得退行到车站的最外方预告标或预告信号机的内方,也就是不能退到距进站信号机800～1 100 m以内,这样退行的列车与跟踪调车的机车车辆尚有300～600 m的安全间隔距离。

(4)出站方向区间内有瞭望不利的地形或有长大上坡道时,禁止跟踪出站调车。因为出站方向区间内有瞭望不利的地形时,调车作业或由区间退回的列车瞭望困难,一旦出现问题,不能及时停车,容易发生冲突等事故;因为区间有长大上坡道时,一旦前发列车制动失效,即有溜回的可能时,如再跟踪出站调车,就可能发生冲突。

区间有长大上坡道禁止跟踪出站调车的站名由铁路局公布。

“长大上坡道”是指《技规(普速)》中“长大下坡道”的反向。

(5)前发列车需由区间返回或挂有区间返回的后部补机时,禁止跟踪调车,以防止返回的列车或补机与正在跟踪出站调车的机车车辆发生冲突。

(6)一切电话中断,禁止跟踪调车。这是因为电话中断后行车联络办法比较复杂,不易保证安全。

(7)降雾、暴风雨雪等,因瞭望困难,作业不便,禁止跟踪出站调车。

(8)为确保动车组安全,禁止动车组跟踪出站调车作业。

兰局普速铁路行车组织规则第 67 条　跟踪出站调车作业的补充规定(《技规(普速)》第 303 条)

集团公司管内普速铁路各站禁止办理跟踪出站调车。

三十四、区间及闭塞分区的界限的划分方法(《技规(普速)》第 308 条)

第 308 条　列车运行是以车站、线路所所划分的区间及自动闭塞区间的通过信号机所划分的闭塞分区作间隔。

区间及闭塞分区的界限,按下列规定划分:

1. 站间区间

(1)在单线上,车站与车站间以进站信号机柱的中心线为车站与区间的分界线;

(2)在双线或多线上,车站与车站间分别以各该线的进站信号机柱或站界标的中心线为车站与区间的分界线。

2. 所间区间

两线路所间或线路所与车站间,以该线上的通过信号机柱的中心线为所间区间的分界线。设有进站信号机的线路所,所间区间的分界方法与站间区间相同。

3. 闭塞分区

自动闭塞区间同方向相邻的两架色灯信号机间,以该线上的通过信号机柱的中心线为闭塞分区的分界线。

本条明确列车运行的间隔,明确区间及闭塞分区的界限。为列车运行、调度指挥、车站技术管理等提供依据。

为保证列车运行的安全,使同方向列车不致发生追尾冲突,对向列车不致发生迎面相撞,列车运行必须有间隔;同时,在满足列车长度、速度、密度、制动力和信号显示距离等条件下,划分列车运行间隔有利于提高铁路通过能力。

目前,保持列车运行之间有一定的间隔距离的办法有两类:

1. 空间间隔法——以车站、线路所所划分的区间,自动闭塞区间的通过信号机所划分的闭塞分区,作为两列车间隔的行车方法。即在正常情况下,每个区间(或闭塞分区),在同一时间内,只准有一个列车占用。

2. 时间间隔法(又称隔时续行法)——按一定的时间间隔开行续行列车。即第一列车发车后,经过一定的时间,再发出下一列列车。

我国铁路列车运行一般采用空间间隔法。《技规(普速)》明确规定"列车运行是以车站、线路所所划分的区间及自动闭塞区间的通过信号机所划分的闭塞分区作间隔"。就是将铁路正线分别用车站、线路所和自动闭塞区间的通过信号机(三者统称为分界点),划分为站间区间、所间区间和闭塞分区,作为列车运行的间隔。

区间及闭塞分区的界限划分

1. 站间区间——车站与车站间的线段。

(1)单线站间区间,以进站信号机柱中心线为车站与区间的分界线,如图 1-34 所示。

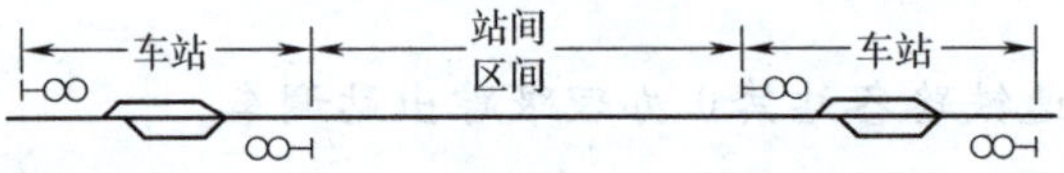

图 1-34　单线区段站间区间界限示意图

(2)双线或多线站间区间:分别以各该线的进站信号机柱或站界标的中心线为车站与区间的分界线,如图 1-35 所示。

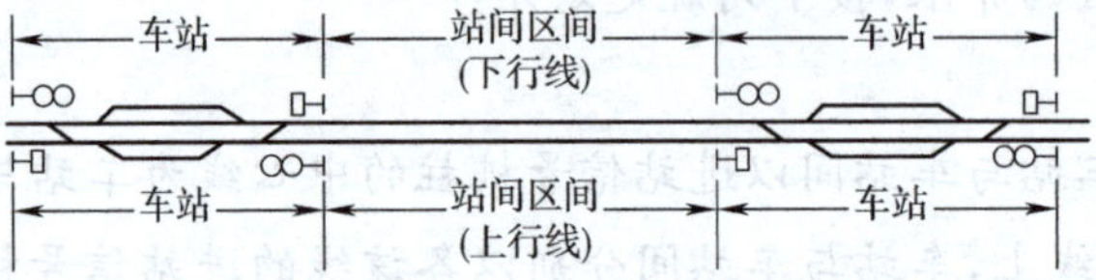

图 1-35　双线区段站间区间界限示意图

2. 所间区间——两线路所间或线路所与车站间的线段。

(1)单线所间区间,以该线上的线路所通过信号机柱的中心线为所间区间的分界线。设有进站信号机的线路所,所间区间的分界方法与站间区间相同。

线路所只设有通过信号机,无管辖地段的,如图 1-36 所示。

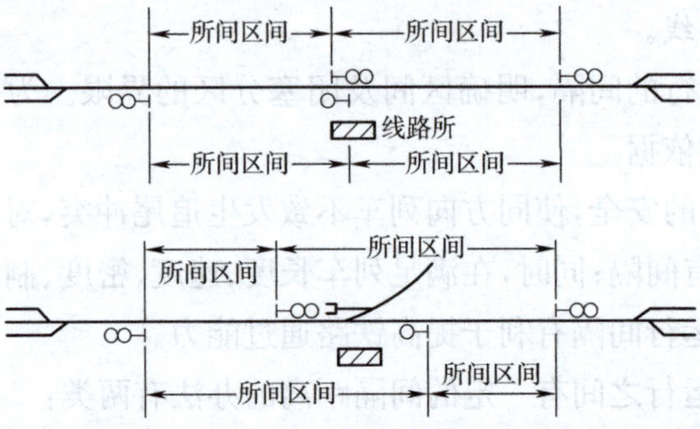

图 1-36　单线区间只设有通过信号机的所间区间界限示意图

线路所设有进、出站信号机,并有管辖地段的,如图 1-37 所示。

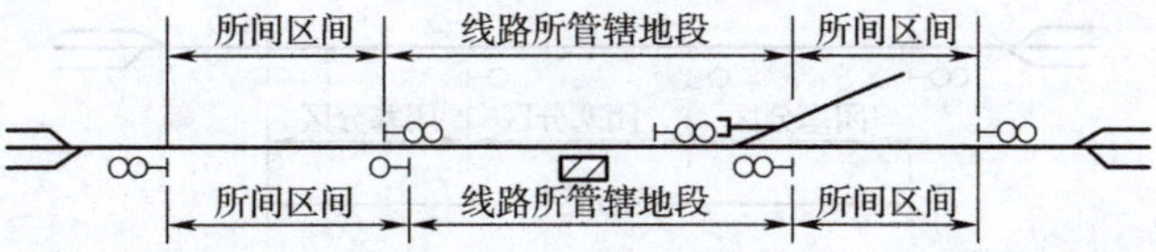

图 1-37 单线区间设有进、出站信号机的所间区间界限示意图

(2)双线所间区间,其划分方法与单线所间区间相同。

线路所只设有通过信号机,无管辖地段的,如图 1-38 所示。

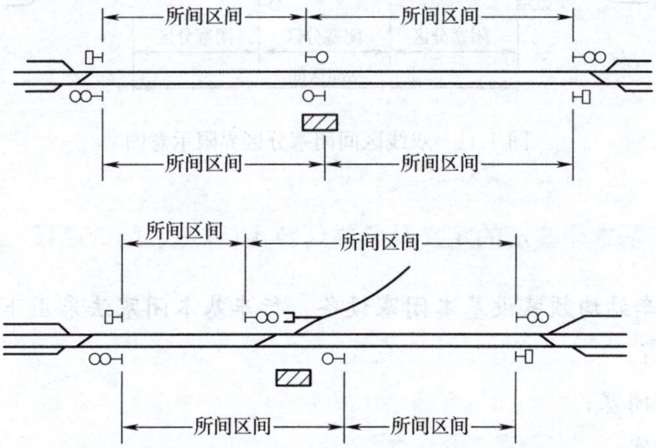

图 1-38 双线区间只设有通过信号机的所间区间界限示意图

线路所设有进、出站信号机,并有管辖地段的,如图 1-39 所示。

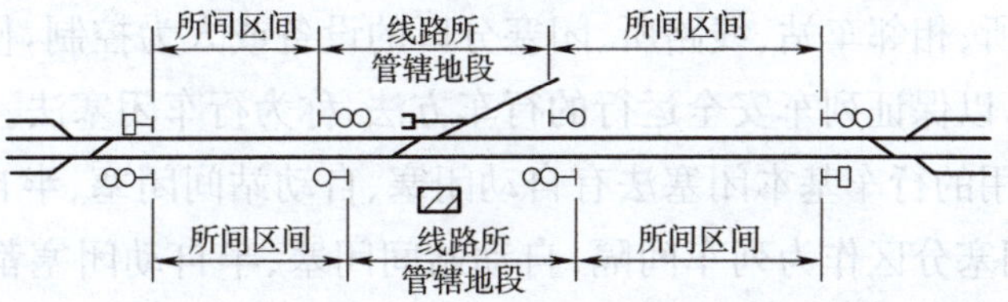

图 1-39 双线区间设有进、出站信号机的所间区间界限示意图

3. 闭塞分区——自动闭塞区间同方向相邻的两架通过色灯信号机间或进站信号机与通过色灯信号机间的线段。

自动闭塞区间的闭塞分区,以该线上同方向相邻的两架通过色灯信号机柱的中心线为分界线。

单线区间闭塞分区分界线,如图 1-40 所示。

双线区间闭塞分区分界线,如图 1-41 所示。

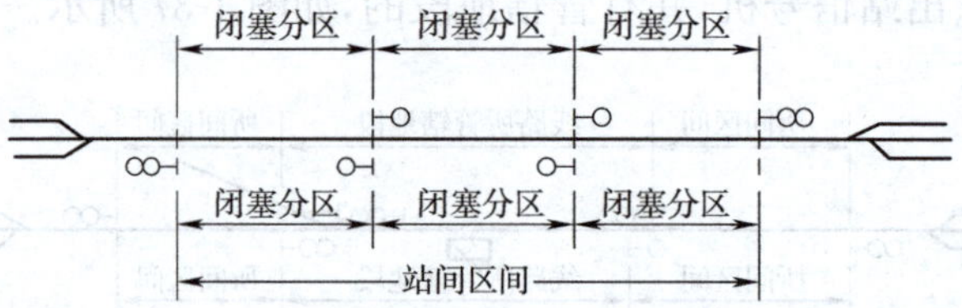

图 1-40　单线区间闭塞分区界限示意图

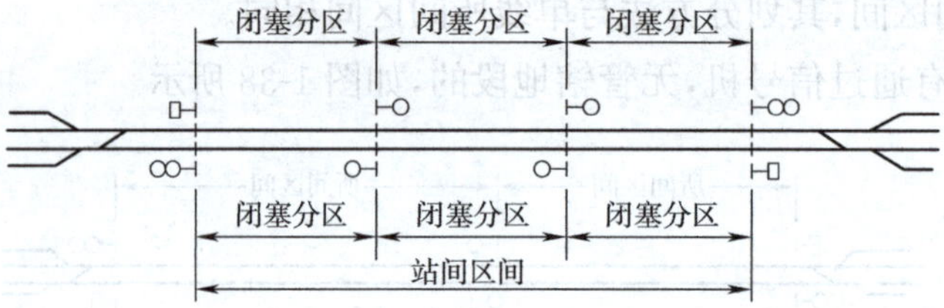

图 1-41　双线区间闭塞分区界限示意图

三十五、行车基本闭塞法的定义及分类(《技规(普速)》第 309 条)

第 309 条　车站均须装设基本闭塞设备。行车基本闭塞法采用下列三种:

1. 自动闭塞;
2. 自动站间闭塞;
3. 半自动闭塞。

电话闭塞法是当基本闭塞法不能使用时所采用的代用闭塞法。

原则上不使用隔时续行办法,如必须使用时,由铁路局规定。

基本闭塞设备是控制一个区间(或闭塞分区)同一时间内,只准许一个列车运行的设备。通过调度所、相邻车站、线路所、闭塞分区的设备或人为控制,使列车与列车相互间保持一定间隔,以保证列车安全运行的行车方法,称为行车闭塞法。

我国铁路采用的行车基本闭塞法有自动闭塞、自动站间闭塞、半自动闭塞三种。其中:自动闭塞以闭塞分区作为列车间隔;自动站间闭塞、半自动闭塞都是以站间(所间)区间作为列车间隔;其列车运行间隔均属于空间间隔法。

电话闭塞是在基本闭塞法不能使用的条件下,主要靠人工检查确认和联系制度来保证实现列车运行空间间隔的代用闭塞方法。使用电话闭塞法行车须有列车调度员的命令,并按有关电话闭塞接发列车规定的程序、制度办理行车作业。

原则上不使用隔时续行方法。由于按隔时续行方法行车,不易保持后行列车和前行列车的安全间隔,如果办理疏忽或司机操纵不当,很容易发生尾追事故,因此规定隔时续行办法原则上不使用。在特殊情况下必须使用时,由铁路局规定,并制定具体行车办法和安全措施。

三十六、采用电话闭塞法行车的要求(《技规(普速)》第310条)

第310条　当基本闭塞法不能使用时,应根据列车调度员的命令采用电话闭塞法行车。遇列车调度电话不通时,闭塞法的变更或恢复,应由该区间两端站的车站值班员确认区间空闲后,直接以电话记录办理。列车调度电话恢复正常时,两端站车站值班员应及时向列车调度员报告。

车站值班员在办理接发列车时,遇行车设备故障、施工、自然灾害等情况造成基本闭塞法不能使用或在特定行车条件下需停止使用基本闭塞法时,须向列车调度员报告。列车调度员详细了解现场情况后,向有关处所和人员发布停止使用基本闭塞法改按电话闭塞法行车的调度命令。

行车闭塞法的变更或恢复,列车调度员须发布调度命令。但遇特殊情况列车调度电话不通(指两端站列调电话都不同)时,为减少对运输秩序的影响,由该区间两端车站值班员共同确认区间空闲后,直接以电话联系办理,并发出电话记录号码。

三十七、采用电话闭塞法行车(停基改电)的情形(《技规(普速)》第311条)

第311条　遇下列情况,应停止使用基本闭塞法,改用电话闭塞法行车:

1. 基本闭塞设备发生故障导致基本闭塞法不能使用、自动闭塞区间内两架及以上通过信号机故障或灯光熄灭时;

2. 无双向闭塞设备的双线区间反方向发车或改按单线行车时;

3. 发出由区间返回的列车,或发出挂有由区间返回后部补机的列车时;

4. 自动站间闭塞、半自动闭塞区间,由未设出站信号机的线路上发车,或超长列车头部越过出站信号机并压上出站方面轨道电路发车时;

5. 在夜间或遇降雾、暴风雨雪,为消除线路故障或执行特殊任务,开行轻型车辆时。

自动站间闭塞设备故障,半自动闭塞设备良好时,可根据调度命令改按半自动闭塞法行车。

1. 基本闭塞设备发生故障导致基本闭塞法不能使用、自动闭塞区间内两架及其以上通过信号机故障或灯光熄灭时。

(1)自动闭塞设备发生故障导致基本闭塞法不能使用,不能保证列车按自动闭塞方式行车时,应停止使用改按电话闭塞法行车。

自动闭塞区间两架及其以上通过信号机发生故障或灯光熄灭,如按《技规(普速)》第316条组织行车,势必造成列车在区间一再停车,不仅会降低列车运行速度,而且危及行车安全。因此,遇两架及其以上通过信号机故障或灯光熄灭时,改按电话闭塞法行车。

(2)半自动闭塞设备故障,如:出站信号机内方轨道电路故障、出站信号机故障或灯光熄灭,由于不能形成半自动闭塞控制条件或不能开放出站信号机作为列车占用区间的行车凭证，因此，应停止使用，改按电话闭塞法行车。

(3)自动站间闭塞设备故障，导致自动站间闭塞、半自动闭塞法均不能使用时，如不能开放出站信号机作为列车占用区间的行车凭证，应停止使用自动站间闭塞改按电话闭塞法行车。

2. 无双向闭塞设备的双线区间反方向发车或改按单线行车时。

无双向闭塞设备的双线区间反方向发车时，由于反方向无闭塞设备，必须改用电话闭塞法行车。无双向闭塞设备的双线区间改按单线行车时，虽然正方向闭塞设备可以使用，但反方向行车时无闭塞设备保证安全，办理上容易混淆，极易引发错误，所以也要停止使用基本闭塞法改按电话闭塞法行车。

3. 发出由区间返回的列车，或发出挂有由区间返回后部补机的列车时。

发出由区间返回的列车时，在其返回前，车站无法从设备上控制不再向该区间放行列车，为防止人为失误造成严重后果，应停止基本闭塞法改按电话闭塞法行车。发出挂有由区间返回后部补机的列车，车站无法从设备上控制在列车到达前方站后、补机返回前不再向该区间放行列车，为防止人为失误造成严重后果，因此，应停止基本闭塞法，改按电话闭塞法行车。

4. 自动站间闭塞、半自动闭塞区间，由未设出站信号机的线路上发车，或超长列车头部越过出站信号机并压上出站方面轨道电路发车时。

自动站间闭塞、半自动闭塞列车占用区间的行车凭证，为出站信号机显示的允许运行的信号。由未设出站信号机的线路上发车，或超长列车头部越过出站信号机并压上出站方向轨道电路发车时，因无法取得占用区间的行车凭证，须改按电话闭塞法行车。

5. 在夜间或遇降雾、暴风雨雪，为消除线路故障或执行特殊任务，开行轻型车辆时。

轻型车辆装有绝缘车轴，不能通过轨道电路确定其位置，为确保安全，轻型车辆仅限昼间封锁施工作业时使用，此时不按列车办理；同样为确保安全，在夜间或遇降雾、暴风雨雪等天气不良瞭望条件不好的情况下，为消除线路故障或执行特殊任务须使用轻型车辆时，应按列车办理，此时应停止基本闭塞法，改按电话闭塞法行车。

6. 自动站间闭塞设备故障，半自动闭塞设备良好时，可根据调度命令改按半自动闭塞法行车。

部分自动站间闭塞是在半自动闭塞的基础上，增加了计轴设备自动检查区间空闲，从而实现了自动站间闭塞，此时，仅计轴设备故障停用，半自动闭塞设备仍作用良好时，可使用另一基本闭塞法——半自动闭塞法组织列车运行，但必须得到列车调度员准许并发布调度命令。

三十八、使用自动闭塞法时行车的规定(《技规(普速)》第314条)

第314条　使用自动闭塞法行车时，列车进入闭塞分区的行车凭证为出站或通过信号机显示的允许运行的信号。

自动闭塞区段的车站,办理发车前应向接车站预告;单线自动闭塞区段的车站,还须得到列车调度员的同意(列车调度员已下达列车运行调整计划时除外)。已向接车站预告,但列车不能出发时,发车站须通知接车站取消预告。

1. 使用自动闭塞法行车时,列车是根据进出站信号机和通过信号机的显示运行,在运行过程中通过轨道电路检查闭塞分区的占用与空闲,并通过信号机显示的不同颜色的灯光指示后续列车的运行,由此来自动完成闭塞作用。这种方式不需要办理闭塞手续,又可以在同一区间内开行多列追踪运行的列车,并有必要的空间间隔,既保证了行车安全又提高了区间通过能力。

目前,我国自动闭塞区段大多采用四显示的通过色灯信号机,当其显示一个绿色灯光时,表示列车运行前方至少有三个闭塞分区空闲,准许列车进入闭塞分区后按规定速度运行;当其显示一个绿色和一个黄色灯光时,表示列车运行前方有两个闭塞分区空闲,准许列车进入闭塞分区后按规定速度运行,要求注意准备减速;当其显示一个黄色灯光时,表示列车运行前方只有一个闭塞分区空闲,要求列车注意或减速运行,按规定限速要求越过该信号机;当其显示一个红色灯光时,要求列车应在该信号机前停车。

部分自动闭塞区段采用三显示的通过色灯信号机,当其显示一个绿色灯光时,表示列车运行前方至少有两个闭塞分区空闲,准许列车进入闭塞分区后按规定速度运行;显示一个黄色灯光时,表示前方只有一个闭塞分区空闲,要求列车注意或减速运行,按规定限速要求越过该信号机;当其显示一个红色灯光时,要求列车应在该信号机前停车。

2. 自动闭塞区段,出站或通过信号机的显示,能表示出闭塞分区空闲或占用的情况,不同的信号显示对列车运行速度分别有不同的限制,按信号显示行车可以保证列车的运行安全,所以规定以出站或通过信号机显示的允许运行的信号作为列车占用闭塞分区的行车凭证。

3. 自动闭塞区段的车站控制台上,在四显示、三显示区段分别有邻近车站的三或二个闭塞分区的占用情况表示,即四显示区段有第一、第二、第三接近和第一、第二、第三离去,三显示区段有第一、第二接近和第一、第二离去,车站值班员可以了解列车在邻近闭塞分区的占用情况。出站信号机的开放受第一离去占用的限制。车站值班员在开放出站信号机发出列车前,须确认第一离去分区的空闲情况。当闭塞分区空闲符合列车发车条件后,即可开放出站信号机准备发车。发车站在办理发车前,应向接车站通报列车车次,以使接车站做好接车准备,在接车站因特殊情况不能接车时,发车站可以及时停止发车,以防止列车在区间停车等待,造成运输堵塞。

在单线自动闭塞区段,列车是双方向运行的,为保持列车运行秩序或不影响某些重要列车的运行,车站值班员发车之前,应得到列车调度员同意,但列车调度员已下达列车运行调整计划时,可根据列车运行调整计划组织行车,不需再另行征得列车调度员同意。

无论在双线或单线自动闭塞区段，发车站在办理发车预告后，即确定了列车进入区间的顺序，接车站也应按此顺序做好接车准备。因此在列车预告后因特殊原因不能发出时，必须通知接车站取消发车预告，避免造成后续发出的列车与前次列车混淆，造成接车站接错车等事故的发生；避免接车站为接车做好准备后，却无列车到达，影响接车站的其他作业。

三十九、自动闭塞区段特殊情况下发车的行车凭证、发给行车凭证的根据及附带条件(《技规(普速)》第315条)

第315条　自动闭塞区段遇下列情况发车的行车凭证见《技规(普速)》第32表。

第32表　自动闭塞区段特殊情况行车凭证表

<table>
<tr><th>列车出发情况</th><th>行车凭证</th><th>发给行车凭证的依据</th><th>附带条件</th></tr>
<tr><td>1. 出站信号机故障时发出列车</td><td rowspan="3">绿色许可证(《技规(普速)》附件2)</td><td rowspan="3">1. 监督器表示第一个闭塞分区空闲，不表示时为接到前次列车到达邻站的通知或前次列车发出后不少于10 min的时间
2. 确认道岔位置正确及进路空闲
3. 单线须取得对方站确认区间内无迎面列车的电话记录号码</td><td rowspan="3">从监督器上不能确认第一个闭塞分区空闲时，车站应发给司机书面通知(《技规(普速)》附件8)，司机以在瞭望距离内能随时停车的速度，最高不超过20 km/h，运行到第一架通过信号机，按其显示的要求执行</td></tr>
<tr><td>2. 由未设出站信号机的线路上发出列车</td></tr>
<tr><td>3. 超长列车头部越过出站信号机发出列车</td></tr>
<tr><td>4. 发车进路信号机发生故障时发出列车</td><td rowspan="2">绿色许可证(《技规(普速)》附件2)</td><td rowspan="2">确认道岔位置正确及进路空闲</td><td rowspan="2">列车到达次一信号机按其显示的要求执行</td></tr>
<tr><td>5. 超长列车头部越过发车进路信号机发出列车</td></tr>
<tr><td>6. 自动闭塞作用良好，监督器故障时发出列车</td><td rowspan="2">出站信号机显示的允许运行的信号</td><td rowspan="2">1. 区间占用表示灯表示区间空闲
2. 双线反方向行车的调度命令</td><td>与邻站车站值班员及本站信号员联系</td></tr>
<tr><td>7. 双线双向闭塞设备的车站，反方向发出列车</td><td>反方向发车进路表示器显示正确(进路表示器故障时通知司机)</td></tr>
</table>

注：在四显示区段，因设备不同，执行上述条款困难的，可按铁路局规定办理。

《技规(普速)》第32表规定的各项内容，为自动闭塞区段特殊情况下发车的行车凭证、发给行车凭证的根据及附带条件等。自动闭塞与半自动闭塞和自动站间闭塞在部分设备故障或特殊情况下行车的最大不同，就是不需停止基本闭塞法，采用一些特殊的方式发出列车，进入区间后按自动闭塞法行车，提高运输效率。

1.《技规(普速)》第32表中的第1、2、3项，是在出站信号机不能开放或未设出站信号机的情况下发出列车，此时发车进路与信号机间失去了联锁关系或无联锁关系。车站值班员必须在做好下列工作后，方准填写绿色许可证，组织发出列车。

(1)确认监督器表示第一个闭塞分区空闲,不表示时为接到前次列车到达邻站的通知或前次列车发出后不少于10 min的时间。

(2)确认道岔位置正确及进路空闲。

(3)单线区间须取得对方站确认区间内无迎面列车的电话记录号码,并填记在《行车日志》记事栏内。

因为出站信号机不能开放,如果从监督器不能确认第一个闭塞分区空闲时,第一闭塞分区情况不明,此时发车人员必须发给司机书面通知(附件8),要求列车以在瞭望距离内能随时停车的速度运行,最高不超过20 km/h,确保安全。当列车运行到第一架通过信号机时,按其显示的要求执行。

2. 表中的第4、5项,是指发车进路信号机(同一发车进路上一架或多架进路信号机)因故不能开放的情况下发出列车时,车站值班员确认发车进路空闲、进路道岔位置正确并按规定加锁后,填发绿色许可证发出列车的作业方式。

3. 表中的第6项,是指在自动闭塞作用良好,出站信号机能正常显示允许运行的信号,但监督器对离去闭塞分区的占用与空闲因故不能表示或表示不明时,发出列车。在此种情况下,由于出站信号机能够正常开放,自动闭塞设备可以确认闭塞分区的占用与空闲状态,车站值班员与邻站车站值班员联系确认区间列车运行情况,和本站信号员联系确认自动闭塞及监督器设备状态和发出列车情况后,即可组织按出站信号机的显示发出列车。

4. 表中的第7项,是指在双线自动闭塞区间装设有双向闭塞设备,列车在正方向运行线路上运行时,可自动追踪运行,在线路反方向运行时,按站间间隔运行。由于我国铁路在双线区间实行左侧单方向行车制度,反方向行车时,应发布调度命令,在发车前必须确认无迎面列车运行,区间空闲,在控制台上确认区间占用表示灯表示区间空闲后,办理改变列车运行方向手续,排列反方向发车进路,组织反方向发出列车,列车进入区间的行车凭证为出站信号机显示的允许运行的信号。

为使发车人员和司机明确区别正、反方向发车进路,在出站信号机的正下方设有反方向发车进路表示器,当排列了反方向发车进路后,显示规定的白色灯光,外部发车人员和列车司机在反方向发车前必须确认显示正确。如遇反方向发车进路表示器故障时,发车人员应口头通知司机,使司机明确列车运行方向。

在四显示区段,由于自动闭塞设备不同,执行第32表中的各项规定有困难时,可由铁路局规定行车办法。

四十、自动闭塞区间通过信号机显示停车信号时特殊行车办法的规定(《技规(普速)》第316条)

第316条 自动闭塞区间通过信号机显示停车信号(包括显示不明或灯光熄灭)时,列车必须在该信号机前停车,司机应使用列车无线调度通信设备通知车辆乘务员

(随车机械师)。停车等候2 min,该信号机仍未显示允许运行的信号时,即以遇到阻碍能随时停车的速度继续运行,最高不超过20 km/h,运行到次一通过信号机(进站信号机),按其显示的要求运行。在停车等候同时,必须与车站值班员、列车调度员联系(编者注:2006年10月第十版《技规》251条为"在停车等候同时,必须与车站值班员、列车调度员联系、前行列车司机联系";1999年12月第九版《技规》235条无此句。),如确认前方闭塞分区内有列车时,不得进入。

装有容许信号的通过信号机,显示停车信号时,准许铁路局规定停车后起动困难的货物列车,在该信号机前不停车,按上述速度通过。当容许信号灯光熄灭或容许信号和通过信号机灯光都熄灭时,司机在确认信号机装有容许信号时,仍按上述速度通过该信号机。

装有连续式机车信号的列车,遇通过信号机灯光熄灭,而机车信号显示允许运行的信号时,应按机车信号的显示运行。

司机发现通过信号机故障时,应将故障信号机的号码通知前方站(列车调度员)。车站值班员(列车调度员)发现或得到区间通过信号机故障的报告后,在故障修复前,对尚未进入区间的后续列车,改按站间组织行车。

本条是关于自动闭塞区间通过信号机显示停车信号(包括显示不明或灯光熄灭)时特殊行车办法的规定。

自动闭塞区间内的通过信号机显示停车信号及显示不明或灯光熄灭的原因主要有以下几项:

1. 显示红色灯光时,可能是前方闭塞分区内有列车或机车、车辆占用;也可能是由于线路上有障碍物引起轨道电路短路或钢轨折断;还可能是轨道电路故障所致;还可能是通过信号机的灯泡断丝而引起的灯光转移等。

2. 信号显示不明,可能是因天气关系,如灯光被飘雪、扬沙所遮盖等;也可能是自动闭塞系统发生故障。

3. 灯光熄灭,可能是灯泡断丝或灯泡松动,也可能是临时断电。

通过信号机显示停车信号及显示不明或灯光熄灭时均视为停车信号,列车如果贸然进入前方闭塞分区,有危及行车安全的可能性,因而列车必须在该信号机前停车,同时司机应使用列车无线调度通信设备通知车辆乘务员(随车机械师)停车原因。

由于是自动闭塞区间,列车追踪运行,作业十分繁忙,同时由于通过信号机处于区间,修复时间将会延长,如果列车长时间在显示停车信号(包括显示不明或灯光熄灭)的通过色灯信号机前停车,将使后续多列列车在区间停车,打乱运行秩序,造成运输工作的混乱,也不利于列车的运行安全。因此规定,在列车停车等候2 min后,该通过信号机仍未显示允许运行的信号时,即以遇到阻碍能随时停车的速度进入该通过信号机防护的闭塞分区继续运行,但最高运行速度不得超过20 km/h。停车等候2 min,如有列车在该闭塞分区正常运行,则有一定的时间出清该闭塞分区;如该闭塞分区有前行列车被迫停车不能继续运行时,有关人员有一定的时间按规定设置防护和作业联系;而要求列车以遇到阻碍能随时停车的速度运行(最高不超过 20 km/h),即使进入闭塞分区后发现有列车或有危及行车安全的情况时,可随时停车,不致发生事故。

在这种情况下,列车限速进入闭塞分区后,必须在整个闭塞分区内限速运行,不能在见到前方通过信号机显示允许运行的信号时,就立即恢复相应速度运行。只有在列车头部越过次一通过信号机(进站信号机)后,才能按其显示的要求运行。

列车在显示停车信号及显示不明或灯光熄灭的通过信号机前停车等候的同时,司机必须使用列车无线调度通信设备与车站值班员或列车调度员进行联系,车站值班员、列车调度员应通过控制台、TDCS 设备等确认该闭塞分区内有无列车,在确认有列车占用后,车站值班员、列车调度员须通知司机不得进入该闭塞分区;同时,司机还应通过目视确认前方闭塞分区内是否有列车占用。司机如通过以上方式确认有列车占用时,不得进入该闭塞分区。如司机使用列车无线调度通信设备与车站值班员、列车调度员联系不上,又无法目视确认前方闭塞分区内是否有列车占用时,在停车等候 2 min 后,如该信号机仍未显示允许运行的信号,即以遇到阻碍能随时停车的速度,最高不超过 20 km/h 进入该闭塞分区,司机应加强瞭望,运行中发现前方有列车占用或有危及行车安全的情况时,立即停车。对按自动闭塞法行驶的后续列车,亦应按上述要求严格执行。

装有容许信号的通过色灯信号机显示停车信号时,准许停车后起动困难的货物列车不停车通过该信号机。由于各种货物列车牵引重量不完全相同,因此铁路局必须根据该区段使用的机车类型和线路坡度等情况,经过计算和试验,规定准许按容许信号运行的货物列车重量标准。装设容许信号的目的,主要是避免超过规定牵引重量的货物列车在此停车后起动困难,甚至请求救援打乱运行秩序。因此,当容许信号灯光熄灭时或容许信号和通过信号机灯光都熄灭时,只要司机确认信号机装有容许信号,仍可按上述速度规定,不停车通过该信号机。列车通过该信号机后,必须在整个闭塞分区以遇到阻碍能随时停车的速度运行,但最高运行速度不得超过 20 km/h,到达次一通过色灯信号机后,再按其显示的要求运行。

连续式机车信号的显示和通过信号机的显示,是通过同一个轨道电路传输的,通过信号机灯光熄灭而机车信号显示允许运行的信号时,表示前方闭塞分区处于空闲状态。因此,作为一种特殊的行车组织方式,准许列车按机车信号的显示运行。

司机发现通过信号机故障时,应将该信号机的号码通知前方站(列车调度员),以便由车站(列车调度员)通知设备部门检查修理,并组织后续列车的运行。车站值班员(列车调度员)发现或得到区间通过信号机故障的报告后,在故障修复前,对尚未进入区间的后续列车,改按站间组织行车。此时不改变原基本闭塞法,人工控制按站间间隔放行列车。

四十一、使用自动站间闭塞法时行车的规定(《技规(普速)》第 317 条)

第 317 条　使用自动站间闭塞法行车时,列车凭出站信号机或线路所通过信号机显示的允许运行的信号进入区间。

自动站间闭塞须与集中联锁设备结合使用,自动检查区间空闲,发车站办理发车进路后即自动构成站间闭塞。列车到达接车站或返回发车站并出清区间后,自动解除闭塞。

发车站在办理发车进路前,须确认区间空闲、接车站未办理同一区间的发车进路,并向接车站预告。发车站已向接车站预告,但列车不能出发时,在取消发车进路后,须通知接车站。

1. 自动站间闭塞是在半自动闭塞基础上发展起来的新型闭塞设备,区间两端站的出站信号机(线路所通过信号机)和轨道检查装置构成联锁关系,自动检查区间空闲,列车以站间(所间)区间为间隔运行,通过办理发车进路和检查列车出清区间的方式,自动实现区间闭塞和区间开通。

自动检查区间主要通过计轴设备或区间长轨道电路来实现。

(1)计轴设备通过设置在区间(所间)两端站的计轴磁头,对进入区间和车站(线路所)的列车轴数进行记录,并经过传输线路将两端站(线路所)所记录的轴数进行核对,当两端站(线路所)记录的轴数一致时,即确认列车整列到达,区间空闲,自动开通区间。发出由区间返回的列车时,由发车站自行检查。当计轴设备记录进出区间的列车轴数不一致时,即判定区间占用。当计轴设备发生故障不能正常计轴或判定区间占用时,不能自动解除闭塞。

(2)区间长轨道电路由三部分组成,包括上、下行接近区段轨道电路(双线时为接近和发车区段轨道电路)和中间部分轨道电路,通过轨道电路对区间是否占用、线路是否良好进行检查。在这三部分轨道电路都空闲时,排列发车进路,开放出站信号,自动完成闭塞;在列车到达前方站(返回发车站)三部分轨道电路都空闲后,自动开通区间。当区间任何一部分轨道电路处于占用状态时,不能开放出站信号机;列车虽已到达前方站(返回发车站),但不能解除闭塞开通区间。出站信号机开放后,如果区间轨道电路因故障等原因处于占用状态时,便自动关闭。

2. 使用自动站间闭塞法发出列车时,由于列车按站间间隔运行,列车进入区间的行车凭证为出站信号机或线路所通过信号机显示的允许运行的信号。

3. 由于自动站间闭塞发车前不需办理闭塞手续,排列发车进路开放出站信号后,即可发出列车,同时列车需按站间间隔行车,因此发车站在办理发车进路前,须确认区间空闲和接车站未办理同一区间的发车进路。为使接车站做好接车准备工作,发车站应向接车站发出预告。

4. 自动站间闭塞区间,发车站办理预告后,接车站必须做好接车准备。如果列车预告后因特殊情况不能发出时,发车站必须通知接车站取消预告。避免长时间占用区间,方便接车站进行其他作业,也能为其他列车运行提供条件。

四十二、使用半自动闭塞法时行车的规定(《技规(普速)》第319条)

第319条　使用半自动闭塞法行车时,列车凭出站信号机或线路所通过信号机显示的允许运行的信号进入区间。

开放出站信号机或通过信号机前,双线区段必须得到前次列车到达前方站的到达信号;单线区段必须得到接车站的同意闭塞信号。

发车站办理闭塞手续后,列车不能出发时,应将事由通知接车站,取消闭塞。

半自动闭塞是指通过两个相邻车站(线路所)的闭塞机、出站信号机(线路所通过信号机)和轨道电路构成的联锁关系。使用半自动闭塞设备时,出站或线路所通过信号机显示允许运行的信号,即表示区间已空闲、发车进路已被锁闭,当出发的列车压上出站方面的轨道电路,出站或通过信号机就立即自动关闭,在该列车运行到接车站,压上接车轨道电路之前,出站或通过信号机不能再开放。由于上述联锁关系,可以保证列车运行的安全,因此规定使用半自动闭塞方法行车时,列车凭出站或通过信号机显示的允许运行的信号进入区间。

1. 出站(线路所通过)信号机的开放条件

(1)双线半自动闭塞区间,发车站(线路所)必须得到前次列车到达前方站(线路所)的到达信号后,才有权发车。因为前次列车驶过接车站接车轨道电路,闭塞机就可以解锁并开通区间。所以发车站(线路所)只要得到前次列车到达前方站(线路所)的到达信号后,就可以开放出站或线路所通过信号机发车。

(2)单线半自动闭塞区间,发车站(线路所)必须在闭塞机上得到接车站(线路所)的同意闭塞信号后,才能开放出站或线路所通过信号机。而接车站(线路所)只能在区间空闲时,才能在闭塞机上发出同意闭塞信号,并在其发出同意闭塞信号后,该站(线路所)向该区间的出站或线路所通过信号机才能开放。这样就可避免同时向同一区间发出对向的列车。所以,在单线半自动闭塞区间任何一端车站(线路所),在开放出站或线路所通过信号机前,必须得到接车站的同意闭塞信号。

2. 半自动闭塞取消闭塞的办法

(1)双线半自动闭塞的车站取消闭塞

集中联锁的车站,开放出站信号后如需取消发车时,车站值班员须通知发车人员、司机,确认列车没有出发,关闭出站信号,发车进路解锁后,将事由通知接车站,即可取消闭塞。

电锁器联锁的车站,开放信号后因故需取消闭塞时,车站值班员须通知发车人员、司机，确认列车没有出发，关闭出站信号，按下闭塞按钮使发车表示灯亮黄灯，即可通知接车站取消闭塞；然后由接车站值班员登记破封，拉出故障按钮，再拉出闭塞按钮，办理区间复原。

(2)单线半自动闭塞的车站取消闭塞

如发车站已请求发车(发车表示灯亮黄灯)，需要取消闭塞时，经两站车站值班员联系同意后，由发车站拉出闭塞按钮(或按下复原按钮)，两站表示灯熄灭，闭塞机复原。

如接车站已按下闭塞按钮(发车表示灯亮绿灯)，但发车站未开放出站信号机时，亦由发车站拉出闭塞按钮(或按下复原按钮)，闭塞表示灯熄灭，闭塞机复原。

如开放出站信号机后，需取消闭塞时，集中联锁的车站，经两站联系，发车站值班员确认列车没有出发，关闭出站信号机，拉出闭塞按钮(或按下复原按钮)，双方闭塞表示灯熄灭，闭塞机复原；电锁器联锁的车站，双方站车站值班员确认列车没有出发，由发车站值班员，登记破封，使用事故按钮办理复原。

四十三、半自动闭塞区段特殊情况下发车的规定(《技规(普速)》第320条)

第320条 半自动闭塞区段，遇超长列车头部越过出站信号机而未压上出站方面的轨道电路发车时，行车凭证为出站信号机显示的允许运行的信号，并发给司机调度命令；遇发车进路信号机故障或超长列车头部越过发车进路信号机发车时，列车越过发车进路信号机的行车凭证为半自动闭塞发车进路通知书(附件9)。

超长列车头部越过出站信号机，而未压上出站方面轨道电路时，因能使用半自动闭塞法，所以列车占用区间的行车凭证仍然为出站信号机显示的允许运行的信号，但应发给司机准许列车头部越过出站信号机发车的调度命令。

如果列车头部压上出站方面轨道电路，因无法办理闭塞，所以必须停止基本闭塞法，改用电话闭塞法行车，列车占用区间的行车凭证为路票。

因跨局运行的机车交路较为普遍，为方便司机确认发车进路信号机故障时、超长列车头部越过发车进路信号机时的行车凭证，所以对列车越过发车进路信号机的行车凭证进行了统一，统一规定为半自动闭塞发车进路通知书。

四十四、使用电话闭塞法时行车的规定(《技规(普速)》第321条)

第321条 使用电话闭塞法行车时，列车占用区间的行车凭证为路票(附件1)。当挂有由区间返回的后部补机时，另发给补机司机路票副页。

单线或双线反方向发车(正方向首列发车)时，根据《行车日志》查明区间已空闲，并取得接车站承认的电话记录号码，在发车进路准备妥当后，方可填发路票。双线正方向发车(首列除外)时，根据收到的前次发出的列车到达的电话记录号码，在发车进路准备妥当后，即可填发路票。

电话闭塞法是当基本闭塞法不能使用时，根据列车调度员命令所采用的代用闭塞法。

由于此种闭塞方法全由人工控制,所以两站间的闭塞手续,必须在查明区间空闲后,方可办理。

使用电话闭塞法行车时,列车占用区间的行车凭证,不论单线或双线均为路票。填写路票时,当发出挂有由区间返回后部补机的列车时,应填写一式两份(仅编号顺序不同),其中交给后部补机的路票的右上角须加盖“㊀副”字戳记作为路票副页,作为补机司机返回发车站的行车凭证。

为避免相对方向的两端站同时发出迎面列车,规定单线或双线反方向发车时,除根据《行车日志》等查明区间空闲外,还必须取得接车站的承认后,方可填发路票。双线正方向首列发车时,为保证安全,除查明区间空闲外,也应取得接车站的承认后,方可填发路票。

在双线正方向发车时(首列除外),不必取得接车站的承认,但应根据收到前次发出的列车已到达接车站的电话记录在发车进路准备妥当后,方可填发路票。

四十五、路票填写的规定(《技规(普速)》第323条)

第323条　路票应由车站值班员或指定的助理值班员填写。

对于填写的路票,车站值班员应根据《行车日志》的记录,进行认真核对,确认无误,并加盖站名印后,方可送交司机。

双线反方向行车使用路票时,应在路票上加盖“反方向行车”章;两线、多线区间使用路票时,应在路票上加盖“××线行车”章。

路票是使用电话闭塞法行车时列车占用区间的凭证。路票填写的正确与否,关系到列车是否能够安全运行。为了防止错填路票,原则上应由车站值班员亲自填写。因车站值班员作业繁忙或助理值班员室距离过远等原因时,可由《车站行车工作细则》(以下简称《站细》)指定的助理值班员填写,但应经车站值班员审核(可使用电话复诵核对,具体由《站细》规定),方可交付使用。

填写路票时,要内容齐全,字迹清楚,不得涂改。当填写错误时,应在路票上划“×”注销,重新填写。

使用路票必须选准使用的区间,正确填写电话记录号码、车次并加盖站名印。为防止双线反方向、两线或多线区间电话闭塞法行车时,错误办理列车方向,双线反方向行车时,应在路票上加盖“反方向行车”章,两线、多线区间使用路票时,应在路票上加盖“××线行车”章。

对由区间折回的列车,路票应填写往返车次。当发出挂有需由区间返回的后部补机的列车,应填路票一式两份(仅编号顺序不同),发给补机的路票右上角须加盖“副”字戳记作为副页,作为补机司机由区间返回时占用区间的行车凭证。

四十六、车站行车室内一切电话中断时行车的规定(《技规(普速)》第 324 条)

第 324 条 车站行车室内一切电话中断,单线行车按书面联络法,双线行车按时间间隔法,列车进入区间的行车凭证均为红色许可证(附件3)。

在双线自动闭塞区间,如闭塞设备作用良好时,列车运行仍按自动闭塞法行车,但车站与列车司机应以列车无线调度通信设备直接联系(说明车次及注意事项等)。如列车无线调度通信设备故障时,列车必须在车站停车联系。

1. 车站行车室内一切电话中断是指车站行车室内的行车闭塞电话、调度电话、自动电话全部中断,使车站值班员无法使用电话办理行车联系事项。

2. 由于自然灾害或其他原因,车站行车室内的一切电话中断,与邻站及列车调度员均无法用电话联系时,必须采用特定的方法保证不间断行车,并发给列车占用区间的特定凭证。这种特定行车方法,就是单线行车按书面联络法,双线行车按时间间隔法。特定的凭证就是红色许可证。

3. 由于单线区间是双向行车制,两相邻站都可以向同一区间发车,因此必须通过书面联络来确定列车的开行。双线区间是上、下行分别按正方向行车,而且由于一切电话中断,列车调度员不能发布调度命令,不能办理列车反方向运行,所以可按时间间隔法行车。在这种情况下,不论单线或双线,列车进入区间的凭证均为红色许可证。红色许可证,既是列车占用区间的凭证,又附有与邻站联络行车的通知书,同时还具有提醒司机注意行车的作用。

红色许可证包括许可证和通知书两部分。司机通过它可了解到本列车前后的列车运行情况和计划,以便本列车在区间被迫停车后能采取相应措施,保证行车安全。

4. 一切电话中断后,在双线自动闭塞区间,如闭塞作用良好时,从设备上能保证行车安全。车站值班员从监督器上也能确认和监督列车运行情况,列车运行仍按自动闭塞法行车,不使用红色许可证。车站可通过列车无线调度通信设备与列车司机直接联系,了解后续列车的运行情况等,列车在车站可不停车。当列车无线调度通信设备临时故障时,为加强联系,向司机交待情况,说明注意事项,列车需在车站停车。

四十七、车站行车室内一切电话中断时禁止发出的列车(《技规(普速)》第 328 条)

第 328 条 一切电话中断时,禁止发出下列列车:

1. 在区间内停车工作的列车(救援列车除外);

2. 开往区间岔线的列车;

3. 须由区间内返回的列车;

4. 挂有须由区间内返回后部补机的列车;

5. 列车无线调度通信设备故障的列车。

一切电话中断时,行车组织指挥和站间联系困难,行车安全缺乏有效保证,只能开行一些必要的列车。所以禁止向一切电话中断车站相邻的区间发出可能引起不安全因素的列车。

1.禁止发出在区间内停车工作的列车。由于一切电话中断后,对列车在区间运行的情况很难掌握,如果发出在区间停车工作的列车,就可能影响邻站待发的重要列车出发。因此,这种列车禁止开行。但准许发出到区间救援的列车。

2.禁止发出开往区间岔线的列车。开往区间岔线的列车开出后,如待其返回或继续开往前方站,再发出其他列车,占用区间的时间太长。从岔线返回时,也很难和车站联系。因此这种列车禁止开行。

3.禁止发出须由区间返回的列车。因为这种列车要在区间内停车进行某种作业,占用区间时间长,返回时间不易掌握,将会影响待发的其他列车。

4.禁止发出挂有须由区间返回的后部补机的列车。由于邻站无法掌握补机返回发车站的时间,邻站发出待发列车时,就不能确保行车安全。

5.禁止发出列车无线调度通信设备故障的列车。在车站一切电话中断情况下,如果再发出列车无线调度通信设备故障的列车,会明显增加不安全因素。

四十八、单线区间的车站,电话呼唤 5 min 无人应答时行车的规定(《技规(普速)》第 330 条)

第 330 条　单线区间的车站,经以闭塞电话、列车调度电话或其他电话呼唤 5 min 无人应答时,由列车调度员查明该站及其相邻区间确无列车(包括单机、大型养路机械及重型轨道车)后,可发布调度命令,封锁相邻区间,按封锁区间办法向不应答站发出列车。

该列车应在不应答站的进站信号机外停车,判明不应答原因及准备好进路后,再行进站。司机或车站值班员应将经过情况报告列车调度员。

单线区间车站电话良好,而对某个车站用各种电话呼唤 5 min 得不到应答,为了避免发生列车堵塞,规定由列车调度员查明该站及两相邻区间确无列车后(包括单机、大型养路机械、重型轨道车),方可向不应答站的两端邻站发出封锁相邻区间的调度命令,按封锁区间的办法向不应答车站办理行车。并以调度命令作为进入区间的凭证。

向不应答车站发出的列车,由于事先无法了解该站接车进路是否已准备,是否发生事故、灾害或其他情况等,为确保安全,不论进站信号机是否开放,必须在进站信号机外停车,待判明情况,并确认接车进路已准备妥当后再进入站内。列车进站后,司机或该站的车站值班员,应将经过情况及时报告列车调度员。此时,不应答站的车站值班员如能恢复正常工作,就失去了再继续封锁区间的必要性,列车调度员应以命令开通封锁区间,恢复正常行车。

四十九、列车司机在列车运行中,应做到的事项(《技规(普速)》第 335 条)

第 335 条　动车组以外的列车司机在列车运行中,应做到:

1. 列车在出发前输入监控装置有关数据；按规定对列车自动制动机进行试验，在制动保压状态下列车制动主管的压力 1 min 内泄漏不得超过 20 kPa，确认列尾装置作用良好。

装备机车综合无线通信设备的机车，开车前司机要选定机车综合无线通信设备通信模式和运行线路。在 GSM-R 区段运行时，机车综合无线通信设备、GSM-R 手持终端按规定注册列车车次，并确认正确。

2. 遵守列车运行图规定的运行时刻和各项允许及限制速度。彻底瞭望，确认信号，执行呼唤应答制度，严格按信号显示要求行车，确保列车安全正点。遇有信号显示不明或危及行车和人身安全时，应立即采取减速或停车措施。

3. 机车信号、列车无线调度通信设备、列车运行监控装置（轨道车运行控制设备）和列尾装置必须全程运转，严禁擅自关机。

运行途中，遇列尾装置、机车信号、列车运行监控装置（轨道车运行控制设备）发生故障时，司机应立即使用列车无线调度通信设备报告车站值班员或列车调度员，并根据实际情况掌握速度运行；遇机车信号、列车运行监控装置（轨道车运行控制设备）发生故障时，司机应控制列车运行至前方站停车处理或请求更换机车，在自动闭塞区间，列车运行速度不超过 20 km/h；遇列车无线调度通信设备发生故障时，司机应在前方站停车报告。［编者注：第 336 条　动车组列车司机在列车运行中，应做到：4. 运行途中，司机不能使用机车综合无线通信设备进行通话时，应立即使用 GSM-R 手持终端或无线对讲设备报告车站值班员（列车调度员）；如 GSM-R 手持终端及无线对讲设备也不能进行通话，司机应在前方站停车报告。］

4. 起动稳，加速快，精心操纵，停车准确，按规定鸣笛，防止列车冲动和断钩。

5. 随时检查机车总风缸、制动主管的压力。检查内燃机车柴油机的润滑油压力、冷却水的温度及其转数等情况。注意电力机车的各种仪表的显示及接触网状态。

6. 在区间内列车停车进行防护、分部运行、装卸作业或使用紧急制动阀停车后再开车时，司机必须检查试验列车制动主管的贯通状态，确认列车完整，具备开车条件后，方可起动列车。

7. 单机、自轮运转特种设备在自动闭塞区间紧急制动停车或被迫停在调谐区内时，司机须立即通知后续列车司机、向两端站车站值班员（列车调度员）报告停车位置（具备移动条件时司机须先将机车移动不少于 15 m），并在轨道电路调谐区外使用短路铜线短接轨道电路。

8. 等会列车时，不准关闭空气压缩机，并应按规定显示列车标志。

9. 负责货运票据的交接与保管。

10. 将列车运行中发生的问题及使用紧急制动阀的情况，及时报告列车调度员。

动车组以外的列车司机是机车乘务组的负责人，在乘务作业中，应带领本组人员严格执行《技规（普速）》和操作规程的各项规定，保证列车安全正点运行，良好地完成铁路运输任务。同时又是列车或单机的行车指挥者,负责列车运行中特殊情况处理,以及区间被迫停车后进行防护,与车站、列车调度员进行联系等工作。

1. 列车出发前,要确认列车制动主管压力是否正常,试验列车制动主管压力 1 min 泄漏不得超过 20 kPa。因为列车制动主管泄漏超过规定标准时,会引起列车意外制动,使制动装置的作用不正常。机车综合无线通信设备有 450 MHz 和 GSM-R 通信模式,并与列车当时所在的线路相对应,在同一时间只有采用相同通信模式的无线通信设备方能进行通信,因此装备机车综合无线通信设备的机车,开车前司机要选定所在区段的通信模式和运行线路,这样才能保证司机能够与列车调度员、车站值班员等进行无线通信。在 GSM-R 区段,列车调度员(车站值班员)通过拨打车次号或机车号与司机进行无线通信,因此司机开车前要按规定注册机车综合无线通信设备及 GSM-R 手持终端的列车车次号并确认正确。

2. 为了安全、迅速、准确地完成运输任务,司机应服从命令,听从指挥,牢固树立安全、正点意识。严格遵守运行图规定的运行时刻和线路、桥隧、信号容许速度,道岔、曲线和慢行地段等限制速度,以及 LKJ(GYK)设定的限制速度。在操纵列车时,必须做到运行不超速,区间不运缓,彻底瞭望,确认信号和执行呼唤应答制度。

信号是指示列车运行的命令。应严格按信号显示的要求行车。遇有信号显示不明、不正确或灯光熄灭以及天气恶劣信号辨认不清时,必须立即采取减速或停车措施,列车运行中,如发现危及行车和人身安全时,要立即采取停车措施。

3. 机车信号、列车运行监控装置(轨道车运行控制设备)、列尾装置是控制列车运行、保证列车安全的重要设备,必须全程运转,严禁擅自关机。机车信号、列车运行监控装置(轨道车运行控制设备)发生故障时,一是通过列车无线调度通信设备向车站值班员或列车调度员报告,控制列车运行至前方站停车处理或请求更换机车,二是掌握列车运行速度。若在自动闭塞区间,机车信号、列车运行监控装置(轨道车运行控制设备)故障,列车运行速度不得超过 20 km/h,运行到前方站进行处理。若列车无线调度通信设备故障,应在前方站停车报告。(注:2021 版《行规》145 条:“运行途中,司机不能使用机车综合无线通信设备、GSM-R 手持终端或无线对讲设备进行通话时,应在前方站停车报告。”)

4. 为防止因列车冲动而引起旅客受伤或断钩等情形的发生,司机在起动列车提手柄时要平稳、匀速。为保证按图行车,不发生运缓,司机在列车运行中加速要快。为方便旅客乘降,防止人身伤亡事故以及防止列车越过警冲标、冒进信号及列车后部压岔子,要求司机在进站停车时,要对准停车位置标,准确停车。

5. 随时检查机车总风缸、制动主管的压力,防止欠压等危及列车安全的情况发生。

内燃机车柴油机的润滑油压力和冷却水的温度须保持规定的标准,以保证柴油机安全运转和正常工作。运行中,司机要时刻注意油压及水温表的显示,随时观察柴油机转速是否正常。

电力机车牵引列车运行时，要注意接触网状态是否正常；注意电压表、电流表等各种仪表的显示是否正常。

6. 列车在区间内被迫停车进行防护、分部运行、装卸作业或使用紧急制动阀停车后再开车时，司机必须检查制动主管的贯通状态，确认列车完整，具备开车条件后，方可起动列车。

7. 调谐区不能准确反映列车占用状态，单机、自轮运转特种设备长度小于调谐区长度时，可能全部停留在调谐区内；单机、自轮运转特种设备紧急制动停车，会自动撒砂，因其长度短，可能全部停在撒砂的钢轨上，不能可靠分路轨道电路。在自动闭塞区间发生上述二种情况，可能会造成后方通过信号机显示升级为允许运行的信号，存在后续列车正常运行进入该闭塞分区与单机或自轮运转特种设备发生冲突的隐患。因此要求单机或自轮运转特种设备司机须立即通知后续列车司机、向列车调度员（两端站）报告停车位置（具备移动条件时司机须先将机车移动不少于 15 m），并在轨道电路调谐区外使用短路铜线短接轨道电路。

8. 在车站等会列车时，为了保证列车上空气制动及其他用风系统的正常工作，要求司机不准关闭空气压缩机。为保证列车安全，要求司机按规定显示列车标志。

9. 牵引货物列车或单机挂车时，司机还应负责货运票据的交接与保管，在规定车站与有关人员认真交接。

10. 为了便于列车调度员及时掌握列车运行情况，列车司机还应将列车在运行途中发生的问题以及使用紧急制动阀等情况，向列车调度员汇报（或通过车站值班员转报列车调度员）。

五十、使用车辆紧急制动阀的要求（《技规（普速）》第 337 条）

第 337 条　车辆乘务员、客运乘务组等列车乘务人员发现下列危及行车和人身安全情形时，应使用紧急制动阀（紧急制动装置）停车：

1. 车辆燃轴或重要部件损坏；
2. 列车发生火灾；
3. 有人从列车上坠落或线路内有人死伤；
4. 其他危及行车和人身安全必须紧急停车时。

使用车辆紧急制动阀时，不必先行破封，立即将阀手把向全开位置拉动，直到全开为止，不得停顿和关闭。遇弹簧手把时，在列车完全停车以前，不得松手。在长大下坡道上，必须先看制动主管压力表，如压力表指针已由定压下降 100 kPa 时，不得再行使用紧急制动阀（遇折角塞门关闭时除外）。

动车组列车遇上述情况时，随车机械师、客运乘务组等列车乘务人员应立即报告司机采取停车措施；来不及报告时，应使用客室紧急制动装置停车。

列车乘务人员应将使用紧急制动阀（紧急制动装置）的情况报告司机。

紧急制动阀(紧急制动装置)是在遇有本条规定的各种危及人身和行车安全特殊情况下使用的,不能轻易使用。为慎重使用及便于检查紧急制动阀每次使用情况,平时在阀手把口施有铅封。在使用紧急制动阀时,不必先行破封,直接将阀手把向全开位置拉动,直到全开为止。在拉动过程中不得停顿和关闭阀手把,中途关闭会造成列车中部分车辆处于制动,部分车辆处于缓解,容易发生列车断钩。遇弹簧手把时,在列车完全停车以前,不得松手。

由于我国铁路采用的制动装置,不直接用总风缸的压缩空气送入制动缸,而是利用储存在副风缸中的压缩空气送入制动缸起制动作用的,不能实行连续制动,所以列车在长大下坡道上,使用紧急制动阀前,必须先看压力表。如压力表已由定压下降 100 kPa 时,不得再行使用紧急制动阀,以免因制动主管风压不足造成列车失控(遇折角塞门关闭时除外)。在一般情况下,列车制动主管风压下降 50 kPa 即起制动作用。风压下降说明司机已采取制动措施。

为确保列车运行安全,列车乘务人员如发现本条规定使用紧急制动阀的情况,按上述方法使用紧急制动阀。使用紧急制动阀后,列车到达前方有列检作业的车站,车辆乘务员应通知客列检人员检查并重新施封。

动车组列车运行速度高,遇上述情况时,随车机械师、客运乘务组等列车乘务人员应立即报告司机采取停车措施,以避免使用紧急制动装置给动车组带来损害;来不及报告时,应使用客室紧急制动装置停车。

列车乘务人员应将使用紧急制动阀(紧急制动装置)的情况报告司机,由司机报告列车调度员。

五十一、列车运行限制速度的规定(《技规(普速)》第 347 条)

第 347 条列车运行限制速度规定见第 33 表。

第 33 表 列车运行限制速度表

项 目	速度(km/h)
四显示自动闭塞区段通过显示绿黄色灯光的信号机	在前方第三架信号机前能停车的速度
通过显示黄色灯光的信号机及位于定位的预告信号机	在次一架信号机前能停车的速度
通过显示一个黄色闪光灯光和一个黄色灯光的信号机	该信号机防护进路上道岔侧向的允许通过速度
通过减速地点标	标明的速度,未标明时为 25
推进	30
退行	15
接入站内尽头线,自进入该线起	30

为了保证列车安全运行,司机在操纵机车、动车组时,应注意不使列车超过规定的限制速度。根据信号的显示、机车牵引方式和接车线的特点,分别规定了不同情况下列车运行的限制速度。

1. 根据四显示自动闭塞的灯光排列绿、绿黄、黄及红的顺序，当列车通过显示绿黄灯光的通过信号机时，表述列车运行前方有两个闭塞分区空闲。因此要求列车应以在前方第三架通过信号机前能停车的速度运行。

2. 当列车通过显示黄色灯光的信号机及位于定位的预告信号机时，由于次一信号机可能在关闭状态，因此，司机应按在次一信号机前能停车的要求掌握列车运行速度。

3. 列车通过一个黄色闪光灯光和一个黄色灯光的信号机时，表示运行前方经过18号及其以上道岔侧向运行，运行速度为该信号机防护进路上道岔侧向的允许通过速度。

4. 当列车通过限速地段起点的减速地点标时，应按移动减速信号牌上标明的速度运行。如移动减速信号牌上未标明速度时，应按不超过25 km/h的速度运行。司机应根据牵引的列车长度，由减速地点标开始按限制速度运行，待全列车通过限速地段终点的减速地点标以后，方可加速。

5. 列车推进运行时，因机车在列车后部，车列在前，司机瞭望困难，故规定不得超过30 km/h。

6. 列车退行，其运行方式为向原列车运行方向的反方向运行，并兼有列车推进运行的特点，是列车遇到灾害等情况，被迫采取的运行方式。所以限制速度应比推进运行时更低，不得超过15 km/h。

7. 列车接入站内尽头线时，为防止制动不当，越过线路终端，造成机车、车辆脱轨及建筑物损坏等。所以规定自列车进入该尽头线时起，运行速度不得超过30 km/h。

五十二、引导接车时的规定(《技规(普速)》第359条)

第359条　进站、接车进路信号机不能使用时，应开放引导信号。引导信号不能开放或无进站信号机时，应派引导人员接车。

引导接车时，列车以不超过20 km/h速度进站，并做好随时停车的准备。由引导人员接车时，应在引导员接车地点标处(未设的，引导人员应在进站信号机、进路信号机或站界标外方)，显示引导手信号接车。列车头部越过引导信号，即可关闭信号或收回引导手信号。

在无联锁的线路上接发列车时，车站值班员除严格按接发列车手续办理外，并应将进路上无联锁的有关对向道岔及邻线上防护道岔加锁。进路上无联锁的分动外锁闭道岔无论对向或顺向，均应对密贴尖轨、斥离尖轨和可动心轨加锁。具体加锁办法，由铁路局规定。

车站使用引导信号或派引导人员接车时，有以下几种情况：

1. 进站、接车进路信号机发生故障或因联锁失效不能开放使用时；

2. 向进站、接车进路信号机联锁范围以外的线路上接车时；

3. 双线区段接入反方向开来的列车而无进站信号机时。

在使用引导信号或派引导人员接车时,为保证列车进站安全,列车应以不超过20 km/h的速度进站,并做好随时停车的准备,以防进路准备错误或进路上有障碍物时,可以在短距离内立即停车。

进站、接车进路信号机不能使用,设有引导信号时应开放引导信号接车;当引导信号不能开放或无进站信号机时,应派引导人员接车,由引导人员接车时,为了便于司机确认,引导人员应站在引导员接车地点标处(未设的,应站在进站信号机、进路信号机或站界标外方),正确显示引导手信号。当列车头部越过引导信号或引导手信号后,即可关闭引导信号或收回引导手信号。

道岔按占用顺序分顺向、对向。列车经辙叉心向尖轨运行时,该道岔为进路上的顺向道岔,列车由尖轨向辙叉运行时,该道岔为进路上的对向道岔。当进路上顺向道岔开通位置错误时,可能造成挤岔;当对向道岔开通位置错误时,则可能使列车进入不该进入的线路,与线路内的机车、车辆发生冲突,其后果严重。

在无联锁的线路上接发列车时,由于无设备保证进路正确及不能锁闭敌对进路,容易发生意外,为了保证列车出入站的安全,进路上无联锁的对向道岔及邻线上能够进入该进路的无联锁的防护道岔应加锁,进路上有联锁的道岔及邻线上有联锁的防护道岔应在控制台上单独锁闭,以防意外扳动造成列车进入异线、脱轨或其他机车车辆闯入接车进路发生冲突事故。

对接发列车进路上的分动外锁闭道岔,由于结构不同于普通道岔,活动部分多,锁闭工具、加锁位置也与普通道岔不同,要求在进路上无论对向和顺向,都必须对密贴尖轨,斥离尖轨和可动心轨加锁。具体加锁办法,在《技规(普速)》中不作统一规定,由铁路局根据道岔、加锁工具及劳动组织等情况规定。

五十三、列车在区间被迫停车后,放置响墩防护的规定(《技规(普速)》第368条)

第368条　列车在区间被迫停车后,根据下列规定放置响墩防护:

1. 已请求救援时,从救援列车开来方面(不明时,从列车前后两方面),距离列车不小于300 m处防护;

2. 一切电话中断后发出的列车(持有附件3通知书1的列车除外),应于停车后,立即从列车后方按线路最大速度等级规定的列车紧急制动距离位置处防护;

3. 对于邻线上妨碍行车地点,应从两方面按线路最大速度等级规定的列车紧急制动距离位置处防护,如确知列车开来方向时,仅对来车方面防护;

4. 列车分部运行,机车进入区间挂取遗留车辆时,应从车列前方距离不小于300 m处防护。

防护人员设置的响墩待停车原因消除后可不撤除(运行动车组列车的区段除外)。

为保证列车运行安全,列车被迫停车后,应使用响墩对列车进行防护。

响墩设置方法:每组为三枚,其中两枚扣在来车方向的左侧钢轨上,一枚扣在右侧钢轨上，彼此间隔 20 m。当机车压上响墩后，司机一侧可先听到响墩爆炸声，便于司机采取停车措施。每个响墩放置间隔 20 m，是为了使其爆炸声分清三响，不致与其他爆炸声相混淆。

在不同情况下放置响墩的要求是：

1. 已请求救援的列车，应在救援列车开来方向(不明时，从列车前后两方面)距停留车列不小于 300 m 处放置响墩，如图 1-42 所示。

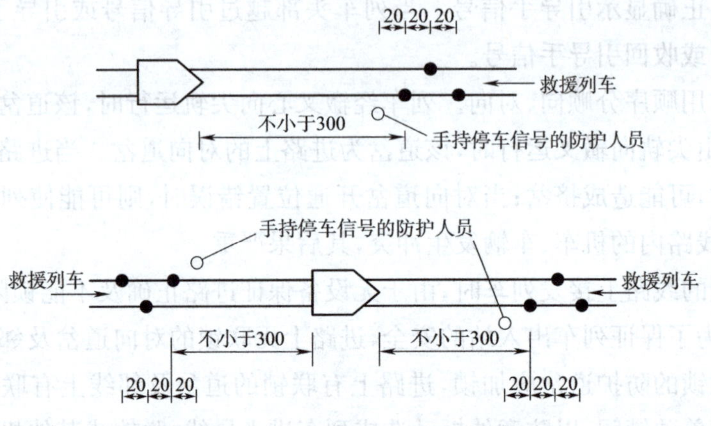

图 1-42　已请求救援列车的防护(单位:m)

规定 300 m，是因为已请求救援，列车调度员已在命令中指明了被迫停车列车的所在位置，所以救援列车司机心中有数，可以提前减速，能在 300 m 内停车。

2. 一切电话中断后发出的列车有两种，一种是持有《技规(普速)》附件 3 红色许可证通知书之 1 的列车(书面联络法，后面无续行列车)；一种是持有红色许可证通知书之 2 的列车(时间间隔法，后面有续行列车)。在后面有续行列车的情况下，因续行列车对前行列车在区间停车没有准备，因此列车后部防护距离应不小于列车制动距离，此制动距离为该线路最大速度等级规定的列车紧急制动距离。如该线路最大速度为 160 km/h，则制动距离为 1 400 m。防护距离应不小于 1 400 m，如图 1-43 所示。

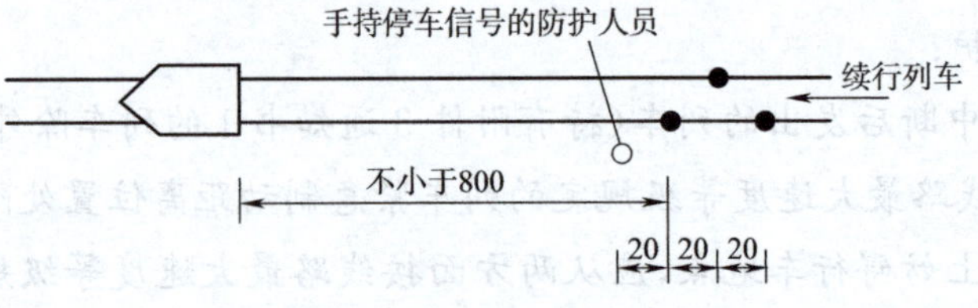

图 1-43　有续行列车运行的防护(单位:m)

3. 列车被迫停车后，如妨碍邻线行车时，为防止邻线列车开来发生冲突，应在邻线上放置响墩防护。在不能确认来车方向时，考虑邻线可能反方向行车，应从两端进行防护。如确知来车方向，可仅对来车方向进行防护。由于邻线运行的列车没有停车准备，故放置响墩的距离不应小于线路最大速度等级规定的列车紧急制动距离。防护方法如

图 1-44 所示。

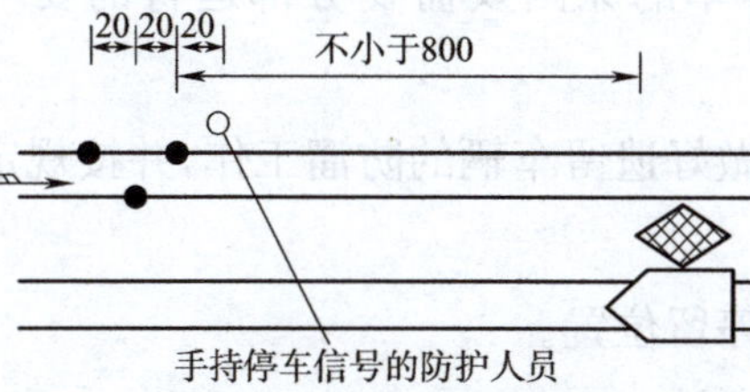

图 1-44　妨碍邻线的防护(单位:m)

4. 列车分部运行,机车进入区间挂取遗留车辆时,因其已知停留车地点,能提前减速及停车,故在车列前方不小于 300 m 处放置响墩防护,如图 1-45 所示。

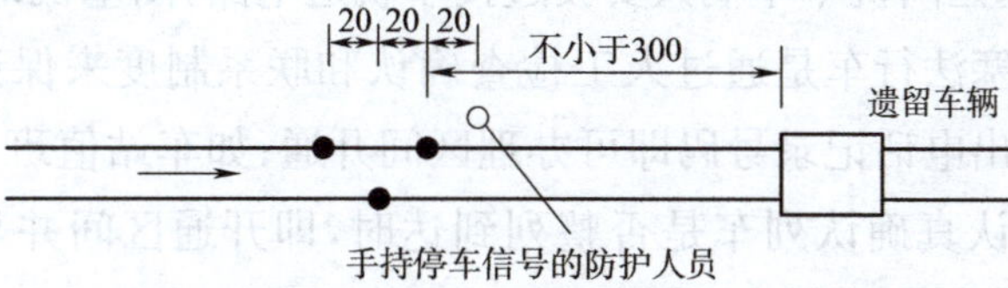

图 1-45　分部运行时机车挂取遗留车辆的防护(单位:m)

被迫停车的列车消除故障可以运行后,应用列车无线调度通信设备通知防护人员返回。此时防护人员可不撤除响墩返回列车,以便尽快恢复列车运行。但在列车运行图规定开行动车组列车的区段,考虑到动车组运行速度高,列车轴重轻,不撤除响墩不利于动车组运行安全,所以必须撤除响墩。

五十四、在不得已情况下,列车必须分部运行时的规定(《技规(普速)》第 369 条)

第 369 条　在不得已情况下,列车必须分部运行时,司机应报告前方站(列车调度员),并做好遗留车辆的防溜和防护工作。司机在记明遗留车辆辆数和停留位置后,方可牵引前部车辆运行至前方站。在运行中仍按信号机的显示进行,但在半自动闭塞区间或按电话闭塞法行车时,该列车必须在进站信号机外停车(司机已报告前方站或列车调度员列车为分部运行时除外),将情况通知车站值班员后再进站。车站值班员应立即报告列车调度员封锁区间,待将遗留车辆拉回车站,确认区间空闲后,方可开通区间。

下列情况列车不准分部运行:

1. 采取措施后可整列运行时;
2. 对遗留车辆未采取防护、防溜措施时;
3. 遗留车辆无人看守时;
4. 司机与车站值班员及列车调度员均联系不上时;
5. 遗留车辆停留在超过 6‰坡度的线路上时。

列车在区间内发生断钩、制动主管破裂、脱轨、坡停等被迫停车,必须分部运行时,应按下列要求办理：

1. 司机应立即将被迫停车的原因及需要分部运行的要求报告前方站或列车调度员。

2. 组织和指挥有关人员做好遗留车辆的防溜工作，并按规定做好防护。

3. 遗留车辆派人看守。

4. 记明遗留车辆辆数和停留位置。

5. 牵引前部车辆开往前方站。

在自动闭塞区间，在运行中仍应按信号机的显示运行。在半自动闭塞区间或按电话闭塞法行车时，分部运行的前部车列运行至接车站进站信号机前，即使该信号机已开放，也必须在机外停车（司机已报告前方站或列车调度员为分部运行时可直接进站）。这是因为半自动闭塞区间机车车辆只要驶过接车轨道电路，闭塞机即可解锁，区间即具有开通条件，电话闭塞法行车是通过人工检查确认和联系制度来保证实现列车运行空间间隔，列车到达发出电话记录号码即可办理区间开通；如车站值班员未得到列车为分部运行的通知，又未认真确认列车是否整列到达时，即开通区间并与邻站办理闭塞手续，就可能向占用区间开行列车，存在与区间遗留车列发生冲突的安全风险。

6. 机车牵引的前部车辆整列进入车站后，车站值班员将情况报告列车调度员，列车调度员发布调度命令封锁区间。

7. 救援列车到达或返回车站，车站值班员确认遗留车辆全部取回、区间空闲后，向列车调度员报告。列车调度员发布调度命令开通区间。

列车在区间发生断钩，制动主管破裂，脱轨及坡停等情况，可采用分部运行办法。但以下情况不准分部运行：

1. 经采取措施可整列运行时：如发生坡停后，派救援机车以双机牵引或后部补推的方式运行至车站，或在区间因车辆故障停车后，可由车辆乘务人员对车辆进行临修后继续运行等。

2. 遗留车辆未采取防护、防溜措施时，可能造成停留车辆溜逸等，酿成事故。

3. 遗留车辆无人看守时，由于路外闲杂人员的破坏，可能撤除遗留车辆的防护、防溜措施，或损坏车辆、货物。

4. 司机与两端站及列车调度员均无法取得联系时，不能分部运行。此时，联系方式不仅限于列车无线调度通信设备。

5. 遗留车辆停留在超过6‰坡度的线路上时，即使采取防溜措施，但也存在车辆溜逸的风险，因此也不能分部运行。该处超过6‰坡度是指遗留车辆所在线路的实际坡度。

五十五、在不得已情况下，列车必须退行时的规定（《技规（普速）》第372条）

第372条　在不得已情况下，列车必须退行时，车辆乘务员或随车机械师（无车辆乘务员或随车机械师时为指派的胜任人员)应站在列车尾部注视运行前方,发现危及行车或人身安全时,应立即使用紧急制动阀(紧急制动装置)或使用列车无线调度通信设备通知司机,使列车停车。

列车退行速度,不得超过15 km/h。未得到后方站(线路所)车站值班员准许,不得退行到车站的最外方预告标或预告信号机(双线区间为邻线预告标或特设的预告标)的内方。

车站接到列车退行的报告后,除立即报告列车调度员外,根据线路占用情况,可开放进站信号机或按引导办法将列车接入站内。

下列情况列车不准退行:

1. 按自动闭塞法运行时(列车调度员或后方站车站值班员确认该列车至后方站间无列车,并准许时除外);

2. 在降雾、暴风雨雪及其他不良条件下,难以辨认信号时;

3. 一切电话中断后发出的列车(持有附件3通知书1的列车除外)。

挂有后部补机的列车,除上述情况外,是否准许退行,由铁路局规定。

列车在区间在不得已情况下必须退行时,应执行下列要求:

1. 退行时,车辆乘务员或随车机械师(无车辆乘务员或随车机械师时为指派的胜任人员)应在列车尾部,注视运行前方(不显示信号),发现危及行车或人身安全情况时,应立即使用紧急制动阀(紧急制动装置),或使用列车无线调度通信设备通知司机,使列车停车。

2. 列车退行速度不得超过15 km/h,以便发现危及行车或人身安全的情况能随时停车。

3. 退行列车未得到后方站(线路所)车站值班员的准许,不得越过后方车站(线路所)最外方预告标或预告信号机(双线区间为邻线预告标或特设的预告标),以防止与越出站界或跟踪出站调车的机车车辆发生冲突。列车退行到该处停车后,应立即向车站值班员报告,得到后方站(线路所)车站值班员准许后方可凭进站信号机的显示的允许运行的信号进站。如事先已取得列车调度员或后方站车站值班员准许,可不在预告信号机外停车,凭进站信号机的进行显示或引导信号直接进站。

4. 车站值班员接到退行报告后,除立即向列车调度员报告外,还应根据车站线路占用情况,准备进路,开放进站信号机或用引导办法,将列车接入站内。

以下情况不准退行:

1. 自动闭塞区段,列车是以出站和通过色灯信号机显示的允许运行的信号作为进入闭塞分区的行车凭证,在区间实行追踪运行,在这种情况下,列车退行有与后方开来的追踪列车发生冲突的危险,因此不准退行。列车只有在列车调度员或后方站车站值班员确认至后方站间无追踪列车,并准许后方可退行。

2. 在降雾、暴风雨雪及其他不良条件下,司机难以辨认信号,直接危及行车安全,所以不准退行。

3. 一切电话中断后发出除持有附件 3 通知书之 1 以外的列车。由于车站将发出续行列车，而续行列车是按时间间隔发出的，如果列车退行，就有可能与后面的续行列车发生冲突，所以不准退行。

4. 挂有后部补机的列车，补机在区间内返回时，由于补机途中可能停车，如列车退行时，有与补机发生冲突的危险，所以，对挂有后部补机的列车，除以上三种情况外是否准许退行，由铁路局规定。

五十六、列车不得退行的特殊规定(《技规(普速)》第 380 条)

第 380 条　施工封锁前，通过施工地点的最后一趟列车前进方向为不大于 6‰的上坡道时，列车调度员可根据施工负责人的请求，在调度命令中注明该次列车通过施工地点后即可开工(按自动闭塞法行车时可安排施工路用列车跟踪该次列车进入区间)，列车到达前方站后，再封锁区间。上述命令应抄交司机，该列车不得后退。

正常情况下，在施工前最后一趟列车到达前方站后才能封锁区间开始施工，但为了充分利用施工前最后一趟列车通过施工地点后至到达前方站的这段时间，增加施工时间，提高运输效率，准许在通过施工地点的最后一趟列车运行方向为不大于 6‰上坡道的情况下，列车调度员根据施工负责人的申请，在施工调度命令中注明该次列车通过施工地点后，即可进行施工作业。待列车到达前方站后，再封锁区间。

在此种情况下，为进一步减少等待施工的时间，以便提前做好施工准备，按自动闭塞法行车时，允许施工路用列车在前行列车进入区间并出清第一闭塞分区后，凭出站信号机显示的允许运行的信号，跟随前次列车进入区间。

上述调度命令应抄通过施工地点的最后一趟列车的司机，接到该调度命令的列车不得退行。如通过施工地点的最后一趟列车的前进方向为超过 6‰的上坡道时，则必须等该列车到站后，方可封锁区间开始施工作业，以免列车失控或为了闯坡而后退时，危及行车、施工和人身安全。

五十七、向封锁区间开出救援列车时的规定(《技规(普速)》第 374 条)

第 374 条　车站值班员接到司机或工务、电务、供电等人员的救援请求后，应立即报告列车调度员。需封锁区间派出救援列车时，列车调度员应向有关车站发布命令封锁区间，并派出救援列车。

向封锁区间发出救援列车时，不办理行车闭塞手续，以列车调度员的命令，作为进入封锁区间的许可。

当列车调度电话不通时，应由接到救援请求的车站值班员根据救援请求办理，救援列车以车站值班员的命令，作为进入封锁区间的许可。

司机接到救援命令后，必须认真确认。命令不清、停车位置不明确时，不准动车。

救援列车进入封锁区间后,在接近被救援列车或车列 2 km 时,要严格控制速度,同时,使用列车无线调度通信设备与请求救援的机车司机进行联系,或以在瞭望距离内能够随时停车的速度运行,最高不得超过 20 km/h,在防护人员处或压上响墩后停车,联系确认,并按要求进行作业。

当区间发生冲突、脱轨、颠覆等行车事故,机车车辆等发生故障不能继续运行,以及遇自然灾害危及行车安全时,为了尽快恢复正常行车,必须迅速救援。因此,车站值班员接到司机或工务、电务、供电等部门人员救援请求后,应立即报告列车调度员。列车调度员根据实际需要封锁区间,派出救援列车。

向封锁区间发出救援列车时,因为区间已发生事故、行车设备故障或危及行车安全的灾害,不能按正常闭塞手续办理行车,以列车调度员的命令,作为进入封锁区间的行车凭证。调度命令应指明救援列车进入封锁区间往返的运行车次、被救援列车停车地点或抢修抢救停车地点、任务及注意事项等。

救援列车是指为事故救援、抢修抢救而开行的列车,包括专用救援列车、单机、重型轨道车等。

当列车调度电话不通,准许由接到救援请求的车站值班员,通知邻站封锁区间,向救援列车发布书面命令(命令内容与上述调度命令内容相同)。救援列车可凭车站值班员的命令进入封锁区间。

司机接到救援命令后,应认真确认命令内容,明确救援任务,不能因救援时间紧迫而匆忙动车。对停车地点要做到心中有数,进入封锁区间后,要随时注意运行公里数,在接近被救援列车或车列 2 km 时,严格控制速度,同时使用列车无线调度通信设备与请求救援列车司机进行联系,或以在瞭望距离内能随时停车的速度运行,最高不超过 20 km/h,在防护人员处停车或在压上响墩后停车,按要求进行作业。

五十八、施工特定行车办法的规定(《技规(普速)》第 381 条)

第 381 条　遇有施工又必须接发列车的特殊情况时,可按以下施工特定行车办法办理:

1. 车站采用固定进路的办法接发列车。施工开始前,车站须将正线进路开通,并对进路上所有道岔按规定加锁(集中联锁良好的道岔可在控制台上进行单独锁闭)。有关道岔密贴的确认及具体的加锁办法,由铁路局规定。

2. 引导接车并正线通过时,准许列车司机凭特定引导手信号的显示,以不超过 60 km/h 速度进站。

3. 准许车站不向司机递交书面行车凭证和调度命令。但车站仍按规定办理行车手续,并使用列车无线调度通信设备(其语音记录装置须作用良好)将行车凭证号码(路票为电话记录号码、绿色许可证为编号)和调度命令号码通知司机,得到司机复诵正确后,方可显示通过手信号。列车凭通过手信号通过车站。

其他具体安全行车办法,由铁路局规定。

因车站线路、信号设备施工引起信联闭设备停用,但在正线具备列车通行条件时,可按施工特定行车办法行车。施工中采用施工特定行车办法行车时,应在施工计划内明确。

1. 采用施工特定行车办法时,所有列车必须固定正线进路、固定在车站正线上办理到发或通过。车站施工开始前必须固定正线进路,并在整个采用施工特定行车办法的过程中不许变更进路,并对进路上所有对向道岔、顺向道岔及邻线上的防护道岔按规定进行加锁。集中联锁良好时,在控制台上通过设备对正线进路上的道岔进行锁闭,可起到与现场加锁同样的目的,有利于运输效率的提高。由于部分分动外锁闭道岔、提速道岔设备不同,有关道岔密贴的确认及具体的加锁办法,由铁路局规定。

当车站部分线路、信号设备施工,只影响进站或出站信号机之一时,可以开放出站或进站信号发车或接车。开放出站信号发车时,列车凭出站信号机显示的允许运行的信号发车;开放进站信号接车时,列车凭进站信号机显示的进入正线准备停车的信号进站。

2. 采用施工特定行车办法列车由车站正线通过时,须使用特定引导手信号接车,列车司机凭引导员显示的特定引导手信号,以不超过 60 km/h 的速度进站。与引导接车不同的是列车进站速度有了较大提高,主要是在施工开始前车站的接发车进路已固定正线,所有道岔均已按规定加锁,并且规定在整个采用施工特定行车办法的过程中不再改变进路,因而在接发列车进路方面已有了安全保证。为适应列车运行密度加大、速度提高,特别是繁忙线路运输能力紧张的状况,要求列车司机以不超过 60 km/h 的速度进站,降低施工对行车的干扰,有利于运输效率的提高。

3. 由于出站信号不能开放,在车站发出列车时,一般需向列车司机递交书面行车凭证和调度命令。递交书面行车凭证和调度命令时,列车需降低运行速度甚至停车,为保证列车在车站有较高的通过速度,达到使用施工特定行车办法的目的,准许车站不再向司机递交书面行车凭证和调度命令。

为了保证行车安全,避免车站简化作业程序,不办理发车作业盲目发出列车,规定车站仍按规定标准办理发车有关作业,填写行车凭证。车站值班员在行车凭证办理完毕后,须使用列车无线调度通信设备将行车凭证号码(路票为电话记录号码、绿色许可证为编号)和调度命令号码通知司机,并听取司机复诵。车站值班员在确认司机复诵正确后,方可通知接车人员显示通过手信号。列车凭接车人员显示的通过手信号通过车站。

使用施工特定行车办法行车时,车站的语音记录装置的记录功能必须良好,保证对通话过程有正确的记录。

4. 施工特定行车办法,是为施工时提高列车运行速度、减少施工对行车的干扰而制定的,适用于行车量较大、施工繁忙的线路或区段,各铁路局应根据行车工作的特点和施工的需要,规定施工特定行车的具体安全行车办法,以保证列车运行和施工的安全。

五十九、视觉信号和听觉信号的基本含义和种类的规定(《技规(普速)》第409条)

第409条　铁路信号分为视觉信号和听觉信号。

视觉信号的基本颜色:

红色——停车;

黄色——注意或减低速度;

绿色——按规定速度运行。

听觉信号:号角、口笛、响墩发出的音响和机车、自轮运转特种设备的鸣笛声。

本条规定了视觉信号的基本含义和听觉信号的种类。

铁路信号包括视觉信号和听觉信号两大类。用信号机、信号旗、信号灯、信号牌、信号表示器、信号标志放火炬等显示的信号均属视觉信号,用号角、口笛、机车及自轮运转特种设备的鸣笛及响墩等发出的信号均属听觉信号。

视觉信号的基本颜色规定为红、黄、绿三种。这三种颜色是根据光学原经过长期研究和实践所确定下来的。视觉信号除基本颜色外,还可以包含图形、文字、闪动等特征。

光的可见光有红、橙、黄、绿、青、蓝、紫七种颜色。其中红色光的波长最长,紫色光的液长最短,光的波长越长,穿透周围介质(如空气、水等)的力也越大。在光的强度相同的条件下,红色比蓝色显示要远得多,同时人对红色的感觉最敏感,所以采用红色作为停车信号。

黄色光的波长略小于红光,黄色玻璃透过光线的能力最大,显示距离也较远,所以采用黄色作为注意或减低速度的信号。

绿色和红色区别最大,容易分辨。除红、橙、黄以外,绿光的波长比较长,也可得到较远的显示距离,所以采用绿色作为按规定速度运行的信号。

因不同条件或场景的限制,在列车运行(或调车作业)过程中,有各自的最高限速值。这些"条件或场景"主要有:

(1)天气状况、环境因素。如风霜雨雪雾、洪水等不良的气候类型,人员密集场所等环境因素,列车通过车站站台等运营场景。

(2)线路状况。如钢轨类型、道岔类型,线路平纵断面状况(坡道、出线)等

(3)机车车辆(动车组)的性能、特点。如动车组、普通旅客列车,快运货物列车、普通货物列车,以及装载特殊货物、超限货物的货物列车等,其性能特点各有不同。

(4)电气化区段接触网的情况。

(5)其他特殊情况,如因施工作业等造成的临时性速度限制,调度命令给出的速度限制等。

信号显示"以"绿色灯光"指示按"规定速度"运行时,是指上述各种条件或场景给出

的最高限速值中的最低值。

色灯信号机使用电灯作为光源，以红、黄、绿作为信号的基本颜色，以月白色和蓝色作为调车信号和辅助信号的颜色。为使信号显示能区分列车进入进路时的始端速度和终端速度，除使用三种基本颜色外，还使用灯光的其他特征，以满足信号显示的要求，如数目、位置、闪光特征等。

由于闪光易与断续遮挡的信号混淆，因此闪光信号应严格控制使用。为易于辨认信号，信号机上同时点亮的基本颜色灯光不应超过两个(附加灯光除外，如进路表示器)。

听觉信号有两种作用：一种是以有一定规律的长短声音响，反映行车的作业要求，如《技规(普速)》第460条、第461条、第462条所作规定；另外一种听觉信号起警报作用，提醒有关人员注意，如司机鸣笛示警，提醒有关人员注意人身安全。听觉信号的鸣示方式，应按本规程的规定执行。

听觉信号音源中的"号角"和"口笛"，目前现场通常使用喇叭和口哨。

六十、各种色灯信号机的定位显示状态的规定(《技规(普速)》第411条)

第411条　进站、出站、进路、调车、驼峰、驼峰辅助信号机均以显示停车信号为定位；线路所的通过信号机以显示停车信号为定位，其他通过信号机以显示进行信号为定位。

接近信号机、进站预告信号机、非自动闭塞区段通过信号机的预告信号机及通过臂板，以显示注意信号为定位。

遮断、遮断预告、复示信号机以无显示为定位。

在自动闭塞区段内的车站(线路所)，如将进站、正线出站信号机及其直向进路内的进路信号机转为自动动作时，以显示进行信号为定位。

本条根据不同信号机的用途，规定了其定位显示状态。

进站信号机、接车进路信号机、接发车进路信号机、调车信号机、驼峰信号机及驼峰辅助信号机、线路所的通过信号机的显示是指示列车由区间进入分界点(车场)或防护处所起防护作用的信号机。

出站信号机、发车进路信号机是起防护作用的信号机，其显示是指示列车能否向区间(或车场)发车。

调车信号机是起防护作用的信号机，其显示是指示调车车列能否向信号机防护的进路调车。

上述各种信号机，对行车安全起着重要作用，所以规定均以显示停车信号为定位。

通过信号机主要有两类：自动闭塞区段一般的区间通过信号机线所(辅助所)的通过信号机。

1. 自动闭塞区段一般的通过信号机设于闭塞分区的分界处，不防护区间道岔，一般采用"绿—红—黄"三灯位机构型式,可能装设容许信号构,一般未加特殊说明者,"通过信号机"所指即为该类。

2. 线路所(辅助所)的通过信号机设于所间区间的分界处,用于防护线路所(辅助所)。该线路所(辅助所)既可能位于非自动闭塞区段站间区间,也可能位于自动闭塞区段的站间区间;既可能设有分歧道岔,也可能没有分歧道岔。

区间设有分歧道岔时,可实现列车转线运行;非自动闭塞区段两相邻车站之间距离较长时,增设通过信号机可提高运输效率。防护分歧道盆时采用进站信号机的机构型式(封闭引导信号);不防护分歧道岔时,在非自动闭塞区段一般采用"绿—红"二灯位机构型式,在自动闭塞区段一般采用绿—红—黄"三灯位机构型式,均不装设容许信号机构。该类道过信号机应由列车调度员(车站值班员)办理方可开放允许信号。

除线路所(辅助所)的通过信号机外,自动闭塞区段的一般通过号机均是其后方信号机的预告信号机。它是根据列车运行在不同用闭塞分区而自动变换信号显示的,为提高通过能力,保证列车经常能在绿色灯光下运行,故该信号机以显示进行信号为定位。

预告信号机共有三类:进站预告信号机、非自动闭塞区段通过信号机的预告信号机、遮断预告信号机。前两者以显示注意信号为定位,后者常态不点灯。

接近信号机、进站预告信号机及通过臂板,均附属于主体信号机,仅能表示主体信号的显示状态。因主体信号机以显示停车信号为定位,故它们均以显示注意信号为定位。

线路所(辅助新)通过信号机的预告信号机亦以显示注意信号为定位。

为提高区段通过能力,减少车站值班员办理进路的次数,在自动闭塞区段内的车站(线路所),当进站信号、正线出站信号机及其直向进路内的进路信号机转为自动动作时,该信号机即以显示进行信号为定位。此处"直向进路"是指从进站信号机到正线出站信号机的进路内无道岔或道岔均开通直向位置。

信号机的定位,是指无列车运行的条件下,信号机经常保持的显示状态。使用完毕后须立即恢复到规定的显示状态,即定位显示。

停车信号也称禁止信号,是指禁止列车或调车车列越过信号机的信号。

注意信号是指准许列车以准备在前方预定地点停车的速度运行的信号。

进行信号也称允许信号,是指准许列车或调车车列运行的各种信号显示的总称。

第二章 作业标准(第二步,5关)

第一节 塑形标准

1. 值乘中应保持精神抖擞、专心致志。

2. 出退勤、交接班时,按规定线路走行,昂首挺胸,做到两人成行、三人成列。

3. 出乘时按季节规范着装,穿新款制服,衬衣,佩戴肩章、胸牌,穿黑色皮鞋,冬季穿棉服大衣,干净整洁。

4. 工作中不得佩戴各类饰品、手把件,仪态大方、用语文明。

5. 防护背带佩戴时机。

接班:在库内接车到开车前、继乘站立岗接车至开车前。

途中:下车作业时。

终到:机车到达作业至入段、继乘检查作业至出站。

第二节 《机车乘务员一次乘务作业程序标准》

一、总则

第一条 《机车乘务员一次乘务作业程序标准》(以下简称本标准)适用于除操纵动车组(包括时速160公里动力集中型动车组)外的机车乘务员,是规定机车乘务员自待乘、出勤时起,到退勤时止,全过程的程序性作业标准。

第二条 机务段应根据本标准结合本段实际情况制定具体的执行办法和落实措施,各级管理人员和机车乘务员必须认真学习和严格执行本标准的规定。

二、待乘和出勤

第三条 待乘

1. 机车乘务员出乘前必须保证充分睡眠,严禁饮酒。担当夜间乘务工作的机车乘务员(包括作业点机车转线人员),必须严格执行中国国家铁路集团有限公司、集团公司制定的班前待乘休息制度,卧床休息时间不少于4 h。

2. 待乘人员要按规定时间到待乘室(外公寓到值班人员处)指纹签到待乘,并办理相关登记手续。

3. 待乘人员签到后,必须立即到指定房间卧床休息,待乘期间严禁做与待乘无关的事或离开待乘室,乘务员携带的音视频设备(如手机、平板电脑、电子书等)做到统一集中管理。

4. 机车乘务员待乘休息不足 4 h,不得出乘。

第四条　乘务员叫班及出勤时间规定

在机务段(异地车间)段内、继乘站接班时,出勤时间执行机车乘务员出发工作时间标准,叫班方式及时间由各机务段根据居住地、行车公寓的远近做出具体规定。

第五条　出勤

1. 出勤机班必须按规定着装,佩戴胸牌,携带工作证、驾驶证、铁路岗位培训合格证和有关规章制度。

2. 机班全员到出勤调度员处报到,接受指纹影像识别,酒精含量测试,执行规定的出勤用语。

司机:"司机××、副司机(或随乘司机)××,现在出勤,请指示。"

出勤调度员:"请按压指纹、测酒",出勤机班分别按压指纹、测酒,出勤调度员要确认微机指纹输入及影像测酒对比正确。若发生饮酒、酗酒报警,必须通知车间值班人员进行复测,确认饮酒必须立即停止其工作。

3. 机班全员测酒正常后,按规定领取司机报单、司机手册、添乘指导簿、车机联控信息卡和担当区段的交付揭示等行车资料和备品(值乘客车的还须领取担当车次的列车时刻表)。司机将 IC 卡交出勤调度员,出勤调度员按规定正确写卡。机班按照"四核对四反馈"制度进行运行揭示核对和验卡。

4. 出勤机班听取出勤调度员传达有关行车安全注意事项。

5. 召开出勤小组会。出勤机班根据担当列车种类、天气情况及运行揭示等相关内容,制定行车安全注意事项,并摘录于司机手册。司机手册上须逐一填写担当本次任务区段规定的车站站名(客车为营业站),对应位置填写施工慢行限速值,涉及绿色许可证、特定引导、路票等非正常行车时,记事栏填写"绿证""特定""路票"等字样。

6. 出勤调度员对司机手册填写、小组会制定措施情况进行检查,司机手册未按规定填写、小组会内容没有针对性,不得办理出勤手续。

出勤条件完备后,出勤调度员须在司机手册上签章,并在司机手册"运行注意事项"栏内与交付揭示上加盖骑缝印章(印章格式见本标准附件 7),在交付揭示的规定位置填写揭示交付时间、车次、机车型号(货物列车由乘务员填写车次、机车型号),出勤司机应在交付揭示、"机车乘务员出退勤签到簿"上分别签章。

出勤调度员在交付揭示空白处或背面盖"上车验卡"专用章。"上车验卡"专用章分为客、货两种(印章格式、填写要求见本标准附件 6),出勤调度员、机车乘务员按要求在"上车验卡"专用章内填写相关内容。

7. 安装远程写卡设备的域外调车作业点,调车机班接班前须使用固定电话与所属车间派班室报到,按照"指纹校验—测酒—写卡—打印揭示—核对运行揭示—准许出勤—听取派班员指示—出勤小组会"程序作业，在得到派班室出勤调度员准许出勤的信息反馈后完成出勤；核对运行揭示时，有问题立即反馈。退勤时使用远程写卡系统对本次值乘的监控数据进行转储上传。

未安装远程写卡设备的域外调车机（小运转机车）不能在机务派班室出勤时，运行揭示和作业有关事项的传达办法由机务段规定。

8. 担当重点、特殊列车牵引任务或有必要时，司机与列车调度员联系，了解担当本次列车的特殊要求，做到心中有数，做好预想预防工作。

三、接车及整备

第六条　机车乘务员出勤后，按以下要求检查机车：

1. 领取、检查、交接工具及备品；办理燃料、耗电交接。

2. 阅读《机车运行日志》，了解机车运用、检修情况，按《操规》规定项目检查机车，机车运用状态必须符合《技规（普速）》第 170 条之规定。

3. 电力机车进行制动机性能试验、高压电器试验；内燃机车进行制动机性能试验、电气动作试验。

4. 防寒过冬期及暑期，机车乘务员在段内接班后，还应检查机车有无冻结处所，防寒罩是否齐全，空调（暖气）是否良好。

第七条　司机上车后，认真检查确认《电务车载设备检测合格证》《车载安全监测设备检测合格证》等完整有效。将 IC 卡数据载入列车运行监控装置（以下简称 LKJ）并确认无误（芯片换装时须确认数据版本号正确）。段内停留时间超过 24 小时的机车出段时，接班司机必须通知整备人员，由整备人员通知电务测试人员确认数据版本号，电务人员确认数据版本号正确后方可出段，并按规定填写合格证。

行车安全装备不良，严禁出段牵引列车。

第八条　按使用机型对机车进行检查和试验

1. 机车检查按《各型机车检查、试验内容及要求》（本标准附件 3）规定的项目和标准进行。

2. 制动机检查和试验按《各型制动机五步闸检查方法》（本标准附件 4）的规定进行。

第九条　段内动车时，须确认机车乘务组人员齐全、周围无作业人员、防溜撤除、前后无停车牌和禁动牌，具备动车条件方准鸣笛（限鸣区段除外，以下同）动车。

第十条　多机重联时，机车间的连挂、软管的连结、折角塞门开放由连挂机车乘务组负责，重联机车单司机值乘时，由本务机车副司机（非操纵司机）配合重联机车司机完成连挂，连挂后试拉，连结软管并开放折角塞门（网重联机车还应确认电器连线可靠连接），试验机车重联作用良好。相邻机车之间连接状态的检查，由相邻机车乘务员实行双确认，共同负责。

第十一条 机车出段前,必须确认 LKJ、机车信号、列车无线调度通信设备、列尾装置司机控制盒、平面灯显接口设备、防折关装置、警惕报警装置、机车走行部监测装置等行车安全装备检测合格证签发符合规定。出段必须开机,按规定正确操作使用,严禁擅自关机。

不得使用列车无线调度通信设备进行与行车无关的通话,并应遵守保密的规定。

四、出段与挂车

第十二条 具备出段条件后,速度 3 km/h 以下时应进行单阀制动停车试验,提前将机车移动至警冲标内方停车。执行要道还道制度,准备出段。段内为电气集中控制道岔时,司机应与机务信号楼执行联控。

第十三条 机车出段必须执行以下规定

1. 机班认真确认首架调车信号显示和扳道员显示的股道号码信号、道岔开通信号、道岔表示器显示正确及道岔开通位置正确,严格执行同侧手比、呼唤应答后,鸣笛动车。遇机车距矮柱调车信号不足 10 m 时,副司机(非操纵司机)应下车确认调车信号显示。运行中逐架呼唤手比确认调车信号机显示。

2. 出段动车前,应确认相关人员处于安全处所,注意邻线机车、车辆的移动情况。机车在段内走行及挂车时须开侧窗,非操纵司机(副司机)立岗瞭望,严守速度规定。调车、转场作业及利用本务机车中间站调车作业时也执行此规定。

3. 机车到达站、段分界点停车,签认出段时分,了解机车走行径路和挂车股道,执行车机联控,操作 LKJ 进入"调车"状态,严格按调车信号显示执行。

4. 出段挂车走行速度,按《段细》《站细》规定的速度运行,进入有车线自进入该线起运行速度不得超过 20 km/h。

5. 单机或多机返岔时,条件允许时停车后应保证机车尾部距最近调车信号机不少于 10 m 的瞭望距离,因条件限制矮柱调车信号瞭望距离不足 10 m 时,换端后动车前副司机(非操纵司机)应下车确认调车信号的显示。

6. 换端时,副司机(非操纵司机)与司机执行防溜互控制度,自阀实施最大有效减压量,确认机车制动缸压力在 300 kPa 以上后(装有停放制动装置的交流传动机车须同时实施停放制动),方准换端,防止机车溜逸。

7. 单机首次动车(包括换端后首次动车)时,必须执行速度在 3 km/h 以下单阀制动试验。

第十四条 进入挂车线后,严格控制速度,确认脱轨器、防护信号及停留车位置。

1. 认真执行十、五、三车距离速度及呼唤应答制度。

2. 距脱轨器、防护信号、车列 10 m 前停车。

3. 确认脱轨器、防护信号撤除后,副司机(非操纵司机)显示连挂信号,司机以不超过 5 km/h 的速度平稳连挂,连挂时,根据需要适当撒砂,连挂后试拉。

4. 本务机车连挂车列按《技规(普速)》第266条、《中国铁路兰州局集团有限公司普速铁路行车组织规则》(以下简称《行规》)第44条的规定执行。

5. 牵引直供电旅客列车的机车始发前1 h在车站完成本务机车连挂并供电,其中兰州、西安、太原站不应晚于始发前40 min。挂头后司机先断开主断路器、降下受电弓,将供电钥匙交给客列检作业人员或车辆乘务员(并在交接簿上签认),待客列检作业人员或车辆乘务员完成电气连接线连接后再将供电钥匙交回机车乘务员(并在交接簿上签认)后,电力机车方可升弓并向列车供电。发生供电异常时,要及时通知车辆乘务员对车辆进行检查处理。

第十五条 挂车后,按规定换端,换端后升弓前,必须确认机车总风缸压力不低于500 kPa,并进行升弓过程的检查确认,打满风后再缓解列车。

1. 副司机(非操纵司机)负责将机车车钩防跳装置加锁,司机检查确认机车与第一位车辆的车钩、软管连结和折角塞门状态。多机重联时,机车与车辆连挂状态的检查由连挂司机负责;列车本务司机应复检机车与第一位车辆的车钩、软管连结和折角塞门状态。

2. 正确输入LKJ、机车综合无线通信设备(以下简称CIR)有关数据,参数输入必须执行一人输入、一人核对确认。采用微机控制制动系统的机车,核对制动机设定的列车种类。

3. 货物列车连挂完毕,机车与列尾装置主机建立"一对一"关系,并进行检查。发现列尾主机反馈的风压与机车风表显示的风压不一致时,应及时通知车站。

4. 旅客列车始发前及途中更换机车时,司机按《兰州局集团公司旅客列车尾部安全防护装置行车组织办法》文件要求执行,根据客列尾ID信息联络卡,建立CIR设备与客车列尾装置主机的通信连接关系。连接成功后,司机按下风压查询键查询列车尾部风压,确认CIR设备显示的列尾风压值正常。

5. 列车运输票据交接按《行规》第43、44条的规定执行。乘务员须妥善保管票据,不得破封、丢失。

6. 接到列车编组后,司机及时准确将列车编组输入LKJ,并将列车编组及列车实际长度附加10 m的尾部过标安全距离标注于司机手册。

7. 列车制动主管达到定压后,司机按《铁路机车操作规则》(以下简称《操规》)规定及检车人员的要求进行列车制动机试验。列车制动机试验过程中发现充、排风有异常或列车管泄漏每分钟超过20 kPa时,及时通知检车人员处理(无检车人员时通知车站值班员)。

8. 制动效能证明书的交接按《技规(普速)》第262条、《行规》第37、40条的规定执行。司机接到制动效能证明书后,应校核每百吨列车重量闸瓦压力,不符合《技规(普速)》及本区段的规定时,应要求车站值班员(助理值班员)进行处理或由列车调度员发给限速运行命令,司机按调度命令规定的限速值输入车速等级。

五、发车准备与发车

第十六条 司机根据发车时间,做好发车准备工作。出站(发车进路)信号机开放或接到车站准备开车的通知后,方可缓解列车制动。货物列车在站缓解时机执行《行规》第93条的规定(外局管内按相关局《行规》规定执行)。

第十七条 列车始发前、更换机车或机车乘务组时,副司机(非操纵司机)检查确认机车与机后第一位车辆的折角塞门开放状态。

旅客列车始发前、更换机车或机车乘务组时,司机应与车辆乘务员联系,互相通报姓名、核对时钟、核对列车无线调度通信设备频率或G网区段的列车车次号(或GSM-R司机手持终端的MSISDN)以及车辆乘务员GSM-R手持终端的MSISDN号码。

第十八条 出站(发车进路)信号机开放后,确认机车信号显示、LKJ参数、CIR模式正确。起动列车前,必须二人及以上确认行车凭证、发车信号显示正确,执行车机联控,根据固定径路或联控信息,确认进路表示器显示正确并厉行呼唤应答,鸣笛起动列车。

1. 起动列车前使用列尾装置检查尾部列车制动主管压力是否与机车制动主管压力基本一致。

2. 列车起动时,检查制动机手柄位置正确及各仪表的显示状态,做到起车稳、加速快、防止空转。

3. 内燃机车提手柄、电力机车进级时,应使柴油机转速及牵引电流(牵引力)稳定上升。当列车不能起动或起动过程中空转不能消除时,应迅速调整主手柄位置,重新起动列车。

4. 列车起动后,应进行后部瞭望确认列车起动正常。司机应在规定地点按压LKJ【开车】键,使LKJ对标进入监控状态。双机重联时,重联机车司机在规定地点按压【开车】键,进入"非本务运行"状态。

5. 列车在始发站开车后,司机选择适当地点进行制动机试验,试验列车主管贯通状态和制动力大小,具体地点由机务段规定。

六、途中作业

第十九条 机车司机在运行中应严格执行"彻底瞭望、确认信号、准确呼唤、手比眼看"的"十六字令",严格执行呼唤应答(见附件1)、列尾检查确认和车机联控制度,按规定鸣笛。

操纵机车时,司机要严格执行《操规》规定,按机车乘务员一次出乘作业标准、《列车操纵示意图》、《列车操纵提示卡》正确操纵列车。

严格遵守每百吨列车重量换算闸瓦压力限制速度,列车限制速度,线路、桥隧、信号容许速度,机车车辆最高运行速度,道岔、曲线和各种临时限制速度,以及LKJ速度控制模式设定的限制速度的规定。

第二十条 设有两端司机室的机车,司机必须在运行方向的前端司机室操纵(调车作业推进及有特殊规定的除外)。机车信号转换开关置于正确位置。非操纵端与行车无关的各开关均应置于断开位并锁闭,取出制动机手柄或置于规定位置。列车无线调度通信设备置于关闭位。安装双套 LKJ 主机的机车,非操纵端 LKJ 应关闭。

第二十一条 运行中司机要随时检查机车总风缸、制动主管的压力,随时注意机车各仪表的显示和接触网、线路状态。发现异常情况,要迅速判明原因及时处理。

第二十二条 列车进站停车遇超长列车或特殊股道等无法一次整列进站,需二次牵车(或特殊前行)时的卡控措施,由各机务段根据管内实际规定。

第二十三条 列车或单机停留时,不准停止劈相机(或辅助变流器装置)、柴油机及空气压缩机的工作,并保持列车制动。

1. 进站停车时,司机要严格控制列车运行速度,进入站内股道后要确认 LKJ 输入股道号码是否正确,按机车停车位置标做到一次稳、准停妥。停车后列车尾部距反方向信号机间应留有不少于 10 m 的安全距离。

2. 夜间等会列车时,要按规定打开标志灯,并将机车头灯灯光减弱或熄灭。

3. 中间站停车,有条件时应对机车主要部件进行检查。邻线通过列车时,机班要加强互控,严禁在有列车通过一侧检查机车和做其他工作。

4. 机车乘务员必须坚守岗位,不得擅自离开机车。

第二十四条 遇天气不良时,司机应加强瞭望和鸣笛,认真执行呼唤应答、车机联控制度及相关降速措施。天气恶劣、瞭望困难,造成信号机显示距离不足 200 m 时,司机应立即报告车站值班员或列车调度员,并按《技规(普速)》338 条及《兰州局集团公司普速铁路机务非正常行车处置预案》相关要求进行处置。

第二十五条 内燃、电力机车运行中,副司机(非操纵司机)应对机械间、电器间进行巡视检查。

1. 内燃机车

(1)始发列车出站后;

(2)列车运行中一般每 30 min 进行一次;

(3)发生异音、异状时;

(4)双班单司机值乘时,途中操纵换班前。

2. 电力机车

(1)始发列车出站后;

(2)发生异音、异状时;

(3)双班单司机值乘时,途中操纵换班前。

3. 内、电力机车巡视汇报、记录内容

巡检完成后如发现故障或活项时,对该故障或活项进行汇报,没有问题时汇报"各部正常,油温×度”,并将最高变压器油温记录在“机车运行日志”上。

第二十六条　列尾装置使用规定

1. 列尾装置(含客列尾)风压查询时机

(1)列车进行制动机试验时。在制动前、缓解前、缓解后。

(2)站停列车。在进站前(LKJ 语音提示车机联控后)、停车后(由司机确认列车完整时)、缓解前、开车前、开车后(出站前)。

(3)通过列车。在进站前(LKJ 语音提示车机联控后)、列车进站后(由司机确认列车完整时)。

(4)区间停车再开时。缓解前、起车前、开车后。

(5)运行中。试闸的地点(具体由机务段规定)、司机认为有必要进行列尾风压查询时。

2. 客列尾装置故障时,核对风压的时机

(1)列车进行制动机试验时。在制动前、缓解后。

(2)站停列车。在进站前(LKJ 语音提示车机联控后)、开车前。

(3)区间停车再开时。起车前、开车后。

(4)运行中。试闸的地点(具体由机务段规定)、司机认为有必要时。

3. 列车途中临时换(加)挂机车时,司机应在停车后并实施最大有效减压量的情况下,解除列尾装置主机记忆的本务机车号码,换(加)挂机车后重新建立“一对一”关系。

4. 旅客列车因故临时换(加)挂机车时,机车乘务员须在收到临时换(加)挂机车的通知后,立即转告车辆乘务员。

第二十七条　机车安全监测设备和监督、计量器具不得盲目关闭、切(拆)除或任意调整其动作参数及工作模式。内燃、电力机车各保护电器动作后,在未判明原因前,严禁乘务员盲目强迫启动柴油机或切除各保护装置。机车保护装置切除后,机车乘务员要密切监视机车各仪表的显示,副司机(非操纵司机)要加强机械间的巡视。

第二十八条　列车运行中机车乘务员要做到:

1. 进出站时,司机、副司机要停止一切与行车无关的作业。进出站、会车、通过施工慢行地段时副司机要立岗,按规定鸣笛,遇检字牌时须鸣笛。

2. 列车停车再开车后,应选择适当地点进行贯通试验。

3. 中间站通过时不记录列车通过时间,只记录停车站的到开时间,记录时机:列车开车前、停车后进行。发生非正常行车时的时间记录,由非操纵司机负责。

4. 机车前部显示列车标志,应严格按照《技规(普速)》第 459 条规定执行。

5. 运行中列车进入长大下坡道前,司机要及时进行列车制动主管贯通试验,具体试验地点、速度由机务段规定。

6. 长大下坡道制动调速时,应适当增加初次减压量,具体减压量由各机务段根据担当区段实际情况确定。

7. 通过慢行地段要严守速度，乘务员携带运行揭示要执行“过一处，划一处”（在对应揭示的序号上打√）的销号制度。运行中接到临时慢行限速调度命令后，机车乘务员还应在进出限速地段时打点。

8. 站内停车、车站通过时，半自动闭塞区段进站（进路）信号机处、自动闭塞区段进站信号前一架通过信号机、进站（进路）信号机处乘务员要检查车位；车位不准确时，乘务员及时进行车位校正。

第二十九条　操纵电力机车注意事项

1. 机车在出入段及通过分相绝缘器时严禁同时升双弓。通过分相绝缘器时，副司机要提醒司机严格按“断”“合”电标，断开、闭合主断路器，防止带电过电分相。

2. 装有自动过分相装置的机车必须使用自动过分相装置通过电分相（地面设备不具备自动过分相条件时除外），但随时做好人工断电的准备。

3. 电力机车牵引的列车接近电分相前，司机要严格掌握列车运行速度，防止因操纵不当停在电分相内。自闭区段，在设有关节式分相的闭塞分区内停车时，列车应停在适当位置，保证停车后距电分相有一定的抢速距离。

4. 遇降、升受电弓标或临时降、升弓手信号时，司机及时降下或升起受电弓并确认。

第三十条　防寒过冬期间列车操纵及注意事项

1. 内燃机车在运用中，因柴油机故障停机后，无法再启动时，必须及时放尽柴油机、冷却单节、热交换器和各管路内的冷却水。

2. 连续下坡道运行时，应进行风电配合制动操作。连续上坡道运行时，站内停车的列车，进站前应提早试闸，并使用空气制动调速。

3. 运行途中调速时，不得前拉后涌，应根据线路纵断面、列车编组等因素，选择适当的操纵办法。空重混编时，初次减压量不宜过多（但不得低于 50 kPa），大闸排风未止，不得追加减压及缓解小闸制动。

4. 遇雾雪等天气受电弓或接触网被冰雪包裹，在站内停留如发现弓网产生打火放电现象时，站内起动列车，应控制牵引电流不得过大，避免受电弓与接触网间产生拉弧导致烧网。

5. 热备机车和库内停留的内燃、电力机车，必须执行冬季打温的规定，具体打温办法由各机务段制定。

第三十一条　运行中的安全注意事项

1. 任何情况下，机车乘务员均不得超越机车限界及侵入邻线限界进行作业，电气化区段严禁攀登机车、车辆顶部。

2. 电力机车乘务员需要登机车顶部检查弓网状态或处理故障时，严格按照《行规》第 156 条及《兰州局集团公司普速铁路机务非正常行车处置预案》的规定执行。司机接到准许登顶作业的调度命令后应与列车调度员（车站值班员）核对无误，并将命令号、受令处所、停电具体开始时分、调度员姓名等主要内容记录在司机手册内。

3. 需要接受车站转交的调度命令、行车凭证时,严格执行相关局《行规》的规定。接受书面调度命令、行车凭证时,必须停车交接。

第三十二条　多机牵引的规定:

1. 机车重联后,相邻机车之间连接状态的检查,由相邻机车乘务员实行双确认,共同负责。

2. 双机重联时,机车操纵应由行进方向的前部机车负责,重联机车必须服从前部机车的指挥,并执行有关鸣笛及应答回示的规定。

3. 双机或多机网重联牵引时,由本务机车操纵。在规定地点进行网重联拆解操作,乘务员与地勤人员做好机车交接与试验。

4. 设有重联装置的机车,该装置作用必须良好,重联运行时应接通重联线。

5. 双机牵引空气制动调速后,本务机车司机呼叫重联司机检查机车制动缸压力。重联机车司机还须在进站信号机处进行车位校正。

6. 附挂(重联)机车中间站停留时乘务员按规定检查机车。

第三十三条　乘务员担当调车作业时,应遵守以下规定:

1. 调车作业开始前,应使LKJ处于调车工作状态;利用本务机车调车时,不得缓解列车制动,在确认调车信号开放并执行联控后,执行二人同侧手比确认,再将监控装置转入"调车"状态。以列车运行的单机到达后需要换端进行调车时,允许先转入"调车"模式再换端。进入专用线时要输入调车专用交路号,车站号内输入专用线对应的限速值。

2. 调车作业中,乘务员要彻底瞭望,确认信号,正确执行信号显示的要求和呼唤应答制度,严格执行"零联控、双凭证"制度,没有信号不准动车,信号中断或不清要立即停车。穿越正线调车作业时,必须执行车机联控制度。夜间推进作业同时须开启机车反向灯光。

3. 电力机车调车时,应开启通风机,机车距接触网终端标应有10 m的安全距离,防止进入无电区和接触网禁停区。

4. 调车作业中单机必须按规定换端作业(特殊规定及只有一端司机室的除外)并做好防溜措施,双机(或多机)重联调车时,由本务机车担当作业,重联机车视为车辆。

5. 使用调车无线电话作业时,机车司机与调车长、扳道长(员)之间以手信号为主,通话为辅的方法作业。司机遇情况不明、通话与手信号不一致或听到呼叫停车时应立即停车。

6. 使用无线调车灯显设备调车作业时,执行《行规》第45条规定。在作业前司机必须与调车组人员共同试验无线调车灯显装置作用良好并签认,根据信号显示和灯显装置语音提示的要求进行作业。严格执行"十二不动、八必停、二不挂、二不超、二卡死"的调车作业安全措施,遇情况不明、通话与接收到的信号显示不一致时或接收到停车信号(语音)后,须立即停车,查明原因。

7. 使用无线调车机车信号和监控系统(以下简称 STP)的专调机车,STP 设备必须全程运转,不得擅自关机、解锁或转入人工控制状态,正确操纵、爱护设备。遇 STP 设备故障时要立即报告车站值班员,故障无法修复时车间应安排胜任人员添乘。

七、中间站及继乘站作业

第三十四条　中间站作业

1. 中间站因本务机车摘头或调车需进行摘解作业时,停车后必须对列车或车辆保持制动,自阀减压 170 kPa 以上(列车主管风压 500 kPa 时,减压 140 kPa);未确认允许移动信号不得缓解。司机按规定与车站进行防溜联控,得到车站防溜措施已做好的通知后,方可摘解机车。

2. 列车在车站及乘降所(点)的发车按《行规》第 89、90 条的规定执行。

第三十五条　继乘站作业

1. 继乘乘务员到车站接班及到达机班退勤时,要按机务段规定的固定走行线路行走,通过线路时认真执行一站、二看、三通过的原则,严禁抢越线路、以车代步等,严格执行人身安全方面的有关规定。出发机班须在本列车到达前 10 min 在继乘站接车线路侧等候列车,固定走行线路规定必须从车站旅客进站口进入站内时,乘务员要接受"三品"检查。

2. 交接班时司机应实行对口交接

(1)到达司机应详细介绍途中列车运行情况和质量状态,凡在运行中发现的问题及机车故障部件经过处理的项目,均应在"机车运行日志"上详细填记。

(2)到达司机必须按规定将"电务车载设备检测合格证""车载安全监测设备检测合格证"等合格证,与"客列尾 ID 信息联络卡"一并交给接班司机,接班司机检查确认合格证完整。

(3)副司机(非操纵司机)检查机车安防设备等,并办理燃料、耗电和票据、工具、备品等交接。

3. 跨局(段)轮乘时,接车司机应主动出示相关证件。

4. 办理交接后,司机应及时按规定输入 LKJ 临时数据及参数,进行列车制动机简略试验。

八、终点站与退勤

第三十六条　终点站作业

1. 旅客列车终到或途中换挂机车时,机车停妥后司机对列车管实施最大减压量,按规定注销 CIR 设备与客车列尾装置主机的通信连接关系,并主动呼叫车辆乘务员进行确认,确认客列尾销号成功。直供电列车到达后,应保持供电,接到车辆乘务员通知后方可停止供电,拔出供电钥匙,按规定与车辆乘务员办理交接。

2. 到达终点站后,摘解机车前不得缓解列车制动。若地面无列车制动机试验设备或该设备临时发生故障时,司机应根据检车员的要求,试验列车制动机。牵引货物列车到达机车换挂站后,应对制动主管实施最大有效减压量(定压 600 kPa 在减压 170 kPa,定压 500 kPa 在减压 140 kPa)。

3. 司机应按《行规》第 43、44 条有关规定与车站票据接收人员办理列车运输票据交接,交接双方须相互签认。

4. 机车终到后,司机在监控状态下进行摘头、拉口作业,副司机(非操纵司机)负责将机车软管吊挂,在确认调车信号开放并执行联控,厉行确认呼唤应答后,方可将 LKJ 转入调车模式,鸣笛动车。运行中乘务机班要认真确认调车信号显示及道岔开通方向,严格执行呼唤应答制度。

机车不能及时入段时,司机要将机车移动至脱轨器外方、信号机前或警冲标内方停车。监控模式下不能将机车移至脱轨器外方时,允许在调车信号未开放时转入调车模式动车(各机务段制定卡控措施),但距调车信号机须有一定的安全距离,停车后不得盲目后退。

5. 机车到达站、段分界点要一度停车,司机按压 LKJ 的【出入段】键,使 LKJ 进入"出入段"状态。司机与机务信号楼执行联控,了解段内走行经路。段内为非集中操纵道岔时,副司机到扳道房签认入段时分并了解段内走行经路。

6. 联系彻底后,乘务机班要认真确认入段信号、股道号码信号、道岔开通信号、道岔表示器显示正确,厉行确认呼唤应答,鸣笛动车入段,按规定速度控制运行。段内为电气集中控制道岔时,动车前,机班二人须在第一架调车信号机前执行同侧手比,认真确认,逐架呼唤。遇机车距离矮柱调车信号不足 10 m 时,动车前副司机(非操纵司机)须下车确认调车信号的显示。

第三十七条　入段走行,执行机务段《段细》有关要求。电力机车进整备线,在隔离开关安全作业区外一度停车,确认防护信号开放后再动车。机车进入机车自动清洗台前,应关闭好司机室门窗、百叶窗。

第三十八条　进入整备线后,注意前方有无停车(信号)牌。库内连挂、防溜实施、整备作业、机车状态及工具备品交接执行《段细》规定。

有运用管理人员添乘的列车在退勤前(乘务员继乘站在列车终到前),司机应出示添乘指导簿,添乘运用管理人员填写本趟添乘指导意见。

第三十九条　机车交接完毕后,全员到机务派班室准备退勤。

退勤前,司机用 IC 卡转储 LKJ 运行记录文件,正确填写司机报单,按规定到 LKJ 数据转储点进行 LKJ 数据转储。

退勤时,向退勤调度员汇报本次列车安全及运行情况,对运行中发生的非正常情况按规定填写"机车运转关系事故概况报告"(机调-18),对 LKJ 检索分析的问题及超劳、运缓等情况做出说明,按规定填写"机车乘务员超劳登记簿"。

司机听取退勤分析人员对本趟运行数据的分析后，认真开好退勤小组会。全员到退勤调度员处办理退勤，按规定着装，并执行退勤用语：

司机："司机×××、副司机(或随乘司机)×××，现在退勤，请指示"。

调度员："辛苦了，请汇报本次列车运行情况"。

具备退勤条件时，司机要交回司机手册(调度员在司机手册上签章，印章格式见附件7)、添乘指导簿、旅客列车时刻表、司机报单、调度命令、交付揭示等，经退勤调度员审核无误后方准按压指纹、测酒退勤，司机须在"机车乘务员出退勤簿"上签章。

九、单司机作业的规定

第四十条 双班单司机机班值乘时，除执行以上第一章至第八章作业标准外，还必须遵守单司机作业的规定。

第四十一条 双班单司机机班，必须由所属运用车间指定一名业务素质高、责任意识强的司机担当主司机工作，另一名司机称为随乘司机，在乘务工作中，随乘司机应服从主司机的指挥。在列车运行过程中，操纵机车的司机，称为操纵司机，另一名司机称为非操纵司机。

第四十二条 出勤和接车

1. 双机牵引时，两机班为同一乘务组，同一乘务组必须同时出退勤。重联机车为单司机值乘时，本务随乘司机(副司机)协助重联司机核对运行揭示和IC卡验卡工作。出勤小组会由本务机车主司机主持，两机班共同进行。

2. 继乘站交接班时，同一乘务组必须一同按规定的走行线路接车，做好安全互控工作。

第四十三条 出入段、调车及挂车

1. 出入段、调车作业时，运行方向的前部机车必须执行双人值乘。

2. 重联机车为单司机出段时，本务、重联机车签点均由本务机车非操纵司机(副司机)负责，并通过手持电台通知重联司机出段走行径路和挂车股道。

3. 重联机车单司机值乘出入段、中间站调车作业、转线、换挂时，原本务机车非操纵司机(副司机)到牵引运行方向前部机车，按照双人值乘作业标准进行作业。

4. 重联机车单司机值乘，列车机车与第一辆车的连挂、车钩"防跳"装置加锁，无列检作业的列车，车钩、软管的摘解，由本务非操纵司机(副司机)负责。

5. 连挂完毕后，重联单司机值乘时，司机从连挂端下车检查机车与第一辆车的车钩、风管连接和折角塞门状态，机车车钩"防跳"装置加锁，在连挂端上车锁闭门窗，检查所有手柄、开关均在断开位或非工作位后，运行方向的前端将本次列车的有关数据输入LKJ。

第四十四条 列车运行

1. 双班单司机值乘的列车，其双人值乘地点、换班地点由机务段规定。

2. 双班单司机值乘的列车,遇非正常行车、临时限速、机车故障时,必须恢复双人值乘,进行非正常处置、临时限速卡控和处理机车故障,列车在区间停车、请求救援的防护、防溜、车辆检查工作,由非操纵司机负责。

3. 重联机车单司机值乘时,本务机车双人作业区段由非操纵司机(副司机)进行防折关检查;列车运行中不进行机械间巡视。

第四十五条　中间站检查机车的规定

1. 双班单司机值乘时,仅在规定的停车换乘站进行机车走行部检查,具体停车换乘站由机务段规定。

2. 重联机车单司机值乘时,本务机车双人作业区段,中间站、换乘站停车检查机车时,由本务机车非操纵司机(副司机)负责两台机车运行方向右侧走行部检查,重联司机负责两台机车运行方向左侧走行部检查,检查时须注意人身安全。

十、CTC 区段相关规定

第四十六条　严格执行《兰州局集团公司普速铁路 CTC 区段行车组织办法》及《兰州局集团公司 CTC 区段无人站行车组织办法》等相关规定。

第四十七条　出勤与接车

1. 担当 CTC 区段(含经非 CTC 区段去 CTC 区段)牵引任务的机车乘务员在库内接车后,对机车 CIR 除比照现有行车安全装备检查的规定执行外,还应对 CIR 附属装置检查,打印机纸量不足时,应通知相关部门及时更换;持有 GSM-R 手持终端时,还应与 CIR 进行通话试验。

2. 继乘站接车时按签订的机车交接协议办理。

3. 司机按规定注册车次并进行运行区段设置,并在规定的地点对 CIR 进行频点转换。

双机牵引的列车,始发站开车前本务司机应与重联(附挂)司机试验 GSM-R 手持终端通话良好,运行中正确使用 CIR。

第四十八条　调度命令信息接收

1. CIR 收到调度命令信息时,司机须及时阅读调度命令内容并确认无误后签认,调度命令、行车凭证、调车作业通知单签收回执后打印、保存。司机对调度命令内容有疑问时,须立即向列车调度员询问。

2. 列车司机通过调度命令无线传送系统接收的调度命令,需向重联(附挂)机车司机转达时,使用 CIR 向重联(附挂)机车司机转达调度命令内容。重联(附挂)机车司机接收到本务机车司机传达的调度命令后,须将调度命令号码及主要内容记录于"司机手册"记事栏内。

第三节　机车乘务员确认呼唤(应答)标准

一、确认呼唤(应答)基本要求

1. 一次乘务作业全过程必须认真执行确认呼唤(应答)制度。

2. 确认呼唤(应答)必须执行“彻底瞭望、确认信号、手比眼看、准确呼唤”,并掌握“清晰短促、提示确认、全呼全比、手势正确”的作业要领。

3. 列车运行中必须对所有地面主体信号显示全部进行确认呼唤(应答),自动闭塞区段分区通过信号显示绿灯,值乘速度 120 km/h 及以上客运列车时,只手比不呼唤(带有三斜杠标志预告功能的分区通过信号机除外)。

4. 遇有显示须经侧向径路运行的信号时,在呼唤信号显示的同时,必须呼唤侧向限速值。

二、信号确认呼唤时机和手比姿势

1. 信号确认呼唤时机:

应遵循“信号好了不早呼、信号未好提前呼”的原则,瞭望条件良好时,进站(进路)信号不少于 800 m;出站、通过、接近、预告信号不少于 600 m;信号表示器不少于 100 m。

2. 手比规范:

(1)信号显示要求通过(显示绿灯、绿黄灯)时:右手伸出食指和中指并拢,拳心向左,指向确认对象。

(2)信号显示要求正向径路准备停车(显示黄灯)时:右手拢拳伸拇指直立,拳心向左。

(3)信号显示要求侧向径路运行(显示双黄灯、黄闪黄)时:右手拢拳伸拇指和小指,拳心向左。

(4)信号显示要求停车(显示红灯,包括固定和临时)时:右臂拢拳,举拳与眉齐,拳心向左,小臂上下摇动 3 次。

(5)注意警惕运行时:右臂拢拳,大小臂成 90°,举拳与眉齐,拳心向左。

(6)确认仪表显示时:右手伸出食指和中指并拢,拳心向左,指向相关确认设备。

(7)确认非集中操纵道岔、各类手信号、防护信号(脱轨器)时:右手伸出食指和中指并拢,拳心向左,指向确认的非集中操纵道岔、各类手信号、防护信号(脱轨器)。

(8)列车运行中,LKJ 提示前方列车运行限制速度有变化时,司机必须在变速点前,对变化的速度值及时进行确认呼唤;确认呼唤时,右手伸出食指和中指并拢,拳心向左,指向 LKJ 显示部位。

注:监控仪有语音提示的提示后呼唤,否则监控仪显示出降速曲线后呼唤。

(9)手比以注意警惕姿势开始和收回,手比动作稍作停顿。

三、机车乘务员确认呼唤(应答)标准用语

(一)机车乘务员双岗值乘确认呼唤(应答)标准用语

1. 出段至发车

序号	呼唤时机	呼唤		应答		复诵	
		呼唤者	标准用语	应答者	标准用语	复诵者	标准用语
1	电力机车升弓	操纵司机	升弓	副司机 非操纵司机	升弓注意	操纵司机	升弓好了
2	整备完毕,人员就岗	副司机 非操纵司机	出段准备	操纵司机	准备好了		
3	出段前	副司机 非操纵司机	还道信号 出段信号(非集中操纵道岔呼唤内容)	操纵司机	××道 出段手信号好了	副司机 非操纵司机	××道 出段手信号好了
4	出段前	副司机 非操纵司机	出段信号	操纵司机	白(绿)灯 蓝(红)灯停车	副司机 非操纵司机	白(绿)灯 蓝(红)灯停车
5	经过非集中操纵道岔前	副司机 非操纵司机	道岔注意	操纵司机	道岔开通正确	副司机 非操纵司机	道岔开通正确
6	经过其他要道还道地点前	副司机 非操纵司机	一度停车 还道信号 道岔开通信号	操纵司机	一度停车 ××道 手信号好了	副司机 非操纵司机	××道 手信号好了
7	行至站段分界点(或一度停车牌)	副司机 非操纵司机	一度停车	操纵司机	一度停车		
8	调车信号前	副司机 非操纵司机	调车信号	操纵司机	白灯、蓝(红)灯停车	副司机 非操纵司机	白灯、蓝(红)灯停车
9	调车复示信号前	副司机 非操纵司机	复示信号	操纵司机	白灯 注意信号	副司机 非操纵司机	白灯 注意信号
10	换端作业时	副司机 非操纵司机	注意防溜	操纵司机	注意防溜		
11	进入挂车线	副司机 非操纵司机	脱轨器注意	操纵司机	撤除好了 (红灯、红牌)停车	副司机 非操纵司机	撤除好了 (红灯、红牌)停车
12	连挂车时	副司机 非操纵司机	十辆、五辆、三辆、停车	操纵司机	十辆、五辆、三辆、停车		
13	连挂车时	副司机 非操纵司机	防护信号	操纵司机	撤除好了 注意信号	副司机 非操纵司机	好了 注意

续上表

序号	呼唤时机	呼唤		应答		复诵	
		呼唤者	标准用语	应答者	标准用语	复诵者	标准用语
14	列车制动机试验时	副司机 非操纵司机	制动、缓解试风好了	操纵司机	制动、缓解试风好了		
15	发车前	副司机 非操纵司机	确认行车安全装备	操纵司机	LKJ设置好了 CIR（或通信装置）设置好了 列尾装置设置好了 机车信号确认好了	副司机 非操纵司机	LKJ设置好了 CIR（或通信装置）设置好了 列尾装置设置好了 机车信号确认好了
16		副司机 非操纵司机	出站（发车进路）信号	操纵司机	绿灯，出站（发车进路）好了 双绿灯，××（线、站）方向出站好了 绿黄灯，出站（发车进路）好了 黄灯，出站（发车进路）好了	副司机 非操纵司机	绿灯，出站（发车进路）好了 双绿灯，××（线、站）方向出站好了 绿黄灯，出站（发车进路）好了 黄灯，出站（发车进路）好了
17		副司机 非操纵司机	确认路票 确认绿色许可证 确认红色许可证 确认调度命令	操纵司机	路票正确 绿色许可证正确 红色许可证正确 调度命令正确	副司机 非操纵司机	路票正确 绿色许可证正确 红色许可证正确 调度命令正确
18		副司机 非操纵司机	进路表示器	操纵司机	××（线、站）方向好了 正、反方向好了	副司机 非操纵司机	××（线、站）方向好了 正、反方向好了
19		副司机 非操纵司机	发车信号	操纵司机	一圈、两圈、三圈，发车信号好了 联控发车好了	副司机 非操纵司机	一圈、两圈、三圈，发车信号好了 联控发车好了
20		副司机 非操纵司机	发车表示器	操纵司机	发车表示器白灯	副司机 非操纵司机	发车表示器白灯
21	起动列车后	副司机 非操纵司机	确认开车时刻	操纵司机	正点（或晚点××分）开车	副司机 非操纵司机	好了

续上表

序号	呼唤时机	呼唤		应答		复诵	
		呼唤者	标准用语	应答者	标准用语	复诵者	标准用语
22	起动列车后	副司机 非操纵司机	注意对标	操纵司机	对标好了 道岔限速 ××km/h	副司机 非操纵司机	好了 道岔限速 ××km/h
23		副司机 非操纵司机	后部注意	操纵司机	后部好了	副司机 非操纵司机	后部好了
24	出站后	副司机 非操纵司机	仪表注意	操纵司机	各仪表(网压) 显示正常		

2. 途中运行

序号	呼唤时机	呼唤		应答		复诵	
		呼唤者	标准用语	应答者	标准用语	复诵者	标准用语
1	机械间巡视及巡视后	副司机 非操纵司机	机械间检查 各部正常	操纵司机	注意安全 好了	副司机 非操纵司机	加强瞭望
2	贯通试验或试闸点	副司机 非操纵司机	贯通试验或试闸	操纵司机	贯通试验好了 或试闸好了	副司机 非操纵司机	好了
3	查询列尾时	副司机 非操纵司机	列尾查询	操纵司机	尾部风压××kPa	副司机 非操纵司机	好了
4	接近慢行地段限速标	副司机 非操纵司机	慢行注意	操纵司机	限速×× km/h	副司机 非操纵司机	限速×× km/h
5	慢行减速地点(始端)标	副司机 非操纵司机	慢行开始	操纵司机	慢行开始		
6	慢行减速地点(终端)标	副司机 非操纵司机	严守速度	操纵司机	严守速度		
7	越过减速防护地段终端信号标	副司机 非操纵司机	慢行结束	操纵司机	慢行结束		
8	乘降所	副司机 非操纵司机	××乘降所	操纵司机	停车	副司机 非操纵司机	停车
9	接近分相前	副司机 非操纵司机	过分相注意	操纵司机	注意	副司机 非操纵司机	注意
10	禁止双弓标前	副司机 非操纵司机	禁止双弓	操纵司机	单弓好了	副司机 非操纵司机	好了
11	断电标(T断标)前	副司机 非操纵司机	手柄零位 断电	操纵司机	手柄零位 断电好了	副司机 非操纵司机	好了 好了

续上表

序号	呼唤时机	呼唤		应答		复诵	
		呼唤者	标准用语	应答者	标准用语	复诵者	标准用语
12	越过合电标后	副司机 非操纵司机	闭合	操纵司机	闭合好了	副司机 非操纵司机	好了
13	准备降弓标前	副司机 非操纵司机	准备降弓	操纵司机	准备降弓		
14	降弓标前	副司机 非操纵司机	降弓	操纵司机	降弓好了	副司机 非操纵司机	好了
15	越过升弓标后	副司机 非操纵司机	升弓	操纵司机	升弓好了	副司机 非操纵司机	好了
16	遮断信号前	副司机 非操纵司机	遮断信号	操纵司机	红灯停车， 无显示	副司机 非操纵司机	红灯停车， 无显示
17	半自动闭塞区段进站（进路）信号机处； 自动闭塞区段进站信号前一架通过信号机、进站（进路）信号机处	副司机 非操纵司机	确认车位	操纵司机	车位正确 校正好了	副司机 非操纵司机	车位正确 好了
18	进站、接车进路复示信号前	副司机 非操纵司机	复示信号	操纵司机	直向、侧向或 注意信号	副司机 非操纵司机	直向、侧向或 注意信号
19	出站、发车进路复示信号前	副司机 非操纵司机	复示信号	操纵司机	复示好了、 注意信号	副司机 非操纵司机	复示好了、 注意信号
20	通过手信号	副司机 非操纵司机	通过手信号	操纵司机	手信号好了 站内停车	副司机 非操纵司机	手信号好了 站内停车
21	防护信号前	副司机 非操纵司机	防护信号	操纵司机	红灯（红旗）停车 火炬停车 撤除好了	副司机 非操纵司机	红灯（红旗）停车 火炬停车 撤除好了
22	预告信号前	副司机 非操纵司机	预告信号	操纵司机	预告好了 注意信号	副司机 非操纵司机	预告好了 注意信号
23	CIR接收接车进路预告信息时	副司机 非操纵司机	确认进路预告信息	操纵司机	××站（线路所）××道通过（停车）、机外停车	副司机 非操纵司机	××站（线路所）××道通过（停车）、机外停车
24	接收临时调度命令时	副司机 非操纵司机	确认调度命令	操纵司机	调度命令确认好了	副司机 非操纵司机	调度命令确认好了
25	通信模式转换时	副司机 非操纵司机	通信转换注意	操纵司机	转换好了	副司机 非操纵司机	好了

续上表

序号	呼唤时机	呼唤		应答		复诵	
		呼唤者	标准用语	应答者	标准用语	复诵者	标准用语
26	转换机车信号时	副司机 非操纵司机	机车信号转换注意	操纵司机	转换好了	副司机 非操纵司机	好了
27	接近信号前	副司机 非操纵司机	接近信号	操纵司机	绿灯 绿黄灯 黄灯减速	副司机 非操纵司机	绿灯 绿黄灯 黄灯减速
28	进站(接车进路)信号前	副司机 非操纵司机	进站(进路)信号	操纵司机	绿灯,正线通过 绿黄灯,正线通过,注意运行 黄灯,正线 双黄灯,侧线,限速××km/h 黄闪黄,侧线,限速××km/h 红灯,机外停车	副司机 非操纵司机	绿灯,正线通过 绿黄灯,正线通过,注意运行 黄灯,正线 双黄灯,侧线,限速××km/h 黄闪黄,侧线,限速××km/h 红灯,机外停车
29		副司机 非操纵司机	引导信号 引导手信号 特定引导手信号 机外停车	操纵司机	一红一白,引号信号好了 黄旗、黄灯,引导手信号好了 绿旗、绿灯,特定引导手信号好了 机外停车	副司机 非操纵司机	一红一白,引号信号好了 黄旗、黄灯,引导手信号好了 绿旗、绿灯,特定引导手信号好了 机外停车
30	出站(发车进路)信号前	副司机 非操纵司机	出站(发车进路)信号	操纵司机	绿灯,出站(发车进路)好了 双绿灯,××(线、站)方向出站好了 绿黄灯,出站(发车进路)好了 黄灯,出站(发车进路)好了 红灯,停车	副司机 非操纵司机	绿灯,出站(发车进路)好了 双绿灯,××(线、站)方向出站好了 绿黄灯,出站(发车进路)好了 黄灯,出站(发车进路)好了 红灯,停车
31		副司机 非操纵司机	确认路票 确认绿色许可证 确认红色许可证 确认调度命令	操纵司机	路票正确 绿色许可证正确 红色许可证正确 调度命令正确	副司机 非操纵司机	路票正确 绿色许可证正确 红色许可证正确 调度命令正确

续上表

序号	呼唤时机	呼唤		应答		复诵	
		呼唤者	标准用语	应答者	标准用语	复诵者	标准用语
32	进路表示器前(双线区段仅用于区分反方向发车,进路表示器设一个灯时)	副司机 非操纵司机	进路表示器	操纵司机	白灯,反方向好了	副司机 非操纵司机	白灯,反方向好了
33	进路表示器前(两个方向的车站时)	副司机 非操纵司机	进路表示器	操纵司机	左(右)白灯,××站正(反)方向好了	副司机 非操纵司机	左(右)白灯,××站正(反)方向好了
34	进路表示器前(三个方向的车站时)	副司机 非操纵司机	进路表示器	操纵司机	左(中间、右)白灯,××站(××方向)好了	副司机 非操纵司机	左(中间、右)白灯,××站(××方向)好了
35	进路表示器前(四个方向的车站时)	副司机 非操纵司机	进路表示器	操纵司机	左(右)侧水平白灯,××站(××方向)好了 左(右)斜白灯,××站(××方向)好了	副司机 非操纵司机	左(右)侧水平白灯,××站(××方向)好了 左(右)斜白灯,××站(××方向)好了
36	进路表示器前(五个及以上方向的车站时按《技规(普速)》第488条执行)	副司机 非操纵司机	进路表示器	操纵司机	按《技规(普速)》第448条执行,在四个方向的基础上增加"中间竖白灯""左侧竖白灯"……	副司机 非操纵司机	按《技规(普速)》第448条执行,在四个方向的基础上增加"中间竖白灯""左侧竖白灯"……
37	确认仪表时	副司机 非操纵司机	仪表注意	操纵司机	各仪表(网压)显示正常		
38	自动闭塞区段闭塞分区通过信号前	副司机 非操纵司机	通过信号	操纵司机	绿灯 绿黄灯 黄灯减速 红灯停车	副司机 非操纵司机	绿灯 绿黄灯 黄灯减速 红灯停车

续上表

序号	呼唤时机	呼唤		应答		复诵	
		呼唤者	标准用语	应答者	标准用语	复诵者	标准用语
39	线路所通过信号机前	副司机 非操纵司机	通过信号 确认行车凭证	操纵司机	绿灯,(××方向好了) 绿黄灯,(××方向好了) 黄灯减速,(××方向好了) 侧线限速××公里、××方向好了 机外停车 线路所凭证正确	副司机 非操纵司机	绿灯,(××方向好了) 绿黄灯,(××方向好了) 黄灯减速,(××方向好了) 侧线限速××km/h、××方向好了 机外停车 线路所凭证正确
40	列车运行限制速度变速点前(由高速变低速)	操纵司机	前方限速××km/h	副司机 非操纵司机	注意控速	操纵司机	注意控速
41	交会列车时	副司机 非操纵司机	会车注意	操纵司机	注意		
42	输入侧线股道号	副司机 非操纵司机	输入侧线股道号	操纵司机	××道输入好了		
43	输入支线号	副司机 非操纵司机	输入支线号	操纵司机	支线号输入好了		
44	接近限制鸣笛标前	副司机 非操纵司机	进入限鸣区段	操纵司机	限制鸣笛	副司机 非操纵司机	限制鸣笛
45	接近防洪地点标	副司机 非操纵司机	进入防洪地点	操纵司机	注意运行	副司机 非操纵司机	注意运行
46	接近道口前	副司机 非操纵司机	道口注意	操纵司机	注意		
47	途中换班时	接班司机	换班注意	交班司机	加强瞭望(前方有限速);注意安全	接班司机	明白

3. 到达至入段

序号	呼唤时机	呼唤		应答		复诵	
		呼唤者	标准用语	应答者	标准用语	复诵者	标准用语
1	列车终到后	副司机 非操纵司机	确认行车安全装备	操纵司机	LKJ设置好了 CIR(或通信装置)设置好了 列尾装置设置好了	副司机 非操纵司机	LKJ设置好了 CIR(或通信装置)设置好了 列尾装置设置好了
2	调车转线作业	副司机 非操纵司机	调车信号	操纵司机	白灯、蓝(红)灯停车	副司机 非操纵司机	白灯、蓝(红)灯停车
3	调车复示信号前	副司机 非操纵司机	复示信号	操纵司机	白灯 注意信号	副司机 非操纵司机	白灯 注意信号
4	行至站段分界点(或一度停车牌)	副司机 非操纵司机	一度停车	操纵司机	一度停车		
5	入段前	副司机 非操纵司机	还道信号 入段信号(非集中操纵道岔呼唤内容)	操纵司机	××道 入段手信号好了	副司机 非操纵司机	××道 入段手信号好了
6		副司机 非操纵司机	入段信号	操纵司机	白(绿)灯 蓝(红)灯停车	副司机 非操纵司机	白(绿)灯 蓝(红)灯停车
7	经过非集中操纵道岔前	副司机 非操纵司机	道岔注意	操纵司机	道岔开通正确	副司机 非操纵司机	道岔开通正确
8	经过其他要道还道地点前	副司机 非操纵司机	一度停车 还道信号 道岔开通信号	操纵司机	一度停车 ××道 手信号好了	副司机 非操纵司机	××道 手信号好了
9	换端作业时	副司机 非操纵司机	注意防溜	操纵司机	注意防溜		
10	进入段内尽头线或有车线	副司机 非操纵司机	十辆、五辆、三辆、停车	操纵司机	十辆、五辆、三辆、停车		
11	整备线防护信号前	副司机 非操纵司机	防护信号	操纵司机	撤除好了 (红灯、蓝灯、红旗、红牌)停车	副司机 非操纵司机	撤除好了 (红灯、蓝灯、红旗、红牌)停车

四、说明

1. 同时具有接车进路和发车进路的进路信号机，列车在该信号机前停车及发出时，按照发车进路信号机进行呼唤，信号指示列车在该信号机前不停车通过该信号时，按照接车进路信号机进行呼唤。

2. 设有出站信号机的线路所,线路所通过信号比照进站信号机呼唤内容进行呼唤。

3. 慢行地点限速标未标明限速值时,按限速 25 km/h 进行呼唤。

4. 机车监控装置正线开车对标,无侧向道岔限速时,不呼唤道岔限速。

5. 对发车信号的呼唤,含使用手信号及无线通信设备发车。

6. 防洪地点标仅在防洪期间进行呼唤。

7. 上表中"其他要道还道地点",是指办理出段或入段作业走行进路上,显示出段或入段手信号之外的扳道房前的停车要道地点。

8. 双岗值乘时,首、末次机械间巡视需对巡视主要内容进行汇报。

9. 双岗值乘途中换班作业,运行当前区间或前方第一区间有临时限速时需进行呼唤。

10. 单岗值乘时,操纵司机按照《单岗值乘确认呼唤标准》执行,添乘指导司机对操纵司机确认呼唤内容进行复诵。

11. 双岗值乘时,值乘人员按照"双岗值乘确认呼唤(应答)标准"执行,添乘指导司机按照"标准"中复诵者内容进行复诵。

12. 货运列车在车站开车、通过、到达可不报告和呼唤列车正晚点时分。

13. 司机途中操纵牵引、制动手柄及操作行车安全装备遇有需要进行呼唤和手比的项目时,可只呼唤不手比。

五、调车、专调机车乘务员确认呼唤(应答)标准

序号	作业内容	呼唤		应答		复诵		呼唤时机
		呼唤者	用语	应答者	用语	应答者	用语	执行要领
1	计划传达	调车长	×道加(减)×辆	司机	×道加(减)×辆			调车长传达,要求调车长逐条逐项传达,二人接计划后必须再次复诵核对
2	计划审核	司机	×道加(减)×辆	副司机	×道加(减)×辆			
3	唱一钩、干一钩、划一钩	司机	×道加(减)×辆	副司机	×道加(减)×辆			呼唤完毕后,二人在本钩计划序号前划钩,副司机在计划单上记录本钩作业起始时间
4	牵出(调车信号白灯)	副司机	调车信号	司机	×道调车信号白灯好了 蓝(红)灯停车	副司机	×道调车信号白灯好了 蓝(红)灯停车	司机与车站值班员零联控后,逐架调车信号执行手比

续上表

序号	作业内容	呼唤		应答		复诵		呼唤时机
		呼唤者	用语	应答者	用语	应答者	用语	执行要领
5	调车信号二次确认	副司机	调车信号	司机	调车信号好了	副司机	调车信号好了	调车信号二次确认距离掌握在距离信号30～50 m
6	压轨道电路或信号动车(牵出)	副司机	确认前方信号(进路)	司机	前方信号(进路)好了	副司机	前方信号(进路)好了	调车长同意、与车站联控、灯显启动信号、前方信号确认
7	灯显启动	副司机	平调信号	司机	启动	副司机	启动	单机挂车时司机二人呼唤十、五、三车。所有灯显信号,必须先确认后呼唤,并按规定鸣笛回示。停车信号可以先停车后呼唤
	灯显连结	副司机	平调信号	司机	连接	副司机	连接	
	灯显停车	副司机	停车	司机	停车			
	灯显减速	副司机	减速	司机	减速			
	灯显推进	副司机	平调信号	司机	推进	副司机	推进	
	灯显溜放	副司机	平调信号	司机	溜放	副司机	溜放	
8	驼峰信号显示一个绿色灯光	副司机	驼峰信号	司机	推进	副司机	推进	准许机车车辆按规定速度向驼峰推进
	驼峰信号显示一个绿色闪光	副司机	驼峰信号	司机	加速	副司机	加速	指示机车车辆加速向驼峰推进
	驼峰信号显示一个黄色闪光	副司机	减速	司机	减速			指示机车车辆减速向驼峰推进
	驼峰信号显示一个红色灯光	副司机	停车	司机	停车			不准机车车辆越过该信号机或指示机车车辆停止作业
	驼峰信号显示一个红色闪光	副司机	驼峰信号	司机	退回	副司机	退回	指示机车车辆自驼峰退回
	驼峰信号显示一个月白色灯光	副司机	驼峰信号	司机	下峰	副司机	下峰	指示机车到峰下
	驼峰信号显示一个月白色闪光	副司机	驼峰信号	司机	禁溜线(迂回线)	副司机	禁溜线(迂回线)	指示机车车辆去禁溜线或迂回线
9	切割正线	副司机	切割正线	司机	严守速度	副司机	严守速度	
	调车							

续上表

序号	作业内容	呼唤		应答		复诵		呼唤时机
		呼唤者	用语	应答者	用语	应答者	用语	执行要领
10	进出专用线、货物线作业	副司机	一度停车	司机	一度停车	司机		进出专用线、货物线作业,在大门口一度停车后要输入调车专用限速号。进入专用线确认大门开启,大门未开不呼唤
11	进出人工道岔作业	副司机	还道信号道岔开通信号	司机	××道手信号好了	副司机	××道手信号好了	由电气集中区进入非电气集中区作业时司机要与车站值班员(调车长、扳道员)联控
12	进入尽头线作业,单机挂车,推进,连接	副司机	车挡注意 十车 五车 三车 停车	司机	车挡注意 十车 五车 三车 停车	副司机	车挡注意 十车 五车 三车 停车	严格控制速度
13	进入有车线脱轨器确认	副司机	脱轨器注意	司机	撤除好了(红灯、红牌)停车	副司机	撤除好了(红灯、红牌)停车	
手比规范		右手伸出食指和中指并拢,拳心向左,指向确认对象						

第四节　《机车乘务员一次乘务作业程序标准》补充规定

一、待乘和出勤补充规定

(一)待乘

1. 凡计划担当20:00(含)~6:00(含)乘务工作的机车乘务员(包括作业点机车转线人员及非常备人员),必须到指定地点卧床休息不少于4 h。

2. 机车乘务员待乘时间实行分段管理,规定待乘时间提前开车时间不少于6 h,且不晚于22:00。

3. 遇列车大面积晚点造成计划开车时间不确定,运用车间要适当扩大待乘车次范围,不晚于待乘开始时间前3 h通知机车乘务员,确保担当夜间乘务工作的乘务员班前待乘保休。

4. 外公寓执行入寓即待乘的管理办法，折返调休时间不得少于 5 h(其计算时间为到达公寓签到休息至叫班时止，以下同)，轮乘制外公寓换班继乘休息时间不得少于 6 h。

5. 实行大四班制夜班和小四班制前夜的调车乘务人员 13:30 前、小四班制后夜的调车乘务人员 20:00 前统一到指定地点待乘。异地待乘的到达待乘地点后电话报到，然后按规定待乘休息。执行有困难的由运用车间制定具体待乘时间，报运用科备案。

6. 外公寓待乘期间实行封闭式管理，原则上不得请假外出。遇特殊情况须向驻寓管理人员说明理由，得到批准并办理请销假手续后方可离开，请假时间不得超过 2 h。出乘前 6 h 禁止办理请假手续。

7. 待乘人员按规定时间提前到达待乘室(外公寓为驻寓人员处)，按压指纹签到待乘，进行酒精含量检测。

8. 待乘室设置专用保管箱，由值班或驻寓人员负责管理，乘务员携带的手机、电子书、平板电脑等音视频设备，办理待乘登记时全部上交，待乘结束后领回，实行集中统一管理。

9. 运用车间向乘务员家属公布待乘期间应急联系电话，只用于紧急事务联系，乘务员上交的手机应置于静音或关机状态，上交时值班或驻寓人员核验检查。

10. 各运用车间设置的非常备人员，在非常备期间执行上述待乘保休规定。

(二)叫班及出勤时间

1. 到达本段(本车间)所在地退乘的机车乘务员，每日 8:00、18:00 前主动向所属车间派班室电话询问出乘计划，在规定的出勤(或待乘)时间前到达派班室(或待乘室)出勤(或待乘)。

2. 乘务员待乘期间由待乘室(外公寓待乘时为公寓值班员，以下同)值班员负责叫班，待乘休息时间不足 4 h 禁止叫班出乘。遇出乘计划调整，派班室须及时通知待乘室(公寓)值班员。

3. 待乘室(公寓)值班员接到派班室叫班通知后，应及时组织叫班。叫班后待乘人员应立即起床，及时办理指纹离寓手续。叫班 10 min 后，待乘人员仍未前来办理手续，待乘室值班员应到待乘房间督促。

4. 在机务段(异地车间)段内接班时，叫班时间按开车前 1.5～2 h 掌握，担当始发直供电旅客列车任务的，叫班时间按开车前 2.5 h 掌握。

5. 在继乘站接班时，叫班时间根据行车公寓距接班地点距离、有无汽车接送等因素，按开车前 1～1.5 h 掌握。

6. 具体叫班时间参照运行图规定的机车在自外段、站技术作业时分标准确定，运用车间报运用科备案。

(三)出勤

1. 携带证件:工作证、驾驶证、岗位培训合格证(或电子二维码)。

2. 携带规章制度:《技规(普速)》《铁路交通事故调查处理规则》《普速铁路行车组织规则》《LKJ2000 型监控装置作业指导书》。运行区段涉及高铁线路时还需携带《技规(高速)》《高速铁路行车组织细则》。

3. 携带行车资料及备品:列车时刻表、各种作业提示卡、担当区段交付揭示、司机报单、司机手册、添乘指导簿、车机联控信息卡、IC 卡、带信号灯的手电筒、存储 U 盘、录音笔等。

4. 专调机车随车资料:《技规(普速)》《铁路交通事故调查处理规则》《普速铁路行车组织规则》《列车时刻表》,操纵(含调车、救援)提示卡、LKJ(含 STP、救援)操作提示卡、《站细》摘录及专用线等必备行车资料。运行区段涉及高铁线路时还需携带《技规(高速)》《高速铁路行车组织细则》。随车资料须配备齐全,随时更新并形成目录明细。

5. 包乘制随车资料盒、轮乘制乘务资料包统一携带规章制度时,机车乘务员不再携带;机车随车资料、乘务资料包中未携带时由乘务员携带。

6. 司机手册填写补充规定:

(1)慢行限速填写,在“站名”栏填写慢行处所两端站简称,中间以“-”相连,在“揭示标注”栏填写限速值;遇该区间多处慢行时,填写最低限速值。

(2)填写车站名时,适当预留空格,以供填写临时停车时分或临时限速调度命令。

7. 外局段出勤按《机务行车安全管理规则》(以下简称《安规》)附件 7 范例 2-1 及范例 2-2 格式交付揭示时,乘务员须使用红、黑笔对交付揭示每条运行揭示调度命令上的起止时间、起止公里标、限速值下方画线进行标注。对于特殊运行揭示,标注起止时间、地点、行车方式(路票、绿色许可证等)。

8. 使用远程写卡设备出勤遇网络或设备故障时,由所在车间优先安排送卡及运行揭示,来不及时依次采用电子邮件发送、传真、手抄的方式交付运行揭示,IC 卡临时数据文件没有变更时,可使用去程的 IC 卡向 LKJ 载入运行揭示,IC 卡临时数据文件变更时司机按临时慢行安全措施人为卡控。

9. 机车乘务员出勤按压指纹时间不得早于计划出勤时间 10 min 和晚于出勤时间,出勤作业按标准流程进行,时间控制在 10 min 内,出勤完毕后立即离开派班室前往接车地点。遇有施工培训或重要事项传达时,车间通知乘务员提前到达派班室,先进行培训和传达,然后正点出勤。

10. 办理出勤作业后,机车乘务员使用运统 1 移动作业终端扫描运安系统出勤二维码,核对值乘方式、乘务员信息。司机报单填写的司机姓名及代号顺序必须与移动作业终端中人员信息栏中姓名及代号顺序一致。

11."上车验卡"采用电子印章打印在交付揭示空白处，将 LKJ 数据版本号提前编辑好一并打印。

二、接车及整备补充规定

1. 机车乘务员整备线接车后，首先将 LKJ 开机并输入 IC 卡数据，核对条数正确，LKJ【降级】模式下进行整备作业，出库时操作 LKJ 进入【出入库】模式。

2. 机车乘务员接班后检查"电务车载设备检测合格证"，机车配属段接车没有"电务车载设备检测合格证"或合格证签发超过 15 天禁止出库，立即向段应急指导台、机务信号楼反馈信息，联系电务部门补发；非配属段接车不确认检测日期，遇合格证丢失按规定汇报信息，正常接车。

3. 机车乘务员出勤后及时到整备线接车，时间不超过 10 min。接车后机班二人密切配合，在规定出库时间前进行机车检查和两端司机室各项机能试验。本段机车 6A 系统状态不良或没有"6A 系统检测合格证"不得出库；外段机车无"6A 系统检测合格证"时向段应急指导台汇报信息，按指示办理。

4. 库内接车时，机车乘务员根据实际机车车型及车号与移动作业终端中信息及时核对，机型、机车号需要修改时，在电子运统 1 签认前通过"基本信息"页面修改。

5. 出库前，机车乘务员按规定办理撤除防溜手续，并确认防溜铁鞋撤除后方可动车。

6. 机车乘务员接车后，及时打开无线对讲设备监听机务信号楼联控，接到外勤值班员向前移车的通知，及时移动机车至整备线最前端。

7. 机车乘务员检查试验发现活项时，第一时间使用无线对讲设备通知机务信号楼，积极配合整备专修人员处理，可能造成出库晚点时提示外勤值班员组织更换机车，并按规定汇报信息。

8. 本段管辖范围内临时更换机车造成出库晚点时，机车乘务员换车后可只在机车操纵端司机室进行牵引、制动基本功能试验，尽快出库。

9. 本段管辖范围内发生配属机车出库前临时故障，经确认不影响安全运行及轮乘交接，由整备车间质检员在"机车运转日志"内签字确认后，机车乘务员可正常出库（相关文件规定禁止出库的项目除外）。

三、出段与挂车补充规定

（一）机车出段

1. 机车在"出入段"模式下走行至站段分界点停车，调车信号开放后，司机操作 LKJ 进入"调车"模式。

2. 调车作业首架调车信号、脱轨器必须执行开门手比调车 信号不少 3 s 的制度，距调车信号机不足 10 m 时下车确认。严格执行“零联控、双凭证”制度,运行中必须由近及远逐架确认调车信号显示。

3. 进入半网线路及尽头线进行作业时,严格执行十、五、三车和接触网终点标(尽头线)呼唤确认制度。在距接触网终点标 30 m 处必须一度停车,停车后再以不超过 5 km/h 速度继续前行,距接触网终点标 10 m 前必须停车。如遇特殊情况须进入 10 m 距离时,以不超过 2 km/h 的速度移动并及时停车。

4. 进入半网股道时最高运行速度不得超过 10 km/h。如需经半网股道换端转线时,待机车尾部越过反向信号机 10 m 后立即停车(兰州北上发场越过东端道口 10 m,下发场越过西端道口 10 m)。

5. 连挂及摘头机车在脱轨器 10 m 前必须一度停车(兰州车站入库机车除外),机班开门同侧手比确认脱轨器下脱方可越过。始发及终到列车运行至脱轨器前彻底瞭望,必须认真确认并手比呼唤脱轨器下脱状态。

(二)机车换端

1. 换端前,机班二人共同确认大闸实施最大有效减压量,小闸制动 300 kPa 及以上,装有停放制动装置机车的施加停放制动,关闭司机室取暖设备开关,锁闭司机室门窗。

2. 换端时,司机携带小闸、换向手柄及电钥匙首先换端,副司机(随乘司机)留在司机室进行防溜防护,密切关注机车动态;司机到达另一端将小闸置于全制位后鸣笛一声,副司机(随乘司机)再携带大闸换端。

3. 换端完成后,司机先进行静态试闸再解除停放制动,确认调车信号开放后动态试闸一次。

(三)机车挂头

1. 牵引直供电旅客列车的机车挂头,禁止副司机(随乘司机)下车显示连挂信号时随身携带供电钥匙,待连挂妥当后由司机在站台侧向客列检人员或车辆乘务员交递,防止不慎掉入两线间缝隙。

2. 连挂过程中发现车钩位置不正需要调整时,副司机(随乘司机)必须显示停车信号并高声呼唤,待机车停稳后方可调整(严禁机车移动中调整钩位或脚蹬调整钩位)。一次连挂不妥时,副司机(随乘司机)必须与操纵司机彻底联系,方可调整钩位再次连挂。连挂时副司机(随乘司机)确认车钩落锁到位,试拉时做到两车钩完全抻开,锁闭机车车钩防跳装置。

3. 具备连挂模式功能的机车使用连挂模式,司机确认副司机(随乘司机)显示连挂手信号后,操作进入“连挂”模式。

4. 担当始发双管供风的旅客列车时,出库前关闭机车上连挂端供风塞门,挂头后升弓打风，确认压缩机工作正常且总风压力 850 kPa 以上方可开放供风塞门。

四、发车准备与发车补充规定

1. 机车 6A 系统显示屏运行中置于主界面，显示报警信息后及时查看分界面信息，确认完毕后退回主界面。专调机车根据作业方向调整 6A 显示界面的前方路况界面，连挂时调整至车钩显示界面，停轮等待时调整至九画面视频显示界面。

2. 在车站接车时，机车乘务员应及时确认运统 1 移动作业终端机车信息及工作种别，机型、机车号需要修改时，在电子运统 1 签认前应通过“基本信息”页面修改，电子运统 1 签认后只能通过“历史”页面“修改机型机车号”按钮修改。

3. 列车开车前 5 min，机车乘务员应确认运统 1 移动作业终端基本信息正确后及时接收并签认电子运统 1。接收电子运统 1 时，旅客列车对列车出发车站、车次等信息进行确认，货物列车应对列车出发车站、车次、股道等信息进行确认，防止错误签认电子运统 1。遇接收不到电子运统 1 或接收到的电子运统 1 信息有误时，机车乘务员应及时联系车站处理。

4. 司机接到列车编组信息（电子或纸质运统 1 编组信息）后 认真核对，按 L=（机车计长+车辆计长）车辆×11+12 m 的公式计算列车长度，填写于司机手册记事栏内，机车重联或附挂时应一并 计算，中间站停车时严格按车站股道有效长度确保列车全列进站。

5. 机班设置 LKJ 参数、注册 CIR、GSM-R、连接列尾装置后，二人共同确认 LKJ 显示屏左上角车站名、中间信息框“司机号、车次、区段号、编组、限速等级”参数正确，确认右侧显示“降级、开车、有权、货（客）本、A 机（B 机）”正确，确认机车信号上（下）行开关位置正确，确认 CIR 注册信息及运行区段正确，确认 GSM-R 注册信息正确，确认列尾装置已连接。

6. 司机进行列车制动机试验时，应密切观察列车充排风时间，记录于司机手册中，作为运行中试闸的参照指标，并认真确认本务机车与列尾装置主机“一对一”关系建立正确，列车制动机试 验完毕后车站暂不组织发车时，司机应对列车进行制动保压，再 次确认列尾“一对一”关系。

7. 出站（发车进路）信号开放后，机班二人共同确认出站信号及进路表示器显示正确，确认机车信号显示与 LKJ 显示屏左上角信号显示一致。

8. 执行联控开车时确认联控用语“五要素”齐全，即“车次、站（场）、股道、信号、司机”，用语不全或未听清时呼叫车站重新联控，防止错听、擅开。

（1）普速铁路 TDCS 区段执行问路式车机联控。

（2）普速铁路 CTC 区段（能接受接车进路预告信息），正常情况下不执行车机联控，遇机车综合无线通信设备未接收到接车进路预告信息时，司机须报告列车调度员，车站值班员（列车调度员）应将进路信息及时通知司机。

(3)普速铁路 CTC 区段(能接受接车进路预告信息),车站临时转换为非常站控模式时,应执行指路式车机联控。

(4)普速铁路 CTC 区段(不能接受接车进路预告信息)以及常态为非常站控模式的车站比照 TDCS 区段执行车机联控。

9. 货物列车接到车站值班员发车准备的通知,司机及时缓解列车,副司机(非操纵司机)到机辆连接处进行防折关检查。出站(发车进路)信号开放后,机班确认呼唤行车凭证、发车信号显示正确,在 3 min 内必须动车,全列起动后及时达速运行。

10. 列车在车站停留,司机每隔 30 min 按压一次 LKJ【定标】键打点,机外停车每隔 10 min(±5 min)按压一次 LKJ【定标】键打点,进行制动机试验时无需打点。(专调机车在规定地点柴油机停机并采取铁鞋防溜措施除外)

11. 上坡道车站开车时按照"风、单、设、自、起"坡道起车办法操纵,先将总风风压打至 900 kPa 以上,缓解机车制动,然后机车给定适当牵引力,再缓解列车制动,确保列车逐辆起动,同时要防止尾部车辆后溜。

12. 货物列车起动走行 10 m 后逐渐增大牵引力,客运列车起动走行 5 m 后逐步加速,防止牵引力过大造成列车冲动。

13. 运行中遵循"一弓到底"的原则(小运转除外),本次值乘过程中不得随意换弓运行。特殊情况确需换弓时,必须经车顶绝缘检测合格方可换弓。

五、途中作业补充规定

1. 司机运行中严格执行"彻底瞭望、确认信号、准确呼唤、手比眼看"的"十六字令",杜绝"假瞭望、假呼唤、假手比、假确认"的行为,防止"错输、错操、错误确认、错误处置",严格执行"八必停""九不开"的安全措施,客运司机"平稳操纵、安全正点"、货运司机"精心操纵、按图行车"、调车司机"精准操纵、落实标准"。

2. 操纵机车时,司机要认真落实"五色图"节能操纵的要求,根据不同区段线路状况和牵引定数优化操纵,合理利用列车动能,减少区间停车,减少速度损失和能耗浪费。

3. 列车在 CTC 区段运行时,司机在 CIR 注册车次并选择规定运行区段,运行至通信模式转换地点时切换 CIR 运行区段,确保 CIR 注册信息及运行区段正确。

4. 列车运行中首次试闸应尽量固定减压地点、固定初始速度、固定减压量、固定缓解地点,密切观察列车降速情况,判断本次列车制动力强弱,作为操纵列车的参照。

5. 货物列车在起动困难站机外停车时,要选择便于起动的平缓地点停车,起车一次不成功应立即请求救援;牵引定吨及以上的货物列车在集团公司公布的不得机外停车的车站,遇机外被迫停车时,司机立即请求救援。

6. "两进两出"(进出站、出入库)、进出隧道口 200 m、曲线、桥梁、电分相、平交道口等关键处所加强瞭望,禁止处理机车故障、禁止做其他影响瞭望的事。双线会车、关键地段前 50 m,标准班副司机立岗瞭望。遇暴风、雨雪、大雾等天气不良、非正常行车及临时慢行时，必须恢复二人值乘。

7. 列车进站前认真执行车机联控，正确输入侧线股道号(或支线号)，发生 LKJ 错、漏输时，果断采取补救措施，禁止盲目维持运行。输入侧线号时应直接按压侧线股道号对应数字键；联控未听清时，LKJ 弹出输入窗口后司机应先输入“0”，保持输入窗口不消失，待问清后继续输入相应股道号码；LKJ 弹出侧线股道号输入窗口后，司机正进行其他操作，应让输入窗口自行消失，由司机按压【进路号】键调出输入窗口进行输入。

8. 列车运行中，除必须的 LKJ 输入、解锁、缓解等操作，只允许在临时慢行处所按压【定标】键打点，不得进行其他 LKJ 按键操作。遇检字牌时鸣笛记录，鸣笛记录功能故障或限鸣区段呼唤手比确认。防溜报警时不得盲目解除，遇解除运行揭示、使用路票、绿色许可证、担当救援、特殊前行、股道无码开车、绿(黄) 灯确认、引导等情况，必须二人共同确认行车凭证正确后，方可按规定操作 LKJ。

9. 电力机车运行中过电分相时，司机必须在断电标前将调速手柄回“零”位，并手扶主断扳键进行防护，确认自动过分相装置正常启动，启动不正常时手动断电，自动过分相装置作用不良时向列车调度员(车站值班员)汇报。

10. 单机运行严格按照段《单机运行安全卡控措施》执行。

11. 客货列车车站正线停车时，进站信号机处运行速度不得超过 60 km/h；四显示自闭区段遇通过(进路)信号机显示黄色灯光时，显示黄色灯光的通过(进路)信号机处运行速度不得超过 80 km/h 。

12. 列车运行中遇恶劣天气瞭望距离不足、邻线作业及通过人身安全关键处所时，按要求降速运行。

13. 严格按照“各型机车检查范围及标准”检查机车。中间站停车，有条件时须对机车主要部件进行检查。车站处于桥梁、隧道时可不进行机车走行部检查。邻线有通过列车或邻线是正线时，严禁在有列车通过一侧检查机车和做其他工作。

14. 机车乘务员非对口换乘时，旅客列车通过车站、车次信息方式接收签认电子运统 1；货物列车机车乘务员按规定汇报车站，由车站发送电子运统 1。对口换乘时，交接班乘务员通过移动作业终端二维码完成电子运统 1 换乘交接。

六、终点站与退勤补充规定

1. 列车终到停妥后，司机对列车管实施最大有效减压量。列车终到、中途换挂机车时，司机应及时注销列尾装置、CIR、GSM-R 的车次功能号。摘开机车后，司机确认稍行移动手信号，大闸保持在制动位，操纵小闸单独缓解机车制动，机车拉口走行 5～10 m(距出站信号小于 40 m 时，拉开口即可停车)，方可将大闸移至运转(缓解)位。

2. 终到机车摘头后，严格执行“停、联、比、转、动”的调车作业安全卡控措施，机车在监控模式下拉口，调车信号开放后执行调车联控，二人开门开窗同侧手比呼唤调车信号，方可操作 LKJ 进入调车模式，动车入段。

3. 到达机车在车站停留期间必须保持制动状态,拉口后换向手柄置于前位,不得放置于0或后位,严禁操纵机车后退,禁止移动各手柄进行机能试验。停留机车移动前先观察周围有无作业人员侵限,密切注意人身安全。

4. 有电动脱轨器的站场,执行防脱安全措施,挂头机车在电动脱轨器前一度停车(兰州站入库线脱轨器除外),两人开门开窗同侧手比,共同确认脱轨器撤除。机车乘务员作业中彻底瞭望,发现轨面遗留脱轨器或显示防护信号果断采取停车措施。

5. 机车乘务员退勤时,按规定转储 LKJ 运行数据,录入电子报单系统各项数据信息,确认转储数据上传成功后方可办理退勤手续。

6. 机车乘务员退勤时,通过移动作业终端扫描运安系统退勤二维码,获取退勤信息,核对无误后进行退勤操作。退勤时运安系统中录入的第1位机车乘务员姓名、机车乘务员工号,要与本班乘务员出勤时的一致。

七、派班室出勤作业流程(图 2-1)

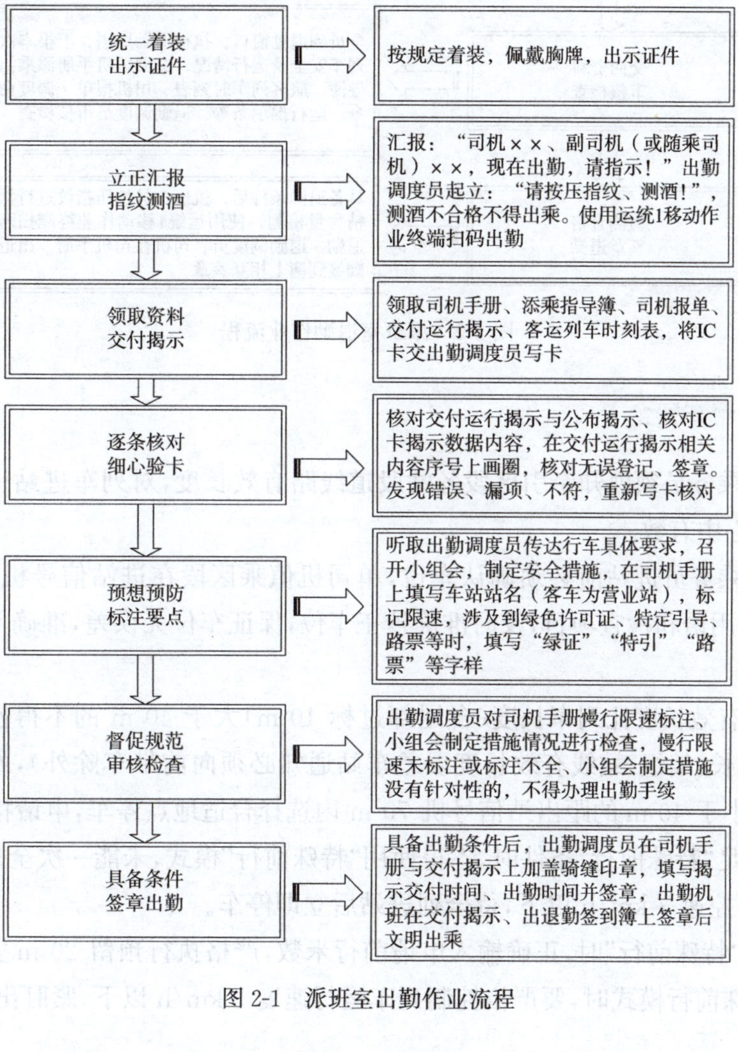

图 2-1　派班室出勤作业流程

八、派班室退勤作业流程(图 2-2)

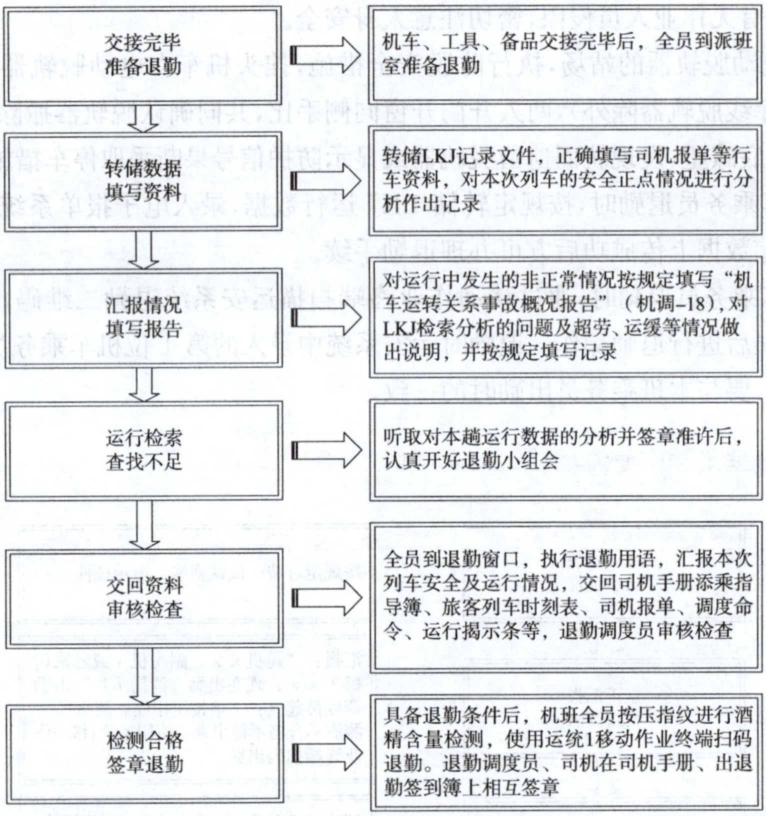

图 2-2 派班室退勤作业流程

九、二次牵车安全卡控措施

1. 机车乘务员须熟知牵引区段各站股道线路有效长度，对列车进站一次停车困难的车站做到心中有数。

2. 机车乘务员进站前必须确认车位，单司机值乘区段在进站信号机前增加“车位校正”的呼唤用语和检查项目，及时准确校正车位，保证车位无误差，准确掌握列车停车位置。

3. 站线有效长度比列车长度(含尾部过标 10 m)大于 40 m 的不得使用特殊前行(由于列车超长，编组、站线有效长度误差车站通知必须向前带车除外)，站线有效长度比列车长度小于 40 m 的距出站信号机 70 m 内选择合适地点停车，申请特殊前行。

4. 不满足“特殊前行”条件时，不得使用“特殊前行”模式，未能一次全列进站需二次牵车时，必须控速 3 km/h 以下，待全列进站后立即停车。

5. 使用“特殊前行”时，正确输入申请前行米数，严格执行预留 20 m 安全距离的规定。使用特殊前行模式时，要严格控制列车运行速度 3 km/h 以下，紧盯出站信号机，不得只盯控监控走行米数而忽略地面信号,防止车位误差造成越过出站信号机。

6. 兰渝线临江铺、枫相院、新窑坡,陇海线南河川、福林堡、马家湾站,红会线近会、白土梁站,包兰线后长川站,上述车站站内坡道为 6‰,下坡道方向二次牵车时要格外精心操纵,严防操纵不当造成制动力不足及闯模放风。

十、双机或多机作业安全卡控办法

(一)出入库

1. 双机或多机出入库时,必须同在运行方向操纵;返岔子时,由尾部机车乘务员换端操纵,头部机车乘务员不需换端,头部、尾部机车乘务员分别在首尾端司机室作业;连挂完毕开车时,均在运行方向操纵。出入库时,只允许前端机车升弓,其他机车不得升弓。

2. 双机或多机间的车钩和制动主管连接,由连挂机车机班负责;车钩与制动主管摘解,由摘开机车司机负责,相邻机车乘务员下车协助作业。

3. 双机或多机出库后换挂作业时,连挂车辆时由最靠近车辆的机车司机负责(包括附挂非乘务区段机车)。

4. 双机或多机出入库时,必须连接制动主管,保证制动主管前后贯通。

5. 双机或多机作业时,通过无线对讲设备密切联系,后部机车对前端机车进行安全提示,前端机车向后部机车进行告知。

(二)中间站调车作业

1. 有调车组人员作业时

双机或多机在中间站调车作业且有调车组人员时,由本务机车担当作业,重联或附挂机车视为车辆。动车前本务与重联机车司机间进行联控,联控用语为

本务司机:“××机车司机,请断电、降弓”。

重联司机回答:“××机车司机明白”。

进行转线、连挂作业时,由本务机车按照调车指挥人员的要求操纵机车,但重联或附挂机车司机必须按规定进行换端,协助确认停留车位置,发现危及行车及人身安全时,立即采取减速或停车措施,确保调车作业安全。

2. 无调车组人员作业时

(1)双机或多机在中间站调车作业中仅进行机车转线或换挂作业时,牵出作业动车前,本务机车司机与重联机车司机间进行联控,联控用语为

本务司机:“××机车司机,请断电、降弓”。

重联机车司机回答:“××机车司机明白”。

(2)换端运行或连挂车辆作业时,由重联(附挂)机车司机负责操纵机车。折返换端运行或连挂车辆作业时,只允许负责操纵的机车升弓。

(三)双机或多机过电分相前的互控办法

1. 双机或多机本务机车司机与重联(附挂)机车司机联控时机:客运列车在机车监控装置第一次语音提示 “禁止双弓”(距离前方电分相 1 000 m)时;货运列车或多台单机的列车在机车监控装置第二次语音提示“禁止双弓”(距离前方电分相 500 m)时;客/货运列车双机运行时遇站内停车再开车且出站后有电分相的,联控时机为列车运行至出站信号机处时。

2. 双机或多机本务机车司机与重联(附挂)机车司机联控用语为

本务机车司机:“××次重联机车司机,准备断电”。

重联机车司机:“××次重联机车司机明白,准备断电”。

3. 重联机车司机在通过电分相前,操纵机车减载退级必须考虑线路纵断面、牵引吨数、运行速度、天气状况等因素,按照本务机车司机鸣示的惰行(一长两短声)鸣笛信号,及时断开机车主断路器,防止机车带电过分相或重联机车退级过早导致掉入电分相。

4. 双机或多机牵引在通过电分相时,在正常情况下,本务机车司机应在电分相前“禁止双弓”标处鸣示惰行(一长两短声) 鸣笛信号,重联或附挂机车保证在“T 断”标(距“断”标 75 m)处断电,无“T 断”标在“断”标前断电。

5. 双机或多机牵引在各牵引区段的关键分相或操纵困难的 地段通过电分相时,为保证列车顺利通过电分相,要加强双机配合,重联机车可按地面的“断”标进行“断电”。

6. 机车装有自动过分相装置且机车与地面设备作用良好时,按使用自动过分相装置的要求操纵。

(四)安全注意事项

1. 有动力回送单机专列(二台以上机车、不包含二台,网重联列车按两台计算,无动力回送时除外)运行中每台机车必须开启机车自动过分相装置,非特殊情况严禁擅自切除自动过分相装置运行。每年非取暖期,列车运行中禁止附挂机车升弓运行。取暖期(每年十月二十日至次年四月十五日)多台机车组合的列车运行至枢纽区段、有锚段式分相区段,禁止附挂机车升弓运行。

2. 各种机型多机车组合运行升弓要求:

(1)HXD_{1C} 型、SS_{7E} 型、SS_{7C} 型、HXD_{1D} 型、HXD_{3D} 型电力机车,两台成组运行时均升后弓运行。

(2)HXD_1 型、HXD_2 型电力机车,两台成组运行时,本务机车升后弓,附挂机车升前弓运行。

(3) HXD1C 型、SS7E 型、SS7C 型、HXD1D 型、HXD3D 型电力机车与 HXD1 型、HXD2 型电力机车,两台成组运行时(单节机车+双节机车),本务机车升后弓,附挂机车升前弓运行。

(4)以上机型任意三台及以上成组运行时,第三台及以后附挂机车严禁升弓,站停时升弓防止机车亏电。

第五节 机车故障处置必知必会

一、HXD1 型电力机车运行途中乘务员故障处置必知必会作业范围

序号	故障现象	处理要求	注意事项	备注
1	走行部故障或有异常情况	1. 机车走行部冒烟、异音,使用常用制动停车。 2. 发现轴承固死,立即请求救援,机车不得再行移动	严格执行《兰州局集团公司普速铁路机务非正常行车处置预案》,列车运行中遇突发情况"八必停"应急处置要求相关规定	走行故障
2	弓网故障或车顶有异常情况	1. 失压、受电弓刮坏、车顶异音、(ADD)动作降弓、报 TCU1 与 TCU2 同时原边过流或原边接地,立即断电降弓紧急制动停车,检查是否接地或超高,检查主变压器 A 端子状态是否正常。 2. 利用 6A 绝缘检测装置,检测车顶绝缘状态	1. 车顶作业时严格遵守电气化区段劳动人身安全措施。 2. 严格执行《兰州局集团公司普速铁路机务非正常行车处置预案》、列车运行中遇突发情况"八必停"应急处置要求相关规定。 3. 利用 6A 绝缘检测装置时,必须断电降弓,断开电钥匙。 4. 未判明原因前严禁盲目升弓	弓网故障
3	机车制动机故障	1. 制动异常(制动主管不减压、制动力失效等),立即采取有效措施停车。 2. 停车对制动机单元复位,无效时大复位	1. 严格执行《兰州局集团公司普速铁路机务非正常行车处置预案》、列车运行中遇突发情况"八必停"应急处置要求相关规定。 2. 制动机系统发生故障时,自阀使用紧急制动后放置抑制位对制动系统进行激活解锁	双套设备故障处理
4	受电弓无法升起	1. 在低压电器柜上将受电弓转换开关转至"前弓(后弓)"换弓运行。 2. 无效时停车大复位	当某个 TCU 连续出现 3 次保护性分主断后,机车会采取降弓保护,此时需要人工操作给升弓指令后重新升弓	双套设备故障处理
5	主断路器不闭合	1. 将主断扳钮置分位后回零位,再闭合主断。 2. 在低压电器柜上将受电弓转换开关转至"前弓(后弓)"换弓运行。 3. 无效时停车大复位	途中经常会出现超高网压或超低网压的保护,此类故障机车会根据保护逻辑自动复位(低网压保护时,分主断,并封锁 2 min;高压保护时,分主断,并封锁 20 s)	故障处理

续上表

序号	故障现象	处理要求	注意事项	备注
6	牵引力发挥异常	1. 全车无牵引力。 (1)微机复位。 (2)确认牵引条件是否满足，按照微机显示屏“牵引封锁”界面信息提示进行处理。 (3)无效时停车大复位。 2. 某节、架或电机隔离无牵引力。 (1)能维持运行不作任何处理； (2)无法维持运行时，在显示屏主界面按压上方【事件查询】按键，确认是否存在“三相开关断开”或“MCB 打开”等故障，如果有，在低压柜上恢复相应开关	1. 检查总风缸压力不得低于 650 kPa。 2. 检查牵引变流器冷却水压在 180～330 kPa(1.8～3.3 bar)范围。 3. 机车运行中，应经常通过显示屏温度界面，观察牵引变流器水压、水温、柜体温及电机温度等参数。 4. 牵引力能满足列车运行要求时，建议维持运行或进入站内处理。 5. 运行加强对该架走行部的监听和观察	故障处理
7	辅助逆变器故障	1. 无法维持运行时，微机复位。 2. 在显示屏主界面按压上方【事件查询】按键，确认是否存在其他辅助逆变器负载故障，并将相应故障负载的三相电源开关打置断开位。 3. 辅助逆变器冗余切换。在机械间低压柜中断开相应的“＝34-Q20”或“＝34-Q21”三相电源开关，隔离故障架辅助逆变器	冗余模式下机车只有一个压缩机能正常工作，司机应随时注意观察总风缸压力，必要时人工闭合强泵	双套设备
8	辅助电路(440 V)接地	不做处理，维持运行		双套设备
9	机车停放制动异常	停放制动异常施加，立即采取有效措施停车	对停放制动故障进行判断及确认，并采取安全可靠的处置方法	故障处理
10	机车风源系统故障、机车制动机故障等，被迫救援	与救援机车连挂妥当，故障机车车进行无动力附挂处置，熟知无动力设置流程，并能正确设置	与有动力机车连挂妥当、做好列车制动防溜后进行	故障处理

各种复位的方法：

1. 微机复位：调速手柄、换向手柄置 0 位，断开主断路器，按压【微机复位】按钮 1 s 以上；若故障仍然存在，连续按压三次【微机复位】按钮，其连续按压的间隔时间不小于 2 s。

2. 单元/网络复位：调速手柄、换向手柄置 0 位，断开主断路器，将故障设备对应的自动开关断开 20 s 以上再闭合。

3. 大复位：停车后，将调速手柄、换向手柄置 0 位，断电、降弓然后断开两节车司机室“控制电源开关”30 s 以上再闭合

二、HXD1C 型电力机车运行途中乘务员故障处置必知必会作业范围

序号	故障现象	处理要求	注意事项	备注
1	走行部故障或有异常情况	1. 机车走行部冒烟、异音,使用常用制动停车。 2. 发现轴承固死,立即请求救援,机车不得再行移动	严格执行《兰州局集团公司普速铁路机务非正常行车处置预案》,列车运行中遇突发情况“八必停”应急处置要求相关规定	走行故障
2	弓网故障或车顶有异常情况	1. 失压、受电弓刮坏、车顶异音、ADD动作降弓、报TCU1、TCU2同时提报原边过流或接地,立即使用紧急按钮,断电降弓,紧急制动停车,检查是否接地或超高,检查主变压器A端子状态。 2. 利用6A绝缘检测装置,检测车顶绝缘状态	1. 车顶作业时严格遵守电气化区段劳动人身安全措施。 2. 严格执行《兰州局集团公司普速铁路机务非正常行车处置预案》、列车运行中遇突发情况“八必停”应急处置要求相关规定。 3. 利用6A绝缘检测装置时,必须断电降弓,断开电钥匙。 4. 未判明原因前严禁盲目升弓	弓网故障
3	机车制动机故障	1. 制动异常(制动主管不减压、制动力失效等),立即采取有效措施停车。 2. 停车对制动机单元复位,无效时大复位	1. 严格执行《兰州局集团公司普速铁路机务非正常行车处置预案》、列车运行中遇突发情况“八必停”应急处置要求相关规定。 2. 制动机系统发生故障时,自阀使用紧急制动后放置抑制位对制动系统进行激活解锁	故障处理
4	TCU主回路接地	1. 微机复位。 2. 无效时单元复位,断开对应的“TCU”自动开关10 s后再闭合,再“微机复位”	1. 给换向手柄时报“TCU”主回路接地,切架运行; 2,推调速手柄时,报“TCU”主回路接地,隔离电机方法排除接地	故障处理
5	辅助回路接地故障[提示为“ACU1(2)接地故障”]	1. 微机复位。 2. 无效时单元复位,断开对应的“ACU”自动开关10 s后再闭合,再微机复位。 3. 如ACU1、2单独工作时报接地,则采取排除法,依次断开各辅机自动开关,发现接地辅机时,将其隔离	1. ACU1(2)接地时,主断路器会断开。 2. 在空调使用季节,首先考虑空调接地,司机控制器调速手柄回“0”,断开空调自动开关,闭合主断路器试验	故障切除
6	某架牵引封锁(以TCU1牵引封锁为例)	1. 微机复位。 2. 确认冷却塔风机1、水泵1和“TCU1”自动开关在闭合位,否则恢复。 3. 无效时单元复位,断开对应的“TCU”自动开关10 s后再闭合,再微机复位。 4. 无效时停车大复位	1. 出现某架牵引封锁后,需及时查看微机显示屏温度界面的牵引变流器水压、水温、柜体温度及牵引电机温度,对异常情况进行针对性检查。 2. 牵引力能满足时,可暂不处理。 3. 运行加强对该架走行部的监听和观察	故障处理

续上表

序号	故障现象	处理要求	注意事项	备注
7	运行途中某台牵引电机隔离时的处理	1. 微机复位。 2. 若主断路器合不上时，人工隔离相应的故障电机	1. 出现电机隔离后，需及时查看微机显示屏故障信息及温度界面的牵引电机温度，对异常情况进行针对性检查。 2. 牵引力能满足时，可暂不处理。 3. 运行加强对该架走行部的监听和观察	故障切除
8	机车风源系统故障、机车制动机故障等，被迫救援	与救援机车连挂妥当，故障机车车进行无动力附挂处置，熟知无动力设置流程，并能正确设置	与有动力机车连挂妥当、做好列车制动防溜后进行	故障处理
各种复位的方法： 1. 微机复位：调速手柄、换向手柄置0位，断开主断路器，【微机复位】按钮1 s以上；若故障仍然存在，连续按压三次【微机复位】按钮，其连续按压的间隔时间不小于2 s。 2. 单元/网络复位：调速手柄、换向手柄置0位，断开主断路器，将故障设备对应的自动开关断开10 s以上再闭合(VCM1、VCM2断合间隔时间为30 s)。 3. 大复位：停车后，将调速手柄、换向手柄置0位，断电、降弓，断开电钥匙开关，然后断开控制电源柜“控制电源输出”自动开关20 s以上闭合				

三、HXD1D型电力机车运行途中乘务员故障处置必知必会作业范围

序号	故障现象	处理要求	注意事项	备注
1	走行部故障或有异常情况	1. 机车走行部冒烟、异音，使用常用制动停车。 2. 发现轴承固死，立即请求救援，机车不得再行移动	严格执行《兰州局集团公司普速铁路机务非正常行车处置预案》，列车运行中遇突发情况“八必停”应急处置要求相关规定	走行故障
2	弓网故障或车顶有异常情况	1. 失压、受电弓刮坏、车顶异音、ADD动作降弓，立即使用紧急按钮，断电降弓，紧急制动停车，检查是否接地或超高，并进行处理。 2. 利用6A绝缘检测装置，检测车顶绝缘状态	1. 车顶作业时严格遵守电气化区段劳动人身安全措施。 2. 严格执行《兰州局集团公司普速铁路机务非正常行车处置预案》、列车运行中遇突发情况“八必停”应急处置要求相关规定。 3. 利用6A绝缘检测装置时，必须断电降弓，断开电钥匙	弓网故障
3	机车制动机故障	1. 制动异常(制动主管不减压、制动力失效等)，立即采取有效措施停车。 2. 停车对制动机单元复位，无效时大复位	1. 严格执行《兰州局集团公司普速铁路机务非正常行车处置预案》、列车运行中遇突发情况“八必停”应急处置要求相关规定。 2. 紧急制动后，自动制动手柄放置紧急位待60 s倒计时结束后，再进行制动机操作	故障处理

续上表

序号	故障现象	处理要求	注意事项	备注
4	TCU 主回路接地	1. 微机复位。 2. 无效时单元复位，断开对应的“TCU”自动开关 10 s 后再闭合，再“微机复位”。	切架维持运行	故障处理
5	过分相后 BCU 封锁的处理办法	将大闸从运转位移至制动区再立即回运转位，即可解锁		故障处理
6	某架牵引封锁（以 TCU1 牵引封锁为例）	1. 微机复位。 2. 确认冷却塔风机 1、水泵 1 和“TCU1”自动开关在闭合位，否则恢复。 3. 无效时单元复位，断开对应的“TCU”自动开关 10 s 后再闭合，再“微机复位”	1. 出现某架牵引封锁后，需及时查看微机显示屏温度界面的牵引变流器水压、水温、柜体温度及牵引电机温度，对异常情况进行针对性检查。 2. 牵引力能满足时，可暂不处理。 3. 运行加强对该架走行部的监听和观察	故障处理
7	供电故障	1. 供电接地： (1)立即通知车辆乘务员检查处理。 (2)得到车辆乘务员允许后，将供电接地隔离开关至隔离位。 2. 供电异常断开供电钥匙，进行供电 A、B 组转换，闭合供电钥匙		双套设备
8	供风故障	无法处理时，关闭供风塞门，控速 120 km/h 以下运行，报告调度员按其指示办理		故障处理
9	机车停放制动异常	停放制动异常施加，立即采取有效措施停车	对停放制动故障进行判断及确认，并采取安全可靠的处置方法	故障处理
10	机车风源系统故障、机车制动机故障等，被迫救援	与救援机车连挂妥当，故障机车车进行无动力附挂处置，熟知无动力设置流程，并能正确设置	与有动力机车连挂妥当、做好列车制动防溜后进行	故障处理

各种复位的方法：

1. 微机复位：调速手柄、换向手柄置 0 位，断开主断路器，【微机复位】按钮 1 s 以上；若故障仍然存在，连续按压三次【微机复位】按钮，其连续按压的间隔时间不小于 2 s。

2. 单元/网络复位：调速手柄、换向手柄置 0 位，断开主断路器，将故障设备对应的自动开关断开 10 s 以上再闭合。

3. 大复位：停车后，将调速手柄、换向手柄置 0 位，断电、降弓，断开电钥匙开关，然后断开控制电源柜“控制电源输出”自动开关 20 s 以上闭合

四、HXD2 型电力机车运行途中乘务员故障处置必知必会作业范围

序号	故障现象	处理要求	注意事项	备注
1	走行部故障或有异常情况	1. 机车走行部冒烟、异音，使用常用制动停车。 2. 发现轴承固死，立即请求救援，机车不得再行移动	严格执行《兰州局集团公司普速铁路机务非正常行车处置预案》，列车运行中遇突发情况“八必停”应急处置要求相关规定	走行故障
2	弓网故障或车顶有异常情况	1. 失压、受电弓刮坏、车顶异音、ADD 动作降弓、报“四象限 1、2、3、4 变压器原边过流，主变压器原边过流”，立即断电降弓紧急制动停车，检查是否接地或超高，并进行处理。（注：使用紧急按钮紧急停车，受电弓不降弓。紧急按钮按下状态受电弓可以升起，但主断路器无法闭合。） 2. 利用 6A 绝缘检测装置，检测车顶绝缘状态	1. 车顶作业时严格遵守电气化区段劳动人身安全措施。 2. 严格执行《兰州局集团公司普速铁路机务非正常行车处置预案》、列车运行中遇突发情况“八必停”应急处置要求相关规定。 3. 利用 6A 绝缘检测装置时，必须断电降弓，断开电钥匙	弓网故障
3	机车制动机故障	1. 制动异常（制动主管不减压、制动力失效等），立即采取有效措施停车。 2. 停车对制动机单元复位，无效时大复位。 3. 可将制动机模式转为备用模式维持运行	1. 严格执行《兰州局集团公司普速铁路机务非正常行车处置预案》、列车运行中遇突发情况“八必停”应急处置要求相关规定。 2. 制动机系统发生故障时，大闸使用紧急制动后放置抑制位对制动系统进行激活解锁	故障处理
4	受电弓无法升起	隔离故障受电弓，换弓维持运行	1. 检查司机室总风缸压力不低于 550 kPa。 2. 检查车顶受电弓隔离塞门位置正确。 3. 检查确认库用转换开关 Z-QUAI 在正常位；检查确认通用柜上库用断路器 DJ-QUAI 在断开位。 4. 如它节机车受电弓无法升起，换升本节机车的受电弓。 5. 确认制动气阀柜“蓝色”钥匙位置正确，人为转动排一次风再转开通位	双套设备故障处理
5	主断路器不闭合	1. 将牵引手柄置大零位后，检查确认 DDU 显示屏牵引手柄为大零位；操作“主断路器”扳键开关至分位再回零位，重新按压主断路器扳钮闭合主断路器。 2. 检查确认 A 节或 B 节机车的 2 个辅助变流器都被隔离。进行“微机复位”操作。 3. 降下已升起受电弓并将该受电弓隔离，改升另一个受电弓再闭合主断。 4. 无效时停车进行“大复位”重启	若微机复位仍不能恢复，在运行条件允许的情况下（机车运行速度较高，不需要停车），需到辅助变流柜处需同时按下两个红色按钮断电，3 s 左右再同时按下两个绿色按钮进行上电复位	故障处理

续上表

序号	故障现象	处理要求	注意事项	备注
6	牵引力发挥异常	1. 满足牵引条件时,不做处理。 2. 将调速手柄回零,再重置牵引位。 3. 进行“微机复位”处理。 4. 无效时停车进行“大复位”处理	1. 检查总风缸压力不得低于700 kPa。 2. 随时检查制动缸压力,无自动上闸。 3. 机车运行中,应经常通过显示屏温度界面,观察牵引变流器水压、水温、柜体温及电机温度等参数	故障处理
7	压缩机故障	1. 看微机柜上压缩机断路器是否跳开,如跳开需闭合断路器。 2. 单节压缩机故障,可在显示屏控制—隔离界面将故障节压缩机隔离。 3. 停车后,到辅变流柜,查看相应的压缩机断路器(DJ-CPR)是否跳开,如跳开可对其进行恢复。重新投入工作后如果断路器仍跳开,需报修。 4. 两节车压缩机均故障,处理无效时,立即请求救援,回段处理	单节压缩机故障,充风所需的时间较长,为保证总风缸的压力,运用时要注意结合使用强泵操作,使总风压力保持在 800 kPa 以上	双套设备
8	辅助变流器接地故障	1. 机车报“辅助变流器 1、2 输出接地”主断跳开后,再次闭合主断,若为辅变自身接地,机车会自动将故障支路的辅变流器隔离。若闭合后再次跳开,需要对故障辅变流器的负载分别进行相应断路器断电排查,如故障消除,切除该负载后闭合主断维持运行。 2. 若机车功率能满足牵引需要,应维持运行回段报修,不能满足时尽可能运行至站内停车处理	单节机车牵引功率满足的情况下,对故障节故障不做处理,通过断开故障节高压隔离开关,隔节维持运行	双套设备故障切除
9	机车停放制动异常	停放制动异常施加,立即采取有效措施停车	对停放制动故障进行判断及确认,并采取安全可靠的处置方法	故障处理
10	机车风源系统故障、机车制动机故障等,被迫救援	与救援机车连挂妥当,故障机车车进行无动力附挂处置,熟知无动力设置流程,并能正确设置	与有动力机车连挂妥当、做好列车制动防溜后进行	故障处理

“复位”操作的具体内容如下:

1. 微机复位:操作部件为司机室【微机复位】按钮,可按压一次司机台的【微机复位】按钮,由微机控制复位进行故障消除。

2. 大复位:操作部件为微机柜“BP-CBA 蓄电池切除按钮”。

注意事项:进行“微机复位”操作前,司机须将调速手柄回零,断开主断;进行“大复位”操作前,司机须将调速手柄回零,降弓断主断、断电钥匙及停车后进行操作

五、HXD3D型电力机车运行途中乘务员故障处置必知必会作业范围

序号	故障现象	处理要求	注意事项	备注
1	走行部故障或有异常情况	1. 机车走行部冒烟、异音，使用常用制动停车。 2. 发现轴承固死，立即请求救援，机车不得再行移动	严格执行《兰州局集团公司普速铁路机务非正常行车处置预案》，列车运行中遇突发情况“八必停”应急处置要求相关规定	走行故障
2	弓网故障或车顶有异常情况	1. 失压、受电弓刮坏、车顶异音、ADD动作降弓，立即断电降弓紧急制动停车，检查是否接地或超高，并进行处理。 2. 利用6A绝缘检测装置，检测车顶绝缘状态	1. 车顶作业时严格遵守电气化区段劳动人身安全措施。 2. 严格执行《兰州局集团公司普速铁路机务非正常行车处置预案》、列车运行中遇突发情况“八必停”应急处置要求相关规定。 3. 利用6A绝缘检测装置时，必须断电降弓，断开电钥匙	弓网故障
3	机车制动机故障	1. 制动异常（制动主管不减压、制动力失效等），立即采取有效措施停车。 2. 停车对制动机单元复位，无效时大复位	1. 严格执行《兰州局集团公司普速铁路机务非正常行车处置预案》、列车运行中遇突发情况“八必停”应急处置要求相关规定。 2. 紧急制动后，自动制动手柄放置紧急位待60 s倒计时结束后，再进行制动机操作。使用紧急按钮后注意复位紧急按钮	故障处理
4	主变流器接地保护	1. 如主断跳闸，微机显示屏会显示二次接地故障信息。通过微机显示屏将故障支路的主变流器隔离，维持运行（自动隔离可不进行处理）。 2. 如机车的接地监测保护装置动作，自动隔离故障回路的牵引变流器，但不跳主断，实施主接地保护时将故障支路的主变流器切除，维持运行	加强对该架走行部的监听和观察	故障处理
5	牵引电动机、主变流器故障	隔离相应的故障单元，维持运行	1. 调速手柄须回0位。 2. 加强对该架走行部的监听和观察	故障处理
6	布赫继电器动作的运行	将布赫继电器的排气阀打开，通过观察将布赫继电器内的气体排出（观察到有排气阀处有少量油渗出时为止）	1. 一级保护动作时，在操作台的微机显示屏上显示故障信息，可暂不处理。 2. 二级保护动作，机车主断路器分断时需进行复位	故障处理
7	供电设备故障	1. 供电接地 (1)立即通知车辆乘务员检查处理。 (2)得到车辆乘务员允许后，将供电接地隔离开关至隔离位。 2. 供电异常断开供电钥匙，进行供电A、B组转换，闭合供电钥匙		双套设备

续上表

序号	故障现象	处理要求	注意事项	备注
8	供风设备故障	无法处理时,关闭供风塞门,控速120 km/h以下运行,报告调度员按其指示办理		故障处理
9	机车停放制动异常	停放制动异常施加,立即采取有效措施停车	对停放制动故障进行判断及确认,并采取安全可靠的处置方法	故障处理
10	机车风源系统故障、机车制动机故障等,被迫救援	与救援机车连挂妥当,故障机车车进行无动力附挂处置,熟知无动力设置流程,并能正确设置	与有动力机车连挂妥当、做好列车制动防溜后进行	故障处理
各种复位的方法: 1. CI复位:调速手柄、换向手柄置0位,主断路器闭合状态,【微机复位】按钮1 s以上,CI控制单元将进行复位。 2. 微机复位:调速手柄、换向手柄置0位,断开主断路器,【微机复位】按钮1 s以上,微机系统将断电重启,重新升弓合闸 。 3. 大复位:停车后,将调速手柄、换向手柄置0位,断电、降弓,断开电钥匙开关,然后断开控制电源柜“大复位开关”自动开关(不断“蓄电池”自动开关)30 s以上				

六、SS7E型电力机车运行途中乘务员故障处置必知必会作业范围

序号	故障现象	处理要求	注意事项	备注
1	走行部故障或有异常情况	1. 机车走行部冒烟、异音,使用常用制动停车。 2. 发现轴承固死,立即请求救援,机车不得再行移动	严格执行《兰州局集团公司普速铁路机务非正常行车处置预案》,列车运行中遇突发情况“八必停”应急处置要求相关规定	走行故障
2	弓网故障或车顶有异常情况	1. 失压、受电弓刮坏、车顶异音、ADD动作降弓,立即断电降弓紧急制动停车,检查是否接地或超高,并进行处理。 2. 利用6A绝缘检测装置,检测车顶绝缘状态	1. 车顶作业时严格遵守电气化区段劳动人身安全措施。 2. 严格执行《兰州局集团公司普速铁路机务非正常行车处置预案》、列车运行中遇突发情况“八必停”应急处置要求相关规定。 3. 利用6A绝缘检测装置时,必须断电降弓,断开电钥匙	弓网故障
3	机车制动机故障	1. 制动异常(制动主管不减压、制动力失效等),立即采取有效措施停车。 2. 如电空制动系统故障则停车后转空气位	1. 严格执行《兰州局集团公司普速铁路机务非正常行车处置预案》、列车运行中遇突发情况“八必停”应急处置要求相关规定。 2. “空气位”无紧急制动作用,紧急情况时须开放121、122。 3. 注意减压制动后列车管有补风作用。 4. 单缓机车制动时下压小闸手柄	双套设备

续上表

序号	故障现象		处理要求	注意事项	备注
4	机车保护处理	次边短路	1. 微机柜倒组后试合闸一次。 2. 转组后故障未消除隔离故障转向架		故障处理
		主变压器防爆阀动作	确认喷油时，严禁升弓合闸，立即停车请求救援	乌鞘岭隧道前油温超过80 ℃的严禁进入	故障救援
5	机车保护系统切除	辅接地	将操纵端司机台板下辅接地隔离开关由1位打至2位	1. 确认各辅助电机启动运转正常。 2. 加强机械间巡视	保护切除
		主接地	确认无异状后转换操纵端司机台板下主接地隔离开关。显示“主电路1或3接地”时，由正常位转切Ⅰ位；显示“主电路2或4接地”时，由正常位转切Ⅱ位；显示Ⅰ和Ⅱ架均有接地时，由正常位转全隔位	1. 切除前必须确认各部无异状。 2. 加强机械间巡视和走行部监听和观察	保护切除
6	双套设备故障转换	运行中预备灯灭，两架无压无流且无预励磁	1. 对微机柜进行复位。 2. 若复位无效对微机柜进行Ⅰ、Ⅱ位转换。 3. 关闭自动过分相装置。 4. 以上处理无效后，停车断开蓄电池ZK 1 min以上再闭合后进行试验	将调速手柄回零位，电源柜“微机控制”自动开关FA35断开，然后根据微机显示屏的故障显示提示，将微机柜故障转换开关由0位转向故障位Ⅰ或Ⅱ位，转换完毕后再合上“微机控制”自动开关	双套设备
		某架无压无流	对微机柜进行复位，若复位无效，对微机柜进行Ⅰ、Ⅱ位转换	注意观察各仪表及状态显示屏的显示	双套设备
		牵引时“运行准备”灯不灭	LCU转组；隔离风压继电器	中间位须停留10 s	双套设备
		辅变流故障	1. 四组辅变流中有一组故障，且微机屏显示“×架辅助变流整流器(逆变器)×”故障时，切除相应的辅变流。 2. 对辅助变流器复位。 3. 发生两组辅助变流器故障的情况下必须切架运行，按以下故障情况选择相应的关系进行切除。 (1)V11、V12故障时，将Ⅰ架隔离开关打隔离位。并且将风压继电器隔离开关打隔离位。 (2)除以上故障情况外，任意两组辅助变流器故障，将Ⅱ架隔离开关打隔离位，并且将风压继电器隔离开关打隔离位	加强巡视，注意观察各仪表及状态显示屏的显示	双套设备
		干燥器排泄阀排风不止	关闭故障干燥器“排泄阀塞门”维持运行	随时检查总风缸压力	故障切除

续上表

序号	故障现象	处理要求	注意事项	备注
7	供电故障	1. 供电接地: (1)立即通知车辆乘务员检查处理。 (2)得到车辆乘务员允许后,将供电接地隔离开关至隔离位。 2. 供电异常断开供电钥匙,进行供电A、B组转换,闭合供电钥匙		双套设备
8	供风故障	关闭502供风塞门和503防逆流塞门,开放501旁通塞门	1. 确认调压阀压力为600 kPa。 2. 当两路供风均故障时,列车运行速度不超过120 km/h,并按调度员指示办理	双套设备
9	主断路器不闭合	1. 确认调速手柄零位、各辅变流扳钮在断开位。 2 微机复位、LCU转组。 3. 切除自动过分相装置	试合闸3次无效或总风压力低于700 kPa时,立即停车	双套设备
10	机车停放制动异常	停放制动异常施加,立即采取有效措施停车	对停放制动故障进行判断及确认,并采取安全可靠的处置方法	故障处理

七、DF4型内燃机车运行途中乘务员故障处置必知必会作业范围

序号	故障现象	处理要求	注意事项	备注
1	走行部故障或有异常情况	1. 机车走行部冒烟、异音,使用常用制动停车。 2. 发现轴承固死,立即请求救援,机车不得再行移动	严格执行《兰州局集团公司普速铁路机务非正常行车处置预案》,列车运行中遇突发情况“八必停”应急处置要求相关规定	走行故障
2	增压器故障	不能维持运行时,立即请求救援	1. 严禁盲目进入隧道。 2. 电气区段发生故障无法安全运行时立即停车	故障救援
3	机车油水温高	顶死温控阀维持运行至前方站停车处理	1. 运行中随时检查油水温度。 2. 每运行两个区间、中间站停车进行一次机械间检查	故障切除
4	主电路接地	解锁接地继电器DJ	注意观察接地继电器是否再次动作	保护解锁
5	辅助不发电	1. ZY2000电子恒功装置倒组。 2. 转固定发电	转换时严禁带电拔插插头。柴油机转速1 000 r/min时,固定发电110 V	双套设备
6	无压无流	1. ZY2000电子恒功装置倒组。 2. 使用故障励磁	转换时严禁带电拔插插头。此时电路自动转入固定发电	双套设备
7	柴油机转速不升不降	ZY2000电子恒功装置倒组	转换时严禁带电拔插头	双套设备
8	燃油无压力	使用第二泵维持运行		双套设备

八、DF5 型内燃机车运行途中乘务员故障处置必知必会作业范围

序号	故障现象	处理要求	注意事项	备注
1	走行部故障或有异常情况	1. 机车走行部冒烟、异音，使用常用制动停车。 2. 发现轴承固死，立即请求救援，机车不得再行移动	严格执行《兰州局集团公司普速铁路机务非正常行车处置预案》，列车运行中遇突发情况“八必停”应急处置要求相关规定	走行故障
2	增压器故障	不能维持运行时，立即请求救援	1. 严禁盲目进入隧道。 2. 电气区段发生故障无法安全运行时立即停车	故障救援
3	主接地	解锁接地继电器 DJ	注意观察接地继电器是否再次动作	保护解锁
4	过流	解锁过流继电器 LJ	注意观察过流继电器是否再次动作	保护解锁
5	启动柴油机时，供油拉杆不出，柴油机不启动	顶死电磁联锁 DLS	注意检查差示压力计是否动作，检查机油末端压力符合规定	故障处理
6	运行中高位卸载	730 r/min 以下维持运行，检查油压在 180 kPa 以上时短接 2YJ	随时注意滑油压力，柴油机转速在 730 r/min 以上时，滑油压力保持在 180 kPa 以上	故障处理
7	无压无流	在电器柜内将励磁开关置电子恒功位。闭合操纵台电子恒功的琴键开关		双套设备
8	空压机不自动打风	手动打风	随时检查总风缸压力	故障处理

九、DF7 型内燃机车运行途中乘务员故障处置必知必会作业范围

序号	故障现象	处理要求	注意事项	备注
1	走行部故障或有异常情况	1. 机车走行部冒烟、异音，使用常用制动停车。 2. 发现轴承固死，立即请求救援，机车不得再行移动	严格执行《兰州局集团公司普速铁路机务非正常行车处置预案》，列车运行中遇突发情况“八必停”应急处置要求相关规定	走行故障
2	增压器故障	不能维持运行时，立即请求救援	1. 严禁盲目进入隧道。 2. 电气区段发生故障无法安全运行时立即停车	故障救援
3	主接地	解锁接地继电器 DJ	注意观察接地继电器是否再次动作	保护解锁
4	过流	解锁过流继电器 LJ	注意观察过流继电器是否再次动作	保护解锁
5	启动柴油机时，供油拉杆不出，柴油机不启动	顶死电磁联锁 DLS	注意检查差示压力计是否动作，检查机油末端压力符合规定	故障处理

续上表

序号	故障现象	处理要求	注意事项	备注
6	运行中突然高转速停机	将极限调速复原手柄复位		故障处理
7	无压无流	在电器柜内将“原励磁、0、电子恒功”开关置电子恒功位。闭合操纵台标识为“电子恒功”的琴键开关		故障切除
8	空压机不自动打风	手动打风	随时检查总风缸压力	故障处理
9	一台空压机不打风	拔掉故障空压机保险用另一台空压机打风	随时检查总风缸压力	双套设备

十、DF8B型内燃机车运行途中乘务员故障处置必知必会作业范围

序号	故障现象	处理要求	注意事项	备注
1	走行部故障或有异常情况	1. 机车走行部冒烟、异音,使用常用制动停车。 2. 发现轴承固死,立即请求救援,机车不得再行移动	严格执行《兰州局集团公司普速铁路机务非正常行车处置预案》,列车运行中遇突发情况“八必停”应急处置要求相关规定	走行故障
2	增压器故障	不能维持运行时,立即请求救援	1. 严禁盲目进入隧道。 2. 电气区段发生故障无法安全运行时立即停车	故障救援
3	微机死机	非逻控机车:停车停机,断开蓄电池闸刀,30 s左右后重新合上蓄电池闸刀使微机复位	观察微机屏上各项数据,如已恢复正常,再启机加载	故障处理
4	机车功率突降为零	微机屏如无任何报警信息,可将励磁开关WZK打“励磁Ⅱ”使用。如有报警信息,则按相应故障信息要求进行处理	WZK开关转换时主手柄“0位”断开2K。 检查有无励磁应做到:将主手柄回至1位,按压微机显示器【同屏显示】键,翻页查看励磁机励磁电流是否为1 A,若过小或显示0为励磁不良	故障处理
5	机车突然卸载	如微机无任何报警信息,可将励磁开关打“励磁Ⅱ”使用,如仍然卸载可用应急片将LLC和LC顶死,维持运行	1. 断电时及时释放LC和LLC。 2. 每运行两个区间、中间站停车进行一次机械间检查	故障处理
6	牵引电机超速、增压器超速	微机显示屏显示牵引电机超速,甩相应的超速电机。增压器超速,降低主手柄位维持运行;若是假数据,可将传感器线甩开,也可将励磁开关打励磁Ⅱ使用	注意观察牵引电机电流和倾听增压器声音	故障处理
7	辅发过压	断开辅发开关,将辅发万转开关由A组转换至置B组使用	万转开关转换时断开辅发开关5 K	双套装置

续上表

序号	故障现象	处理要求	注意事项	备注
8	运行中燃油压力低	将两泵电机脱扣开关同时合上，若压力逐渐降低时，将两个燃油泵电机脱扣开关同时断开几秒钟后再合上	不能消除时，迅速请求救援	故障处理
9	回手柄时柴油机有“飞车”迹象	提手柄加载，闭合2K，断开燃油泵开关，确认柴油机能否停机。能停机时，重新启机试验。不能停机时，立即关闭燃油截止阀，迫使柴油机在加载的状态下停机，防止飞车	柴油机不能卸载	故障处理
10	风动百叶窗故障	手动开启百叶窗	注意人身安全	故障处理
11	两端操纵台“微机屏”乱显示故障信息，且逻辑控制单元插板上红灯亮	逻控机车：转换逻控单元转换开关LCUK位置。无效时停机，断开蓄电池闸刀，30 s后重新合上蓄电池闸刀	手柄回0位 断开机控，先将LCU主机箱扳钮由分位打至合位后进行LCUK转换，等待15 s以上再将LCU主机箱扳钮由合位打至分位进行试验	双套装置
12	无级调速柴油机转速不升不降	将无级调速转换开关“TSK”进行A、B组转换；若“TSK”A、B组均故障时，将“TSK”置于中立位，闭合操纵台“调速器故障”琴键开关，主手柄提2位，使用调整手轮调整柴油机转速	进行A、B组转换时，必须将主手柄回零位，断开5K后进行	双套装置

十一、DF11型内燃机车运行途中乘务员故障处置必知必会作业范围

序号	故障现象	处理要求	注意事项	备注
1	走行部故障或有异常情况	1. 机车走行部冒烟、异音，使用常用制动停车。 2. 发现轴承固死，立即请求救援，机车不得再行移动	严格执行《兰州局集团公司普速铁路机务非正常行车处置预案》，列车运行中遇突发情况“八必停”应急处置要求相关规定	走行故障
2	增压器故障	不能维持运行时，立即请求救援	1. 严禁盲目进入隧道。 2. 电气区段发生故障无法安全运行时立即停车	故障救援
3	微机死机	停车停机，断开蓄电池闸刀，10 s左右后重新合上蓄电池闸刀使微机复位	观察微机屏上各项数据，如已恢复正常，再启机加载	故障处理
4	1台空气压缩机不工作	使用启动备份压缩机	加强走廊巡视	双套装置
5	无励磁电流	转用励磁Ⅱ		双套装置
6	柴油机转速不升不降	ZY2000恒功系统倒组，维持运行。 手动调整转速，维持运行	注意配合，加强瞭望	故障处理

续上表

序号	故障现象	处理要求	注意事项	备注
7	燃油无压力	1. 检查燃油泵电机控制 DZ。 2. 打开燃油放气阀排气。 3. 当前燃油泵故障时,使用第二泵维持运行,断开 3(4)DZ,闭合 4(3)DZ,若燃油压力低,可使用双泵维持运行	1. 加强走廊巡视。 2. 注意不要将燃油喷至排气支管、总管等高温部分	故障处理双套装置
8	机车油水温高	拉开百叶窗维持运行		故障处理

第三章　模拟演练（第三步，20关）

第一节　LKJ性能检查试验

1. 开机操作

打开主机电源开关后，装置进行自检，数秒后显示器进入正常显示状态。

2. 操作权的确认

装有两个显示器的机车，在降级状态和调车状态的两个显示器都有权；进入监控状态时，按【开车】键的显示器有操作权。

在有操作权的显示器显示屏操作权显示窗口显示“有权”，无操作权的显示器显示屏操作权显示窗口显示“无权”。

在通常监控状态下，在有权端显示器及警惕按钮可进行正常操作，具有正常语音提示；而在无权端显示器只能进行一些“查询”功能的操作，无语音提示。

在降级和调车状态下，两个显示器均可进行参数设定等操作。

3. 时钟确认

乘务员必须确认显示屏日期、时间显示与实际日期时间相符。

第二节　LKJ参数输入、揭示导入、数据核对

在停车时将IC卡插入显示器卡槽，IC卡标识点亮后，按压【设定】键进行读卡，出现参数设定对话框，检查参数是否正确。若正确可按压【设定】键，弹出“注意”信息窗口（内容为运行区段揭示内容），按压【确认】键后，弹出“请查询揭示”窗口，再次按压【确认】键后，进入揭示查询界面（图3-1）。乘务员确认揭示内容与出勤时担当的车次揭示完全相符后，按压【确认】键退出揭示查询界面。

揭示查询界面有2个页面，1个页面显示调度命令号信息，另一个页面显示公里标、揭示起止时间、限速等信息，机车插卡后如核对揭示不完整时，需直接按压【2号键】（或者移动光标至“切换”选项时按压【确认】键），既可切换至另一界面核对剩余揭示。

使用IC卡输入后，装置将刷新存储的揭示信息。因此，必须确认所使用的IC卡信

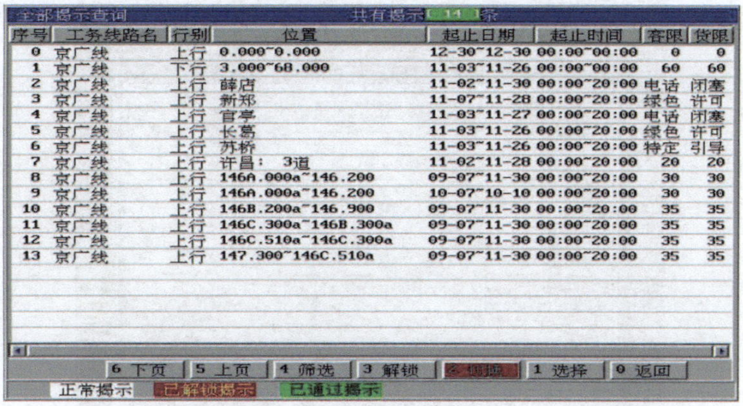

序号	工务线路名	行别	位置	起止日期	起止时间	客限	货限
0	京广线	上行	0.000~0.000	12-30~12-30	00:00~00:00	0	0
1	京广线	下行	3.000~68.000	11-03~11-26	00:00~00:00	60	60
2	京广线	上行	薛店	11-02~11-30	00:00~20:00	电话	闭塞
3	京广线	上行	新郑	11-07~11-28	00:00~20:00	绿色	许可
4	京广线	上行	官亭	11-03~11-27	00:00~20:00	电话	闭塞
5	京广线	上行	长葛	11-03~11-26	00:00~20:00	绿色	许可
6	京广线	上行	苏桥	11-03~11-26	00:00~20:00	特定	引导
7	京广线	上行	许昌： 3道	11-02~11-28	00:00~20:00	20	20
8	京广线	上行	146A.000a~146.200	09-07~11-30	00:00~20:00	30	30
9	京广线	上行	146A.000a~146.200	10-07~10-10	00:00~20:00	30	30
10	京广线	上行	146B.200a~146.900	09-07~11-30	00:00~20:00	35	35
11	京广线	上行	146C.300a~146B.300a	09-07~11-30	00:00~20:00	35	35
12	京广线	上行	146C.510a~146C.300a	09-07~11-30	00:00~20:00	35	35
13	京广线	上行	147.300~146C.510a	09-07~11-30	00:00~20:00	35	35

图 3-1 揭示查询

息是最新的、揭示信息有效的,不得使用内容空白的 IC 卡。

乘务员手工修改参数操作:

1. 车速等级相关操作

(1)停车状态下按【设定】键进入参数设定界面,输入司机号、副司机号、监控交路、车站号、车次种类、车种标识、车次编号、列车种类、编组信息;车速等级内输入相应限制速度,如图 3-2 所示。

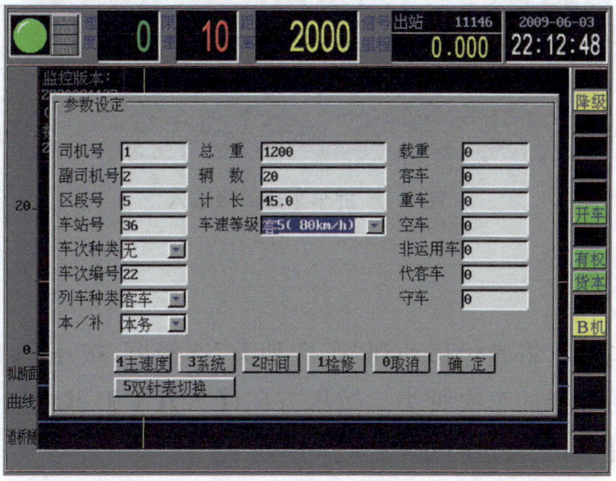

图 3-2 参数设定窗口

(2)若为动车组,"列车种类"中固定显示"动车组","车速等级"中固定显示动车组,且不允许进行修改。

(3)若选择货车,当光标移到"车速等级"窗口中时,按【↓】键弹出车速等级选择窗口(图 3-3),当选择其他时,弹出"请输入货车车速等级限速"窗口,在该窗口中输入货车车速等级限速值,如图 3-4 所示。

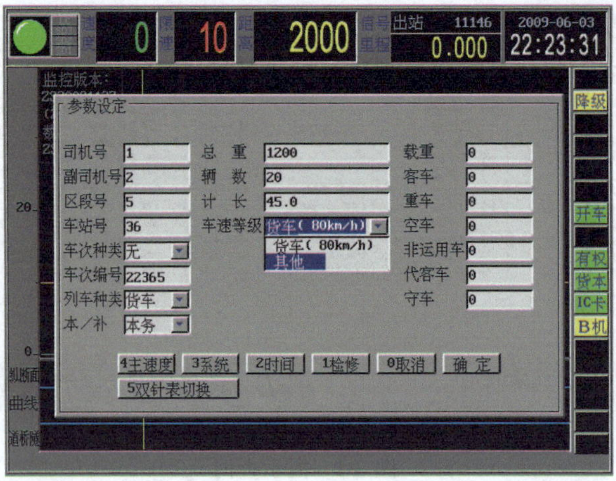

图 3-3　货车车速等级选择

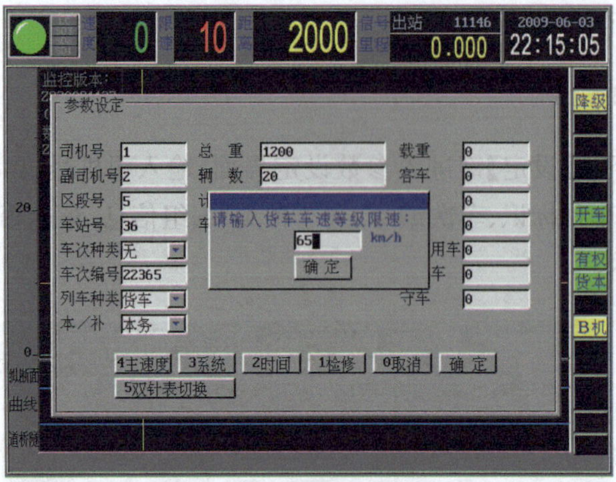

图 3-4　货车车速等级输入

2. 车次种类选择

在“参数设定”窗口，将光标移动到“车次种类”选择框，按压【↓】键，显示选择下拉框，下拉框内显示可选择的车次种类。按压方向(【↑】【↓】)键将光标移动到对应的列车类型位置再按压【确认】键进行选择。

若输入列车种类为客车，当光标移到“车速等级”窗口中时，按【↓】键弹出车速等级选择窗口，如图 3-5 所示，利用【↑】键或【↓】键选择相应的车速等级，车速等级选定后按【确认】键。

在设定界面下，所有信息输入完成后将光标移到【确认】按钮上按【确认】按钮，或直接按【设定】键显示输入设定信息，如图 3-6 所示。

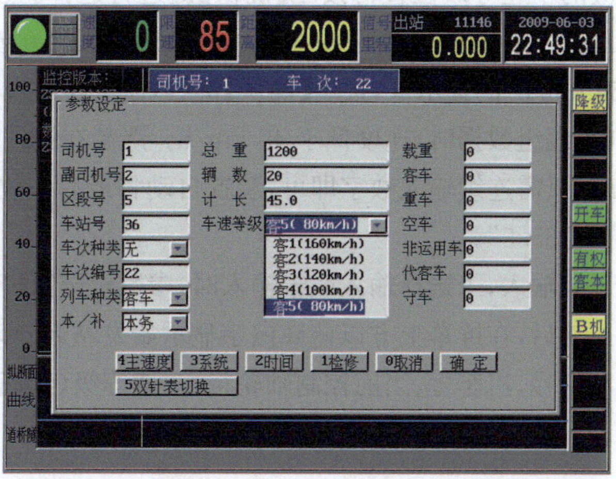

图 3-5　客车车速等级输入

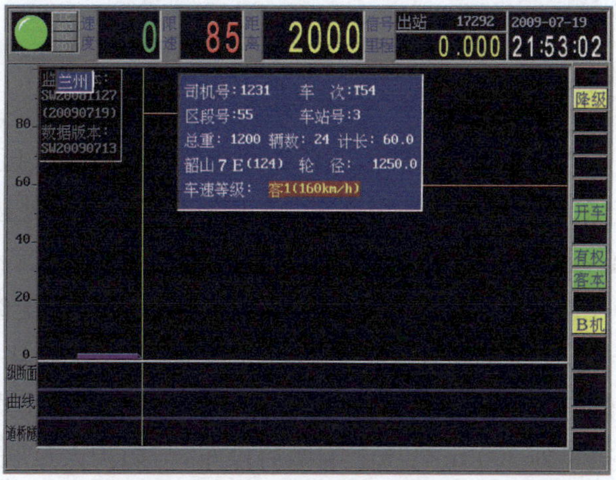

图 3-6　设定后的参数校核提示窗口

乘务员修改参数监控交路、车站号、列车类型、车种标识、车次号码等必须在 LKJ 不处于随时停车模式,未输出控制指令(解除牵引力、常用制动、紧急制动)且不处于防溜报警状态时修改,输入后确认参数输入正确,开车指示灯亮,显示器显示车站名和输入信息,装置进入降级状态。

在通常监控状态下修改监控交路号、车站号、车次编号,若机车信号为停车信号(或红黄闪灯)或者语音报警时必须停车时进行,为双黄灯时必须速度小于 45 km/h 时进行,为其他进行信号时必须速度小于 60 km/h 时进行。

列车种类、车速等级修改必须在停车时进行。"车速等级"选择框,缺省显示"5(80 km/h)"。按压【↓】键显示选择下拉框。下拉框列表内容为"1(160 km/h)""2(140 km/h)""3(120 km/h)""4(100 km/h)""5(80 km/h)""其他"。按压【↑】或【↓】

键将光标移动到对应的车速等级位置再按压【确认】键进行选择。选择“其他”时，调出车速等级输入框，可输入1～120之间的数值。当输入的数值为0或大于120时，弹出“输入范围为1～120 km/h”的提示框，按压【确认】键后，需重新输入车速等级值。

修改司机号、列车编组数据时，速度低于45 km/h。严禁在进站前修改以上参数。

在输入“计长”时，只需连续输入数字即可，装置自动将最后一位数定为小数位。如输入“655”装置默认为“65.5”。

车速等级必须正确输入，未选择输入或未输入时，参数设定窗口无法退出。

手动输入设定成功后，在屏幕上方以蓝底白字显示始发站名、车站号、车次、监控交路号、列车编组、机车型号、机车号、当前控制轴轮径、车速等级（红底黄字）等信息，供乘务员核对。

第三节　担当救援任务时监控装置的操作

一、进入区间救援时的处置

1. 自动闭塞区段正方向进入区间救援时的操作

LKJ按规定输入救援车次、车站号，并检查司机号、副司机号、区段号、车站号、速度等级等参数，确认行车凭证正确后降级开车，在正线出站信号机处按压【开车】键对标，使LKJ进入正常监控状态，运行中严格按通过信号机的显示要求行车。在接近被救援列车2 km时，严格控制速度（不超过20 km/h），同时要使用列车无线调度通信设备（机车综合无线通信设备）与请求救援的机车司机取得联系，再次确认被救援列车停留位置。在区间显示红灯的通过信号机前停车，操作LKJ进入调车模式继续运行，在防护人员处或距离被救援车列300 m处压上响墩后停车，与防护人员联系后开车，并按十、五、三车距离控速。距被救援列车10 m前一度停车，以不超过5 km/h的速度连挂，连挂好后试拉，与被救援列车司机进行联系，按规定进行制动机试验（长大坡道时，确认尾部风压同步上升），确认列车管贯通、列车完整后撤除防溜。

2. 自动闭塞区段反方向、半自动闭塞、自动站间闭塞区段进入区间救援时的操作

LKJ按规定输入救援车次、车站号，并检查司机号、副司机号、区段号、车站号、速度等级等参数，确认行车凭证正确后降级开车，对准规定对标的出站信号机按压【开车】键后，运行至反方向进站信号机处停车，按压【调车】键进入调车状态运行。救援机车进入封锁区间后，使用列车无线调度通信设备（机车综合无线通信设备）与请求救援的列车司机取得联系。距被救援列车停车位置2 km前，速度控制在35～38 km/h（推进运行时按30 km/h的限速控速）；距被救援列车停车位置2 km后，速度控制在16～20 km/h；在防护人员处或距离被救援车列300 m处压上响墩后停车，与防护人员联系后开车，并

按十、五、三车距离控速。距被救援列车 10 m 前一度停车,以不超过 5 km/h 速度连挂,连挂好后试拉,与被救援列车司机进行联系,按规定进行制动机试验(长大坡道时,确认尾部风压同步上升),确认列车管贯通、列车完整后撤除防溜。

二、救援返回时的处置

1. 自闭区间正方向返回:救援机车连挂完毕后,被救援机车 LKJ 进入补机模式。输入救援列车返回车次、车速等级、车站号修改为救援返回运行方向后方车站号,确认机车信号开关置于运行线别规定的方向,按压【开车】键后,再逐次按压【车位】和【向前】键,将车位调整至救援机车后部第一架通过信号机处。起动列车,当列车运行至前方通过信号机处再次按压【车位】和【向前】键调整车位,认真执行车机联控,逐架确认信号及车位、信号机号码,严格按信号显示要求运行,进站前按规定输入股道号,按进站信号机的显示要求,操纵列车。

2. 自闭区间反方向返回:救援机车连挂完毕后,被救援机车 LKJ 进入补机模式,救援机车输入返回车次、车速等级,并转入调车模式开车,运行至反方向进站信号机前,认真执行车机联控,必须确认进站信号机显示状态,按其显示要求操纵列车,允许进站停车时,及早使闸,严控速度。

第四节　LKJ 路票行车

列车在改用电话闭塞法行车的区间,以前方进站信号机为目标控制点进行提前防护控制,如图 3-7 所示。

图 3-7　基本闭塞法改用电话闭塞法行车时地面信号和机车信号的显示

一、有计划的基本闭塞法改用电话闭塞法行车

机车出段前已将改用电话闭塞法的调度命令用 IC 卡输入监控装置的,列车运行至改用电话闭塞法行车的起始车站的进站信号机前,且运行速度低于 60 km/h 时,装置自

动弹出路票输入窗口，提示司机确认路票编号，如图 3-8 所示。在路票输入窗口输入路票电话记录号后，按压【确认】键退出路票输入窗口，然后依次按压【解锁】键+【确认】键（两键间隔时间小于 5 s），监控装置解除对列车所在线路的出站信号机（或发车进路信号机）和下一站间所有分区通过信号机的停车控制功能。列车运行至下一接车站进站信号机前，按其显示要求监控列车运行。

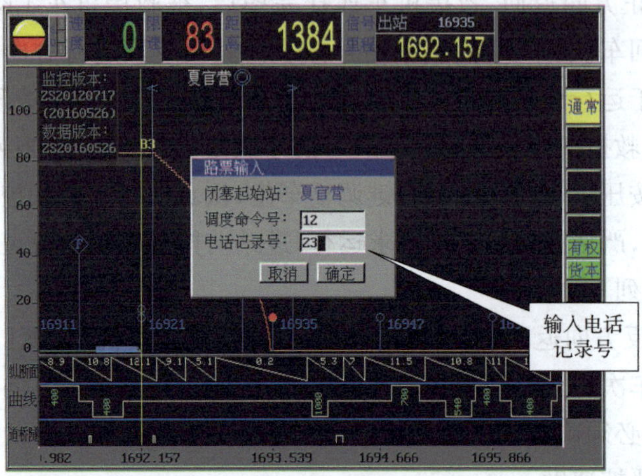

图 3-8　有计划的改用电话闭塞调令号显示和电话记录号输入

降级状态下，若设定的站就是电话闭塞的起始车站，开车前乘务员输入正确编组信息，开车灯亮，弹出路票确认窗口，乘务员输入相应路票电话记录号后按压【确认】键退出，按压【解锁】+【确认】键。按压【开车】键前装置按降级模式控制列车运行；按压【开车】键后，装置按电话闭塞模式控制列车运行。

如窗口消失，司机必须在改用电话闭塞法起始车站的出站信号机前，持续按压【↑】键 2 s，监控装置显示“非正常行车确认”窗口，司机选择“路票”选项确认后，按提示输入路票电话记录号，按压【确认】键退出路票输入窗口，按压【解锁】键+【确认】键。

对于有计划的路票行车，只允许在对应的出站信号机前输入电话记录号，不允许提前一个分区输入。

始发车站办理路票行车，开车对标后固定按股道道岔侧向发车控制。

二、临时改用电话闭塞法行车

列车运行中（包括始发站）接到改用电话闭塞法的调度命令。在改用电话闭塞法起始车站的出站信号机或发车进路信号机前停车后，司机持续按压【↑】键 2 s，监控装置显示“非正常行车确认”窗口，司机选择“路票”选项确认后，按提示输入调度命令号和路票电话记录号，按压【确认】键退出路票输入窗口，按压【解锁】键+【确认】键，监控装置解除对本站出站信号机（或进路信号机）和下一站间所有分区通过信号机的停车控制功能。

列车越过出站信号机 50 m 后不能输入临时路票的功能。

第五节　绿色许可证行车

一、有计划改用绿色许可证发车

机车出段前已将改用绿色许可证发车的调度命令用 IC 卡输入监控装置的,列车运行至改用绿色许可证发车站的出站信号机或发车进路信号机前,且列车运行速度低于 45 km/h 时,装置弹出绿色许可证输入窗口,提示司机确认调度命令编号,如图 3-9 所示。在许可证输入窗口输入许可证编号后,按压【确认】键退出许可证输入窗口,然后按压【解锁】键+【确认】键(两键间隔时间小于 5 s),监控装置解除本站出站信号机或发车进路信号机的停车控制功能,监控列车以不超过道岔限速的速度通过出站道岔。

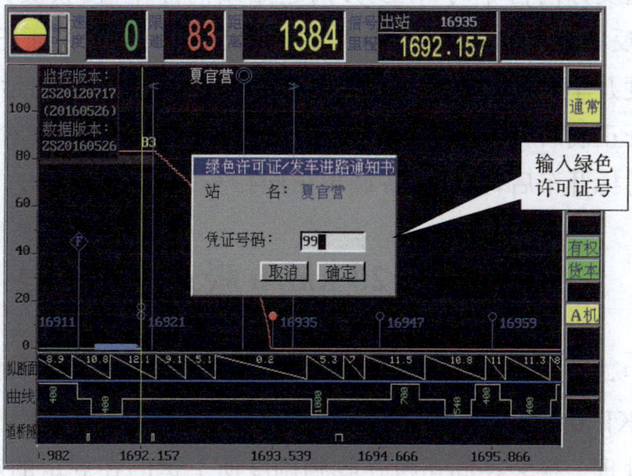

图 3-9　绿色许可证输入界面

对于有计划的绿色许可证发车,只允许在对应的出站信号或发车进路信号机前输入凭证号。

二、临时改用绿色许可证发车

列车运行中(包括始发站)接到改用绿色许可证发车的调度命令,在改用绿色许可证发车车站的出站信号机或发车进路信号机前停车后,司机持续按压【↑】键 2 s,装置显示对话窗口;司机选择绿色许可证选项,输入绿色许可证编号,如图 3-9 所示,按【确认】键退出窗口,按压【解锁】键+【确认】键后,监控装置解除对该信号机的停车控制功能,监控列车以不超过道岔限速通过出站道岔。

输入绿色许可证(路票)窗口弹出后保持 15 s 显示,若 15 s 内未做任何操作,则绿色许可证(路票)窗口消失。窗口消失后,可手动按压【↑】键 2 s 后,再次弹出输入窗口,进入绿色许可证(路票)输入窗口,输入绿色许可证编号(路票电话记录号)。

对于有连续多架出站信号机的车站,在次一架信号机前停车后,必须再次按临时绿色许可证输入方法，输入相同的调度命令编号和绿色许可证编号。

遇自动闭塞改变为自动站间闭塞或向封锁区间开行路用列车时，监控装置输入采用临时路票方式，电话记录号统一输入“99”(向封锁区间开行路用列车按调度命令限速要求车速等级)，在监控装置显示屏窗口右上角调出电话闭塞调度命令显示后，司机解锁操作后(根据工方人员的指挥)按规定操纵列车进入区间；遇由区间返回的路用列车，返回时司机采用调车模式，在进站信号机前一度停车，按规定操纵列车进入站内。

越过出站信号 50 m 后无法使用临时绿色许可证功能。

第六节　反方向行车

客货运列车遇反方向行车时，在反方向起始站内停车，接收反方向行车的调度命令，监控装置输入反向行车的车站号，进入降级状态，确认行车凭证正确后，按该站股道最低限速控制速度开车对标，监控装置调出反向数据；在恢复正向运行的车站停车，司机在确认行车凭证正确后，输入该站正向行车的车站号，进入降级状态，按该站股道最低限速控制速度对标开车后，监控装置调出正向行车的监控数据。

第七节　20 km/h 模式行车

列车运行途中，LKJ、机车信号发生故障时，司机应立即停车并报告列车调度员或车站值班员，将 LKJ 转为随时停车工作状态，严格按地面信号显示操纵以规定速度运行至前方站停车处理。换装期间司机在收到调度所下达的在规定的对应线路区域采用将 LKJ 由通常工作状态人工转为随时停车工作状态的调度命令后，将监控装置由监控状态转入随时停车工作状态运行。

1. 进入

列车停车后，按显示器的【↑】键 2 s 以上，显示器弹出“非正常行车”窗口，将光标移到“转入 20 km/h 限速模式”选项上，再按压【确认】键，监控装置转入“转入 20 km/h 限速模式”，显示屏显示“20 km/h 限速模式”。

2. 控制

进入“20 km/h 限速模式”后，装置限速值立即为 0，2 min 后，限速 20 km/h，监控列车以不超过 20 km/h 的速度运行至前方车站的出站信号机(指地面数据中未设有线路所标志的出站信号机、进出站信号机)前停车，运行中机车信号不作为控制依据，不进行自动过机距离误差校正。

3. 转出

列车停车后,按压显示器的【↑】键 2 s 以上,显示器弹出“非正常行车确认”窗口,将光标移到“转出 20 km/h 限速模式”选项上,再按压【确认】键,装置进入降级状态。

进入“20 km/h 限速模式”运行时,监控装置不再按照机车信号监控列车运行,乘务员按照地面信号显示操纵列车以不超过 20 km/h 速度运行至前方站停车。

第八节　特殊前行的操作

车载数据中未设置“靠标停车困难特殊车站”,且为货物列车时,当机车信号为停车信号,列车站内停车的控制方式为

1. 列车在站内停车,距车载数据中设置的出站信号机距离小于 70 m 时,LKJ 提供特殊前行的输入条件。

2. 司机首先目测机车头部距离出站信号机的实际距离,根据列车头部距离出站信号机的实际距离向列车调度员申请特殊前行,经列车调度员口头同意后可使用 LKJ 特殊前行功能,持续按压【↑】键 2 s,LKJ 装置显示对话窗口,司机选择“货车特殊前行”选项,司机按压【确认】键,在调度命令一栏统一输入“2”,在“前行距离”一栏输入需要特殊前行的距离,按【确认】键退出窗口,LKJ 监控列车以不超过 15 km/h 的速度运行,最大运行距离为输入 LKJ 的前行距离值(最大不超过 100 m),如图 3-10 所示。

3. 允许重复进入特殊前行模式。

4. LKJ 接到 H 码时,立即输出紧急制动指令。

5. 列车停车 5 min 后,LKJ 自动退出特殊前行控制。

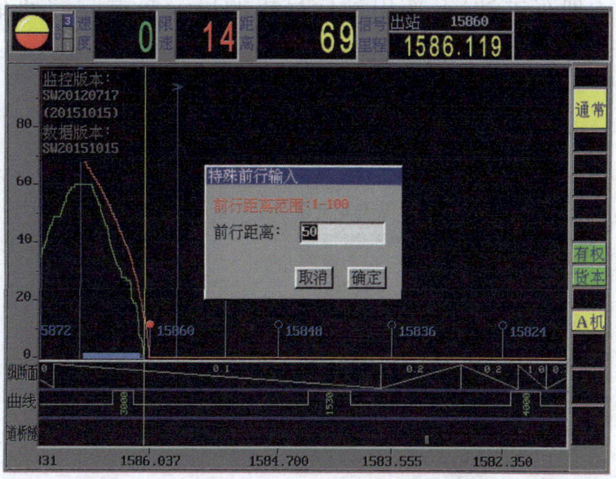

图 3-10　特殊前行时前行距离值输入

第九节 车位误差的调整方法

机车运行中，由于空转、轮滑、轮径等原因造成车位不准，产生距离误差超过 100 m 时，监控装置不能自动校正距离时，乘务员需进行一次性手动车位调整，可通过以下三种方法完成：

1. 车位误差在一定范围内(300 m)，无论超前误差还是滞后误差，在过信号机发码点瞬间，按压【自动校正】键，监控装置将自动进行距离校正。

2. 当机车越过地面信号机发码点，监控装置显示距离还有剩余，称为滞后误差。出现滞后误差时，先按压【车位】键，在过信号机发码点的瞬间，再按压【向前】键(两键按压间隔时间不得超过 5 s)。

3. 当机车未到达地面信号机发码点，监控装置显示距离已调出下一架信号机距离，称为超前误差。出现超前误差时，先按压【车位】键，在过信号机发码点的瞬间，再按压【向后】键(两键按压间隔时间不得超过 5 s)。当车位超前误差大于 300 m 时，按压【车位】和【向后】键调整无效。

注：在机车信号显示关闭信号、模式报警、停车状态、进侧线、临时慢行限速区段不得调整车位。

第十节 人工引导行车

在进站信号机前确认人工引导手信号(图 3-11)，当列车运行速度低于 20 km/h 时，允许司机按压【解锁】键解除停车控制模式，监控装置监控列车以不超过 20 km/h 的速度越过进站信号机。列车进站后，按出站信号机的显示要求监控列车运行。

图 3-11 地面信号和引导手信号表示

对于接车进路信号机或四显示区段的分割信号机,当列车运行速度低于 20 km/h 时,允许司机按压【解锁】键解除停车控制模式;监控装置监控列车以不超过 20 km/h 的速度越过该信号机。

当地面信号显示进行信号,而机车信号显示停车信号(包括红黄灯、红灯、白灯、灭灯、多灯)时,也按手信号引导方式进站。

在反向运行时,司机确认地面信号,在进站信号机前如果机车信号能接收到地面信号,监控装置按机车信号控制行车;如果接收不到地面信号,按手信号引导方式操作。

第十一节　特定引导行车

机车出段前司机将引导进站的调度命令内容(含车站编号)及编号载入监控装置(用 IC 卡输入),列车运行至引导站进站信号机前,特定手信号引导表示如图 3-12 所示,运行速度低于 60 km/h 时,司机按压【开车】键+【解锁】键解除对该信号机的停车控制功能;监控装置监控列车以不超过 60 km/h 的速度越过该进站信号机。列车进站后,按出站信号机的显示要求监控列车运行,特定手信号引导监控装置界面如图 3-13 所示。

图 3-12　特定手信号引导表示

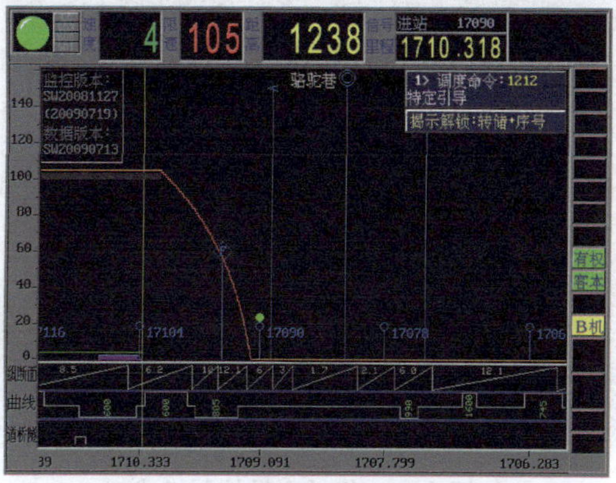

图 3-13　特定手信号引导控制模式

接车进路信号机或四显示区段的分割信号机前，当列车运行速度低于 60 km/h 时，允许司机按压【开车】键+【解锁】键解除停车控制模式；监控装置监控列车以不超过 60 km/h 的速度越过该信号机。

出勤时 IC 卡内没有输入特定手信号引导的调度命令，运行中临时改用特定手信号引导进站时，按手信号引导的操作方法执行。

第十二节　机械引导行车

在进站信号机前，若机车信号机显示半红半黄闪信号，如图 3-14 所示。监控装置监控列车以不超过 20 km/h 的速度通过该进站信号机，机械引导行车时监控装置界面如图 3-15 所示。列车进站后，按出站信号机的显示要求监控列车运行。

若机车信号接收不到半红半黄闪信号时，按手信号引导操作方法操作。

图 3-14　机械引导信号显示半红半黄闪信号

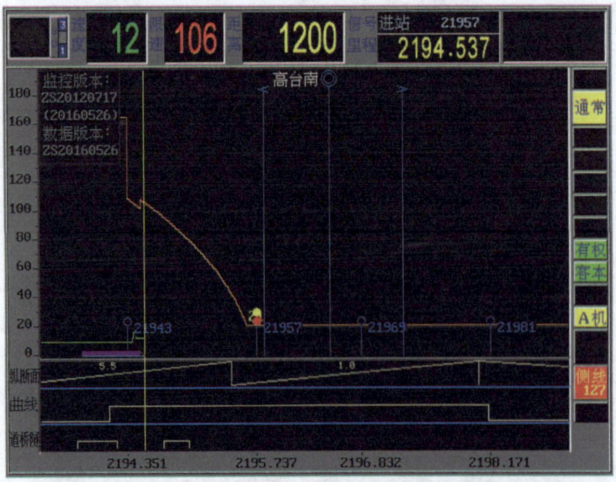

图 3-15　机械引导控制模式

第十三节　自动闭塞改自动站间闭塞或向封锁区间开行路用列车

遇自动闭塞改变为自动站间闭塞或向封锁区间开行路用列车时,监控装置输入采用临时路票方式,电话记录号统一输入“99”(向封锁区间开行路用列车按调度命令限速要求车速等级),在监控装置显示屏窗口右上角调出电话闭塞调度命令显示后,司机解锁操作后(根据工方人员的指挥)按规定操纵列车进入区间;遇由区间返回的路用列车,返回时司机采用调车模式,在进站信号机前一度停车,按规定操纵列车进入站内。

第十四节　常用制动后缓解的操作

监控装置实施常用制动控制后,如列车在固定限速下运行,当实际速度低于固定模式限速值 5 km/h 时,提供缓解条件;如列车在减速信号或减速地点前运行,当实际速度低于目标限速后,提供缓解条件;如列车在停车的制动模式曲线下运行,列车停车后,提供缓解条件。

警惕指令常用制动后必须停车按压缓解键解锁。

1. 当机车运行中,发生“常用制动”指令后,当满足缓解条件时,装置提示“允许缓解”,乘务员可以根据实际情况,一次按压【缓解】键,完成缓解操作,否则机车将不能缓解。

2. 监控装置如只发生卸载动作而未产生常用制动,当列车实际速度低于常用固定模式限速值 3 km/h 时,装置自动解除卸载控制指令。

第十五节　列车防动轮迟缓欠压报警操作

1. 列车在运行过程中,列车管减压量不足 40 kPa 且制动缸压力超过 50 kPa 运行 120 s 后,监控装置语音连续报警提示“注意迟缓”,要求乘务员采取措施。乘务员应立即检查制动缸压力,当小闸缓解制动缸压力＜10 kPa 时,装置停止报警。经检查制动缸压力正常,可按【警惕】键暂停报警。

2. 列车管欠压提示:

对运行中列车管压力小于定压,超过 100 kPa 且速度≥5 km/h 的列车,4 min 后,LKJ 输出语音提示指令,语音提示内容为“欠压运行”,司机按键应答,撤除语音提示指令。

第十六节　降级 ZTL 功能

1. 列车运行中禁止人为降级使用监控装置。

2. 在正常监控运行状态下，司机输入导致降级的参数时(监控交路号、车次编号、车站号、本/补、列车种类改变)，在下列情况下，司机输入无效，不能降级。

(1)装置已处于报警状态，机车信号红黄灯，速度不为零时，司机输入无效，不能降级。

(2)黄灯转白灯、双黄灯转白灯速度大于 0 时，双黄灯机车速度大于 45 km/h 时司机输入无效，不能降级。

(3)机车信号为绿灯、绿黄灯、绿掉白、黄灯、黄 2 灯时，速度大于 60 km/h 时司机输入无效，不能降级。

(4)20 km/h 限速模式下不能降级。

3. 当遇下列情况之一时，装置将自行脱离监控状态，转入降级控制状态。

(1)监控装置关机 30 s 以上再开机。

(2)司机未输入参数信息或交路数据走完。

(3)退出 20 km/h 限速模式。

4. 当装置在降级 ZTL 状态("降级"指示灯点亮)下工作时，如果机车信号为单红灯、红/黄灯、双黄转白灯、黄转白灯，并且机车运行速度超过 5 km/h，装置发出声音报警，提醒乘务员注意信号。

5. 在报警开始 7 s 内按压【警惕】键一次，报警暂停。再次报警，再次按压【警惕】键，直到机车运行速度不高于 5 km/h 为止，如果报警时间超过 7 s，而乘务员又没及时按压【警惕】键，则装置实施紧急排风。

第十七节　通常监控状态转为降级状态时操作

1. 机车信号为进行的信号，列车运行 2 000 m 后限速为 60 km/h。

2. 机车信号由进行的信号变为停车信号时，运行 800 m 后限速为 20 km/h。

3. 机车信号为停车信号时，当列车运行速度超过 5 km/h 时进行周期报警，机车乘务员须在 7 s 内按压【警惕】键应答，否则监控装置实施紧急制动。

4. LKJ 进入原始降级工作状态或由通常工作状态转为降级工作状态时，固定模式限速值按机车最高运行速度、车辆最高运行速度、动车组最高运行速度的最低值或降级前的固定模式限速值确定。

第十八节　监控装置故障操作

1. 监控装置设备故障判断

运行途中出现以下情况之一时可视为监控装置设备故障：

(1)监控装置主机发生死机。

(2)监控装置系统故障,持续发出“呜……呜……”报警声。

(3)操纵端显示器故障,无法进行输入、修改数据等操作,影响列车继续运行。

(4)其他故障导致监控装置不能正常使用。

2. 监控装置设备故障后的处理及操作

(1)监控装置系统故障,持续发出“呜……呜……”报警声时,必须在 3 min 内切除监控装置电源,否则装置实施紧急制动。

(2)监控装置设备发生故障无法消除时,按《行规》167 条执行,列车在运行中机车信号、列车运行监控装置发生故障,列车司机应立即使用列车无线调度通信设备报告列车调度员或就近车站值班员,列车按规定速度运行至前方站停车处理。处理方式为:电务人员检查确认为机车信号,列车运行监控装置故障时,双机牵引情况下,重联、本务机车进行互换;单机牵引情况下,请求救援。

第十九节　速度信号故障处理

1. 运行中当司机判断一路速度通道发生故障时可实现两路速度信号手动切换。按压【设定】键,再按压数字键 4,选择“主/备速度”,在弹出的“切换速度传感器”窗口,选择“确定”,按压【确认】键,完成速度通道切换。手动切换速度通道后,监控装置不再自动切换速度通道。

2. 列车运行中遇速度信号故障,司机应立即停车,使用无线通信设备报告列车调度员(车站值班员),普速自动闭塞区段(含动车组列车)司机应控制列车以不超过 20 km/h 维持运行至前方站停车处理;半自闭区段(站间自动闭塞区段)司机应控制列车以不超过 45 km/h 的速度维持运行至前方站停车处理。动车组列车在高速铁路区段司机以不超过 40 km/h(普速列车在高铁运行的不超过 20 km/h)的速度维持运行至前方站。

第二十节　解除前发调度命令操作

一、取消改用电话闭塞法或绿色许可证行车的调度命令

列车运行中,司机接到列车调度员取消前发改用电话闭塞法或绿色许可证的调度命令,当列车运行至相关车站的第一接近信号机后至进站信号机前,司机按压【转储】键和相应数字键(需解除的改用电话闭塞法或绿色许可证的调度命令序号),弹出“取消电话闭塞”或“取消绿色许可证”窗口,输入取消前发命令的调度命令号,界面如图 3-16 所示。司机输入相应的调度命令号,按压【确认】键。

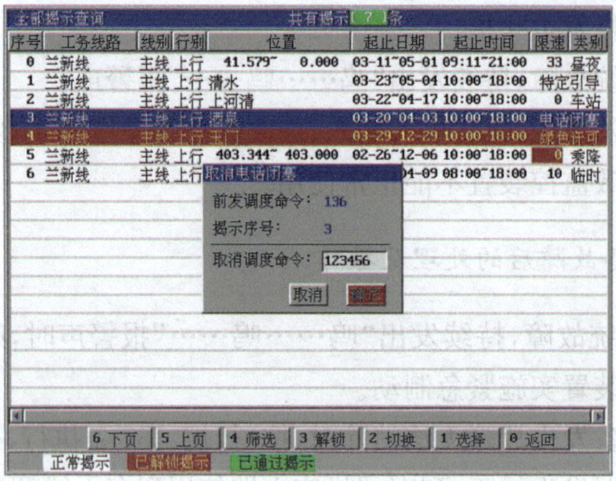

图 3-16 取消前发改用电话闭塞调度命令界面

二、取消前发临时限速的调度命令

列车运行中，司机接到列车调度员取消前发临时限速的调度命令，当监控装置尚未启动对应的临时限速控制时，弹出“临时限速”窗口，司机按压【转储】键和相应的数字键（需解除的临时限速序号），输入取消前发临时限速命令的调度命令号，司机按压【确认】键，解除监控装置对该临时限速设定的控制。

三、使用【查询】键取消前发调度命令操作

司机接到列车调度员取消前发调度命令的调度命令时，按压【查询】键，选择“全部揭示查询”，按压【←】【→】键移至【选择】项，按【确认】键，然后按【↑】和【↓】键移到需解锁的揭示处，按显示器【确认】键，光标将自动移到“3 解锁”项，如需解锁本揭示，再按压【确认】，按对话窗口相应提示输入取消前发调度命令的调度命令号解除前发绿色许可证调度命令输入界面如图 3-17 所示，解除监控装置对该项设定的控制。

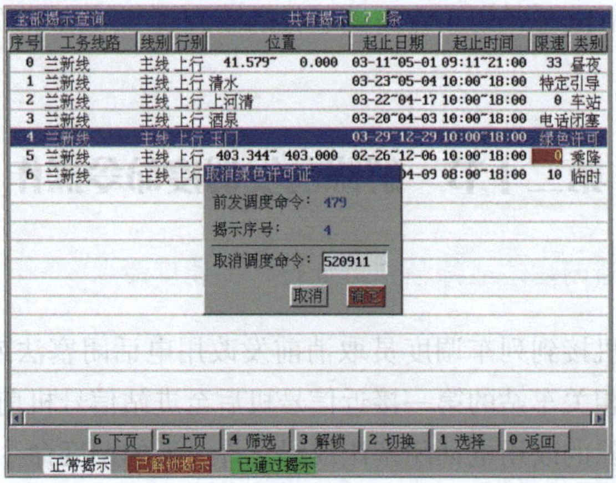

图 3-17 解除前发绿色许可证调度命令输入界面

第四章　应急处置(第四步,20 关)

第一节　弓网故障应急处置

抽题编码 01		运行中发生弓网故障应急处置			
作业环节		应急处置作业程序要点	考评标准	扣分	得分
序号	项目				
第一项	立即停车	运行中发现弓网异常(机车网压失压、接触网挂有异物无法降弓安全通过、接触网摆动幅度较大、定位器、定位杆、吊弦脱落、腕臂折断、支柱断裂、受电弓刮坏、受电弓挂有异物、车顶声响或其他故障)时,司机应迅速断开主断路器,降下受电弓,立即采取停车措施,检查弓网状态	10		
第二项	信息汇报	立即向就近车站值班员(列车调度员)汇报停车位置、时间及机车受电弓、接触网故障情况	6		
第三项	弓网检查(检测)	1. 检查受电弓、接触网有无异状(机车网压失压时并检查确认高压互感器、原边电压 ZK)。 2. 必须进行车顶绝缘检测。车顶绝缘不良时要使用高压隔离开关(六轴交流机车、SS_{7E} 型机车)、或更换受电弓(8 轴机车)进行受电弓故障隔离,隔离后必须再次进行绝缘检测,确认接地点已被隔离。 3. 受电弓有变形受损、部件脱落、超高超限时,必须申请停电登顶处置。(每项 4 分,共 12 分)	12		
第四项	列车防溜	动车组以外的旅客列车超过 90 min 时,旅客列车以外的其他列车超过 90 min 时按规定做好人力制动机防溜	6		
第五项	申请停电	经检查确认需要登上车顶处理时,司机向车站值班员(列车调度员)提出接触网停电申请,说明列车车次、机车型号、司机姓名、停车地点及申请停电原因和请求停电起止时分(建议不要超过 30 min)	6		
第六项	命令确认	司机接收车站值班员(列车调度员)转达的列车调度员准许登顶作业的调度命令时应核对无误,认真复诵、确认内容完整,并将命令号、受令处所(人)、停电范围、停电处所、停电具体起止时分、调度员姓名等主要内容记录于司机手账内	8		
第七项	升弓验电	1. 司机确认在停电具体时分之后方可升弓验电。 2. 如受电弓故障无法升弓验电,可使用专配验电器验电;确实无法验电(包括验电器故障)时,必须与列车调度员、供电调度员分别仔细联系确认。(每项 3 分,共 6 分)	6		

续上表

抽题编码 01		运行中发生弓网故障应急处置			
作业环节		应急处置作业程序要点	考评标准	扣分	得分
序号	项目				
第八项	接地挂杆	确认接触网无电后挂接地线防护；对安装接地靴（钩螺栓）处所钢轨除锈。 可靠卡装接地靴（钩螺栓）。 连接接地线（将接地线两头分别于接地靴或钩螺栓和接地杆挂钩可靠连接）。 挂接地线（将接地杆挂钩可靠挂在本线路接触网导线上）	6		
第九项	车顶处理	1. 登顶处理故障时，必须系好安全带，站稳抓牢防止坠落，并携带铁丝等绑扎用品及必需的工具。 2. 受电弓变形、脱落时，需将故障受电弓绑扎牢固，最高点距机车车顶距离必须小于 800 mm。 3. 受电弓受损有接地情况时，必须拆除故障受电弓与导电杆之间的软编织连线（有高压隔离开关的机车需隔离故障受电弓）。 4. 下车前将车顶脱落、遗留的零部件、工具收回。（每项 3 分，共 12 分）	12		
第十项	隔离检测	将故障受电弓进行电路、气路隔离（高压隔离、气路隔离、模式隔离）后再次进行车顶绝缘检测，确认无接地点	6		
第十一项	撤除接地	首先取下接地杆侧放于地面，再取下钢轨接地	6		
第十二项	请求销令	确认作业人员齐全并均处于安全位置后，通知车站值班员（列车调度员），请求销除登顶作业命令，司机汇报所销命令号、请求销令时间、请求销令人姓名	6		
第十三项	试风开车	接触网恢复供电后，按规定进行列车制动机简略试验，确认列车制动主管贯通及列车完整，保持列车制动，撤除防溜，具备开车条件后按规定继续运行	10		

第二节　单机自动闭塞区间紧急制动应急处置

抽题编码 02		单机在自动闭塞区间紧急停车后不能立即运行应急处置			
作业环节		应急处置作业程序要点	考评标准	扣分	得分
序号	项目				
第一项	移动	在自动闭塞区段区间运行紧急制动停车或被迫停在调谐区内时，具备移动条件时司机须立即将机车移动不少于 15 m	20		
第二项	汇报	1. 立即通知后续列车司机。（10 分） 2. 立即向两端站车站值班员（列车调度员）报告停车位置。（10 分）	20		
第三项	防护	迅速使用轨道短接线在单机运行后方 20 m 处可靠短接轨道电路（必须避开调谐区）	20		
第四项	确认	防护后再与车站值班员（列车调度员）联控确认轨道电路是否可靠短接	20		

续上表

抽题编码 02		单机在自动闭塞区间紧急停车后不能立即运行应急处置			
作业环节		应急处置作业程序要点	考评标准	扣分	得分
序号	项目				
第五项	追踪列车	自动闭塞区段追踪列车司机接到单机在区间停车的通知后,应根据前方闭塞分区空闲情况及本列距前方停留单机的距离,加强瞭望,预防性采取减速或停车措施。发现前方停有机车、车列时,立即采取停车措施	20		

第三节　列车退行应急处置

抽题编码 03		列车退行应急处置			
作业环节		应急处置作业程序要点	考评标准	扣分	得分
序号	项目				
第一项	得到准许	1. 自动闭塞区段报告车站值班员,必须得到列车调度员或后方站值班员准许后方可退行。 2. 在乌鞘岭隧道运行时,列车调度员须直接向司机发布准许列车退行的调度命令,司机在手账上抄收并复诵正确无误。(每项 10 分,共 20 分)	20		
第二项	领车指挥	1. 由车辆乘务员或随车机械师[无车辆乘务员或随车机械师时,由列车调度员布置车站指派胜任人员携带手信号旗(灯)、简易紧急制动阀或列车无线调度通信设备]领车指挥下方可退行。 2. 领车人员站在列车尾部注视运行前方,发现危及行车或人身安全时,应立即使用紧急制动阀(紧急制动装置)或使用列车无线调度通信设备通知司机,使列车停车。(每项 10 分,共 20 分)	20		
第三项	安全装备操作	1. 在退行前司机应将监控装置模式转入"调车"状态。 2. 在退行前利用列尾装置确认制动主管贯通、列车完整。(每项 5 分,共 10 分)	10		
第四项	退行速度	列车退行速度,不得超过 15 km/h	10		
第五项	退行至站内	1. 未得到后方站(线路所)车站值班员准许,不得退行到车站的最外方预告标或预告信号机(双线区间为邻线预告标或特设的预告标)的内方。 2. 车站接到列车退行的报告后,根据线路占用情况,可开放进站信号机或按引导办法将列车接入站内。(每项 10 分,共 20 分)	20		
第六项	退行后再改变向前进方向	1. 自动闭塞区间退行的列车,区间内退行一个或几个闭塞分区后,再改变向前进方向运行时,经列车调度员允许,仍可凭通过信号机显示的要求运行。 2. 半自动闭塞区间和自动站间闭塞区间退行的列车,区间内退行到可以改变方向运行的地点后,再改变向前进方向运行时,经列车调度员允许,可改变方向运行。(每项 10 分,共 20 分)	20		

第四节 车辆故障应急处置

抽题编码 07		运行中车辆故障应急处置			
作业环节		应急处置作业程序要点	考评标准	扣分	得分
序号	项目				
第一项	及时停车	1. 列车在运行中，司机发现或接到车辆抱闸、轮轴故障、车体下沉(倾斜)、车辆剧烈振动、轴温报警激热等危及行车安全的情况时，立即采取常用制动停车措施。(10 分) 2. 列车停车后，在区间无车辆乘务员时由司机负责检查确认列车能否继续安全运行，若判断不明时，必须将检查结果报告车站值班员(列车调度员)，按其指示办理，严禁盲目运行。(10 分)	20		
第二项	旅客列车处置	1. 旅客列车在运行中，司机接到车辆乘务员要求列车限速运行的报告后，立即限速运行并报告车站值班员(列车调度员)。如接到列车调度员"列车限速运行"的调度命令，严格按限速命令的要求运行。(6 分) 2. 旅客列车运行途中遇车辆空气弹簧故障时，运行速度不得超过 120 km/h。采用密接式车钩的旅客列车，在运行途中因故障更换 15 号过渡车钩后，运行速度不得超过 140 km/h。(6 分) 3. 当 120 km/h 速度等级及编组小于 8 辆的 140 km/h、160 km/h 速度等级旅客列车运行途中(包括在站折返)遇自动制动机故障而关门 1 辆时，在≤20‰的下坡道区段，按 100 km/h 限速；车辆乘务员须向机车司机递交"旅客列车制动关门限速证明书"，司机修改 LKJ"车速等级"。(8 分)	20		
第三项	车辆抱闸处置	1. 车辆抱闸停车后，在区间由车辆乘务员(无车辆乘务员时由司机)负责检查确认处理。(3 分) 2. 无车辆乘务员的列车车辆抱闸处理： (1)检查确认故障车辆人力制动机、自动制动机作用状态。(3 分) (2)检查确认：①确定抱闸车辆：用手背贴近车轮踏面感应温度是否烫手；检查车轮踏面处是否变色、有熔渣。②检查人力制动机链条是否绷紧。③有条件时，在制动机缓解状态下检查制动缸活塞推杆是否伸出，"伸出"则为抱闸。(每项 3 分，共 9 分) (3)处理：①如为人力制动机抱闸，则按规定松开该辆车人力制动机。(3 分)②如为自动制动机故障抱闸，则按"关门车"进行处理：关闭故障车辆制动支管的截断塞门，拉动缓解阀拉风线排尽余风，检查确认制动缸活塞推杆已退回，确认安全无误后，方可限速 60 km/h 继续运行至前方站。(6 分) (4)汇报：司机应将处理情况汇报车站值班员(列车调度员)，按调度员要求执行。(3 分) 3. 对检查确认车轮抱死、滑行等造成车轮故障不能继续运行的故障时，立即报告列车调度员派员处理。(3 分)	30		

续上表

抽题编码 07		运行中车辆故障应急处置			
作业环节		应急处置作业程序要点	考评标准	扣分	得分
序号	项目				
第四项	车辆热轴处置	1. 司机在列车运行中接到列车调度员(车站值班员)车辆轴承强热(90 ℃左右或温升 55 ℃以上)的通知后,应按照其指示的限速要求等,在前方站采用常用制动停车。(6 分) 2. 司机在列车运行中接到列车调度员(车站值班员)车辆轴承激热(120 ℃以上)的通知后,应按照其指示立即采用常用制动停车。(6 分) 3. 激热区间拦停处置判断标准:当轴承外圈存在新圆周磨痕、有磨出的铁沫,外圈破损、变形、变色(变蓝或变红)、冒烟、密封罩脱出、甩油、透油等激热或烧损时,及时报告列车调度员派员处理。(6 分) 4. 当轴承没有上述故障时,司机要及时正确测温后报告列车调度员,根据调度命令限速 25 km/h 就近运行到前方站或按不超过 15 km/h退回本站。(6 分) 5. 轴温测温方法:在故障轴运行方向的后侧(下部)用红外线测温仪进行测量,测温仪的端口距滚动轴承的外圈表面(正对)不大于 100 mm;外温应测车体底架阴凉处的部件。(6 分)	30		

第五节 区间担当救援应急处置

一、担当救援作业应急处置(自闭区间正进反出)

抽题编码 04		担当救援作业应急处置(自闭区间正进反出)			
作业环节		应急处置作业程序要点	考评标准	扣分	得分
序号	项目				
第一项	核对命令	1. 司机在接到进入封锁区间担当救援的调度命令时,应认真确认调度命令内容完整:命令号、受令处所、日期、时间、调度员姓名、救援车次、救援地点、返回车次(需返回时),确认站名印。(5 分) 2. 与车站值班员(列车调度员)核对被救援列车停留公里标,确认是从列车前部救援还是从列车尾部救援。(5 分)	10		
第二项	LKJ、机车信号扳钮操作	1. 正确输入救援车次、车站号、区段号等参数。(5 分) 2. 正方向进入区间救援时,确认机车信号开关置于救援线别相同的方向。(5 分)	10		
第三项	距离计算	计算距被救援列车 2 km 的公里标位置: 1. 向公里标递增方向开出且从列车头部救援:被救援列车头部停留公里标−2 000−短链米数;(2.5 分) 2. 向公里标递增方向开出且从列车尾部救援:被救援列车尾部停留公里标−2 000−短链米数;(2.5 分) 3. 向公里标递减方向开出且从列车头部救援时:被救援列车头部停留公里标+2 000+短链米数;(2.5 分) 4. 向公里标递减方向开出且从列车尾部救援时:被救援列车尾部停留公里标+2 000+短链米数。(2.5 分)	10		

续上表

抽题编码 04		担当救援作业应急处置(自闭区间正进反出)			
作业环节		应急处置作业程序要点	考评标准	扣分	得分
序号	项目				
第四项	站内摘机	1. 在站内摘开机车前要对列车实施最大有效减压,车站做好车列防溜。(5分) 2. 解除本列列尾装置"一对一"关系。(3分) 3. 按规定交接货票。(2分)	10		
第五项	自动闭塞区间救援(正进反出)	确认行车凭证,LKJ按规定输入参数;降级开车后,在正线出站信号机处按压【开车】键对标,使LKJ进入正常监控状态,运行中严格按通过信号机的显示要求行车。	10		
		在接近被救援列车(车列)2 km时,严格控制速度(不超过20 km/h),同时与请求救援的机车司机取得联系,再次确认被救援列车停留位置。在区间显示红灯的通过信号机300 m前停车,操作LKJ进入调车模式继续运行。	10		
		在距被救援车列300 m(防护人员处)压上响墩后停车,执行十、五、三车距离速度,距被救援机车(车列)10 m前一度停车,与被救援司机联系后,在车站人员的指挥下,以不超过5 km/h的速度与被救援列车(车列)平稳连挂。	10		
		救援机车挂妥后,担当救援司机向被救援司机了解救援原因和有关运行安全的设备、装置处置情况,交代配合操纵、LKJ使用、制动机模式设置、列尾确认等安全注意事项(从尾部进行救援时,司机指派人员或通过无线列调、手机等通信方式与被救援司机进行联系)。	10		
		列尾装置控制权的转换确认。 1. 救援机车从列车前部救援时,连挂后,被救援机车在制动主管减压的情况下,解除列尾装置"一对一"关系,救援机车重新建立列尾装置"一对一"关系。(3分) 2. 救援机车从列车尾部救援时,与被救援司机进行联系,确认列车管贯通、尾部风压同步上升。(3分) 3. 因受地形地物影响,建立列尾装置"一对一"关系困难时,可不改变列尾装置的控制权,列尾装置的确认仍由被救援机车司机确认,救援机车司机要与被救援机车司机加强联系。(4分)	10		
		自动闭塞区段反方向返回时的处置。 1. 救援机车连挂完毕后,被救援机车LKJ进入补机模式、制动机设置为单机(重联)模式。(2分) 2. 救援机车输入返回车次,LKJ转入调车模式。确认机车信号开关置于运行线别相同的方向。(2分) 3. 有弹停制动的客运机车设置无动力后,开车前必须进行滚动试验检查确认制度(兰州局:速度不超过5 km/h,距离不少于20 m)。(2分) 4. 确认制动主管贯通、列车完整并撤除防溜后开车。(2分) 5. 处于第三位(按单节六轴计算)及以后的被救援机车须降弓通过关节式电分相。(1分) 6. 运行至反方向进站信号机前,认真执行车机联控,按进站信号显示要求运行至站内停车。(1分)	10		

二、担当救援作业应急处置(自动闭塞区间反进正出)

抽题编码 05		担当救援作业应急处置(自动闭塞区间反进正出)			
作业环节		应急处置作业程序要点	考评标准	扣分	得分
序号	项目				
第一项	核对命令	1. 司机在接到进入封锁区间担当救援的调度命令时,应认真确认调度命令内容完整:命令号、受令处所、日期、时间、调度员姓名、救援车次、救援地点、返回车次(需返回时),确认站名印。(5分) 2. 与车站值班员(列车调度员)核对被救援列车停留公里标,确认是从列车前部救援还是从列车尾部救援。(5分)	10		
第二项	LKJ、机车信号扳钮操作	1. 正确输入救援车次、车站号、区段号等参数。(5分) 2. 正方向进入区间救援时,确认机车信号开关置于救援线别相同的方向。(5分)	10		
第三项	距离计算	计算距被救援列车 2 km 的公里标位置: 1. 向公里标递增方向开出且从列车头部救援:被救援列车头部停留公里标−2 000−短链米数;(2.5分) 2. 向公里标递增方向开出且从列车尾部救援:被救援列车尾部停留公里标−2 000−短链米数;(2.5分) 3. 向公里标递减方向开出且从列车头部救援时:被救援列车头部停留公里标+2 000+短链米数;(2.5分) 4. 向公里标递减方向开出且从列车尾部救援时:被救援列车尾部停留公里标+2 000+短链米数。(2.5分)	10		
第四项	站内摘机	1. 在站内摘开机车前要对列车实施最大有效减压,车站做好车列防溜。 2. 解除本列列尾装置"一对一"关系。 3. 按规定交接货票。	10		
第五项	自动闭塞区间救援(反进正出)	确认行车凭证,LKJ按规定输入参数,并输入反方向车站号;降级开车后,对准规定对标的出站信号机按压【开车】键后,再及时停车按压【调车】键进入调车状态运行。即操作LKJ以监控状态下的调车模式进入区间。	10		
		在接近被救援列车(车列)2 km时,严格控制速度(不超过20 km/h),同时与请求救援的机车司机取得联系,再次确认被救援列车停留位置。	10		
		在距被救援车列300 m(防护人员处)或压上响墩后停车,执行十、五、三车距离速度,距被救援机车(车列)10 m前一度停车,与被救援司机联系后,在车站人员的指挥下,以不超过5 km/h的速度与被救援列车(车列)平稳连挂。	10		
		救援机车挂妥后,担当救援司机向被救援司机了解救援原因和有关运行安全的设备、装置处置情况,交代配合操纵、LKJ使用、制动机模式设置、列尾确认等安全注意事项(从尾部进行救援时,司机指派人员或通过无线列调、手机等通信方式与被救援司机进行联系)。	10		

续上表

抽题编码 05		担当救援作业应急处置(自动闭塞区间反进正出)			
作业环节		应急处置作业程序要点	考评标准	扣分	得分
序号	项目				
第五项	自动闭塞区间救援(反进正出)	列尾装置控制权的转换确认。 1. 救援机车从列车前部救援时,连挂后,被救援机车在制动主管减压的情况下,解除列尾装置"一对一"关系,救援机车重新建立列尾装置"一对一"关系。(3 分) 2. 救援机车从列车尾部救援时,与被救援司机进行联系,确认列车管贯通、尾部风压同步上升。(3 分) 3. 因受地形地物影响,建立列尾装置"一对一"关系困难时,可不改变列尾装置的控制权,列尾装置的确认仍由被救援机车司机确认,救援机车司机要与被救援机车司机间加强联系。(4 分)	10		
		自动闭塞区段正方向返回时的处置。 1. 救援机车连挂完毕后,被救援机车 LKJ 进入补机模式、制动机设置为单机(重联)模式。(2 分) 2. 救援机车将 LKJ 车站号修改为救援返回运行方向后方车站号,输入救援列车返回车次、车速等级,确认机车信号开关置于运行线别相同的方向,就地按压【开车】键后,再逐次按压【车位】和【向前】键,将车位调整至救援机车后部第一架通过信号机处。如救援机车后部第一架通过信号机号码不详,可依据救援地点公里标进行车位调整(不得车位超前)。(2 分) 3. 有弹停制动客运机车设置无动力后,开车前必须进行滚动试验检查确认制度(兰州局:速度不超过 5 km/h,距离不少于 20 m)。(2 分) 4. 确认制动主管贯通、列车完整并撤除防溜后起动列车,当列车运行至前方通过信号机处再次按压【车位】和【向前】键调整车位。(2 分) 5. 处于第三位(按单节六轴计算)及以后的被救援机车须降弓通过关节式电分相。(1 分) 6. 认真执行车机联控,逐架确认信号及车位、信号机号码,严格按信号显示要求运行,进站前按规定输入股道号,按进站信号机显示要求进站。(1 分)	10		

第六节 不明原因紧急制动应急处置

抽题编码 6		运行中不明原因紧急制动应急处置			
作业环节		应急处置作业程序要点	考评标准	扣分	得分
序号	项目				
第一项	立即停车	运行中遇到列车管指针急骤下降或指针摆动异常以及发生紧急制动时,司机应立即停止向列车管充风,解除牵引力,就地停车	10		
第二项	信息汇报	司机应立即向两端站或列车调度员汇报,并呼叫追踪列车注意运行	10		

续上表

抽题编码 6		运行中不明原因紧急制动应急处置			
作业环节		应急处置作业程序要点	考评标准	扣分	得分
序号	项目				
第三项 (三、四项二选一)	旅客列车检查处置	1. 双线区段应首先观察是否妨碍邻线,可能脱轨、妨碍邻线时立即按《技规(普速)》第367条规定汇报、防护、检查,迅速发起列车防护报警。(10分) 2. 司机应与车辆乘务员联系询问停车原因。待原因消除后,在保证列车缓解后不发生溜逸的前提下,可试充风或试闸一次,确认主管贯通列车完整后即可开车。(10分) 3. 缓解列车后如充风不正常,立即停止充风就地停车。(10分) 4. 全列做好制动防溜,司机关闭机次车辆前端折角塞门试验机车制动机,并与车辆乘务员配合共同妥善处置。若是机车原因引起时按"运行中机车故障的应急处置"处理。(20分) 5. 运行中发生旅客列车紧急制动停车后,司机接到车辆乘务员需下车检查车辆的通知时,须及时向车站值班员(列车调度员)汇报;得到车辆乘务员可以开车的通知后,方可开车。(10分)	60		
第四项 (三、四项二选一)	货物列车检查处置	1. 双线区段应首先观察是否妨碍邻线,可能脱轨、妨碍邻线时立即按《技规(普速)》第367条规定汇报、防护、检查,迅速发起列车防护报警。(10分) 2. 如列车停在下坡道、平道或小于6‰的上坡道时,采取防溜措施后可试充风或试闸一次;如列车停在6‰及以上的上坡道时,须采取安全措施;在保证列车缓解后不发生溜逸的前提下,确认主管贯通列车完整后即可开车。(10分) 3. 缓解列车后如充风不正常,立即停止充风就地停车。(5分) 4. 全列做好制动防溜,司机首先关闭机次车辆前端折角塞门试验机车制动机,若是因机车原因引起时按"运行中机车故障的应急处置"处理(注意:关闭折角塞门试验完毕立即恢复,防止忘记,人为造成折关隐患)。(5分) 5. 如为车辆原因: (1)若是因列车分离原因引起时按"列车分离后的应急处置"处理。(5分) (2)如需充风状态查找故障时,必须在保证列车缓解后不发生溜逸的前提下进行;司机应指派副司机(随乘司机)携带GSM-R手持终端或无线通信设备、防护用品等必要的工具,沿非邻线侧向后部检查处理。(5分) (3)检查制动软管是否脱开或破裂。若是制动软管脱开,检查无其他异常,全列制动后连结软管;如是破裂,更换就近软管。(5分) (4)检查如车辆制动支管漏风、车辆制动机故障,做关门处理(最后一辆不得关门)。按"列车运行中遇车辆故障时的应急处置"关门方法处理。(5分) (5)检查列尾是否故障排风、丢失。若是因列尾原因引起时按"列尾故障、丢失及风压异常报警时应急处置"处理。(5分) (6)如列车在6‰及以上的上坡道,全列实施制动防溜后首先关闭列车中部折角塞门试闸判断;然后在保证列车缓解后不发生溜逸的前提下,每10辆车关闭折角塞门试闸查找。(5分)	60		
第五项	请求救援	1. 若最后一辆车辆制动支管漏风时,立即请求从列车尾部救援。救援机车连挂妥当后,将该辆车关门处理。 2. 若制动主管断裂漏风无法处理或牵引装置拉断无法更换时,立即请求从列车尾部救援。按"列车分离应急处置"处理。必要时检算每百吨列车重量的换算闸瓦压力,根据检算结果按照列车制动限速运行	20		

第七节　列车分离应急处置

<table>
<tr><th colspan="2">抽题编码 07</th><th colspan="4">列车分离应急处置</th></tr>
<tr><th colspan="2">作业环节</th><th rowspan="2">应急处置作业程序要点</th><th rowspan="2">考评标准</th><th rowspan="2">扣分</th><th rowspan="2">得分</th></tr>
<tr><th>序号</th><th>项目</th></tr>
<tr><td>第一项</td><td>车辆防溜</td><td>1. 立即对分离的车辆全部拧紧人力制动机，防止分离车辆溜逸。(10 分)
2. 电气化区段必须使用人力制动机紧固器使列车中的敞车、棚车制动；人力制动机紧固器配备不足时，机车乘务员按“列车运行中发生弓网故障时的应急处置学习卡”申请停电后，拧紧敞车、棚车的高闸台人力制动机做好列车防溜。(10 分)</td><td>20</td><td></td><td></td></tr>
<tr><td>第二项</td><td>采取措施恢复整列运行</td><td>1. 分离连挂的四个基本条件(10 分)：
(1)牵引装置、制动管状态良好，损坏后能更换且可连挂时。
(2)分离车辆已可靠防溜。
(3)能控制连挂速度。
(4)连挂过程中机班二人联系通畅。
2. 列车区间分离后，遇下列情况，本列不准再行连挂，必须请求救援。
(1)车辆连接装置严重破损，不能连挂时。
(2)分离后的车辆(车列)停留在坡度超过 6‰的线路上向下坡道方向挂车时。(10 分)
3. 如遇钩舌破损能够更换时，应及时就近更换机车或最后一辆车的钩舌，更换完毕后进行连挂，连挂试拉后方可接管。如车钩破损不能更换处理时立即请求尾部救援。(10 分)
(1)机车 13 型车钩钩舌与车辆 15、16、17 型车钩钩舌均不能互换。
(2)机车 15X 型车钩钩舌与车辆 13、15、16、17 型车钩钩舌均不能互换。
(3)车辆 16 与 17 型钩舌可以互换。
(4)机车 13 型车钩钩舌与车辆 13 型车钩钩舌均能互换。
(5)车辆同型号车钩均能互换。
4. 制动软管破损时，应使用机车前端制动软管更换，连结后开放折角塞门。(5 分)
5. 如制动主管断裂或车辆牵引装置破损无法更换时，立即请求尾部救援。(5 分)</td><td>40</td><td></td><td></td></tr>
<tr><td>第三项</td><td>分部运行条件</td><td>1.《技规(普速)》第 369 条：下列情况列车不准分部运行(10 分)：
(1)采取措施后可整列运行时；
(2)对遗留车辆未采取防护、防溜措施时；
(3)遗留车辆无人看守时；
(4)司机与车站值班员及列车调度员均联系不上时；
(5)遗留车辆停留在超过 6‰坡度的线路上时。
2.《行规》附件 5：乌鞘岭隧道内列车被迫停车后，禁止分部运行，列车司机应使用列车无线调度通信设备、区间电话或其他通信工具与列车调度员或车站值班员联系，请求救援。(10 分)</td><td>20</td><td></td><td></td></tr>
</table>

续上表

抽题编码 07		列车分离应急处置			
作业环节		应急处置作业程序要点	考评标准	扣分	得分
序号	项目				
第四项	分部运行	1. 在不得已情况下,列车必须分部运行时,司机应报告前方站(列车调度员),并做好遗留车辆的防溜和防护工作。(6分) 2. 司机在记明遗留车辆辆数和停留位置后,方可牵引前部车辆运行至前方站。在运行中仍按信号机的显示进行,但在半自动闭塞区间或按电话闭塞法行车时,该列车必须在进站信号机外停车(司机已报告前方站或列车调度员列车为分部运行时除外),将情况通知车站值班员后再进站。(7分) 3. 车站值班员报告列车调度员封锁区间,确认前部车辆完整到达;将遗留车辆拉回车站。机车进入区间挂取遗留车辆时,应从车列前方距离不小于300 m处防护。(7分)	20		

第八节　列车反方向行车应急处置

抽题编码 08		列车反方向行车应急处置			
作业环节		应急处置作业程序要点	考评标准	扣分	得分
序号	项目				
第一项	核对命令	1. 认真核对反方向行车的调度命令,利用列车无线调度通信设备(机车综合无线通信设备)转发反方向行车的调度命令时,要在“司机手册”上做好记录。 2. 多机重联时,本务司机收到反方向运行的调度命令后,应将内容通知重联司机	10		
第二项	区间反向运行时的风险预防	1. 与车站核对反方向运行揭示;遇局管外反方向运行监控装置对IC卡临时限速不控制时,进入限速地点前,严格按照地面限速地点标标明的限速控制列车速度,在进出慢行地段使用LKJ【定标】键打点。 2. 电力机车牵引反方向行车时,司机必须熟知该区段反方向接触网绝缘分相的位置、长度、通过分相安全速度以及《行规》附表6-3“不宜反方向运行区间”。 3. 电分相设置在反方向进站信号机前方时,如反方向行车时的监控模式限速不能满足列车以最低安全速度通过该电分相或《行规》附表6-3规定不宜反方向行车的区间,应及时向车站值班员(列车调度员)提出异议,同时报告“120”应急值守台协调处理	30		
第三项	LKJ反向运行模式操作	在反方向起始站内停车,LKJ输入公布的反向车站号,进入降级状态,监控装置调出反向数据	10		
第四项	行车凭证确认	1. 确认列车反方向进入区间的行车凭证:出站信号机显示的允许运行的信号。 2. 确认反方向发车进路表示器显示正确	20		

续上表

抽题编码 08		列车反方向行车应急处置			
作业环节		应急处置作业程序要点	考评标准	扣分	得分
序号	项目				
第五项	出站	1. 列车完全具备开车条件后，启动列车，按最低道岔限速出站。 2. LKJ 及时对标按压【开车】键。 3. 出站后机车信号掉码白灯后将机信扳钮打至与列车运行方向相反的位置(ZPW-2000 区间)	10		
第六项	进站	1. 反方向运行至前方站按地面信号显示和最低道岔限速进站，正确输入股道号。 2. 如进站时机车信号不接码，确认进站信号开放，控速 20 km/h 以下，司机按压【解锁】键，以不超过 20 km/h 的速度进站。 3. 根据所接入的正侧线股道及时将机信扳钮恢复至正常位置	10		
第七项	恢复正向运行	在恢复正向运行的车站停车，司机在确认行车凭证正确后，输入该站正向行车的车站号，进入降级状态，按该站股道最低限速控制速度对标开车后，监控装置调出正向行车的监控数据	10		

第九节　停基改电应急处置

抽题编码 09		停止基本闭塞法改用电话闭塞法行车应急处置			
作业环节		应急处置作业程序要点	考评标准	扣分	得分
序号	项目				
第一项	接收命令及路票	1. 列车在站内停车，接受关于“停止基本闭塞法改由电话闭塞法行车”的书面调度命令和路票。 2. 多机重联时，本务司机应将调度命令和路票内容通知重联司机	20		
第二项	确认行车凭证	审阅路票内容的要点： 1. 电话记录号码。 2. 完整的列车车次(包括车次中带有的字母)。 3. 发、到站站名。 4. 指示区间的箭头方向。 5. 行车专用章	20		
第三项	LKJ 操作	1. LKJ 非正常行车窗口调出路票界面，输入调度命令号和路票电话记录号码，并根据车站值班员通知做好开车准备。 2. 确认车站值班员发车信号后，司机 5 s 内按压【解锁】和【确认】键	30		
第四项	出站	1. 列车完全具备开车条件后，启动列车，按道岔限速出站。 2. 如 LKJ 原为降级状态，按站内最低道岔限速出站，并及时对标按压【开车】键	10		

续上表

抽题编码 09		停止基本闭塞法改用电话闭塞法行车应急处置			
作业环节		应急处置作业程序要点	考评标准	扣分	得分
序号	项目				
第五项	进站	1. 到达前方站时按进站信号显示进站,进站后按出站信号显示行车。 2. 如系引导接车进站,确认人工(机械)引导信号开放,鸣长笛回示。控速 20 km/h 以下,司机按压【解锁】键(机车信号机如能接收到半红半黄闪灯光时,监控装置自动限速 20 km/h),以不超过 20 km/h 的速度进站	20		

第十节 列车制动异常应急处置

抽题编码 10		列车制动力弱、折角塞门关闭应急处置			
作业环节		应急处置作业程序要点	考评标准	扣分	得分
序号	项目				
第一项	运行途中	司机运行中发现制动异常时,司机立即采取紧急停车措施,使用列车无线调度通信设备(机车综合无线通信设备)将情况及时汇报前方车站值班员(或列车调度员)	10		
第二项	运行途中	装有列尾装置的列车应立即按压列尾装置的红色排风键,并配合使用空气制动或动力制动使列车就地停车	10		
第三项	运行途中	有车辆乘务员值乘的列车,通知车辆乘务员使用紧急制动阀,配合使用空气制动或动力制动使列车就地停车	10		
第四项	运行途中	单机应立即使用电制动使列车降速,并迅速拧紧手制动机使机车停车;装有储能(停放)制动器的机车,还应立即使用储能(停放)制动器制动。直流机车遇紧急情况可采取逆电措施	10		
第五项	运行途中	停车后,司机要使用列车无线调度通信设备(机车综合无线通信设备)通知两端车站(或列车调度员)。并派副司机携带手持电台(手持终端 OPH)向后部依次检查,发现关闭的折角塞门时,应对关闭折角塞门的车位、车号逐个进行登记,并将情况报告车站值班员(或列车调度员)	20		
第六项	运行途中	机车自动制动机良好,车辆有部分自动制动机故障,应根据列车实际闸瓦压力和坡度由随车值乘的车辆乘务员(无随车值乘的车辆乘务员时为司机)负责检算每百吨列车重量的换算闸瓦压力,根据检算结果限速运行(按照《技规(普速)》第 261 条计算和限速)	20		
第七项	站停列车	列车在站停车遇制动试验异常时,使用列车无线调度通信设备通知车站(列车调度员),与车站人员(无人车站为车站应急值守人员)共同检查、确认异常情况,折角塞门关闭时记录车辆型号并共同处理后,试验列车制动缓解正常,具备发车条件后,方可开车	20		

第十一节　列尾故障应急处置

抽题编码 11		列尾故障、丢失及风压异常报警应急处置			
作业环节		应急处置作业程序要点	考评标准	扣分	得分
序号	项目				
第一项	客列尾（KLW）	1. KLW装置故障时，车辆乘务员、司机按规定进行处理（进行CIR复位等），无法恢复时，司机应及时通知车辆乘务员按规定核对风压，维持运行，并报告车站值班员或列车调度员，列车调度员通知沿途车站。（10分） 2. 旅客列车运行途中，司机查询KLW风压异常并与车辆乘务员核对风压异常时应及时采取停车措施。如制动异常时，司机立即采取制动措施并按压列尾排风键，通知车辆乘务员，若列尾装置主机排风不起作用时，司机立即通知车辆乘务员使用紧急制动阀停车。（10分） 3. KLW装置故障后司机与车辆乘务员不能联系时，司机应请求在前方站停车，查明原因。（10分） 4. 遇KLW装置故障的情况下，助理值班员确认发车条件具备，按规定与司机、车辆乘务员执行车机联控后，显示发车信号发车。未设助理值班员的车站，车站值班员与司机、车辆乘务员执行车机联控后，司机凭开放的出站（进路）信号起动列车。（10分）	40		
第二项	货物列车及其他列车	1. 列车在运行途中遇所查询列车尾部风压与机车风压不一致或列尾装置发出列车管风压不正常的报警时，应及时采取停车措施，并报告车站值班员或列车调度员。如制动异常时，司机因立即采取制动措施并按压列尾排风键。（8分） 2. 列尾主机丢失时，司机按规定汇报后，核对编组顺序表确认列车完整，关闭列车尾部折角塞门，并吊起制动软管。维持运行到前方站停车，按列车调度员（车站值班员）的指示处理。（10分） 3. 列车在区间发生列尾主机泄漏影响列车继续运行时，司机按规定汇报后，须关闭列车最后一辆尾部的折角塞门，维持运行到前方站停车，按列车调度员（车站值班员）的指示处理。（10分） 4. 列车运行中列尾装置失去风压查询功能时，列车调度员安排列车维持运行至前方站停车处理，其间恢复风压查询功能时应正常运行。经处理后恢复风压查询功能时，应正常运行；经处理仍未恢复风压查询功能时，列车调度员应向司机、车站发布列尾故障准许运行的调度命令，列车运行到列尾作业站（折返站）进行处理。如遇调度员指示到前方指定站停车时，要向段应急值守台反馈，比照无守列车维持运行至指定站处理。（10分） 5. 货物列车在区间停车再开，司机查询不到尾部风压时，司机应指派副司机（随乘司机）携带GSM-R手持终端或无线对讲设备（双线区段沿非邻线一侧）到列车尾部检查确认列车完整，完全具备开车条件后方准开车。在车站时通知车站值班员（列车调度员），按其指示办理。（10分） 6. 列尾装置故障发令运行时，中间站（线路所）停车无论时间长短，开车前必须与车站人员共同进行列车制动机简略试验，得到车站人员可以发车的通知后直接发车。（6分） 7. 列车在运行途中恢复风压查询功能时，司机应及时报告车站值班员（列车调度员），列车调度员应发布取消前发列尾装置故障停用的命令，恢复正常运行。（6分）	60		

第十二节　LKJ 故障应急处置

抽题编码 12		运行中 LKJ 故障应急处置			
作业环节		应急处置作业程序要点	考评标准	扣分	得分
序号	项目				
第一项	停车报告	1. 运行中 LKJ 发生死机、黑(白)屏、数据混乱、系统故障报警等故障时立即停车。(4 分) 2. 使用列车无线调度通信设备向车站值班员(列车调度员)报告。(3 分) 3. 记录自动闭塞区间列车越过的最后一架通过信号机号码。(3 分)	10		
第二项	复位处理	1. 第一次将 LKJ 主机电源断开 3～5 s(不超过 30 s)再开机进行复位。(5 分) 2. 如第一次复位不成功,第二次将 LKJ 主机电源断开 30 s 以上再开机进行复位。(5 分)	10		
第三项	LKJ 恢复正常时	1. 处理后若 LKJ 恢复正常,仍处于监控状态时,区间开车继续运行。(10 分) 2. 处理后若 LKJ 恢复正常,但已处于降级状态时: (1)在半自动闭塞(自动站间闭塞)区段:司机输入运行方向后方车站号,就地按压【开车】键开车,运行至前方站预告信号(自动站间闭塞为第一接近区段)发码箱处按【车位】+【向前】键调整车位。 (2)在自动闭塞区段:司机输入运行后方站车站代码,就地按压【开车】键,依次按压【车位】+【向前】键,调整车位至机车后一架通过信号机处起动列车,运行至前方通过信号机处再次按压【车位】+【向前】键调整车位。(20 分)	30		
第四项	LKJ 故障关机运行时	1. 向车站值班员(列车调度员)汇报情况后,按照调度员指示维持运行至前方站。(4 分) 2. 在自动闭塞区段,严格按通过、进站(进路)信号机显示的要求运行,并控制列车速度不超过 20 km/h 运行至前方站停车。(8 分) 3. 在半自动闭塞(自动站间闭塞)区段,在进站前应将速度控制在随时能停车速度(不超过 20 km/h)并严格按进站信号的显示要求进站。(8 分)	20		
第五项	站内处置	电务人员检查确认为 LKJ 故障时,单机请求救援,双机牵引本务重联互换	10		
第六项	其他故障	1. 如遇速度传感器故障,LKJ 自动进行速度传感器切换;如遇速度传感器自动反复切换,则需要乘务员按照"监控装置操作手册"切换速度通道,正常后继续运行,前方信号机调整车位。(10 分) 2. 重联机车 LKJ 故障无法恢复正常时,司机应报告车站值班员或列车调度员,在得到准许关机维持运行的许可后,可随本列关机运行至有条件更换机车的车站。(10 分)	20		

第十三节 机车信号故障应急处置

抽题编码 13		运行中机车信号故障应急处置			
作业环节		应急处置作业程序要点	考评标准	扣分	得分
序号	项目				
第一项	故障处置	1. 机车信号连续两架显示与地面信号机显示含义不一致、灭灯时，视为机车信号故障。(5 分) 2. 检查确认机车信号上下行开关、方向手柄、调监转换扳钮位置正确；机车信号灭灯时，检查确认相应自动开关状态。(5 分)	10		
第二项	信息汇报	立即报告列车调度员(车站值班员)	5		
第三项	半自闭、自动站间区间	1. 进站信号机前降低运行速度。(4 分) 2. 确认进站(进路)信号开放，并与车站执行车机联控后，比照引导模式控制列车进站停车，速度不超过 20 km/h。(6 分) 3. 当列车处于进站(接车进路)信号机前时，当地面信号显示允许运行信号，而机车信号显示停车信号或不上码(包括红黄灯、红灯、白灯、灭灯、多灯)时应停车汇报车站；得到准许后，按地面信号显示要求，比照人工引导模式进站。(10 分)	20		
第四项	自闭区间	1. 自动闭塞区段，遇机车信号与通过信号显示不一致或机车信号灭灯、显示异常、信号越级、同一架信号机前降级显示等，就地停车。(5 分) 2. 报告列车调度员(车站值班员)，确认前方分区空闲，按照列车调度员(车站值班员)指示继续运行。(5 分) 3. 确认系机车信号故障，按照调度员指示准许转入“20 km/h 限速模式”，严格按地面信号机的显示要求运行。(7 分) 4. 当列车处于进站(接车进路)信号机前时，当地面信号显示允许运行信号，而机车信号显示停车信号或不上码(包括红黄灯、红灯、白灯、灭灯、多灯)时应停车汇报车站；得到准许后，按地面信号显示要求，比照人工引导模式进站。(8 分)	25		
第五项	站内处置	电务人员检查确认为机车信号故障时，单机请求救援，双机牵引本务重联互换	10		
第六项	站停机车信号故障(不上码)	1. 检查确认机车信号上下行开关(可转换试验)、方向手柄、调监转换扳钮位置正确；机车信号灭灯时，检查确认相应自动开关状态。(5 分) 2. 得到车站准许列车在站内向前调移的通知后，司机向前移动 5 m 至 10 m，如仍未接码，应停车报告车站值班员(列车调度员)。(5 分) 3. 经电务人员检查确认为地面发码设备故障且暂时无法恢复并登记后，根据列车调度员发布的“因地面发码设备故障，准许×次列车由×线发车”调度命令发车，司机确认地面信号开放，按临时“绿色许可证”操作办法越过前方出站信号机。(10 分) 4. 车站有中间出岔的股道停车后，如果出现机车信号未接收到地面信息(机车信号由站内停车前的半红半黄色灯光变为停车后的红色灯光)等情况时，司机应立即向车站报告。车站接司机报告后，根据需要通知司机向前移动。司机接到通知后，应执行《行规》167 条“列车在进入车站有中间出岔的股道停车时，机车头部距股道内调车信号机前后应不小于 5 m”的规定，根据机车停车位置确认是否移动，需移动时，在严格执行《行规》第 93 条第 2 款规定的前提下，操纵列车向前移动。(10 分)	30		

第十四节　机车综合无线通信设备故障应急处置

抽题编码 14		机车综合无线调度通信设备故障应急处置			
作业环节		应急处置作业程序要点	考评标准	扣分	得分
序号	项目				
第一项	机车无线调度通信设备故障	1. 确认通信频道正确,进行 CIR 复位。 2. 运行途中,司机不能使用机车综合无线通信设备、GSM-R 手持终端或无线对讲设备进行通话时,应在前方站停车报告。 3. 停车站未设电务维护人员,司机向车站申请,由车站提供给司机 GSM-R 手持终端(无线对讲设备),列车可继续运行,到达设有电务维护人员的车站后,司机将 GSM-R 手持终端(无线对讲设备)交给电务人员,由电务人员负责交还原车站	70		
第二项	车站无线调度通信设备故障	遇车站无线调度通信设备因故不能使用时,车站值班员应及时报告列车调度员,助理值班员(未设助理值班员的车站应为指定的胜任人员)向司机讲明情况后,使用手信号显示发车信号发车	30		

第十五节　运行中线路异常应急处置

抽题编码 15		运行中线路异常应急处置			
作业环节		应急处置作业程序要点	考评标准	扣分	得分
序号	项目				
第一项	发现停车信号	1. 列车运行中发现停车信号(响墩、火炬、信号旗、信号灯及徒手显示的停车信号等)时,司机应立即紧急停车。 2. 问明情况后,立即向车站值班员(列车调度员)报告,经检查确认能保证列车运行安全时,方准继续运行。 3. 停车后如无防护人员,机车乘务人员应立即检查前方线路,如无异状,列车以在瞭望距离内能随时停车的速度继续运行,但最高不得超过 20 km/h。 4. 在自动闭塞区间,运行至前方第一架通过(进站)信号机前,如无异状,即可按该信号机显示的要求执行;在半自动或自动站间闭塞区间,经过 1 km 后,如无异状,可恢复正常速度运行	30		
第二项	发现线路落石、倒树等障碍物危及行车安全时	1. 司机应立即停车,立刻向车站值班员(或列车调度员)报告,并通知追踪列车、邻线列车。 2. 查明不影响行车或排除障碍后,方准继续运行。 3. 妨碍邻线时应首先使用列车防护报警装置进行防护	15		
第三项	遇线路塌方、道床冲空等危及行车安全的突发情况时	1. 司机应立即停车,立刻向车站值班员(或列车调度员)报告,并通知追踪列车、邻线列车。 2. 配备列车防护报警装置的列车应首先使用列车防护报警装置进行防护	10		

续上表

抽题编码 15		运行中线路异常应急处置			
作业环节		应急处置作业程序要点	考评标准	扣分	得分
序号	项目				
第四项	遇线路晃车时	1. 司机发现晃车时，应立即降速通过晃车地点，必要时采取停车措施，并向车站值班员（列车调度员）报告晃车地点及晃车时列车运行速度，待本列无异常状况后恢复常速运行。 2. 车站值班员（列车调度员）得到列车晃车的报告后，通知工务部门检查线路，并查明晃车地点是否处于线路限速地段内。 （1）晃车地点处于线路限速地段内，车站值班员（列车调度员）立即通知已进入区间的后续列车停车，并不得再向该区间放行列车。 （2）晃车地点不在限速地段内，在工务部门销记前，执行以下规定： ①后续列车已进入该区间时，车站值班员（列车调度员）须将晃车情况及时通知追踪列车司机。列车调度员向后续首列发布限速 20 km/h 的调度命令，限速位置按司机汇报的晃车地点前后各 1 km 确定。 ②后续首列通过晃车地点后，司机向车站值班员（列车调度员）报告运行情况，若仍晃车时，车站值班员（列车调度员）立即通知已进入区间的后续列车停车，不再向该区间放行列车，待工务部门检查确认后，按其登记的行车限制条件放行列车；若不再晃车，列车调度员向后续列车发布限速 45 km/h 的调度命令。 在按 45 km/h 限速放行列车过程中，再次发生晃车时，车站值班员（列车调度员）立即通知已进入区间的后续列车停车，不再向该区间放行列车。 3. 工务部门检查确认销记后，按其登记的限制条件组织行车	35		

第十六节 恶劣天气行车应急处置

抽题编码 16		恶劣天气行车应急处置			
作业环节		应急处置作业程序要点	考评标准	扣分	得分
序号	项目				
第一项	预想预防	乘务员出勤时，根据机车调度员的传达，开好出勤小组会，做好预想预防，并在机车整备过程中对各照明装置、鸣笛装置、砂量及备用砂量、撒砂装置、刮雨器、窗加热等和行车安全装备重点检查	20		
第二项	行车要求	1. 运行中接到列车调度员发布的按照《技规（普速）》第 338 条改按天气恶劣难以辨认信号的办法行车的调度命令时，按列车调度员的指示办理。 2. 运行中遇天气恶劣，信号机显示距离不足 200 m 时，机车乘务员必须立即降速并报告列车调度员。 3. 列车按机车信号的显示运行。严禁臆测行车，列车接近信号机前及早控制列车速度，旅客列车降速至 60 km/h 以下、货物列车降速至 45 km/h 以下运行。 4. 当接近地面信号机时，司机应确认地面信号，遇地面信号与机车信号显示不一致时，应立即采取减速或停车措施。 5. 当无法辨认出站（进路）信号机显示时，在列车具备发车条件后，司机凭车站值班员列车无线调度通信设备（其语音记录装置须作用良好）的发车通知起动列车，在确认出站（进路）信号机显示正确后，再行加速。 6. 天气转好时，应及时报告列车调度员并恢复正常行车	60		

续上表

抽题编码 16		恶劣天气行车应急处置			
作业环节		应急处置作业程序要点	考评标准	扣分	得分
序号	项目				
第三项	操纵要点	1. 进出站注意车位调整,确保监控装置车位准确。站内停车时要随时注意机车距出站信号机的距离,防止进站停车时车位滞后误差带来冒进信号安全隐患。 2. 自动闭塞区段通过信号机显示黄灯时,要严格控制速度,并注意瞭望,同时要充分利用列车无线调度通信设备(列车综合无线调度通信设备)加强与两端站和前方列车之间的联系	20		

第十七节　列车发生火灾应急处置

抽题编码 17		列车发生火灾应急处置			
作业环节		应急处置作业程序要点	考评标准	扣分	得分
序号	项目				
第一项	及时停车	列车发生火灾、爆炸时,须立即停车(5分)(停车地点应尽量避开特大桥梁、长大隧道等,选择便于旅客疏散的地点)。(5分)	10		
第二项	信息汇报	1. 立即向列车调度员(车站值班员)报告,并通知邻线及后续相关列车停车。(5分) 2. 报告内容包括:火灾发生列车的时间、地点、车次、机车型号,牵引辆数、吨数、换长、司机姓名、起火(爆炸)部位、起火物、人员伤亡及设备损坏情况。(5分) 3. 电气化区段,现场需停电时,应立即通知供电部门停电(能分隔火灾车辆时,电力机车牵引的列车应先分隔后停电)。(5分) 4. 及时拨打火警“119”报警电话。(5分)	20		
第三项	列车发生火灾的处置	1. 司机应根据火情,及时请求车站人员协助、并组织车辆乘务员灭火。(5分) 2. 牵引旅客列车时,根据情况立即通知车辆乘务员(随车机械师)、列车长组织疏散旅客。(5分) 3. 双线区间妨碍邻线时,立即按照“列车在区间被迫停车不能继续运行时作业指导”第四项“可能妨碍邻线”处置。(5分) 4. 在区间需要分隔甩车时,有车辆乘务员值乘的列车,司机听从车辆乘务员指挥,无车辆乘务员时,司机应根据风向及货物性质等情况,按以下原则分隔甩车:以不超过 10 km/h 的速度甩车;一般为先甩下列车后部未着火的车辆,再甩下着火车辆,然后将机次未着火车辆拉至安全地段。(10分) 5. 分隔甩车每次摘开车辆前,必须保证遗留车辆保持制动状态。分隔后,必须对遗留车辆分别做好防溜。对甩下的车辆,在车站由车站人员负责采取防溜措施;在区间由司机、车辆乘务员负责采取防溜措施。(10分)	40		

续上表

抽题编码 17		列车发生火灾应急处置			
作业环节		应急处置作业程序要点	考评标准	扣分	得分
序号	项目				
第四项	机车发生火灾的处置	1. 电力机车应立即断开主断路器，降下受电弓（内燃机车断开燃油泵、停机），停车、拉开蓄电池闸刀、切断外部电源。（5分） 2. 按规定使用灭火器灭火；若木制器械着火，确认与电器无关时，可用水或泡沫灭火器灭火。（5分） 3. 如果火灾威胁蓄电池组时，除立即断开蓄电池开关外，内燃机车应取下熔断器，并将蓄电池正负引出线拆除。（5分） 4. 双线区间妨碍邻线时，立即按照“列车在区间被迫停车不能继续运行时作业指导” 第四项“可能妨碍邻线”处置。（5分） 5. 火势有可能波及列车时，立即将机车与车辆分隔并分别做好防溜；牵引旅客列车时，根据情况立即通知车辆乘务员（随车机械师）、列车长组织疏散旅客，并组织协助灭火。（5分） 6. 灭火后，乘务员应仔细检查机车车辆设备损坏程度，如确认能够继续运行时，将损坏的处所处理好后方可维持运行。如无法处理时，应及时请求救援。按“列车在区间被迫停车不能继续运行时作业指导”处理。（5分）	30		

第十八节　运行中撞异物应急处置

抽题编码 18		运行中撞异物应急处置			
作业环节		应急处置作业程序要点	考评标准	扣分	得分
序号	项目				
第一项	立即停车	1. 运行中发现线路上有行人、异物、大牲畜或塌方、落石以及施工料具、机动车辆侵入限界等立即紧急停车。（10分） 2. 发现前方道口上有异情或收到道口故障报警、遮断信号机显示红色灯光以及听到紧急呼叫时应立即采取停车措施。（10分） 3. 发现线路上有较大障碍物时，除立即采取紧急停车措施外，还应迅速到机械间躲避。（10分）	30		
第二项	信息汇报	1. 立即向列车调度员（车站值班员）报告事故简况，包括：发生事故的时间、地点、事故概况、有无人员伤亡、是否需要救护车、行车设备损失程度、列车能否继续运行、是否影响邻线、是否需要救援等。（15分） 2. 停车后立即检查机车受损状况，将情况准确汇报机务段应急值守台。（5分）	20		
第三项	妨碍邻线时	双线区段可能妨碍邻线时，立即按“列车在区间被迫停车不能继续运行时作业指导”第四项“可能妨碍邻线”处置。（10分）	10		

续上表

抽题编码 18		运行中撞异物应急处置			
作业环节		应急处置作业程序要点	考评标准	扣分	得分
序号	项目				
第四项	检查处理	1. 尽快(可动员附近人员协助)清除障碍物。将死者移出线路,伤者设法联系送往就近医院抢救;须救护车抢救伤员时,立即通知车站值班员拨打 120 急救电话。(10 分) 2. 如系机动车交通肇事时拨打 110 报警电话。(5 分) 3. 发生火灾时按照“运行中列车发生火灾时的作业指导”处置,及时拨打火警“119”报警电话。(5 分) 4. 检查机车走行部(货物列车还需检查车辆走行部),旅客列车还应通知车辆乘务员(随车机械师)对车辆走行部进行检查。确认不危及行车安全时,方可继续运行。(5 分) 5. 如机车前端的列车管、供风管漏风时,可关闭其故障塞门维持运行(在中间站、继乘站交班时应与接班司机讲明,有条件机车入库处理)。(7 分) 6. 机车走行部异常时按照“运行中机车故障的应急处置作业指导”处置。如发现机车车辆走行部部件松脱危及行车安全时,无法处理,不得再行移动,立即请求救援,并详细汇报机车、车辆、线路等行车设备破损程度。(8 分)	40		

第十九节　地面信号机显示异常应急处置

抽题编码 19		地面信号机显示异常应急处置			
作业环节		应急处置作业程序要点	考评标准	扣分	得分
序号	项目				
第一项	立即停车	1. 列车运行中遇开放的进站(接车进路)、出站(发车进路)信号机突变关闭(灭灯)时,司机必须立即停车,停车后严禁擅自动车,同时使用列车无线调度通信设备报告车站值班员(或列车调度员)。(5 分) 2. 进站、出站及进路信号机显示允许运行的信号,而其复示信号机因故不能开放时,车站值班员(列车调度员)确认主体信号机开放正确后,口头通知司机主体信号机开放正确,司机按主体信号显示运行。(5 分) 3. 进路表示器不良时,车站值班员应通过控制台确认进路正确,出站(发车进路)信号机信号开放,助理值班员(胜任人员)使用语音记录装置良好的列车无线调度通信设备通知司机正常发车。(5 分)	15		
第二项	进出站(接发车进路)信号突变冒进	遇开放的出站、发车进路、进站、接车进路信号机因故突变关闭,造成列车冒进信号时: 1. 司机应立即报告车站值班员,车站值班员不得解锁进路,及时向列车调度员汇报。(10 分) 2. 车站值班员判明情况,确认列车前方进路空闲且道岔位置正确并处于锁闭状态后,通知司机继续运行。(10 分)	20		

续上表

抽题编码 19		地面信号机显示异常应急处置			
作业环节		应急处置作业程序要点	考评标准	扣分	得分
序号	项目				
第三项	自动闭塞区间通过信号机显示停车信号(包括显示不明、灯光熄灭或信号突变关闭)	1. 列车运行中遇自动闭塞区间通过信号机显示停车信号(包括显示不明、灯光熄灭或信号突变关闭)时,司机必须在该信号机前立即停车。(5分) 2. 在停车等候同时,必须与车站值班员、列车调度员联系报告,确认前方分区是否空闲。如确认前方闭塞分区内有列车时,不得进入。(5分) 3. 故障暂时无法修复,工务确认具备放行列车条件后,车站值班员(列车调度员)通知司机恢复运行。(5分) 4. 停车等候 2 min,该信号机仍未显示允许运行的信号时,即以遇到阻碍能随时停车的速度继续运行,最高不超过 20 km/h,运行到次一通过信号机(进站信号机),按其显示的要求运行。(5分) 5. 列车调度员发现或得到闭塞分区同时出现二处及以上非列车占用红光带信息时,口头通知司机前方区间空闲以及防护各故障闭塞分区的通过信号机号码,司机将 LKJ 控车的列车转为补机模式,以遇到障碍能随时停车的速度继续运行,最高不超过 20 km/h,越过各故障闭塞分区后,按次一架通过信号机显示运行。(10分) 6. 司机发现通过信号机故障时,应将故障信号机的号码通知前方站(列车调度员)。(5分) 7. 装有连续式机车信号的列车,遇通过信号机灯光熄灭,而机车信号显示允许运行的信号时,应按机车信号的显示运行。(5分) 8. 防护分歧道岔的线路所通过信号机显示红色灯光时,不准列车越过;列车冒进线路所通过信号机时,车站值班员确认进路正确、具备列车运行条件后,使用列车无线调度通信设备通知司机继续运行。(5分)	45		
第四项	自动闭塞区间,遇通过信号机越级显示、同一架信号机前降级显示或交替乱显示	1. 列车在自动闭塞区间,遇通过信号机降级、越级显示或交替乱显示时,司机必须在该信号机前立即停车。(5分) 2. 必须与车站值班员、列车调度员联系报告,如确认前方闭塞分区内有列车时,不得进入。(5分) 3. 未接到车站值班员(列车调度员)的通知不准启动列车。(5分) 4. 得到准许运行的通知后,如通过信号交替乱显示导致 LKJ 无法正常进入"走停走"模式时,建议:可将机信扳钮置反位(进入"走停走"模式),即以遇到阻碍能随时停车的速度继续运行,最高不超过 20 km/h,运行到次一通过信号机(进站信号机),按其显示的要求运行;并及时将机信扳钮恢复正常位置。(10分)	15		

第二十节　货机代客作业应急处置

抽题编码 20		货机代客作业应急处置			
作业环节		应急处置作业程序要点	考评标准	扣分	得分
序号	项目				
第一项	预想预防	1. 乘务员出勤时,根据机车调度员的传达,与添乘人员共同开好出勤小组会,做好预想预防,认真核对核对运行揭示、IC 卡数据与担当车次区段相符。 2. 掌握旅客列车 LKJ 参数输入(区段号、车站号、车速等级等)、机车微机屏参数输入(客车模式等)要求。 3. 掌握客列尾(KLW)使用时机及注意事项、故障后的处置。 4. 掌握车机联控、辆机联控和发车的特殊要求。 5. 掌握营业站、乘降所停车位置并与列车调度员进行核对。 6. 掌握旅客列车平稳操纵要点。 7. 掌握旅客列车非正常情况下特殊限速要求	30		
第二项	途中运行	1. 牵引旅客列车在确保安全正点的同时,应做到运行平稳、停车准确。 (1)起车时,全列起动后再加速。 (2)进站停车时,应采取保压停车,按机车停车位置标一次稳、准停妥。 2. 列车运行中施行常用制动时,应遵守以下规定: (1)机车呈牵引状态,柴油机转速控制在 550 r/min 左右或牵引电流控制在 1 000 A 左右;电力机车的牵引电流控制在 200 A 以下。停车制动,大闸减压时,列车产生制动作用并稳定降速(时间原则上应控制在 5 s 以上)后,再解除机车牵引力。 (2)大闸减压前,应单独缓解机车,使列车制动时机车呈缓解状态。 (3)制动时,追加减压量累计不应超过初次减压量。 (4)大闸短暂制动后排风未止直接置运转位,存在个别车辆制动机不缓解的可能性。对因短暂制动引起的车辆制动机不缓解现象,按程序实施一次制动、缓解操作,即可正常缓解。 3. 列车运行中应根据线路纵断面及限速要求,尽可能不中断机车牵引力。在起伏坡道区段或较小的下坡道运行时,应采用低手柄位或低转速的牵引,尽量避免惰力运行。 4. 列车在长大下坡道运行中,应采用空气、动力制动配合使用的操纵方法,做到: (1)列车进入下坡道时,投用动力制动,待列车继续增速的同时,再逐步增加制动电流。 (2)当动力制动不能满足控制列车运行速度的要求时,采用空气制动调整列车运行速度。 (3)缓解列车制动时,应在缓解空气制动后,再逐步解除动力制动。 5. 旅客列车因故导致未完全停靠站台时,司机要立即向车站值班员报告停车情况及机车状态,未得到车站值班员允许不得动车	40		
第三项	特殊限速	1. 旅客列车运行途中遇车辆空气弹簧故障或供风故障时,运行速度不得超过 120 km/h。 2. 采用密接式车钩的旅客列车,在运行途中因故障更换 15 型过渡车钩后,运行速度不得超过 140 km/h。 3. 当 120 km/h 速度等级及编组小于 8 辆的 140 km/h、160 km/h 速度等级旅客列车运行途中(包括在站折返)遇自动制动机故障而关门 1 辆时,在≤20‰的下坡道区段,按 100 km/h 限速;车辆乘务员须向机车司机递交“旅客列车制动关门限速证明书”,司机修改 LKJ“车速等级”	30		

第五章　列车操纵(第五步,15关)

第一节　列车平稳操纵

一、分析列车冲动的产生原因

1. 列车起动时车钩间作用力分析

列车停车时车钩处于压缩状态,在机车加载后牵引力通过车钩及车钩缓冲装置从前向后依次传递,由于牵引力的变化和车钩间隙的存在,列车将产生拉伸冲动,牵引力变化越快冲动越大。

2. 列车加速阶段时车钩间作用力分析

列车起动后车钩已经全部伸张,列车进入加速状态,在加速状态下产生冲动的原因就是牵引力的突然加大或者突然消失。发生上述情况主要有两个原因,一个是司机提手柄过快,另一个是操纵不当造成动轮空转或者机车过载保护。

3. 空气制动时车钩间作用力分析

施行空气制动时,制动波及制动作用从前往后依次传递,前部车辆首先产生制动作用,后部车辆则较为滞后,因此会产生前阻后涌的冲动,最大冲击力往往产生在列车中部。尤其对于空重混编的列车以及在线路纵断面不一致的情况下采用空气制动调速时,由于空重车制动率以及惯性力不同,因此将会产生更加明显的冲动,严重时导致列车脱钩。

4. 缓解空气制动时车钩间作用力分析

当列车缓解时,由于列车管压力从前向后逐步升高,受列车制动主管压力波速影响,前部车辆先缓解,后部车辆后缓解,前部车辆的加速度大于后部车辆,列车从前向后逐渐产生伸张力,因此会产生拉伸冲动。

减压量越大,缓解速度越低,冲动也就越大,为防止列车分离事故的发生,因此,严禁低速缓解列车制动。

5. 运行中发生工况转换后车钩间作用力分析

列车运行中,机车从动力制动或惰性工况转换为牵引工况后,各车钩由原来的压缩或自由状态变为伸张状态。此时,若牵引力增加过快则列车会产生拉伸冲动。相反,若机车由牵引工况转为动力制动或惰性工况时,牵引力衰减过快则会产生压缩冲动。

6. 线路纵断面发生变化时车钩间作用力分析

列车运行中遇线路纵断面发生变化时会使车钩间产生压缩或伸张趋势。当列车由平道转上坡道、小上坡转大上坡或大下坡转小下坡时,车钩间会产生压缩趋势。当列车由平道转下坡、小下坡转大下坡或大上坡转小上坡时,车钩间产生拉伸趋势。坡度变化越大冲动也就越大。

二、列车平稳操纵的基本原则和典型坡道操纵要领

1. 列车平稳操纵的基本原则

司机在操纵列车过程中,掌握本列在不断变化的线路纵断面、机车工况、运行速度等条件下,列车车钩间隙的运动变化趋势,通过精心操纵,努力抑制、缓和车钩间隙由伸张到压缩或由压缩到伸张的剧烈变化,从而实现列车安全平稳运行。

2. 车钩间隙效应

列车车钩间隙(车辆连接间隙)包括车钩钩舌间隙、钩尾框间隙、缓冲器间隙(行程)、前后从板间隙、牵引销间隙等。车钩间隙的存在,使车辆车钩间产生纵向相对运动,大的车钩间运动就是纵向冲动,其核心是车钩交变力的外在表现形式,即“车钩间隙效应”。采用15X型小间隙车钩或密接式车钩时,会大大改善甚至消除车钩间隙效应。

列车车辆车钩的拉伸、压缩状态动态变化时,在外力的作用下增加了一段无阻尼加速进程,使车辆间相对速度增加,而在车钩间隙距离走完时,车辆之间的冲撞作用力加剧。此时再加上机车的牵引或制动外力,冲击造成的纵向冲动超过车钩缓冲装置的阻尼吸收极限时,车钩间弹性冲击则变为刚性冲击,就会损坏缓冲器和车钩的某些部件,并造成车内旅客、装载货物、车载设备的瞬间惯性位移。当车钩间隙效应达到一定极限时会发生缓冲器和车钩的脆性断裂,冬季更容易发生低温脆性断裂。

13型车钩间隙(车辆连接间隙)=车钩钩舌间隙+两端缓冲器间隙+两端从板间隙=40+156+15=211 (mm)。

3. 四种典型坡道操纵要领

起伏坡道不断流:起伏坡道运行时,应根据线路纵断面及限速要求,尽量采用低手柄位或低转速的牵引,尽可能不中断机车牵引力,使车钩间隙始终处于伸张或压缩状态。

锅底抢速防断钩:列车惰力运行至“锅底形”线路时,车钩间隙处于压缩状态,再牵

引时要平稳加载，杜绝牵引力大幅度变化，避免列车车钩间隙突变而产生剧烈冲动甚至断钩。

鱼背之上慎用闸：要避免在“鱼背形”坡道上实施空气制动或缓解空气制动，防止前拉后拽，造成列车断钩。

长大下坡充风足：长大下坡道调速时，根据列车制动周期要严格掌握缓解时机，防止制动主管充风不足。

三、电风配合操纵

制动调速和停车，特别是空气制动和缓解，是车钩变化最为活跃，也是最容易拉断车钩的工况。为防止拉断车钩，调速时应优先使用动力制动并与空气制动相互配合使用，这是减小因空气制动及缓解时，特别是低速缓解时列车纵向力的有效措施。为了减小制动初期的冲动，要先加动力制动，使车钩间隙有一个初步的压缩，当动力制动不能达到调速目的时，再施以小减压量的空气制动。在缓解空气制动前，先保持或视情况适当加大机车动力制动（或小闸制动力），再缓解大闸，这样可以有效地抑制列车的拉伸作用。在冬季严寒地区操纵时，即使动力制动能达到调速目的，为防止制动系统冻结，有条件时也应辅以空气制动试闸。

四、列车制动机试验

1. 最小减压量

制动主管最小减压量是指在该数值及其以上时，全列车必须发生制动作用；而在该数值以下时，将可能使车辆制动缸不起制动作用，减压量过小，有可能会使副风缸压力空气通过三通阀充气沟逆流至列车管。实施常用制动时，制动主管减压并与车辆副风缸间产生 10 kPa 以上的压力差，才能使车辆分配阀（三通阀）动作，车辆副风缸的压力空气进入制动缸。

当制动主管减压量大于 41.5 kPa 时，制动缸压力方可达到 35 kPa，才能克服制动缸塔形缓解弹簧对活塞的弹力及相关的摩擦阻力，从而推动制动缸活塞移动使闸瓦压紧车轮产生制动作用。以货车 120 分配阀为例，计算过程如下：

车辆制动缸压力＝3.25×制动主管减压量－100

制动主管减压量＝（车辆制动缸压力＋100）÷3.25

＝（35＋100）÷3.25

＝ 41.5（kPa）

根据计算和现场实践，在制动主管无泄漏的情况下，为保证制动主管减压时列车制动机产生制动作用，机车及客运列车最小减压量为 40 kPa，货运列车最小减压量为 50 kPa。

2. 制动主管泄漏量每分钟不得超过 20 kPa

根据制动机稳定性的要求,要使制动机发生制动作用,除要一定的减压量外,还需要一定的减压速率。制动主管泄漏量或减压速率小于 20 kPa/min 时,制动机不应产生制动作用。

列车制动主管的泄漏影响充风和缓解的时间,且浪费风源,又使列车前后形成压力差;在制动保压过程中,列车尾部车辆的制动缸压力减低,作用迟缓,会使列车中前、后车辆的制动力分布更加不均;在缓解过程中会延长列车后部车辆制动机的缓解时间,从而加剧了列车纵向冲动。

制动主管泄漏量每分钟超过 20 kPa 以上时,将使司机失去控制列车运行的能力,如尾部车辆充风不足、尾部车辆不缓解、常用制动后不保压、常用制动时起非常制动等。

制动机的安定性:常用制动时不发生紧急制动作用的性能。也即当制动主管减压速率在 10～40 kPa/s 范围时紧急阀不应动作。

制动机的灵敏度:当制动主管减压速率达到一定数值范围时,制动机必须产生制动作用,10～40 kPa/s 为常用制动灵敏度,70 kPa/s 为紧急制动灵敏度。

3. 最小有效减压量

在《操规》规定的"每分钟不得超过 20 kPa"标准泄漏范围内,如制动主管定压为 600 kPa,编组较长的货物列车因为泄漏、损耗等原因,尾部车辆的制动主管和副风缸充不到 600 kPa 的压力,有可能衰减为 580 kPa。此时司机如施行最小减压量 50 kPa 时,列车尾部仅能获得 30 kPa 的减压量。计算过程如下:

尾部实际减压量＝最小减压量－泄漏量
＝50－(600－580)
＝30 (kPa)

很显然,尾部车辆没有获得有效的减压,不会产生制动作用。因此,制动主管泄漏量每分钟达到 20 kPa 或编组 60 辆及以上的货物列车,尾部车辆要想取得制动效果,必须施行 70 kPa 的最小有效减压量。计算过程如下:

最小有效减压量＝最小减压量＋泄漏量
＝50＋(600－580)
＝70 (kPa)

现场作业中,为卡控列检人员及时整治车辆制动系统泄漏等故障,建议司机在进行制动机感度试验时,施行最小减压量即可;而在列车运行中,在制动主管有泄漏的情况下,需要空气制动调速时,应至少施行最小有效减压量,以确保全列车可靠制动。

4. 最大有效减压量

制动缸压力随着制动主管减压量的增加而正比例增加。但当减压量增大到一定程度时,副风缸与制动缸的压力将达到平衡状态,此时若制动主管继续减压,制动缸压力也不会上升。因此,制动缸存在最大压力值,而相应于制动缸最大压力值的制动主管减压量则被称为最大有效减压量。

(1)机车最大有效减压量

机车最大有效减压量 r_{max} 按制动管定压 p_1 减去最大有效减压量时,压力室剩余压力与作用室、作用筒压力相等的条件计算

$$p_1-r_{max}=2.5r_{max}$$

$$p_1=(2.5+1)r_{max}=3.5r_{max}$$

$$r_{max}=\frac{p_1}{3.5}$$

当 $p_1=500$ kPa 时,

$$r_{max}=\frac{500}{3.5}=143(\text{kPa})$$

当 $p_1=600$ kPa 时,

$$r_{max}=\frac{600}{3.5}=171(\text{kPa})$$

(2)客货车辆最大有效减压量

客货车辆最大有效减压量 r_{max} 按制动管定压 p_1 减去最大有效减压量,副风缸剩余压力(p_1-r_{max})与制动缸压力($3.25r_{max}-100$)相等的条件计算

$$p_1-r_{max}=3.25r_{max}-100$$

$$p_1+100=3.25r_{max}+r_{max}=4.25r_{max}$$

$$r_{max}=\frac{p_1+100}{4.25}=0.235p_1+23.5$$

当 $p_1=500$ kPa 时,

$$r_{max}=0.235\times500+23.5=141(\text{kPa})$$

当 $p_1=600$ kPa 时,

$$r_{max}=0.235\times600+23.5=165(\text{kPa})$$

在正常情况下,减压量超过该数值时,不会再增加制动力,只会浪费压力空气。在特殊情况下,比如制动缸活塞行程超长或充风不足时,实际减压量超过最大减压量还是有效的。JZ7 型制动机的过量减压位就是为此而设,其减压量可达 240~260 kPa。

5. 列车充、排风时间的参考标准

由于每一列车的机车(车辆)制动机的型号、机车空气压缩机的泵风效率、车辆空重车位设置、车辆计长、空气管路系统的泄漏量都有差别,因此在同样的减压量、辆数条件下,列车充排风时间也有差别。根据现场实践和既有资料,提供以下货物列车充、排风时间参照表见表 5-1 和表 5-2,供大家在现场作业中参考使用。

表 5-1 货物列车充风时间(s)参照

制动主管压力(kPa)	减压量(kPa)	辆数				
		20	30	40	50	60
500	60	22	29	38	52	70
	100	34	55	72	93	120
	120	48	65	88	116	147
	140	60	82	110	140	174
600	60	26	35	45	62	84
	100	46	63	84	106	135
	120	56	76	102	128	160
	140	65	90	121	150	185

表 5-2 货物列车排风时间(s)参照(制动主管 600 kPa)

减压量(kPa)	辆数					
	10	20	30	40	50	60
50	4	8	12	16	20	24
70	5	10	15	20	25	30
100	6	12	18	24	30	36
170	9	18	27	36	45	54

6. 货物列车制动主管定压 600 kPa 与 500 kPa 间相互转换后进行制动机试验的注意事项

(1)列车实施最大有效减压量后,副风缸压力比列车管压力高 40～50 kPa。定压 600 kPa 时,实施最大有效减压量 170 kPa,此时制动主管压力为 430 kPa,副风缸压力 480 kPa 左右;定压 500 kPa 时,实施最大有效减压量 140 kPa,此时制动主管压力为 360 kPa,副风缸压力 400 kPa 左右。

(2)列车实施紧急制动后,制动主管压力为 0,此时副风缸压力与实施最大有效减压量后的副风缸压力基本相同。定压 600 kPa 时,紧急制动后副风缸压力 480 kPa 左右;定压 500 kPa 时,紧急制动后副风缸压力 400 kPa 左右。

(3)按照《技规(普速)》第 261 条第 20 表注 3:“遇机车换挂需将自动制动机列车主管压力由 600 kPa 改为 500 kPa 时,摘机前应对列车主管实施一次 170 kPa 的最大减压量操纵”。根据试验结果,此时副风缸压力 480 kPa 左右,而制动主管定压改为 500 kPa 给列车充风,只有 20 kPa 的压力差,会造成个别相对不灵敏的车辆制动机不缓解。即使列车实施紧急制动后,副风缸压力与实施最大有效减压量后的副风缸压力基本相同,制动主管与副风缸之间仍只有 20 kPa 的压力差,仍会造成个别相对不灵敏的车辆制动机不缓解。

(4)遇机车换挂需将自动制动机列车主管压力由 600 kPa 改为 500 kPa 时,司机摘机前应对列车主管实施一次 170 kPa 的最大加压量操纵,列检作业人员必须对全列车辆副风缸、制动缸拉动缓解阀进行排风处理。保证缓解列车时制动主管与副风缸之间有足够的压力差。

五、施行常用制动调速、停车

1. 充风不足的定义及其危害

为保证全列车有效制动,在施行常用制动时应考虑制动主管泄漏量,初次减压量不应小于本列车的最小有效减压量。在长大下坡道运行调速时,应适当增加初次减压量或及时追加减压,建议车辆带闸距离不宜超过 1 500 m,并须满足下一个制动周期所必须的充风时间,杜绝充风不足。

所谓充风不足,就是副风缸压力低于制动主管定压。如因特殊原因导致充风不足(如刚缓解后不久突然发现危及行车安全的情况),必须果断施行对应于副风缸实际压力的有效减压或紧急制动(绝对不可采用充满风时正常情况的减压量),以保证行车安全。

制动主管定压 600 kPa 时,假设累计减压量为 120 kPa,在充风不足的极限情况下,副风缸(尾部制动主管)的实际压力仅为 480 kPa。这时司机应至少采取 170 kPa 的减压量方能使列车制动。计算过程如下:

最小有效减压量=最小减压量+制动主管前后压力差

=50+(600−480)

=170 (kPa)

在施行常用制动减压时,制动缸压力与副风缸实际压力成正比例关系。司机如果实施同样的减压量,在副风缸充风不足情况下制动缸的压力相对于充满风时会衰减很多(甚至衰减为 0),将给行车安全构成极大隐患,所以在正常运行时必须要杜绝充风不足。而对于“在制动保压后,将大闸手柄由中立位推向缓解、运转、保持位后,又移回中立位”的“偷风”操纵行为更要绝对禁止。

2. 施行或缓解常用制动时减小列车纵向冲动的方法

施行常用制动时,为减小制动初期和缓解时的纵向冲动,应早减压、少减压,使初制动后列车降速稳定,根据情况再追加减压。

空重混编列车在减压制动时,空车产生制动作用后降速较重车快,前后车辆减速时差较大,产生较大的纵向冲动,较易发生列车分离或断钩事故。重车在后的列车在施行制动时,后部重车会向前涌动,初次减压制动时,可适当降低机车制动缸压力,减小机车、车辆间相互冲动。空车在后的列车在施行制动时,初制动时不应降低机车制动力,缓解时机车要稍稍滞后于车辆,使机车前后车辆的缓解时差尽量缩小。

列车缓解速度如果过低,这时闸瓦摩擦系数随着速度的降低而增大;并且由于缓解波速的因素,列车尾部车辆缓解晚于前部,导致同一瞬时列车前后制动力不同,必然造成很大的纵向拉力。重载列车、长编组列车低速缓解时的纵向作用力比制动时更为剧烈,司机在调速不当的情况下,极易产生相当大的拉钩纵向力而导致断钩。

列车在运行中施行制动后缓解时,必须在大闸排风完了后再缓解列车,待列车缓解后再稳定加载,严防因列车后部车辆未缓解以及车钩间隙效应而拉断车钩。旅客列车如大闸短暂制动后排风未止直接置运转位,存在个别车辆制动机不缓解的可能性。对因短暂制动引起的车辆制动机不缓解现象,按程序实施一次制动、缓解操作,即可正常缓解。

注:120 制动机紧急制动波速 260 m/s,常用制动波速 220 m/s;120 制动机缓解波速 180 m/s。

3. 不允许排风未止就追加减压的原因

列车制动减压时,排风未止就进行追加减压,等于施行了一次大减压,并且制动主管减压波动,列车将因前部车辆制动力过强而产生较大的纵向冲动。一次追加减压量超过初次减压量,会使列车制动力急剧增强,不利于平稳操纵。

4. 站内少量减压停车后,要追加减压至 100 kPa 及以上的原因

少量减压停车的列车,后部车辆三通阀作用位置不到位,易造成缓解不良。为此,应追加减压至 100 kPa 及以上,使车辆三通阀主活塞两侧压力差增大,动作灵活,避免车辆制动缓解不良的现象发生。另外,如制动主管减压不足 80 kPa 时,LKJ 将会启动"管压防溜"控制功能。货物列车制动停车参考见表 5-3。

表 5-3 货物列车制动停车参考(4 000 t、减压 60 kPa)

初速度(km/h)	空走距离(m)	有效制动距离(m)	全制动距离(m)	理论撂闸距离(m)	备注
10	25	13	38	138	1. 此表作为货物列车站内停车初制动、追加减压的参考依据。计算参数为:牵引总重 4 000 t、辆数 50 辆、高摩合成闸瓦、线路坡度 0‰、列车换算制动率 0.35、初制动减压量 50~60 kPa。 2. 表中的撂闸距离为全制动距离和安全距离之和,安全距离设定为 100 m。 3. 空走距离约为初速度值的 2 倍+10。 4. 因司机反应时间和均缸、制动管开始排风时间延迟,撂闸距离约为初速度的 12 倍,并在坡道上下变化(±5‰)范围内,最大浮动 80 m
15	37	30	67	167	
20	48	54	104	204	
25	62	86	148	248	
30	74	125	199	299	
35	86	172	259	359	
40	99	228	326	426	

六、连挂速度

为了保证调车安全和车辆与装载货物的完整,接近被连挂车辆时必须平稳连挂,不

得超过 5 km/h。连挂时车钩受压缩力,缓冲器产生压缩变形,当连挂速度过高时,产生的冲击(车钩力)会将缓冲器压死。如果车钩力再继续增加,缓冲器已不再起作用,于是出现刚性冲击,形成冲动。这时,多余的冲击动能将直接由车体和车钩缓冲装置来吸收。冲击造成的车钩力超过车钩缓冲装置的阻尼吸收极限时,就会损坏缓冲器和车钩的某些部件,并造成车内旅客、装载货物、机车车辆车载设备的瞬间位移、窜动。

根据研究和试验结果,当连挂速度高于 5.5 km/h 时,车辆安装的 3 号缓冲器(行程 61～68 mm,现已停止生产)就会被压死。就将连挂速度定为"不超过 5 km/h"。

七、列车起动开车

1. 防止列车缓解后尾部车辆轮对越过敌对出站信号机的轨道电路绝缘节的方法

在上坡道站缓解列车后,因坡道力的作用造成车钩被拉开、自由间隙消失、车钩缓冲器由压缩到复原直至被拉伸,车列会向下坡道方向移动,严重时尾部车辆轮对会越过敌对出站(进路)信号机的轨道电路绝缘节、冒进信号。按照每一组车钩间隙 0.2 m 计算,列车进站停车必须保证尾部距敌对出站(进路)信号机有 10 m 以上的安全距离。即使在平道车站缓解列车后,车钩缓冲器由压缩状态复原伸张,从而推动车辆移动,因此也应该预留出适当的安全距离。

轨道电路钢轨绝缘设置的位置:出站(包括出站兼调车)或发车进路信号机、自动闭塞区间单置的通过信号机处,钢轨绝缘可设在信号机前方 1 m 或后方 6.5 m 的范围内(信号机前方是指信号机机构正面所对的方向)。

2. 起动列车时列车尾部制动主管压力

《操规》规定制动主管泄漏量每分钟不得超过 20 kPa,因此,在制动主管定压 600 kPa 时,尾部车辆制动主管压力达到 580 kPa 即可认为"尾部制动主管压力与机车制动主管压力基本一致"。但在现场作业中,部分司机在尾部风压达不到 580 kPa 时,擅自将制动主管压力调整至 610 kPa 甚至更高,而忽视了制动主管泄漏量超标对列车运行安全的危害。利用网重联机车担当牵引任务时,因大闸运转位时可能有 4 台螺杆压缩机同时泵风,将会掩盖制动主管泄漏量超标的现象,因此,在制动机制动保压试验时认真观察泄漏量尤为重要。

对于坡道较大的车站,应确认列车尾部风压同步上升(制动主管贯通、列车完整)后即可开车。

3. 起动列车的要求和基本方法

货物列车如起动困难,采用压缩车钩起动时,由于车辆逐辆起动,再加上各车钩缓冲弹簧的伸张力,列车平均起动阻力较小,起动比较容易。但压钩起动时由于车钩自由间隙过大、车辆的不同时起动,引起剧烈的冲动使车钩力大大增加,它可能超过机车起动牵引力,甚至造成断钩。

目前我段配属的机车,在平道和小坡道均能满足现有牵引定数的列车起动需要,并且起动牵引力还有很大富余;因此在平道及小坡道起动时,不必压缩车钩。

在大坡道上利用压钩起动操作更难以掌握,极易形成前拉后拽(溜)而造成断钩。大坡道起动可采用预先加载后缓解列车制动的方法,待列车全部缓解后再加大起动电流(牵引力)。预先加载的牵引力值应保证列车全部缓解后不会后溜。

八、单机不能在自动闭塞区间调谐区内停车

无缝长轨的线路上,为了减少锯轨设置机械绝缘节,采用电气绝缘节方法分割相邻轨道电路信号,利用调谐单元对不同频率信号的不同阻抗,划定了轨道电路的控制范围,实现相邻区段信号的隔离,防止了信号越区传递。调谐区的作用相当于有缝钢轨的绝缘节,一般长度为 29 m,单机在此区段无法短路轨道电路。因此,单机不能在调谐区停车。

九、旅客列车冲动的量化指标

(一)冲动棒制作的理论依据

根据竖立的冲动棒力矩平衡条件,可推导出

$$\alpha=\frac{L}{H}g$$

式中　α——运行加速度;

L——冲动棒正方形横截面边长;

H——冲动棒高度;

g——9.81 m/s^2。

冲动棒力矩平衡条件推导过程:F_0 为木棒受到的惯性力,G 为木棒重力,$F_0\times\frac{H}{2}-G\times\frac{L}{2}=0$,$F_0\times\frac{H}{2}=G\times\frac{L}{2}$,$F_0=m\alpha$,$G=mg$,$m\alpha\cdot H=mg\cdot L$,则 $\alpha=\frac{L}{H}g$。

《铁路旅客列车纵向动力学试验方法与评定指标》(TB/T 2370—1993)规定:列车起动、调速及常用制动时,纵向平均加或减速度的绝对值应不超过 0.08g(g,重力加速度 9.81 m/s^2);列车紧急制动时的平均减速度应不超过 0.12g,但在初速度为 40 km/h 以下时允许不超过 0.14g。

当运行加速度等于或大于临界值时,冲动棒将会倾倒,以此测评旅客列车加(减)速度和加(减)速度变化率造成的冲动,并根据冲动大小引起的旅客舒适度差异,得出冲动棒制作参数。

冲动棒制作规格见表5-4。

表5-4 冲动棒制作规格

棒号	运行加速度(g)	棒高(mm)	横截面边长(mm)	舒适度
0	0.10	150	15	感觉极小
1	0.12	150	18	轻微感觉
2	0.14	150	21	有感觉
3	0.16	150	24	冲动明显，不舒适
4	0.18	150	27	冲动较大，极不舒适
5	0.20	150	30	冲动极大，严重不舒适

(二)冲动棒测评平稳操纵的考评方法

1. 3号及以上棒倒视为失格。

2. 1～2号棒倒一次，分别对应扣1～2分，0号棒倒不扣分。

3. 冲动棒棒号对应的平操仪冲动级别为：5号棒对应9、10级，4号棒对应7、8级，3号棒对应5、6级，2号棒对应3、4级，1号棒对应2级，0号棒对应1级。

(三)冲动棒测评平稳操纵的使用要求

1. 冲动棒测评旅客列车平稳操纵时，应摆放在列车中后部车厢平整的地板上。

2. 冲动棒测评货物列车平稳操纵时，应摆放在机车非操纵端平整的地板上。

3. 冲动棒测评专调机车平稳操纵时，应摆放在机车操纵端平整的地板上。

4. 在一个考核过程中(连挂、起动、牵引、调速或停车过程)，只计算最大级别的冲动；棒倒即扶起。

十、旅客列车产生冲动的操纵原因

列车冲动与操纵方法有直接关系，掌握列车冲动产生的原因及规律，有助于指导和改善操纵方法，是实现列车平稳操纵的有效途径。

1. 起车时，机车牵引力通过车钩及缓冲装置从前向后依次传递，由于牵引力的变化和车钩间隙的存在列车会产生拉伸冲动，其冲动力的大小与机车牵引力的变化率和车钩间隙有关，牵引力变化越快冲动越大。车钩间隙的存在，使得牵引力变化过快会引起起车时的车钩拉伸冲动。

2. 惰行与牵引转换时，机车牵引力变化过快会引起列车冲动。惰行转牵引时，牵引力增加过快列车会产生拉伸冲动；牵引转惰行时，牵引力衰减过快则会产生压缩冲动。

3. 使用动力制动时，因制动力集中在列车头部，如增加过快或加力过大会引起车钩压缩冲动，解除过快则会引起拉伸冲动。

4. 列车进行制动与缓解时，由于制动波和缓解波从前往后的传递需要时间，列车制动与缓解存在前后时差,列车前后速度变化率也存在差异,进而引发列车冲动。

施行空气制动时,制动波及制动作用从前往后依次传递,前部车辆首先产生制动作用,后部车辆则较为滞后,因此会产生前阻后涌冲动,最大冲击力往往产生在列车中、后部。

缓解空气制动时,缓解波也是从前向后依次传递,前部车辆先缓解,后部车辆后缓解,因此会产生车钩拉伸冲动,减压量越大、缓解速度越低,冲动也就越大。

列车制动和缓解时冲动力的大小与列车编组辆数、减压量、列车编组情况等有直接关系:减压量越大、缓解速度越低,车辆制动力及各车辆制动力的差别越大,冲动也就越大;牵引辆数越多,制动与缓解时差越大,减压制动时冲动越大;列车中车辆质量差别较大时,由于制动率的不同,也易引发列车冲动。

5. 线路坡度发生变化会使车钩产生压缩或伸张趋势。当列车由平道转入上坡道、由小上坡转入大上坡或由大下坡转入小下坡时,由于列车势能的增加或相对增加而牺牲部分动能,车钩会产生压缩趋势;当列车由平道转入下坡道、由小下坡转入大下坡或由大上坡转入小上坡时,由于列车势能的减少或相对减少而转化为动能,车钩会产生拉伸趋势。坡度变化越大,车钩伸缩变化越大,冲动也就越大。在起伏坡道惰力运行时,列车车辆车钩间隙变化更为复杂。

6. 对于采用密接式车钩的车体,如果在起停车过程中牵引力、制动力突变,导致起动加速度和停车减速度变化过大,仍会产生明显的纵向冲动。如起车空转、全列车未停稳前使用单阀增加制动缸压力、低速紧急制动等。

十一、旅客列车平稳操纵基本办法(“三九”操纵法)

(一)旅客列车操纵三项基本原则

序号	机车工况	冲动原因	操纵口诀	操纵要领
1	牵引工况	牵引力突增,引发车钩由压缩向伸张变化加剧	准、慢,车钩伸张加电流	准:就是手柄选择级位与实际运行速度所对应级位的差值要准。 慢:就是手柄推动要慢,防止牵引力突变产生冲动。 车钩伸张加电流:指车辆因阻力自然减速,机车缓慢产生牵引力将车钩完全拉伸后,再根据线路纵断面和运速逐渐增大牵引力
2	动力制动	机车电制动力突增,引发车钩由伸张向压缩变化加剧	准、慢,自然长速生电流	准:就是根据实际运行速度选择手柄级位。 慢:即制动电流的调整要缓慢。 自然长速生电流:手柄级位确定后,等列车长速自然产生制动电流
3	空气制动	车辆制动力的产生与释放改变车钩原有状态,随制动力的大小与线路变化而冲动	早、少,使闸地点选择好	早:就是调速减压时机要早,尽量减少使闸次数,并防止错失使闸时机。 少:就是减压量要少,必要时适当追加,尽量避免大减压量造成冲动。 使闸地点选择好:要尽量避免在道岔、弯道、变坡点等易产生冲动处使闸

(二)旅客列车九种具体操纵方法

序号	影响冲动因素	冲动地点	冲动原因	操纵要点	具体操纵方法
1	起伏坡道或较小的下坡道地段	鱼背形坡道	车钩变化伸张→压缩	牵引(制动)不断流,三分之二退	进入坡顶前尽量匀速运行,过坡顶后根据长速情况适当提高手柄级位,确保牵引不断流,牵引全列车三分之二过坡顶后,按前方线路情况选择是否退流
2		锅底形坡道	车钩变化压缩→伸张	制动不断流,三分之一撤	采用动力制动控速运行,确保制动不断流,全列车三分之一过坡底后,解除动力制动
3		起伏坡道	车钩变化处于自然状态	牵引、制动不断流	采用小电流牵引或动力制动运行,根据坡道变化适当调整手柄级位,使车钩始终保持在伸张或压缩状态
4	电分相	长大下坡道过分相	车钩变化压缩→伸张→压缩	200 A(25 kN)撂,2 s退,缓后等流	分相前缓慢降低制动电流,制动电流降至 200 A(和谐机车 25 kN)时减压,列车管排风未完时电流退 0,过电分相后,缓解空气制动,手柄选择运行速度对应略高级位等流
5		长大上坡道过分相	车钩变化伸张→压缩→伸张	平滑退流,级位等流	分相前缓慢降低牵引电流,"T"断标前手柄回 0 断开主断路器(自动过分相除外),过电分相后,手柄选择运行速度对应略低级位等流
6	机车工况转换	牵引转动力制动	车钩变化伸张→压缩	一退二惰行,三等四回流	机车工况转换时,为尽可能消除车钩间隙的突然变化,控制车钩间隙的伸张与压缩要在缓慢中进行,使之最大限度地减小和避免冲动。 选择合适地点提前缓慢退流,控制速度,惰行 5 s 以上转动力制动,手柄选择运行速度对应略高级位等流,大下坡处制动电流升至 200 A(和谐型机车25 kN)时,稍回手柄防止起流太猛造成冲动
7		动力制动转牵引	车钩变化压缩→伸张	一退二惰三等流	机车工况转换时为尽可能消除车钩间隙的突然变化,控制车钩间隙的压缩与伸张要在缓慢中进行,使之最大限度地减小和避免冲动。 选择合适地点(最好在曲线处)撤除制动电流,惰行 5 s 以上转牵引运行,手柄选择运行速度对应略低级位等流
8	操纵困难地段	带流制动操纵法	特殊地段列车冲动不可避免	小电流牵引,机车不上闸,制动缓解时全列车钩拉伸	空气制动减压及缓解时或变化较大的锅底形坡道时为消除冲动,机车呈牵引状态(直流机车 200 A、和谐型机车 25 kN),大闸减压前单独缓解机车,列车产生制动作用 5 s 后可退回牵引手柄,缓解时提前给定牵引电流或牵引力

续上表

序号	影响冲动因素	冲动地点		冲动原因	操纵要点	具体操纵方法
9	列车站内起停	起车	平道	长编:牵引力的突增造成前后部车辆位移逆差,车钩变化:自由伸缩→伸张	给定机车起动牵引力后逐辆拉伸全列车钩	重点在开车前的车钩拉伸,连挂车辆后要使机车与车辆车钩保持在拉伸状态减少列车起动冲动,起车时给定机车牵引力后走行3~5 m,再逐级增加机车牵引力
				短编:加速度过快,列车由静止向移动过度,会造成旅客体感不适	全列走行5 m以上后再逐级增加机车牵引力	
			下坡道	长编:坡道影响,发车前全列车钩处于压缩状态,车钩变化:压缩→快速伸张	具备发车条件后,手柄离零,待列车起动后缓慢施加机车牵引力	因全列车钩处于压缩状态,为防止起车时牵引力的突增造成列车冲动。特殊情况下和谐型机车采用切除两台牵引电机、SS_{7E}型电力机车应将调速手柄离零,逐步缓解机车小闸制动,待列车走行3~5 m后再给定少量牵引力,使全列车钩由压缩状态缓慢转移为牵引状态
				短编:牵引力突增、加速度过快,会造成旅客体感不适,车钩变化:压缩→拉伸	按长编组起动方法起动后,缓慢施加机车牵引力至走行5 m以上后加速	
			上坡道	冲动发生时机为缓解列车制动时,由于停车制动造成车钩压缩,如车钩处于全压缩状态,缓解后会有较大冲动	防止起车时列车溜逸	1. 起动列车时因车钩处于拉伸状态,起车操纵不会产生列车冲动,关键项点为给定机车牵引力后再缓解机车小闸制动,防止列车溜逸。 2. 超过2.5‰的上坡道按坡道起车办法操纵。先缓解机车制动,再给定牵引电流(直流机车400 A、交流机车30 kN)再缓解全列车制动,逐渐增大机车牵引力
		停车	空气制动	列车制动力的强弱在制动波速的传递过程下产生列车纵向冲动,车钩变化:自由伸缩→压缩	少减压、早减压、适量追加靠标停车	长编组:采用"两定一调整"停车对标方法,遵守"早减压、少减压、适量追加"的原则。制动初速掌握在35 km/h,初减压量控制在50 kPa,制动距离特快列车280 m、普速列车310 m,标前适当追加。 短编组:正常情况不得使用电阻制动停车对标
			动力制动	低速制动列车减速度加剧受制动距离限制,造成人体在惯性作用下不适感增强,车钩变化:压缩→自由伸缩→压缩	速度控制下来后,撤除电制动力时机要早,使车钩尽早进入自由伸缩状态,停车制动减压量要少	按照机车停车位置标300 m控速30 km/h;200 m控速20 km/h;100 m控速10 km/h的标准控制列车运行速度停车对标。遇天气不良时严防滑行做好预防性撒砂或采用两段制动停车对标
			两段制动	第一次缓解后列车充风不足,全列制动主管压力不均衡,造成二次制动时前后部车辆制动不同步,车钩变化:压缩→自由伸缩→极速压缩	第一次空气制动后无法全列停靠站台时所采取的补救措施或电阻(动力)制动故障时列车停靠特殊短股道	机车停车位置标距出站信号机小于70 m,第一次制动缓解速度根据减压量大小控制在20 km/h以下缓解,根据停车标距离再次制动减压按标停车

第二节 坡道起车

坡道起车是货物列车操纵技术的重点和难点，机车司机在学习操纵和日常乘务过程中几乎没有练习的机会和条件。因此必须通过理论培训的方式使司机掌握坡道起车的要领。兰州局集团公司通过多次对货物列车坡道起车牵引试验进行添乘写实、数据分析以及牵引计算，采集各种数据、分析多种因素，归纳总结出简明、精炼、易于司机学习掌握的货物列车坡道起车操纵要领。可有效防止列车坡道起车不当的后溜、断钩、打伤钢轨等安全隐患。

一、缓解列车防溜逸

1. 下滑力的大小与列车总重、线路坡度成正比

坡道起车时，如图 5-1 所示，应在列车充风缓解前预先稳定地施加一定的防溜牵引力以克服列车下滑力，防止列车溜逸。此牵引力不可过小，否则列车溜逸。依据列车下滑力计算公式，可将坡道起车时的防溜牵引力公式简化为“总重÷100×坡度千分数”。

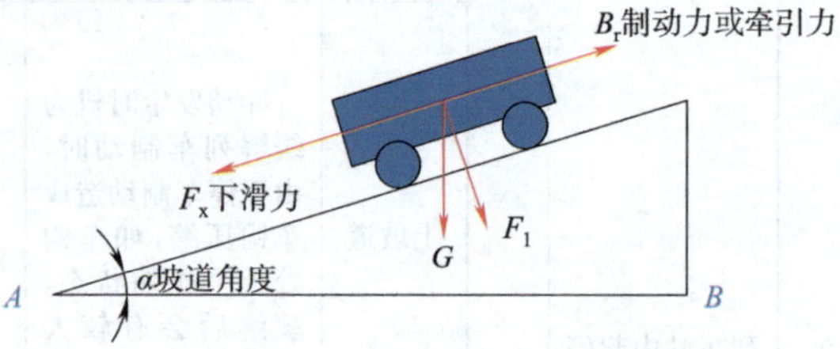

图 5-1 坡道起车示意

2. 列车下滑力计算公式

$$F_X = -[P(\omega' + i_j) + G(\omega'' + i_j)]g \times 10^{-3}$$

式中 P——机车总重，t；

G——车辆总重，t；

ω'——机车单位起动阻力，N/kN；

ω''——车辆单位起动阻力，N/kN；

i_j——坡道加算坡度千分数，下坡取负值；

g——重力加速度，9.81 m/s²。

注：计算防溜牵引力时，忽略本务机车下滑力和车辆起动阻力。

二、起动列车防空转、溜逸、断钩

如在全列缓解时防溜牵引力不足，列车将会发生溜逸。在全列缓解过程中如增加的起动牵引力（加力）过大过快，机车极易产生保护性减载，也会造成列车防溜牵引力不足而溜逸。另外，在机车空转保护减、加载的过程中，剧烈的刚性冲击和车钩间隙效应产生车钩交变力，会有断钩隐患。依据列车全阻力公式，可将起动牵引力下限值公式简

化为"总重÷100×(坡度千分数+4)";依据列车起动牵引力公式,可将起动牵引力上限值公式简化为"总重÷100×(坡度千分数+5)"。

1. 列车全阻力公式(起动牵引力下限值)

$$W=[P(5+i_q)+G_q(3.5+i_q)]\times 9.81\times 10^{-3}$$

2. 列车起动牵引力公式(起动牵引力上限值)

由

$$F_q\lambda_y=W=[P(5+i_q)+G_q(3.5+i_q)]\times 9.81\times 10^{-3}$$

得出

$$F_q=W/0.9=[P(5+i_q)+G_q(3.5+i_q)]/(102\lambda_y)$$

式中　i_q——起动地点加算坡度千分数;

λ_y——机车牵引力使用系数,取 0.9;

G_q——起动牵引重量。

3. 机车黏着牵引力计算公式

$$F_\mu=P\times\mu_j\times g\approx 3.8\times P$$

黏着重量 200 t 的 HXD1 型电力机车或 HXD2 型电力机车黏着牵引力 760 kN,黏着重量 150 t 的 HXD1C 型电力机车黏着牵引力 570 kN,黏着重量 138 t 的 HXD1C 型电力机车黏着牵引力 520 kN,起动黏着系数 $\mu_j=0.38$。坡道停车前、坡道起车时司机可适量撒砂,以增大黏着系数和黏着牵引力,但不可过量;否则,会造成轨面积砂过多,造成原边电流回路不畅,反而影响机车牵引功率发挥,造成坡道起车失败。

三、列车起动三要素

1. 速度:列车起动过程的速度一般取 3～5 km/h 为宜,即列车最后一辆车的起动突变速度为 3～5 km/h。

2. 距离:列车的起动距离即为全列车钩的伸张距离与车辆车轮转动 1～2 圈的距离之和,牵引 50 辆及以下的列车时,一般取 10 m。

3. 牵引力:列车充风缓解前预先加载的牵引力应保证列车开始缓解后不会后溜;随后给定的起动牵引力(加力)必须保证全列车能够可靠起动,且不能一次性加入,要随着列车的缓解逐步加入,防止空转、溜逸和断钩。

四、坡道起车加力时机

1. 常用制动缓解时间

常用制动后缓解时,当列车尾部车辆制动主管压力达到小于定压 40 kPa 时,尾部车辆即开始缓解，该时间即为最后一辆车缓解时间，亦即常用制动后起车时加力至最大值的最迟时刻。最大有效减压量后平均每辆车的开始缓解时间约为 0.2 s，彻底缓解时间约为 1 s。

2. 紧急制动缓解时间

制动主管定压为 600 kPa 时，紧急制动后缓解时，当尾部车辆制动主管压力上升至 430 kPa 时，尾部车辆开始缓解。紧急制动后平均每辆车的开始缓解时间约为 1.5 s，彻底缓解时间约为 2 s。

3. 坡道起车时加力时机

参照上述方法，可以测定不同编组的列车常用制动和紧急制动时尾部车辆的缓解时间，作为上坡道起车时加力时机参考值。具体操纵时，可根据列车实际编组情况、线路坡度等因素适当加减，确定加力时机。

4. 坡道起车时加力时机的优化

因机车制动机型号不同，车辆制动机也性能各异，实际上列车车辆的缓解时间差异非常大。如果坡道起车过分强调逐辆缓解、逐辆起动这一理想化方法，司机极难掌握加力时机和加力大小。事实上坡道起车几乎都是挺钩起动（而不是逐辆起动），停车前先采取小闸制动的方式压缩车钩以实现坡道起车时的逐辆起动在实际中毫无优势可言，并且全部车辆未缓解完毕加力过大更易导致空转保护减载导致列车溜逸。根据运用经验以及列尾数据分析、现场试验，定压 600 kPa 货物列车尾部风压达到 510 kPa 以上（流量表 1.6 以下），定压 500 kPa 货物列车尾部达到 430 kPa 以上（流量表 1.4 以下），全列基本缓解。以此确定上坡道起车时加力时机参考值，司机更易掌握。满长列车坡道起车时，一般情况下，常用制动缓解后起动约需 90 s，紧急制动缓解后起动约需 120 s；JZ-8 制动机时间更长。

五、和谐型电力机车牵引货物列车坡道起车操纵要领

根据上述对坡道起车操纵各环节的分析，可以归纳总结出如下更易于司机学习掌握的不同机车牵引不同总重的货物列车坡道起车操纵要领。

1. HXD_1/HXD_2 型电力机车牵引总重 4 500 t

第一步（风）：总风压力不小于 900 kPa。

第二步（单）：先给定 100 kN 抻钩牵引力后，侧缓小闸至 0。

第三步（设）：平稳给定至防溜牵引力，观察牵引力稳定发挥，确认未发生空转减载。

（1）坡度大于 2.5‰且小于等于 6‰的坡道：牵引力给定至 400 kN。

(2)坡度大于6‰且小于等于9‰的坡道:牵引力给定至500 kN。

(3)坡度大于9‰的坡道:牵引力给定至600 kN。

第四步(自):确认各轴牵引力稳定发挥后缓解大闸,检查尾压。

(1)定压500 kPa,尾部风压达到430 kPa以上(流量表1.4以下)。

(2)定压600 kPa,尾部风压达到510 kPa以上(流量表1.6以下)。

第五步(起):如列车彻底缓解完毕后仍未起动,可适当平稳增加起动牵引力(50±30) kN左右,确保不发生空转减载,耐心等待起动。

2. HXD_{1C}型电力机车牵引总重3 200 t

第一步(风):总风压力不小于900 kPa。

第二步(单):先给定100 kN抻钩牵引力后,侧缓单阀至0。

第三步(设):平稳给定至防溜牵引力,观察牵引力稳定发挥,确认未发生空转减载。

(1)坡度大于2.5‰且小于等于6‰的坡道:牵引力给定至300 kN。

(2)坡度大于6‰且小于等于9‰的坡道:牵引力给定至400 kN。

(3)坡度大于9‰的坡道:牵引力给定至500 kN。

第四步(自):确认各轴牵引力稳定发挥后缓解大闸,检查尾压。定压600 kPa尾部风压达到510 kPa以上(流量表1.6以下)。

第五步(起):如列车彻底缓解完毕后仍未起动,可适当平稳增加起动牵引力(50±30) kN左右,确保不发生空转减载,耐心等待起动。

3. 坡道起车注意事项

(1)若紧急制动停车,须先消除紧急制动源,解除牵引封锁。

(2)坡道停车前、坡道起车时可适量撒砂。

(3)预先施加的防溜牵引力如发挥不稳定,不得缓解大闸。

(4)坡道起车失败时,先采取大闸制动后,再撤除牵引力。

(5)坡道起车精细化操纵时各阶段牵引力取值:

①防溜牵引力=总重÷100×坡度千分数。

②起车牵引力下限值=总重÷100×(坡度千分数+4)。

③起车牵引力上限值=总重÷100×(坡度千分数+5)。

(6)救援坡道起车时,重联机车应先加载300~400 kN,再由本务机车补足防溜牵引力后方可缓解大闸。

(7)如刷新机车黏着程序加速度等参数值时,坡道起车操纵办法应及时予以试验修正。

六、机车坡道起车牵引力数值

1. HXD_1/HXD_2型电力机车坡道起车牵引力数值参照见表5-5。

表 5-5 HXD_1/HXD_2 型电力机车坡道起车牵引力(kN)数值参照(机车质量 200 t)

坡度(‰)	6			9			13		
总重(t)	防溜牵引力	起动牵引力(下限)	起动牵引力(上限)	防溜牵引力	起动牵引力(下限)	起动牵引力(上限)	防溜牵引力	起动牵引力(下限)	起动牵引力(上限)
4 000	235	394	438	353	518	575	510	683	758
4 050	238	399	443	358	524	582	516	691	767
4 100	241	404	448	362	530	589	523	699	
4 150	244	408	453	366	536	596	529	707	
4 200	247	413	459	371	542	602	536	715	
4 250	250	418	464	375	549	609	542	723	
4 300	253	422	469	380	555	616	548	731	
4 350	256	427	474	384	561	623	555	739	
4 400	259	432	479	388	567	630	561	748	
4 450	262	436	484	393	573	636	568	756	
4 500	265	441	490	397	579	643	574	764	
5 000	294	488	541	441	641	711	638		

2. HXD_{1C} 型电力机车坡道起车牵引力数值参照见表 5-6。

表 5-6 HXD_{1C} 型电力机车坡道起车牵引力(kN)数值参照(机车质量 150 t)

坡度(‰)	6			9			13		
总重(t)	防溜牵引力	起动牵引力(下限)	起动牵引力(上限)	防溜牵引力	起动牵引力(下限)	起动牵引力(上限)	防溜牵引力	起动牵引力(下限)	起动牵引力(上限)
2 500	147	249	277	221	327	363	319	431	479
2 550	150	254	282	225	333	370	325	439	488
2 600	153	258	287	230	339	377	332	447	497
2 650	156	263	292	234	346	384	338	455	506
2 700	159	268	297	238	352	391	344	464	515
2 750	162	272	303	243	366	397	351	472	524
2 800	165	277	308	247	364	404	357	480	533
2 850	168	282	313	252	370	411	363	488	542
2 900	171	286	318	256	376	418	370	496	551
2 950	174	291	323	260	382	425	376	504	560
3 000	177	296	328	265	388	431	383	512	569
3 050	180	300	334	269	395	438	389	520	578
3 100	182	305	339	274	401	445	395	528	
3 150	185	310	344	278	407	452	402	536	
3 200	188	314	349	283	413	459	408	544	

第三节　节能操纵

一、节能操纵一般性结论

节能操纵广义上是指列车运行环境和司机操纵技术同步进行优化,产生出最佳安全、效率、经济成果。节能操纵产生明显而直接的经济效益,而安全、效率产生的间接经济效益更为广泛。节能操纵的要领是在遵守列车运行图规定的运行时刻前提下,减少机车为克服运行阻力所做的功,避免不合理和不必要的制动,充分发挥并有效利用列车动能,最大限度地使用再生制动。

(一)牵引运行

1. 运行速度

(1)牵引旅客列车运行时,早点(速度越高)比正点能耗多。

(2)牵引空车运行,手柄位越高(速度越高)能耗越多。

(3)牵引重车在3‰以下坡道运行,手柄位越高(速度越高)能耗越多。

2. 运行时分

(1)在相同运行时分条件下,准恒速运行比波动速度运行节能。

(2)在满足运行时分条件下,切除部分电机运行比较节能。

3. 牵引总重

(1)牵引总重越小机车单位能耗越高。

(2)在相同牵引总重条件下,双机(多机)牵引比单机牵引能耗明显。

(二)惰力运行

1. 惰行使列车动能得到充分利用,节约能源。

2. 在停车、慢行前或非理想条件下运行及时由牵引状态转入惰行,并尽可能延长惰行距离,可有效减少牵引能耗。

(三)制动运行

1. 再生制动运行,将动能转化为再生电是节能降耗的重要途径。

2. 不合理和不必要的制动调速或停车本质上是能源浪费,白白消耗列车动能(制动耗能),动能没有得到有效利用。

二、货物列车（“三四五”节能操纵法）

（一）三种工况

1. 牵引

遵守运行时分，合理发挥功率，有效利用动能，减少牵引无用功。

2. 电制动

（1）交流电力机车：多用再生制动，辅以空气制动，在全功率速度范围内更要多用。注：HXD1C 型电力机车、HXD1 型电力机车大于 65 km/h，HXD2 型电力机车大于 68 km/h时可发挥全功率再生制动。

（2）内燃机车：多用空气制动，巧用电阻制动。

3. 空气制动

避免不合理、不必要制动，掌握最佳缓解时机，减少动能损失。

（二）四类典型坡道

1. 鱼背坡道：坡顶速度适当（区间正点即可），解除牵引力早。

2. 锅底坡道：坡低速度贴限（不低于限速 5 km/h），最大动能闯坡。

3. 起伏坡道：准恒速小功率按图行车。

4. 长大坡道：

上坡道：站内区间有利地形大功率抢速蓄积动能，区间按图行车。

下坡道：和谐型电力机车达速运行，全功率再生发电；辅助空气制动初速度不低于限速 5 km/h，排风完了即缓解，缓解速度不低于制动初速 5～10 km/h。内燃机车按图行车，风电配合，巧用电制动。

（三）五个关键环节

1. 电分相

上坡道：通过速度高，动能利用好。

下坡道：风电巧配合，再生发电多，耗能（电阻）制动少。

2. 起停车

站内起车：运行前方为上坡道时，起车稳，加速快，防止空转；走行 10 m 后即强迫加速，尾部出岔不低于限速 5 km/h。运行前方为下坡道或小坡道时，牵引功率发挥适当，正点即可。

站内停车:站外调速降至道岔限速值时距限速起点不大于 300 m。一次停妥,减少二牵,等点通过尽量不停车。停时较长时,依据相关规定换向手柄可置于零位。

3. 限速地段

通过速度高,控速不要早。降至限速值时距减速地点标不大于 400 m,不低于限速 5 km/h 通过。

4. 跟踪运行

加强车机联控,掌握前行列车动态,及时获知有关行车信息;与前行列车等速(距)跟踪,避免制动能耗和追红灯停车。不得已降速运行或机外停车时,上坡道选择最小坡度地段,下坡道、起伏坡道选择最大下坡地段。

5. 试闸点

四"固定":固定试闸速度(低于限速 5 km/h)、固定试闸地点(下坡道地段)、固定减压量(初制动位 50 kPa)、固定缓解时机(排风完了即可缓解,满吨重车降速 5 km/h,满长空车降速 8~10 km/h),观测制动距离。

三、旅客列车("三九"节能操纵法)

(一)三项基本原则

1. 起车稳快:先稳后快,车钩伸张加大牵引力。

稳:列车平稳起动走行 5 m 以上即平滑加大牵引力。

快:在额定值内平滑迅速增大牵引力,快速达到目标速度。运行前方为上坡道时尾部出岔不低于限速 3 km/h,运行前方为下坡道或小坡道时,牵引功率发挥适当,区间正点即可。

2. 电风配合:SS7E 型电力机车,下坡道空气制动为主,动力制动为辅;和谐型电力机车,下坡道动力制动为主,空气制动为辅,在全功率速度范围内发挥最大制动功率。注:HXD1D 型电力机车大于 123 km/h,HXD3D 型电力机车大于 104 km/h 时可发挥全功率再生制动。

3. 按图行车:控速均衡,按图行车,遵守列车运行图规定的运行时刻和各项允许及限制速度,不盲目赶点,减少机外停车。

(二)九种具体操纵方法

1. 鱼背坡道

操纵要点:坡顶控速准确,坡低最佳动能。

具体方法：进入坡顶前根据下坡道涨速情况调整手柄级位，牵引全列车三分之二过坡顶后，控速准确退流，使列车运行至坡底时能够达到线路最高允许速度，下坡避免风闸调速。

2. 锅底坡道

操纵要点：风闸、制动，三分之一撤，坡底不低于限速 3 km/h。

具体方法：风闸调速缓解时机，在下坡道剩余的长度不少于全列的三分之一长度时缓解风闸，使列车在利用最大动能闯坡时能达到列车平稳。采用动力制动控速运行，确保制动不断流，全列车三分之一过坡底后，解除动力制动。

3. 起伏坡道

操纵要点：牵引不断流，准恒速小功率按图行车。

具体方法：小电流牵引保持匀速运行，根据坡道变化及时调整手柄级位，避免速度忽高忽低。

4. 长大下坡道过电分相

操纵要点：分相前风满，合闸后缓解；动力制动早控速，确保发电不间断。

具体方法：分相前总风缸充满风，分相后缓解空气制动有足够风源保证列车正常运行。分相前及早增大动力、制动力，保证过分相后有足够的空间再次将动力制动投入，不间断持续发电。

5. 长大上坡道过电分相

操纵要点：分相前退流时机合理，分相后平滑快速恢复。

具体方法：分相前合理控制退流时机，分相后及时平滑快速将牵引力发挥到最大额定功率。

6. 跟踪列车运行

操纵要点：信号变化早退流，自然减速惰力行。

具体方法：跟踪列车运行时，接绿黄灯提早退回调速手柄，利用坡道阻力自然降速至目标速度运行，避免过度牵引和制动能耗。

7. 区间停车

操纵要点：停车选地点，降低电损耗。

具体方法：区间停车时，停车地点尽量避开长大上坡道，选择下坡道、平道或小上坡道，便于利用势能快速起车，将动能、势能损耗降到最低。

8. 站内停车

站内停车:高速进站,"1+1"对标,特殊站低速对标;站外调速降至道岔限速值时距限速起点不大于 250 m。

9. 限速地段操纵

通过速度高,控速不要早。降至限速值时距减速地点标不大于 300 m,不低于限速 3 km/h 通过。

四、专调机车("十字"节能操纵法)

1. 缓:站内平道作业前确认列车充分缓解,避免带闸牵引使燃油损耗。

2. 起:准确掌握空压机泵风规律,总风压力接近压缩机停止泵风值前缓解列车,使压缩机不间断泵风,减少起动频次。彻底缓解后将转速提升到能满足列车起动的功率,车动后再逐渐增加柴油机转速。

3. 惰:熟知站场各线路纵断面。车列起动后,充分利用小下坡加速、大下坡惰力、接近上坡积蓄动能。

4. 稳:平稳操纵,不频繁移动手柄。单机一次挂妥,牵引车列合理控速,能用小闸调速的不用大闸;大闸调速准确掌握减压量,避免撂死闸停车,防止人为多次起动。

5. 提:严禁"大转速"提手柄,避免转速骤升骤降;杜绝不顾坡度大小程度强迫加速,造成柴油机燃油燃烧不充分,冒黑烟,既污染环境又浪费燃油。

6. 风:制动机简略试验确认制动主管的充、排风时间和泄漏量,防止泄漏超标造成空压机频繁起动。

7. 回:熟知站场信号机设置位置,掌握调车组作业习惯,牵出折返信号、道岔一次停妥。根据线路、速度等情况,充分利用惰力,及时解除牵引力,杜绝等待停车指令发出后再回手柄同时实施制动。

8. 准:根据牵引车列总重和坡度,准确掌握满足列车起动、加速所需的柴油机转速,不盲目增加转速。

9. 联:与车站值班员及时联系,暂无作业时做好机车防溜,根据季节、气候等情况可停止柴油机工作。

10. 停:停机前总风压力不低于 900 kPa,停机后做好机车检查保养和自检自修。根据机车特性、气温,盯住油、水温度,保证顺利启动柴油机。

第四节　制动机操作

1. 施行常用制动时,应考虑列车速度、线路坡道、牵引辆数和吨数、车辆种类以及闸瓦压力等条件，保持列车均匀减速，防止列车冲动。进入停车线停车时，提前确认 LKJ 显示距离与地面信号位置是否一致，准确掌握制动时机、制动距离和减压量，应做到一次停妥，牵引列车时，不应使用小闸制动停车，并遵守以下规定：

(1)初次减压量不得少于 50 kPa。长大下坡道应适当增加初次减压量，具体减压量由铁路局集团公司制定。

(2)追加减压一般不应超过两次；一次追加减压量，不得超过初次减压量。

(3)累计减压量，不应超过最大有效减压量。

(4)小闸缓解量，每次不得超过 30 kPa (CCBⅡ、法维莱型制动机除外)。

(5)减压时，大闸排风未止不应追加、停车或缓解列车制动。

(6)货物列车运行中，大闸减压排风未止，不得缓解机车制动。

(7)禁止在制动保压后，将大闸手柄由中立位推向缓解、运转、保持位后，又移回中立位(牵引采用阶段缓解装置的列车除外)。

(8)货物列车速度在 15 km/h 以下时，不应缓解列车制动。长大下坡道区段因受制动周期等因素限制，最低缓解速度不应低于 10 km/h。重载货物列车速度在 30 km/h 以下，不应缓解列车制动。

(9)少量减压停车后，应追加减压至 100 kPa 及以上。

(10)站停超过 20 min 时，开车前应进行列车制动机简略试验。

2. 施行紧急制动时，应迅速将大闸手柄推向紧急制动位，并立即解除机车牵引力，期间柴油机不得停机，电力机车不得断主断路器、降弓，动力制动应处在备用状态。列车未停稳，严禁移动大闸、小闸手柄(投入动力制动时，小闸除外)。无自动撒砂装置或自动撒砂装置失效时，停车前应适当撒砂。

3. 列车运行中，发现制动主管压力急剧下降、波动，空气压缩机不工作或长时间泵风不止，列尾装置发出制动主管压力不正常报警等异常情况时，应迅速停止向制动主管充风，解除机车牵引力，及时采取停车措施。

4. 列车停车再开车后，应选择适当地点进行贯通试验。司机确认制动主管排风结束、列车速度下降方可缓解，同时司机应注意风表压力及列车充、排风时间(万吨及以上重载列车除外)；装有列尾装置的列车还应使用列尾装置查询列车尾部制动主管风压。

5. 装有动力制动装置的机车在列车调速时，要采用动力制动为主、空气制动为辅、相互配合使用的方法，并应做到：

(1)内燃机车在提、回动力制动手柄时，要逐位进行，至“1”位时应稍作停留。电力机车给定制动励磁电流时，电流的升、降要做到平稳。

(2)制动电流不得超过额定值。

(3)动力制动与空气制动配合使用时，应将机车制动缸压力及时缓解为 0(设有自动控制装置的机车除外)。

(4)需要缓解时，应先缓解空气制动，再解除动力制动。

(5)多机牵引使用动力制动时,前部机车使用后,再通知后部机车依次使用;需要解除动力制动时,根据前部机车的通知,后部机车先解除,前部机车后解除(装有重联线和同步装置机车运行时除外)。

6. 当发现列车失去空气制动力或制动力减弱危及行车安全时,紧急制动可以同步投入动力制动的机车,司机应立即使用紧急制动,并将动力制动投入达到最大值,在确认动力制动发挥作用后,使用小闸缓解制动缸压力至 150 kPa 以下(设有自动控制装置的机车可不进行小闸缓解操作)。有运转车长(车辆乘务人员)值乘的列车,司机迅速通知运转车长(车辆乘务人员),使用车辆紧急制动阀停车;装有列尾装置的列车,司机应采取列尾装置主机排风制动措施使列车停车,停车前适当撒砂。

7. 旅客列车操纵。

(1) 列车运行中施行常用制动时,应遵守以下规定:

①机车呈牵引状态,柴油机转速控制在 550 r/min 左右或牵引电流控制在 1 000 A 左右;电力机车的牵引电流控制在 200 A 以下。停车制动,大闸减压时,列车产生制动作用并稳定降速(时间原则上应控制在 5 s 以上)后,再解除机车牵引力。特殊情况由铁路局规定。

②大闸减压前,应单独缓解机车,使列车制动时机车呈缓解状态。

③制动时,追加减压量累计不应超过初次减压量。

(2)列车运行中应根据线路纵断面及限速要求,尽可能不中断机车牵引力。在起伏坡道区段或较小的下坡道运行时,应采用低手柄位或低转速的牵引,尽量避免惰力运行。

(3)列车在长大下坡道运行中,应采用空气、动力制动配合使用的操纵方法,做到:

①列车进入下坡道时,投用动力制动,待列车继续增速的同时,再逐步增加制动电流。

②当动力制动不能满足控制列车运行速度的要求时,采用空气制动调整列车运行速度。无动力制动或动力制动故障时的空气制动操纵办法,由铁路局制定。

③缓解列车制动时,应在缓解空气制动后,再逐步解除动力制动。

8. 区间试闸。

(1)空气制动存在刚性强、稳定性差、不易调节等操纵难点。尤其是对长大货物列车来说,牵引辆数多,列车质量及制动主管容积大,充、排风时间长,列车前后制动与缓解时差大。而且列车编组情况、各车辆制动机性能差异大,再加上制动与缓解时的速度,线路纵断面的变化等因素,给列车常用制动时的平稳运行带了更多的困难,稍有不慎,就会产生有害冲动,不但直接影响列车运行质量,而且会对机车、车辆及装载的货物造成损害旅客乘车的舒适度,甚至会因此发生列车分离事故。因此撂闸技术是机车司机操纵技术的一个重要方面。

撂闸技术的差别,不外乎减压量的多与少、早与迟,制动或缓解时速度的高与低,地点的前与后及机车制动力的控制等，而这些差别往往还不是很大。然而，正是这些差别造成了撂闸技术的高下之分。同样的列车、同样的制动机、同样的线路，有的司机落闸运用自如、从容不迫，迟早多少总相宜，既平稳安全，又能保证正点。而有的司机则不得要领、手忙脚乱，撂闸时前拉后冲动不断、险象频生。

撂闸不当的一个重要原因是对列车制动机性能的了解不全面、不准确，简单地、机械地生搬硬套自己的或别人的撂闸经验，其结果往往事与愿违，达不到预期目的。

列车贯通试验，俗称“试闸”，是列车制动性能的动态试验。试闸的主要目的：一是检查列车制动主管贯通状态，以便及时发现并防止折角塞门关闭制动失灵可能引起的不良后果；二是借以了解列车制动机性能，作为以后的操纵依据。

全面准确地了解列车制动性能是撂好闸的前提，试闸则是了解列车制动性能的主要方法。一些司机对试闸的方法，试闸时需要观察了解哪些内容及其与撂闸的关系，认识不全面、不准确，有的司机试闸后仅仅知道这列车的闸有劲没劲，对列车制动机其他方面的特点则不作观察或不知道怎么观察；有的则是例行公事，撂完闸一看速度降了就缓解，至于列车制动机性能如何，不知道，甚至对制动力的强弱都不大清楚；还有的司机试闸地点速度、减压量等一趟车一个样，根本谈不上比较等等。

那么，究竟该如何试闸，试闸时需要观察了解列车制动哪些特点，这些特点与撂闸又有何关系？

(2)试闸注意事项。

要想知道此列车与彼列车制动性能的差别，试闸应做到“五固定”，即固定试闸速度、固定试闸地点、固定减压量、固定缓解地点或缓解速度。如果固定缓解地点，则根据缓解时速度的高低，判断列车制动力的强弱；如果固定缓解速度，则根据缓解地点的前后判断列车制动力的强弱。试闸时减压量不宜过大，速度不宜过高。另外试闸时还应注意以下几点：

一是注意判断制动主管贯通状态及制动力的强弱，如果排风时间过短，或列车制动力过弱或撂闸后感觉到后部车辆明显地拱击前部车辆等异常现象时，应及时停车检查处理。

某货物列车司机试闸时，先发现排风时间短，后感觉到前拱，及时追加减压并辅以电阻制动使列车停车，检查发现机后30位(牵引5辆)折角塞门关闭，如果该司机观察不细，见速度下降就缓解，还按老经验运行，很可能因40%的车辆关门，列车制动力明显减弱而冒进信号，甚至运行中发生关塞门以后的车辆分离，区间丢车，而司机还不知道等险情。

二是货物列车试闸时机车应上闸，使车钩处压缩状态，因为试闸时还不了解列车制动性能和特点，而车钩处于压缩状态下的冲动远小于拉伸状态，相对安全得多。如果机车不上闸或上得过少，列车制动力又很强，势必会引起剧烈的车钩拉伸冲动，极易发生断钩分离事故。

三是在试闸过程应密切注视制动主管的压力变化,发现有"快闸"现象(即在减压制动过程中,车辆制动机突然局部快速减压)时,闸把应立即拉回中立位,停止减压,以引起紧急制动,同时应增加机车制动力,待排风稳定,速度下降较为均匀时,方可视当时运行速度的高低及减压量的大小,缓解列车制动成停车再开。如减压过程中制动主管压力急剧下降(俗称起非常),必须停车检查处理。

(3)试闸要求。

①停车再开列车、列车进入长达下坡道前,司机应选择适当地点进行贯通试验。

②出站线路为上坡道或出站后设有电分相时,可选择平道或坡道变坡点等合适地点试闸。

③列尾装置故障或按无守列车开行时,须在变坡点前适当地点提早试闸,确保制动良好。

④长大下坡道制动调速或电制动故障时应适当增加初次减压量。如遇制动失效,应及时采取应急性安全措施,就地停车。

第五节　电力机车防掉分相三要素

一、防掉电分相三要素

电力机车(动车组)牵引列车确保安全通过电分相,司机必须掌握安全速度、加速距离、分相位置三个要素,否则极易掉入电分相。

(一)安全速度

依据列车在电分相前后所处的坡度、电分相长度、列车运行阻力、机车在电分相后重新加载提速所需时间(出口速度)确定列车在断电标处的最低安全速度。

因运速过低导致掉入电分相的情形:

1. 不掌握通过电分相最低安全速度,错误操纵;
2. 天气不良牵引重车时未充分预想预防;
3. 慢行限速、道岔限速时通过困难分相;
4. 运速较低时自动过分相未提前切除;
5. 制动调速不当,LKJ、ATP 动作;
6. 机车部分动力切除,盲目通过困难分相;
7. 空货车基本阻力大、惰行过分相掉速较快。

(二)加速距离

遇电分相前停车,保证起车加速至断电标处达到安全速度所需要的距离,此加速距离必须同时满足断电标处的列车充满风时间。

因距电分相过近停车导致掉入电分相的情形：

1. 电分相前停车加速距离不够、充风时间不足；

2. 电分相前停车再开后，断电标处充风不足。

(三)分相位置

有电分相的机外停车时，监控模式限速能否满足列车以最低安全速度通过该电分相，不能过分相时则在足够的加速距离处停车。

因电分相位置不清导致掉入电分相的情形：

1. 电分相位置距进站(进路)信号机、通过信号机较近，红灯机外停车时盲目过分相；

2. 电分相位置距次一架红灯信号机较近，盲目黄灯开车；

3. 机外停车时制动不当停在下坡道电分相内，紧急制动或停车时间较长导致无法自救。

二、防掉分相牵引计算

电分相安全速度、加速距离可参考以下公式计算，计算结果要结合操纵实践、数据分析、安全余量等予以确定。

(一)电分相安全速度

$$V_d = [(4.17V_h^2 - \Delta sc)/4.17]^{1/2} \quad (\text{km/h})$$

式中 V_h——通过电分相后最低合闸速度，按 20 km/h 取值；

c——机车断电到合闸惰行期间的列车单位合力，$c = -(W_0 + i)$(N/kN)，W_0、i 分别为机车断电惰行期间的列车单位阻力和线路坡度千分数；

牵引重货车时：$c = -(1.1 + i)$ (N/kN)

牵引空货车时：$c = -(3.0 + i)$ (N/kN)

Δs——从断电到合闸期间的惰行距离(电分相长度)。

(二)电分相前停车再开加速距离

1. 强迫加速距离计算公式

$$L = 4.17V_d^2/c \quad (\text{m})$$

式中 V_d——通过电分相最低安全速度；

c——加速距离内列车单位合力，N/kN。

注意：电分相前停车再开加速距离必须同时满足电分相断电前的列车充风时间(防止因充风不足导致掉入分相)，否则，应在起车后先低速(1～2 km/h)运行充风，然后再强迫加速。

2. 加速距离内列车单位合力计算公式

列车强迫加速运行期间同时受到机车牵引力和运行阻力,其单位合力:

$$c=[(F_y-W)/(P+G)g]\times 10^3$$

式中　P——机车质量;

G——列车质量;

g——重力加速度,取 9.81;

F_y——机车加速运行期间所能发挥的最大牵引力,$F_y=F\times\lambda$(kN),λ 取 0.9;

W——列车总阻力,等于机车所受阻力与车辆所受阻力之和。

W 的计算公式为

$W=[P(\omega'_0+i)+G(\omega''_0+i)]g\times 10^{-3}$,为计算方便和安全起见,机车、车辆单位基本阻力统一取值,即

$$W=[(P+G)\times(\omega_0+i)]g\times 10^{-3}$$

为计算方便,机车牵引力、列车单位基本阻力均按 20 km/h 时所对应的值进行计算,并适当上浮。重货车 ω_0 取 1.1。

第六节　非正常情况下行车模拟驾驶(随机设置 10 关)

使用大型模拟驾驶设备考评。考评员在 3 类 17 项 93 种非正常情况下行车时的场景中随机设置 10 种。学员在模拟驾驶过程中逐一闯关,正确处置,10 关一次性全部通过后即合格。

第一类:车辆故障(7 项 39 种,随机设置 4 种)

1. 弓网故障:(1)受电弓突然降下,(2)升弓前的检测,(3)受电弓无法降下,(4)接触网停电,(5)网压波动。

2. 变流器故障:(1)电动机 M1 过流,(2)主变流器故障 CI1,(3)辅助逆变器故障,(4)辅助回路接地故障,(5)主接地或牵引电机故障(CI1 接地)。

3. 辅机故障:(1)复合冷却风机故障,(2)牵引风机故障,(3)油泵故障。

4. 供电系统故障:(1)列车供电系统接地故障,(2)列车供电系统集控故障,(3)列车供电柜 A 组或 B 组故障。

5. 控制接地指示灯亮:控制接地指示灯亮(QA59 跳闸)。

6. 其他故障:(1)主断路器合不上,(2)主断无法断开,(3)主变压器温度大于 95 ℃,(4)主变压器温度大于 100 ℃ ,(5)主变压器温度大于 105 ℃,(6)DC 110 V 电源装置故障(转换开关自动位失效),(7)TCSM 有牵引级位但 6 台主变流器无牵引力,(8)备用空气制动的操纵,(9)无动力回送处理,(10)列车失去制动力,(11)油流继电器故障,

(12)运行中突然出现惩罚制动,(13)制动屏突然黑屏,(14)原边过流,次边过流。

7. 机内信号故障:(1)机内信号机非正常设置—绿灯,(2)机内信号机非正常设置—黄灯,(3)机内信号机非正常设置—黄 2 灯,(4)机内信号机非正常设置—绿黄灯 ,(5)机内信号机非正常设置—双黄灯 ,(6)机内信号机非正常设置—红黄灯,(7)机内信号机非正常设置—红灯,(8)机内信号机非正常设置—白灯。

第二类:天气变化(5 项 19 种,随机设置 2 种)

1. 雨、雷电:(1)中雨,(2)大雨,(3)启动雷电。

2. 雪、冰雹:(1)小雪,(2)中雪,(3)大雪,(4)小冰雹,(5)中等冰雹,(6)大冰雹。

3. 雾:(1)轻度雾化天气,(2)中度雾化天气,(3)重度雾化天气。

4. 沙尘暴:(1)轻度风沙,(2)中度风沙,(3)重度风沙。

5. 时间:(1)夜景,(2)黄昏,(3)中午,(4)早上。

第三类:突发事件(5 项 35 种,随机设置 4 种)

1. 影响行车障碍物:(1)车冲突,(2)梯子在轨道上,(3)钢管在轨道上,(4)大石挡道,(5)断轨。

2. 不影响行车障碍物:(1)轨道行人,(2)轨道上的动物,(3)轨道着火,(4)树枝在轨道上,(5)垃圾在轨道上,(6)接触网拉弧,(7)接触网异物。

3. 警示标志:(1)会车,(2)响墩,(3)火炬,(4)无速度的临时限速牌,(5)限速 30 公里的临时限速牌,(6)限速 45 公里的临时限速牌,(7)设置临时限速牌终端(单独绿牌),(8)设置施工作业牌。

4. 信号:(1)地面引导信号,(2)地面信号不着灯故障,(3)地面信号灯红灯、LKJ 红黄灯,(4)地面信号故障红灯、LKJ 正常显示,(5)引导手信号,(6)升弓手信号,(7)降弓手信号,(8)通过手信号,(9)停车手信号,(10)减速信号,(11)发车手信号,(12)特定引导手信号。

5. 其他故障:(1)刮弓后故障,(2)机车分离,(3)邻线接触网故障。

第六章　安全底线(第六步,8关)

第一节　劳动安全九条禁令

1. 禁止操作隔离开关作业时无专人防护或防护不彻底。

2. 禁止库内牵车作业时人员不齐或无人防护。

3. 禁止架车作业时人员不齐或架车作业时无工班长以上管理人员盯控。

4. 禁止吊装作业时无专人指挥擅自作业。

5. 禁止操作电动升降车高处作业和登梯作业无人防护或扶梯。

6. 禁止进入有限空间作业前,未经审批、检测、防护就进行作业。

7. 禁止库内推进调车作业时无人领车。

8. 禁止运行中飞乘飞降;站内停车擅离职守或在站场逗留坐卧及侵入邻线行走;交接班不按规定线路行走或在桥梁渡行板上行走;穿越股道、站场时不执行“手比、眼看、口呼”制度。

9. 禁止在天水Ⅰ场上道作业或穿越线路时不防护。

第二节　安全红线

一、机务系统红线

1. 擅自关机。

解释:机车乘务员擅自关闭或切除行车安全装备。

2. 无证驾驶。

解释:无资质人员驾驶机车、动车组,擅自交无资质人员驾驶机车、动车组。

3. 停车不报告。

解释:非正常停车后,机车乘务员不按规定报告车站值班员或列车调度员。

4. 值乘中睡觉、离岗。

解释:机车乘务员值乘运行中睡觉;机车乘务员值乘中擅自离开司机室,造成司机室无人值守。

5. 盲目运行。

解释:列车运行中机车制动系统、走行部故障,未按规定处置盲目运行。

6. 客机超公里。

解释：客运机车、代客货运机车超检修周期上线使用。

二、消防安全红线

1. 在油库、加油(气)站(点)等易燃易爆危险品场所，违章 动用明火；或进入燃气燃油锅炉房携带火种。

解释：违反《中华人民共和国消防法》《机关、团体、企业、事业 单位消防安全管理规定》，在油库、加油(气)站(点)等具有火灾、爆炸危险的场所使用明火。作业或管理人员不遵守燃油、燃气锅炉房消防安全管理规定，或不听从锅炉房值班人员劝导，将火柴、打火机、手机等能够产生电火花或火苗的物品，携带入燃油、燃气锅炉房的锅炉间或设有燃油、燃气设施的房间。

2. 采暖锅炉、茶炉干烧；看车人员在车内抽烟、使用明火。解释：违反旅客列车消防管理规定，导致采暖锅炉、茶炉干烧；看车人员在库停、折返站客车上抽烟、使用明火。

三、劳动安全红线

1. 有限空间作业未按要求审批，未采取安全防护措施，盲目作业。

解释：有限空间作业未按规定程序审批，作业时未执行“先通风、再检测、后作业”的原则，或一人单独作业。

2. 违章扒乘运行中的机车、车辆，以车代步；违规攀爬车顶、飞乘飞降。

解释：所有人员在作业过程及上下工途中，违章扒乘运行中的机车、车辆，以车代步，或违规攀爬机车、车辆顶部、飞乘飞降的；或自轮运转设备司乘人员电气化区段施工作业、运行途中非正常处置时，未申请停电、确认接地线攀上车顶。

3. 电气化区段登上机车、车辆顶部作业未办理停电手续并做好防护措施。

解释：电气化区段登上机车、车辆顶部作业未按规定办理停电手续、未按规定验电并挂接地线。

4. 机床作业时不按规定穿着劳动防护用品、戴手套、女工发辫未挽在帽内。

解释：作业人员在机床操作过程中不按规定戴防护眼镜、穿着作业服；违规戴手套作业；操作机床的女工长发辫不挽在帽内作业。

5. 在禁止上下车的地点上下车。

解释：调车作业人员违反《行规》《安标》《站细》相关规定，在禁止上下车的地点上下车。

四、通用红线

1. 酒后上岗，班中饮酒，擅自离岗。

解释：带有酒气已到岗位(配备酒精检测仪的以检测结果为准)，在工作时间内饮酒，当班期间擅自脱岗。

2. 不执行“运输调度集中统一指挥、行车单一指挥”。

解释：在运输生产组织过程中不顾运输大局，不听从调度指挥或以个人意愿指挥行车作业,严重影响干扰运输秩序或应急处置救援工作。

3. 发生列车占用丢失、线路设备故障、接触网倒杆塌网、异物侵限报警等问题,未按规定处理或不具备放行列车条件,冒险放行列车。

解释:发生列车占用丢失、线路设备故障、接触网倒杆塌网、异物侵限报警等问题,未按规定处理,放行列车,未造成后果的。

4. 作业人员在天窗点外违规进入高铁线路防护栅栏内,或在高铁线路防护栅栏内遗留作业机具、材料。

解释:作业人员未按规定办理申请调度命令进入高铁线路防护栅栏内;调度命令未下达作业人员提前进入,或作业人员未全部撤除栅栏作业门消除调度命令;在高铁线路防护栅栏内遗留作业机具、材料,未造成后果的。

5. 列车径路上的轨旁设备、防护设施、工具材料侵入机车车辆限界。

解释:列车径路上的轨旁设备、防护设施(包括防护栅栏)、工具材料侵入机车车辆限界,未造成后果的。

6. 不按规定对停留机车、车辆采取防溜措施,危及列车安全。

解释:机车车辆停留期间,未按规定设置防溜,存在危及列车安全隐患;列车在车站停留、途中非正常停车后未按规定采取防溜措施。列车在区间被迫停车,未按规定对机车、列车采取防溜措施。

7. 关闭、破坏直接关系生产安全的监控、报警、防护、救生设备、设施,或者篡改、隐瞒、销毁其相关数据、信息的行为。

解释:与安全生产存在直接关系的监控、报警、防护、救生设备、设施及相关数据、信息,是有效防止生产安全事故发生的重要保障,有关生产经营单位和责任人员出于节省运营成本,逃避监管等方面的考虑,关闭、破坏相关设施或者篡改、隐瞒、销毁其相关数据、信息的行为,致使相关设备设施不能发挥应有的预防和保护功能,且未造成后果。

第三节　“六不九防”与“六不六防”

一、高铁和旅客列车安全“六不九防”

(一)六不

一是不冒进信号
二是不超速运行
三是不溜逸
四是不放飏
五是不错传漏传错接漏接调度命令、行车凭证
六是机车不超公里上线运行

(二)九防

一是防火灾。

二是防相撞。

三是防救援冲突。

四是防部件脱落。

五是防走行部轴承固死。

六是防弓网故障。

七是防擅开、误通。

八是防错输、错操。

九是防错误处置。

二、施工安全"六不六防"

"六不"即:不冒进、不超速、不间断瞭望、不错传漏传运行揭示、不错接漏接行车凭证、不违反"两统一"。

"六防"即:防相撞、防 LKJ 数据未换装、防人身伤害、防弓网故障、防超劳、防路用列车错误操纵。

第四节 网络安全保密"八严禁"

1. 严禁"一机两网",手机充电,无线网卡,手机热点。
2. 严禁弱口令或空口令。
3. 严禁私架无线 WIFI 和路由器。
4. 严禁在办公电脑上存有私人资料。
5. 严禁在办公电脑上使用私人移动介质。
6. 严禁外来人员使用办公电脑终端。
7. 严禁在互联网上传播铁路敏感信息的内容。
8. 严禁在办公网内发布铁路涉密信息。

第五节 劳动安全关键项点必知必会

一、出退勤安全项点

1. 乘坐通勤车、乘务员接送车、公交车注意事项

(1)乘坐或下通勤车必须按规定线路行走,不得走捷径,严禁穿越站场或职工通过

道口乘坐通勤车。

(2)上车、下车时站稳抓牢,防止滑脱、失去平衡摔跌。

2. 出退勤走行线路,继乘点作业注意事项

(1)出退勤走行严格按规定的固定走行路线行走,禁止扒乘出入库机车,严禁以车代步、走道心或轨枕,站台行走必须在安全线以内,站场行走严禁戴堵耳棉帽。

(2)穿越站场、道口,要走直线,严格执行"一停、二看、三通过"手比、呼唤确认制度,严禁行进中接打手机,机班二人同行互控。

(3)穿越的股道时注意有无机车、车辆移动。严禁抢越线路,严禁钻车、翻越车钩、穿越股道时严禁在道岔转辙部分行走,夜间必须持有足够亮度的照明手电。

(4)越过停留列车时,不得紧靠车辆或列车前、后通行,距停留车辆保持不少于 5 m 以上的安全距离,并注意信号状态,严禁钻车和翻越车钩。

二、整备作业安全项点

1. 上下机车及开关车门注意事项

(1)上下机车、关机车司机室门或走廊门前站稳抓牢,严禁反向下车,严禁手拿物件上下机车,严禁手扶门框或手拉门边框关门,确认手、脚处于安全位置。

(2)关门时确认其他作业人员处于安全位置后,再手拉把手一次关好;开关司机室、走廊门时必须右手拇指朝向柄把方向,禁止拇指朝向门缝处关门;关司机室侧窗时,禁止手抓窗边框提拉关窗。

2. 整备作业注意事项

(1)在机车整备作业时,严禁职工侵线站立或工装设施侵入线路限界。

(2)作业前,应采取制动措施,断电降弓,操纵端司机台放置"禁动"牌。

(3)动车前,应确认相关人员处于安全处所,防溜撤除,并高声呼唤"某某机车升弓",方可鸣笛、升弓、合闸、动车。

3. 机车座椅注意事项

(1)添乘座椅上禁止放包和其他物品,防止将门弹回挤伤手脚。

(2)严禁在司机室后排座椅上放置背包和物件,防止因开门时车门被座椅反弹挤伤手指或将人员碰出车门外摔伤。

(3)机车间休床在开车前(或未出双人值乘区段)不得打开,防止影响开关门作业或造成间休床将车门弹回挤伤手脚。

三、出入库劳动安全项点

1. 上下车时应站稳抓牢，下车时要注意邻线状态，观察车下地形，严禁反姿势下车或从车梯跳下。

2. 严禁不用把手开关车门、手扒门框、背对车门开关门。

3. 换端作业必须走固定走行线路，严禁二人同时换端作业，做到一人换端一人监护。

4. 入库机车进入机务段闸楼后，在经过受电弓检测区、上砂区、洗车区，运行中必须关闭机车两侧门窗，严禁将头部或身体探伸窗外。

四、连挂作业安全项点

1. 在显示连挂信号时，严禁侵入限界显示信号。

2. 连挂时严禁进入机车、车辆的车钩间作业，严禁用手拉、脚蹬车钩进行钩位调整，调整钩位时必须停车进行；

3. 摘钩应做到"一关前、二关后、三摘风管、四提钩"，风管摘解后必须挂到安全链上。

五、列车运行安全项点

1. 运行中必须关闭机车两侧门，从窗户瞭望作业时探身不得超出限界，严禁运行途中进行机车外部任何作业；

2. 后部瞭望前，应呼唤应答。

3. 通过桥梁、隧道、高柱信号机等处所及列车交会时，不得进行后部瞭望。

4. 机械间巡视认真执行呼唤应答制度，做好相互提示，巡视人员必须系紧衣扣、鞋带，严禁手摸转动件、带电电器、线路及高温部件。

5. 严禁站在司机室门口撒尿、手扶门把杆观察受电弓，严禁机车未停稳打开司机室门下车或接递物品。

6. 严禁飞乘飞降、钻车、翻越车钩等危及人身安全的行为。

7. 严禁在列车停稳前交接任何行车凭证。

六、中间站停车作业安全项点

1. 继乘站、中间站停车，严禁二人同时离开机车，做与工作无关的事，禁止在来车线一侧逗留，严禁侵入邻线及在钢轨上、车辆底部休息乘凉。

2. 下车检查机车前注意停车地点周围环境，防止摔伤、跌伤。

3. 邻线有车通过时，禁止在邻线侧作业，并执行一人作业，另一人在车窗处探头瞭望监护。

4. 区间下车作业时，应穿防护服，携带照明和通信工具及防护用具，沿路肩外侧行走。

七、机车故障应急处理和救援的安全项点

(一)机车故障应急处理安全知识

1.运行中处理机车故障

运行中处理机车故障,进高压室、变压器室时,必须二人同时确认机车主断断开、受电弓已降下,方可处理故障。

2. 站内、区间登顶处理弓网故障

电气化区段途中车顶故障处理,做到申请停电、命令确认、验电接地、车顶处理、撤除接地、请求销令、试风开车;内燃机车电气化区段严禁登车顶作业。

(二)区间非正常停车作业及救援的安全知识

1. 区间下车作业时,应穿防护服,携带照明和通信工具及防护用具,沿路肩外侧行走。

2. 列车在自动闭塞区间遇非正常情况停车后,需随乘(副)司机下车检查或防护时,司机必须做好互控,二人不得同时离开机车,机车不得无人看守。下车前确认地面情况,防止摔倒摔伤,夜间作业必须携带强光手电照明,随时监听邻线列车的运行情况。

3. 高架桥两边的渡板搭在角铁两边尺寸短,安装不规则,隧道内排洪沟盖板残缺破损,在桥梁或隧道内行走时,紧靠本列车沿道砟行走,不得在渡板上行走,以防掉入桥下或坑内。

4. 车站位于高架桥上,列车在站内停车,不检查机车、不执行防关制度,乘务员严禁在线路上逗留,或横过线路做与工作无关的事。

八、登乘机车安全项点

1. 登乘人员必须携带有效证件、登乘人员严禁在非操端,机车乘务员严禁私自带人登乘机车。

2. 间休司机严禁到非操纵端进行间休,非操纵端门窗必须锁闭良好。

九、回送机车安全项点

1. 机车乘务员担当机车回送任务,须携带有效证件及机车回送电报,值乘途中穿戴铁路制服或作业服,携带好各种防护用品。严禁携带易燃易爆等危险物品上车,在机车回送途中不得使用明火取暖做饭。

2. 在机务段、车站、大厂出勤或联系工作时,应走固定走行路线,横过线路时,严格执行“一停、二看、三通过”手比、呼唤确认制度,严禁抢越、钻车或穿越两车间隙,严禁横

跨地沟。

3. 机车在途中停留需联系工作、吃饭时，两人不得同时离开机车。运行中严禁饮酒，停车时机车必须有人值守。

4. 中间站停车检查机车时，禁止在有列车通过的一侧作业。禁止侵入邻线作业及在道心中行走。夜间作业时要持有照明设备，确认脚下是否有障碍物，冬季作业时，应注意结冰地面。

5. 更换车钩钩舌及制动主管。

第六节 机车乘务员保证瞭望硬性措施

1. 夜间行车，必须保证机车头灯作用良好，运行中集中精力，彻底瞭望。

2. 雨、雪等恶劣天气，要主动降速、及时降速。双班单司机恢复双班，标准班副司机立岗。

3. 出勤时熟知施工维修地段，运行中常鸣笛、鸣长笛，发现人员、机械侵限危及行车安全时，必须立即停车。

4. 进出隧道、桥梁，不得低头检查确认仪表。

5. 运行中严禁接打电话，严禁与其他人员闲谈。

6. 普速铁路防止间断瞭望关键项点及防控措施见表 6-1。

表 6-1 普速铁路防止间断瞭望关键项点及防控措施

序号	项 点	防控措施
1	操纵时低头看手柄及选择级位	熟悉线路纵断面和手柄位置，操纵级位一次调整到位，余光进行微调
2	过电分相前后分、合主断路器时低头看扳钮	熟悉过分相扳钮(按键)位置，余光确认
3	操作监控装置，输入侧线股道号、引导接车解锁、定标、校对车位、按压警醒键等	提前瞭望，确认前方线路、信号正常，迅速操作监控装置
4	运行中看监控仪显示器、机车信号及其他仪表	余光查看监控仪显示，严禁运行中长时间盯监控仪
5	摘挂送话器及车机联控	熟悉位置，迅速摘挂，严禁低头联控
6	运行中查看及核对运行揭示	出勤时认真核对并熟悉担当车次需经过的运行揭示，准确控速
7	运行中查看时刻表	时刻表定置摆放，营业站提前预报，利用余光查看
8	换班作业	接班司机立岗前方瞭望，交班司机左侧离开
9	运行中处置机车故障或其他非正常情况	运行中发生机车故障及其他非正常情况，做到“一人处置、一人瞭望”
10	运行中做与行车无关的事	司机操纵时严禁倒水、点烟、吃饭、接打手机，保证前方不间断瞭望
11	操纵时与登乘机车人员谈论与行车无关的事	运行中严禁操纵司机与登乘机车人员谈论与行车无关的事
12	继乘终到站前、到达入段作业时看电表、填写报单、《机车交接本》	动车后严禁看电表、填写报单、《机车交接本》

第七节　“八必停”安全措施

<table>
<tr><th>序号</th><th>风险源</th><th>风险项点</th><th>处置时机</th><th>处置方式</th><th>后续处置程序</th></tr>
<tr><td rowspan="5">1</td><td rowspan="5">水害(水)</td><td>1. 桥桩移位、枕木悬空、堑坡溜坍、倒树倾覆、道床陷穴、水漫道床、水漫线路、水漫路基等时</td><td rowspan="2">发现时或听到停车的呼叫,或看到停车手信号时</td><td>1. 紧急制动停车</td><td rowspan="2">1. 立即汇报车站值班员(列车调度员)、追踪列车司机,按其指示及相关规定办理。
2. 配备列车防护报警装置的列车应首先使用列车防护报警装置进行防护。
3. 危及邻线安全时,对邻线采取防护措施。
4. 危及本列安全时,请示后,按调度命令要求执行</td></tr>
<tr><td>2. 线路两侧异常大量积水,洪水已漫到路肩</td><td>2. 降速至在瞭望距离内遇到阻碍能随时停车的速度运行,最高不超过 20 km/h,并报告车站值班员(列车调度员)</td></tr>
<tr><td>3. Ⅰ级防洪地段机守联控 3 次无应答;Ⅰ级防洪地段遇大雨及以上不良天气</td><td>在Ⅰ级防洪地段前停车</td><td>在防洪地段前能停车时采用常用制动,否则采用紧急制动停车;Ⅰ级防洪地段遇大雨及以上不良天气时,客、货列车降速至 45 km/h 以下运行</td><td>1. 停车后继续联控;使用一切可用的通信方式向邻近车站(列车调度员)汇报信息。
2. 按车站值班员(列车调度员)指示及相关规定办理</td></tr>
<tr><td>4. 暴风雨雪雾等恶劣天气瞭望距离不足</td><td>发生时</td><td>立即采取降速措施,加强瞭望,遇险情立即停车</td><td><table><tr><td>瞭望距离不足(m)</td><td>100</td><td>200</td><td>300</td><td>500</td></tr><tr><td>动车(km/h)</td><td>60</td><td>120</td><td>140</td><td>160</td></tr><tr><td>客车(km/h)</td><td>45</td><td>60</td><td>80</td><td>100</td></tr><tr><td>货车(km/h)</td><td>25</td><td>45</td><td>60</td><td>70</td></tr></table></td></tr>
<tr><td colspan="4"></td></tr>
<tr><td>2</td><td>火灾(火)</td><td>1. 机车或动车组发生火灾或爆炸事故</td><td>发现烟火报警、听到呼叫或发现火情时</td><td>动车组发生烟火报警时,在 250 km/h 及以上线路上运行时,司机实施最大常用制动,降速至 200 km/h,或维持当时低于 200 km/h 的速度运行;在其他线路时,司机实施最大常用制动,降速至 120 km/h,或维持当时低于 120 km/h 的速度运行。确认为火情火灾时须立即停车、断电(内燃机车应停机),尽量避开隧道、桥梁等</td><td>1. 按规定汇报信息。
2. 按照列车调度员的指示,配合进行灭火、隔离等处置</td></tr>
</table>

续上表

序号	风险源	风险项点	处置时机	处置方式	后续处置程序
2	火灾(火)	2. 列车中车辆发生火灾或爆炸事故	听到停车呼叫或发现火情时	立即使用紧急制动停车(尽量避开隧道、桥梁等)	1. 按规定汇报信息。 2. 按照列车调度员的指示,配合进行灭火、隔离等处置
		3. 机车、车辆走行部冒烟	发现或接到通知时	立即使用常用制动停车	停车后立即汇报车站值班员(列车调度员),通知追踪列车司机(旅客列车还应通知车辆乘务员),按规定处置
		4. 线路被浓烟覆盖、明火侵限等	发现或听到呼叫时	紧急制动停车	1. 按规定汇报信息。 2. 按照列车调度员的指示,配合进行灭火处置
3	行人(人)	1. 线路上有行人(坐、卧、停、留或行走)。 2. 行人在列车接近时抢越、横穿线路或侵限	发现时	未侵限,不影响运行时,只汇报;情况不明或侵限时采取降速、紧急制动停车	停车后立即汇报车站值班员(列车调度员),通知追踪列车司机(旅客列车还应通知车辆乘务员),按规定处置
4	障碍物(物)	1. 接触网塌网、倒杆等时	发现时或听到呼叫	立即采取紧急制动措施,并断电、降弓	汇报车站值班员(列车调度员),立即检查是否影响邻线列车,按规定处置
		2. 接触网定位器(管)等脱落、接触网断线、承力索断线	发现时或听到呼叫	立即采取紧急制动措施,并断电、降弓	立即汇报车站值班员(列车调度员),在确保劳动安全的前提下(不得侵入邻线或在邻线一侧检查),立即下车目视检查车顶,二次向列车调度员汇报,按调度员指示及相关规定办理
		3. 接触网(受电弓)挂有异物	发现时或听到呼叫	判断能降弓通过时,断电、降弓,通过后恢复正常运行;侵限时,立即断电、降弓并采取停车措施	邻线、本线不影响运行,立即向车站值班员(列车调度员)汇报;本线影响运行还应汇报处置情况
		4. 施工机械、机具、防护栅栏、脱轨器、铁鞋、防护信号等设备设施、路料及其他障碍物、断轨、钢轨掉块、裂损等异物侵限、道心有不明异物、轨面摆放异物等	发现时	紧急制动停车(严禁臆测行车,宁可错停,绝不盲行)	立即汇报车站值班员(列车调度员),经确认无异常时向列车调度员汇报,按规定起动列车。发生刮蹭,应认真检查机车、车辆走行部,能确认继续运行时向列车调度员汇报,按规定开车;不能确认时,应立即请求救援,按规定做好防护、防溜工作

续上表

序号	风险源	风险项点	处置时机	处置方式	后续处置程序
4	障碍物(物)	5. 山体滑坡、线路塌方、落石、泥石流、倒树等侵限	发现时	紧急制动停车(严禁臆测行车,宁可错停,绝不盲行)	立即汇报车站值班员(列车调度员),未发生剐蹭,经确认无异常时及时汇报,按规定执行。发生剐蹭,应认真检查机车走行部,能确认继续运行时向列车调度员汇报,按规定开车;不能确认时,应立即请求救援,按规定做好防护、防溜工作
		6. 列车运行中遇黄沙、积雪漫道时	发生时	紧急制动停车	停车后立即向车站值班员(列车调度员)汇报,检查是否影响邻线列车。在黄沙、积雪未清理前,不得盲目运行
		7. 列车运行中遇中、大型牲畜,机动车侵限或抢道	发现时	紧急制动停车	立即汇报车站值班员(列车调度员),经确认无异常时向列车调度员汇报,按规定起动列车。发生剐蹭,应认真检查机车走行部,能确认继续运行时向列车调度员汇报,按规定开车
		8. 在铁路线路安全保护区内违法使用大型机械施工	发现时	侵限影响行车时立即紧急制动停车	立即汇报车站值班员(列车调度员);不影响行车时汇报,由车站值班员(列车调度员)后续处置
5	故障(故)	1. 动车组、机车主断路器无法闭合、供风系统故障等造成机车无风源运行	经处理无效时	常用或紧急制动停车	1. 立即汇报车站值班员(列车调度员)。 2. 经处理仍不能恢复,10 min 内请求救援,按规定做好列车防溜、防护工作
		2. 机车 6A 车载走行部检测装置信息报警	发现时	对应采取动态观察、降速运行或最大减压量常用制动停车	1. 运行中Ⅰ级报警(主机面板的"报警Ⅰ"和副机测点故障黄色指示灯亮,主机显示屏报警信息提示区有相应的提示;或装置在 6A 显示屏主界面有报警提示,同时有语音提示)时,根据提示信息密切关注报警级别的发展趋势,加强机车走行部瞭望,立即向车站值班员(列车调度员)汇报,请求在前方站停车对相应的报警轴位检查确认,同时要将检查情况及报警信息向机务段应急值守台汇报,检查确认无异音、异状后,方可继续运行。 2. Ⅱ级报警(主机面板的"报警Ⅱ"和副机测点故障红色指示灯亮,显示屏报警信息提示区有相应的提示;装置在 6A 显示屏主界面有报警提示,同时有语音提示)时,根据提示信息密切关注报警级别发展情况,立即向车站值班员(列车调度员)汇报,请求在前方站停车对相应的报警轴位检查确认,

续上表

序号	风险源	风险项点	处置时机	处置方式	后续处置程序
5	故障(故)	2. 机车 6A 车载走行部检测装置信息报警	发现时	对应采取动态观察、降速运行或最大减压量常用制动停车	加强机车走行部瞭望,并将检查情况及故障信息立即向应急值守台汇报,按照应急值守台指导方案进行处理;如有持续的报警产生,并检查有烟雾、异状、异味等情况时,应立即停车,并将情况立即向车站值班员(列车调度员)汇报,向段应急值守台咨询处置方案。 3. 轴承超温(55 K 或温度 90 ℃)报警时,确认报警位置。如果测点温度是持续变化上升,而不是突变、忽高忽低或固定在某一高温值长时间不变化时,要加强机车走行部瞭望;若机车走行部瞭望无异状时,控制速度 60 km/h 以下维持运行至前方站侧线停车请求救援,并密切关注报警温度变化趋势,若走行部瞭望发现异状应立即停车检查,停车后若发现轴承固死,立即请求救援,机车不得再行移动。 4. 运行中发生轴承温度报警时,严禁切除报警轴承电机盲目运行
		3. 动车组转向架监测故障、走行部异音(异状)、动车组制动力不足(常用及快速制动不施加)、动车组重联装置异常	发现或听到时	紧急制动停车	1. 立即汇报列车调度员(车站值班员)。 2. 立即通知随车机械师检查处理,按其要求办理。 3. 及时准确向列车调度员(车站值班员)汇报检查处理情况,按其指示及相关规定办理
		4. 列车折角塞门关闭、列车制动异常(制动主管不减压、制动力失效等)	发现时	立即紧急停车,必要时按压列尾排风键、使用动力制动、施加“停放制动”、司机室紧急制动阀以及通知车辆乘务员拉“紧急制动阀”等措施及时控制列车停车	停车后应立即汇报车站值班员(列车调度员),经处理不能继续运行时,立即对列车采取防溜措施(货物列车应按《行规》规定使用人力制动器紧固器,旅客列车应通知车辆乘务员拧紧全列手制动机)
		5. 列车运行中,发现制动主管压力急剧下降、波动,空气压缩机长时间泵风不止	发现时	应迅速停止向制动主管充风,解除机车牵引力,立即采取常用制动措施停车。遇制动作用失效,立即使用大闸紧急制动、按压紧急停车按钮、扳动紧急制动塞门(手动放风阀)或列尾装置“排风”键使列车制动停车	停车后及时汇报车站值班员(列车调度员)。停车过程中,使用列尾装置查询列车尾部风压(判断是否存在列车分离问题)。 确认无法处理或不能确认是否能继续运行时,再次准确汇报情况,按其指示及相关规定办理

续上表

序号	风险源	风险项点	处置时机	处置方式	后续处置程序
5	故障(故)	6. 列车运行中发现车顶拉弧、弓网异常(接触网失压、接触网摆动幅度大、受电弓刮坏、车顶有声响、ADD动作降弓等)、和谐型“TCU1、TCU2同时故障”、内燃机车在电化区段起机、运行中增压器故障、冒火	发现时	立即采取断电、降弓,紧急制动停车措施	1. 立即汇报车站值班员(列车调度员)。 2. 确认现场情况,不影响本列行车安全时,再次汇报后继续运行。 3. 确认不能继续运行或不能确认是否能继续运行时,再次汇报,按其指示及相关规定办理。 4. 和谐型机车“TCU1、TCU2同时故障”不得重复合闸。 5. 内燃机车在电化区段起机、运行中增压器故障、冒火时,立即停机。 6. 弓网故障后,不得盲目升弓,升弓前必须使用绝缘检测装置进行绝缘检测
		7. 动车组运行中发生《故障应急处理指导手册》中“热轴报警、网侧过流、牵引封锁、变压器保护25EF”等故障代码或停车报文	发现或接到通知时	最大常用制动停车(特殊注明时除外)	1. 立即汇报车站值班员(列车调度员)。 2. 立即通知随车机械师检查处理,按其要求办理。 3. 及时准确向列车调度员(车站值班员)汇报检查处理情况,按其指示及相关规定办理
		8. 运行中发现线路断轨、悬空、胀轨等	发现或听到通知时	紧急制动停车	立即汇报车站值班员(列车调度员),按其指示及相关规定办理
		9. 列车运行中监控装置故障	发现时	常用或紧急制动停车	汇报车站值班员(列车调度员): 1. 经处理故障不能消除时,向车站值班员(列车调度员)汇报情况后,按照调度员指示维持运行至前方站。在自动闭塞区段,按通过、进站(进路)信号机显示的要求,并控制列车速度不超过20 km/h运行至前方站停车;在半自动闭塞(自动站间闭塞)区段,在进站前应将速度控制在随时能停车速度并按进站信号的显示要求维持进站。进站后单机请求救援,双机牵引本务重联互换。 2. 经处理能继续运行时,按照《行规》及机务非正常行车办法规定执行
		10. 调车作业运行中STP、LKJ、无线调车灯显设备作用不良	发现时	立即停车,停止调车作业(动车组出入所、专调机车、中间站调车、机车出入段、段内调车)	停车后立即向列车调度员(车站值班员)进行汇报,具备动车条件(行车凭证正确)后方可恢复调车作业

续上表

序号	风险源	风险项点	处置时机	处置方式	后续处置程序
6	异音(音)	1. 动车组、机车、车辆走行部有异音或听到相撞声，前窗玻璃等关键部件受到外物击打、异音等	听到时	1. 听到撞击声立即采取紧急制动停车。 2. 机车、车辆走行部有异音常用制动停车。 3. 前窗玻璃等关键部件受到外物击打、异音等，立即常用制动停车	1. 立即汇报车站值班员(列车调度员)。 2. 检查确认无异状时，汇报后继续运行。 3. 不能继续运行时，再次准确汇报情况，及时向有关部门请求处置
		2. 列尾装置发出制动主管压力不正常报警	听到时	应迅速停止向制动主管充风，解除机车牵引力，立即采取常用制动措施停车	1. 停车后向车站值班员(列车调度员)汇报。 2. 检查处理，正常后要进行制动机试验(长大坡道确认尾部风压同步上升)后继续运行。不能继续运行时，再次准确汇报情况，按其指示及相关规定办理
		3. 列车运行中机车接收到 LBJ 防护报警信息时	听到防护报警提示	司机应查看 CIR 上显示的线别、公里标及车次等报警信息，按“确认”键签收，确认报警线路和地点与本列运行线路相关、可能影响本列车运行安全时，司机应立即采取紧急停车措施，防止事故发生	停车后及时汇报车站值班员(列车调度员)，并按列车调度员的指示办理
		4. 听到前方线路、接触网、车辆等故障要求停车的呼叫	听到时	1. 遇前方线路或接触网故障应立即停车。 2. 接到车辆故障要求停车的通知后，采用紧急制动(如明确车辆热轴需停车时，采用常用制动)	立即汇报车站值班员(列车调度员)。 检查确认无异状时，按其指示及相关规定办理；确认不能继续运行或不能确认是否能继续运行时，再次准确汇报情况
		5. 响墩的爆炸声	听到时	立即紧急制动停车(担当区间救援任务的单机采用常用制动)	1. 停车后，使用列车无线调度通信设备(列车综合无线调度通信设备)通知两端站(列车调度员)、车辆乘务员，报告停车原因和停车位置。自动闭塞区间还应通知追踪列车司机。 2. 及时联系防护人员，了解情况，采取相应措施。 3. 如无防护人员，应立即检查前方线路，如无异状，报告车站(列车调度员)，以瞭望距离内能随时停车的速度继续运行，最高不超过 20 km/h。自闭区段运行至前方第一个通过信号机前如无异状，即可按该信号机显示要求执行；在半自动闭塞(自动站间闭塞)区间，经过 1 km 后，如无异状，可恢复正常速度运行

续上表

序号	风险源	风险项点	处置时机	处置方式	后续处置程序
6	异音(音)	6. 接到前行列车被迫停车不能继续运行的通知后	听到时	根据前行列车停车位置,合理选择停车位置(前方有分相时,要留足列车闯分相距离)	立即汇报车站值班员(列车调度员)、后部跟踪列车司机
7	晃车(晃)	1. 线路异常晃车	发现时	剧烈晃动时立即停车,其他晃车情况立即降速:动车组低于120 km/h,客、货列车低于45 km/h	立即汇报车站值班员(列车调度员)、后续追踪列车司机,按其指示及相关规定办理
		2. 动车组列车晃车	发现时	立即采用减速措施,降速至120 km/h及以下运行,必要时采取紧急制动停车措施	1. 立即向列车调度员(车站值班员)报告晃车地点及晃车时列车运行速度。 2. 待本列无异常状况后恢复常速运行
		3. 动车组车体异常晃动或环境风速大于30 m/s时	得到通知后	最大常用制动停车(严禁动车组列车进入风区)	停车后及时向列车调度员(车站值班员)报告,按其指示要求办理
8	信号(信)	1. 机车信号与地面信号显示不一致、不接码等时	发生时	紧急制动停车	1. 停车后及时汇报车站值班员及列车调度员。自闭区段停于通过信号机前,必须汇报列车调度员,确认前方闭塞分区空闲后(监控装置自动解锁),按信号机的显示要求,以20 km/h模式运行至前方站停车处理或请求更换机车 2. 进站、接车进路信号机前应确认信号开放,经列车调度员(车站值班员)准许,按照人工引导模式进站停车,停车后按照《行规》要求执行
		2. LKJ数据与地面不一致	发现时	常用或紧急制动停车	申请调度命令,将LKJ转入随时停车工作状态,维持运行至前方站处理
		3. 机车(动车组按LKJ控车),遇地面信号突变、灯光熄灭、显示异常	发生时	紧急制动停车	1. 未越过地面信号机时:停车后及时向车站及列车调度员汇报,按列车调度员的指示办理。 2. 遇开放的出站、发车进路信号机因故突变关闭,造成列车冒进信号时,司机应立即报告车站值班员,车站值班员在判明情况后,及时向列车调度员进行汇报,当确定列车需继续运行时,车站值班员必须确认前方进路道岔位置正确并处于锁闭状态后,经列车调度员准许,车站值班员使用语音记录装置良好的列车无线调度通信设备通知司机继续运行。 3. 越过其他信号机停车后,及时向车站及列车调度员汇报,在得到车站或列车调度员可以开车的通知后方可继续运行

续上表

序号	风险源	风险项点	处置时机	处置方式	后续处置程序
8	信号(信)	4. 列车运行中发现火炬、停车手信号、停车牌等	发现时	1. 列车运行中,紧急制动停车。 2. 担当救援作业时,常用制动停车	1. 立即汇报,听取列车调度员(车站值班员)的指示,如危及本列安全时,请示调度员同意后退至安全地段。 2. 担当救援时,按救援作业程序执行
		5. 车站错办列车进路,包括进路表示器显示错误	发现时	停车列车不开车;通过列车根据运行速度、距信号机距离,采取常用或紧急制动停车	停车后立即向列车调度员(车站值班员)进行汇报,按其指示要求及相关规定执行
		6. 错办调车进路,包括调车信号灭灯、不清、不明、中断;非电气集中线路上道岔位置不正确、调车灯显信号错误	发现时	立即停车,停止调车作业(动车组出入所、专调机车、中间站调车、机车出入段、段内调车)	停车后立即向列车调度员(车站值班员)进行汇报,具备动车条件(行车凭证正确)后方可恢复调车作业。调车信号灭灯时,必须有车站人员显示手信号,严禁以联控代替信号
		7. 自动闭塞区段机车信号故障	发现时	立即停车(停车后应确认机车信号方向开关位置)	1. 立即汇报车站值班员(列车调度员),接到列车继续运行至前方站内停车的调度命令后,按照随时停车模式维持运行,运行中司机必须严格按照地面信号机显示运行。 2. 进站后,单机请求救援;双机时本务、重联互换
		8. 列车运行中接到车站值班员(列车调度员)、机械师、道口防护人员、巡线工、邻线列车等发出的各种停车信号时	看到后	紧急制动停车(车辆激热或列车调度员有特别要求时采用常用制动停车)	立即汇报,听取车站值班员(列车调度员)的指示,如危及本列安全时,请示调度员同意后退至安全地段
		9. 漏发、错发、漏传、错传调度命令	接收后	危及行车安全时,立即停车,其他情况立即汇报	立即汇报,听取车站值班员(列车调度员)的指示
		10. 遇有人员向列车显示异常手信号	发现时	紧急制动停车	停车后立即汇报车站值班员(列车调度员),通知追踪列车司机。司机应立即检查前方线路,如无异状,报告车站(列车调度员),以瞭望距离内能随时停车的速度继续运行,最高不超过 20 km/h(动车组列车不超过 40 km/h)。自闭区段运行至前方第一架通过信号机前如无异状,即可按该信号机显示要求执行;在半自动闭塞(自动站间闭塞)区间,经过 1 km 后,如无异状,可恢复正常速度运行

第八节　法律法规

一、《中华人民共和国刑法》有关铁路运营安全事故罪、重大责任事故罪等相关罪名条款摘录

第一百三十二条　【铁路运营安全事故罪】铁路职工违反规章制度,致使发生铁路运营安全事故,造成严重后果的,处三年以下有期徒刑或者拘役;造成特别严重后果的,处三年以上七年以下有期徒刑。

第一百三十三条　【交通肇事罪】违反交通运输管理法规,因而发生重大事故,致人重伤、死亡或者使公私财产遭受重大损失的,处三年以下有期徒刑或者拘役;交通运输肇事后逃逸或者有其他特别恶劣情节的,处三年以上七年以下有期徒刑;因逃逸致人死亡的,处七年以上有期徒刑。

第一百三十三条之一　【危险驾驶罪】在道路上驾驶机动车,有下列情形之一的,处拘役,并处罚金:

(一)追逐竞驶,情节恶劣的;

(二)醉酒驾驶机动车的;

(三)从事校车业务或者旅客运输,严重超过额定乘员载客,或者严重超过规定时速行驶的;

(四)违反危险化学品安全管理规定运输危险化学品,危及公共安全的。

机动车所有人、管理人对前款第三项、第四项行为负有直接责任的,依照前款的规定处罚。

有前两款行为,同时构成其他犯罪的,依照处罚较重的规定定罪处罚。

第一百三十三条之二　【妨害安全驾驶罪】对行驶中的公共交通工具的驾驶人员使用暴力或者抢控驾驶操纵装置,干扰公共交通工具正常行驶,危及公共安全的,处一年以下有期徒刑、拘役或者管制,并处或者单处罚金。

前款规定的驾驶人员在行驶的公共交通工具上擅离职守,与他人互殴或者殴打他人,危及公共安全的,依照前款的规定处罚。

有前两款行为,同时构成其他犯罪的,依照处罚较重的规定定罪处罚。

第一百三十四条　【重大责任事故罪】在生产、作业中违反有关安全管理的规定,因而发生重大伤亡事故或者造成其他严重后果的,处三年以下有期徒刑或者拘役;情节特别恶劣的,处三年以上七年以下有期徒刑。

【强令、组织他人违章冒险作业罪】强令他人违章冒险作业,或者明知存在重大事故隐患而不排除,仍冒险组织作业,因而发生重大伤亡事故或者造成其他严重后果的,处五年以下有期徒刑或者拘役;情节特别恶劣的,处五年以上有期徒刑。

第一百三十四条之一　【危险作业罪】在生产、作业中违反有关安全管理的规定,有

下列情形之一，具有发生重大伤亡事故或者其他严重后果的现实危险的，处一年以下有期徒刑、拘役或者管制：

(一)关闭、破坏直接关系生产安全的监控、报警、防护、救生设备、设施，或者篡改、隐瞒、销毁其相关数据、信息的；

(二)因存在重大事故隐患被依法责令停产停业、停止施工、停止使用有关设备、设施、场所或者立即采取排除危险的整改措施，而拒不执行的；

(三)涉及安全生产的事项未经依法批准或者许可，擅自从事矿山开采、金属冶炼、建筑施工，以及危险物品生产、经营、储存等高度危险的生产作业活动的。

第一百三十五条 【重大劳动安全事故罪】安全生产设施或者安全生产条件不符合国家规定，因而发生重大伤亡事故或者造成其他严重后果的，对直接负责的主管人员和其他直接责任人员，处三年以下有期徒刑或者拘役；情节特别恶劣的，处三年以上七年以下有期徒刑。

第一百三十五条之一 【大型群众性活动重大安全事故罪】举办大型群众性活动违反安全管理规定，因而发生重大伤亡事故或者造成其他严重后果的，对直接负责的主管人员和其他直接责任人员，处三年以下有期徒刑或者拘役；情节特别恶劣的，处三年以上七年以下有期徒刑。

第一百三十六条 【危险物品肇事罪】违反爆炸性、易燃性、放射性、毒害性、腐蚀性物品的管理规定，在生产、储存、运输、使用中发生重大事故，造成严重后果的，处三年以下有期徒刑或者拘役；后果特别严重的，处三年以上七年以下有期徒刑。

第一百三十七条 【工程重大安全事故罪】建设单位、设计单位、施工单位、工程监理单位违反国家规定，降低工程质量标准，造成重大安全事故的，对直接责任人员，处五年以下有期徒刑或者拘役，并处罚金；后果特别严重的，处五年以上十年以下有期徒刑，并处罚金。

第一百三十八条 【教育设施重大安全事故罪】明知校舍或者教育教学设施有危险，而不采取措施或者不及时报告，致使发生重大伤亡事故的，对直接责任人员，处三年以下有期徒刑或者拘役；后果特别严重的，处三年以上七年以下有期徒刑。

第一百三十九条 【消防责任事故罪】违反消防管理法规，经消防监督机构通知采取改正措施而拒绝执行，造成严重后果的，对直接责任人员，处三年以下有期徒刑或者拘役；后果特别严重的，处三年以上七年以下有期徒刑。

第一百三十九条之一 【不报、谎报安全事故罪】在安全事故发生后，负有报告职责的人员不报或者谎报事故情况，贻误事故抢救，情节严重的，处三年以下有期徒刑或者拘役；情节特别严重的，处三年以上七年以下有期徒刑。

二、关于“铁路运营安全事故罪”的相关解释和说明

《中华人民共和国刑法》第一百三十二条：铁路职工违反规章制度，致使发生铁路

运营安全事故,造成严重后果的,处三年以下有期徒刑或者拘役;造成特别严重后果的,处三年以上七年以下有期徒刑。

本罪是刑法修改后,新增设的罪名,其主要特征是:客观方面,首先,必须有违反有关规章制度的行为;其次,必须有致使发生安全运营事故的事实;再次,必须是造成了严重的后果。同时具备上述三个条件,才构成本罪。主观方面,由过失构成,而犯罪主体是特定主体,即铁路职工。本罪侵犯的客体是铁路运行公共安全。本罪为结果犯,必须情节严重才能构成本罪。所谓情节严重,是指造成公私财产重大损失或重大人员伤亡或给铁路运行造成其他重大损失。

本罪与交通肇事罪的界限:两罪都是过失犯罪,行为人都实施了违反规章制度的行为,都造成了重大事故,并且都是属于交通方面的重大事故。但是,两者有着明显区别:

(1)犯罪主体不同。铁路运营安全事故罪的犯罪主体是特殊主体,仅限于铁路职工;交通肇事罪的犯罪主体是一般主体,包括交通运输人员和非交通运输人员。

(2)违反的规章制度不同。铁路运营安全事故罪违反的是铁路等部门制定的有关运输管理、维修管理、操作规程、安全管理等方面的规章制度;交通肇事罪违反的是同保证交通运输安全有直接关系的各种法律、法规与制度,其范围较广。

(3)犯罪客体稍有不同。铁路运营安全事故罪侵犯的客体是铁路运营的安全;交通肇事罪侵犯的客体主要是陆路和水路交通运输的安全。

本罪与重大责任事故罪的界限:两者都是过失犯罪,行为人都有违反规章制度的行为,并且都发生了重大事故,造成了严重后果。两者的区别主要有:

(1)犯罪主体不同。两者都是特殊主体,但铁路运营安全事故罪的犯罪主体只能是铁路职工;重大责任事故罪的主体仅限于工厂、矿山、林场、建筑企业或其他企业、事业单位的职工以及群众合作经营组织或个体经营户的从业人员。

(2)发生的场合不同。铁路运营安全事故罪发生在列车运营过程中;重大责任事故罪则发生在生产、作业过程中。

其他相关法规:《中华人民共和国铁路法》第七十一条铁路职工玩忽职守、违反规章制度造成铁路运营事故的,滥用职权、利用办理运输业务之便谋取私利的,给予行政处分,情节严重、构成犯罪的,依照刑法有关规定追究刑事责任。

三、最高人民法院最高人民检察院关于办理危害生产安全刑事案件适用法律若干问题的解释

(2015年11月9日最高人民法院审判委员会第1665次会议、2015年12月9日最高人民检察院第十二届检察委员会第44次会议通过)

为依法惩治危害生产安全犯罪,根据刑法有关规定,现就办理此类刑事案件适用法律的若干问题解释如下:

第一条　刑法第一百三十四条第一款规定的犯罪主体,包括对生产、作业负有组

织、指挥或者管理职责的负责人、管理人员、实际控制人、投资人等人员，以及直接从事生产、作业的人员。

第二条 刑法第一百三十四条第二款规定的犯罪主体，包括对生产、作业负有组织、指挥或者管理职责的负责人、管理人员、实际控制人、投资人等人员。

第三条 刑法第一百三十五条规定的“直接负责的主管人员和其他直接责任人员”，是指对安全生产设施或者安全生产条件不符合国家规定负有直接责任的生产经营单位负责人、管理人员、实际控制人、投资人，以及其他对安全生产设施或者安全生产条件负有管理、维护职责的人员。

第四条 刑法第一百三十九条之一规定的“负有报告职责的人员”，是指负有组织、指挥或者管理职责的负责人、管理人员、实际控制人、投资人，以及其他负有报告职责的人员。

第五条 明知存在事故隐患、继续作业存在危险，仍然违反有关安全管理的规定，实施下列行为之一的，应当认定为刑法第一百三十四条第二款规定的“强令他人违章冒险作业”：

(一)利用组织、指挥、管理职权，强制他人违章作业的；

(二)采取威逼、胁迫、恐吓等手段，强制他人违章作业的；

(三)故意掩盖事故隐患，组织他人违章作业的；

(四)其他强令他人违章作业的行为。

第六条 实施刑法第一百三十二条、第一百三十四条第一款、第一百三十五条、第一百三十五条之一、第一百三十六条、第一百三十九条规定的行为，因而发生安全事故，具有下列情形之一的，应当认定为“造成严重后果”或者“发生重大伤亡事故或者造成其他严重后果”，对相关责任人员，处三年以下有期徒刑或者拘役：

(一)造成死亡一人以上，或者重伤三人以上的；

(二)造成直接经济损失一百万元以上的；

(三)其他造成严重后果或者重大安全事故的情形。

实施刑法第一百三十四条第二款规定的行为，因而发生安全事故，具有本条第一款规定情形的，应当认定为“发生重大伤亡事故或者造成其他严重后果”，对相关责任人员，处五年以下有期徒刑或者拘役。

实施刑法第一百三十七条规定的行为，因而发生安全事故，具有本条第一款规定情形的，应当认定为“造成重大安全事故”，对直接责任人员，处五年以下有期徒刑或者拘役，并处罚金。

实施刑法第一百三十八条规定的行为，因而发生安全事故，具有本条第一款第一项规定情形的，应当认定为“发生重大伤亡事故”，对直接责任人员，处三年以下有期徒刑或者拘役。

第七条 实施刑法第一百三十二条、第一百三十四条第一款、第一百三十五条、第一百三十五条之一、第一百三十六条、第一百三十九条规定的行为,因而发生安全事故,具有下列情形之一的,对相关责任人员,处三年以上七年以下有期徒刑:

(一)造成死亡三人以上或者重伤十人以上,负事故主要责任的;

(二)造成直接经济损失五百万元以上,负事故主要责任的;

(三)其他造成特别严重后果、情节特别恶劣或者后果特别严重的情形。

实施刑法第一百三十四条第二款规定的行为,因而发生安全事故,具有本条第一款规定情形的,对相关责任人员,处五年以上有期徒刑。

实施刑法第一百三十七条规定的行为,因而发生安全事故,具有本条第一款规定情形的,对直接责任人员,处五年以上十年以下有期徒刑,并处罚金。

实施刑法第一百三十八条规定的行为,因而发生安全事故,具有下列情形之一的,对直接责任人员,处三年以上七年以下有期徒刑:

(一)造成死亡三人以上或者重伤十人以上,负事故主要责任的;

(二)具有本解释第六条第一款第一项规定情形,同时造成直接经济损失五百万元以上并负事故主要责任的,或者同时造成恶劣社会影响的。

第八条　在安全事故发生后,负有报告职责的人员不报或者谎报事故情况,贻误事故抢救,具有下列情形之一的,应当认定为刑法第一百三十九条之一规定的"情节严重":

(一)导致事故后果扩大,增加死亡一人以上,或者增加重伤三人以上,或者增加直接经济损失一百万元以上的;

(二)实施下列行为之一,致使不能及时有效开展事故抢救的:

1. 决定不报、迟报、谎报事故情况或者指使、串通有关人员不报、迟报、谎报事故情况的;

2. 在事故抢救期间擅离职守或者逃匿的;

3. 伪造、破坏事故现场,或者转移、藏匿、毁灭遇难人员尸体,或者转移、藏匿受伤人员的;

4. 毁灭、伪造、隐匿与事故有关的图纸、记录、计算机数据等资料以及其他证据的。

(三)其他情节严重的情形。

具有下列情形之一的,应当认定为刑法第一百三十九条之一规定的"情节特别严重":

1. 导致事故后果扩大,增加死亡三人以上,或者增加重伤十人以上,或者增加直接经济损失五百万元以上的;

2. 采用暴力、胁迫、命令等方式阻止他人报告事故情况,导致事故后果扩大的;

3. 其他情节特别严重的情形。

第九条　在安全事故发生后,与负有报告职责的人员串通,不报或者谎报事故情况,贻误事故抢救,情节严重的,依照刑法第一百三十九条之一的规定,以共犯论处。

第十条 在安全事故发生后，直接负责的主管人员和其他直接责任人员故意阻挠开展抢救，导致人员死亡或者重伤，或者为了逃避法律追究，对被害人进行隐藏、遗弃，致使被害人因无法得到救助而死亡或者重度残疾的，分别依照刑法第二百三十二条、第二百三十四条的规定，以故意杀人罪或者故意伤害罪定罪处罚。

第十一条 生产不符合保障人身、财产安全的国家标准、行业标准的安全设备，或者明知安全设备不符合保障人身、财产安全的国家标准、行业标准而进行销售，致使发生安全事故，造成严重后果的，依照刑法第一百四十六条的规定，以生产、销售不符合安全标准的产品罪定罪处罚。

第十二条 实施刑法第一百三十二条、第一百三十四条至第一百三十九条之一规定的犯罪行为，具有下列情形之一的，从重处罚：

（一）未依法取得安全许可证件或者安全许可证件过期、被暂扣、吊销、注销后从事生产经营活动的；

（二）关闭、破坏必要的安全监控和报警设备的；

（三）已经发现事故隐患，经有关部门或者个人提出后，仍不采取措施的；

（四）一年内曾因危害生产安全违法犯罪活动受过行政处罚或者刑事处罚的；

（五）采取弄虚作假、行贿等手段，故意逃避、阻挠负有安全监督管理职责的部门实施监督检查的；

（六）安全事故发生后转移财产意图逃避承担责任的；

（七）其他从重处罚的情形。

实施前款第五项规定的行为，同时构成刑法第三百八十九条规定的犯罪的，依照数罪并罚的规定处罚。

第十三条 实施刑法第一百三十二条、第一百三十四条至第一百三十九条之一规定的犯罪行为，在安全事故发生后积极组织、参与事故抢救，或者积极配合调查、主动赔偿损失的，可以酌情从轻处罚。

第十四条 国家工作人员违反规定投资入股生产经营，构成本解释规定的有关犯罪的，或者国家工作人员的贪污、受贿犯罪行为与安全事故发生存在关联性的，从重处罚；同时构成贪污、受贿犯罪和危害生产安全犯罪的，依照数罪并罚的规定处罚。

第十五条 国家机关工作人员在履行安全监督管理职责时滥用职权、玩忽职守，致使公共财产、国家和人民利益遭受重大损失的，或者徇私舞弊，对发现的刑事案件依法应当移交司法机关追究刑事责任而不移交，情节严重的，分别依照刑法第三百九十七条、第四百零二条的规定，以滥用职权罪、玩忽职守罪或者徇私舞弊不移交刑事案件罪定罪处罚。

公司、企业、事业单位的工作人员在依法或者受委托行使安全监督管理职责时滥用职权或者玩忽职守，构成犯罪的，应当依照《全国人民代表大会常务委员会关于〈中华人民共和国刑法〉第九章渎职罪主体适用问题的解释》的规定，适用渎职罪的规定追究刑事责任。

第十六条　对于实施危害生产安全犯罪适用缓刑的犯罪分子,可以根据犯罪情况,禁止其在缓刑考验期限内从事与安全生产相关联的特定活动;对于被判处刑罚的犯罪分子,可以根据犯罪情况和预防再犯罪的需要,禁止其自刑罚执行完毕之日或者假释之日起三年至五年内从事与安全生产相关的职业。

第十七条　本解释自2015年12月16日起施行。本解释施行后,《最高人民法院、最高人民检察院关于办理危害矿山生产安全刑事案件具体应用法律若干问题的解释》(法释〔2007〕5号)同时废止。最高人民法院、最高人民检察院此前发布的司法解释和规范性文件与本解释不一致的,以本解释为准。

四、《中华人民共和国安全生产法》行政处罚条款摘录

第九十条　负有安全生产监督管理职责的部门的工作人员,有下列行为之一的,给予降级或者撤职的处分;构成犯罪的,依照刑法有关规定追究刑事责任:

(一)对不符合法定安全生产条件的涉及安全生产的事项予以批准或者验收通过的;

(二)发现未依法取得批准、验收的单位擅自从事有关活动或者接到举报后不予取缔或者不依法予以处理的;

(三)对已经依法取得批准的单位不履行监督管理职责,发现其不再具备安全生产条件而不撤销原批准或者发现安全生产违法行为不予查处的;

(四)在监督检查中发现重大事故隐患,不依法及时处理的。

负有安全生产监督管理职责的部门的工作人员有前款规定以外的滥用职权、玩忽职守、徇私舞弊行为的,依法给予处分;构成犯罪的,依照刑法有关规定追究刑事责任。

第九十一条　负有安全生产监督管理职责的部门,要求被审查、验收的单位购买其指定的安全设备、器材或者其他产品的,在对安全生产事项的审查、验收中收取费用的,由其上级机关或者监察机关责令改正,责令退还收取的费用;情节严重的,对直接负责的主管人员和其他直接责任人员依法给予处分。

第九十二条　承担安全评价、认证、检测、检验职责的机构出具失实报告的,责令停业整顿,并处三万元以上十万元以下的罚款;给他人造成损害的,依法承担赔偿责任。

承担安全评价、认证、检测、检验职责的机构租借资质、挂靠、出具虚假报告的,没收违法所得;违法所得在十万元以上的,并处违法所得二倍以上五倍以下的罚款,没有违法所得或者违法所得不足十万元的,单处或者并处十万元以上二十万元以下的罚款;对其直接负责的主管人员和其他直接责任人员处五万元以上十万元以下的罚款;给他人造成损害的,与生产经营单位承担连带赔偿责任;构成犯罪的,依照刑法有关规定追究刑事责任。

对有前款违法行为的机构及其直接责任人员,吊销其相应资质和资格,五年内不得

从事安全评价、认证、检测、检验等工作；情节严重的，实行终身行业和职业禁入。

第九十三条 生产经营单位的决策机构、主要负责人或者个人经营的投资人不依照本法规定保证安全生产所必需的资金投入，致使生产经营单位不具备安全生产条件的，责令限期改正，提供必需的资金；逾期未改正的，责令生产经营单位停产停业整顿。

有前款违法行为，导致发生生产安全事故的，对生产经营单位的主要负责人给予撤职处分，对个人经营的投资人处二万元以上二十万元以下的罚款；构成犯罪的，依照刑法有关规定追究刑事责任。

第九十四条 生产经营单位的主要负责人未履行本法规定的安全生产管理职责的，责令限期改正，处二万元以上五万元以下的罚款；逾期未改正的，处五万元以上十万元以下的罚款，责令生产经营单位停产停业整顿。

生产经营单位的主要负责人有前款违法行为，导致发生生产安全事故的，给予撤职处分；构成犯罪的，依照刑法有关规定追究刑事责任。

生产经营单位的主要负责人依照前款规定受刑事处罚或者撤职处分的，自刑罚执行完毕或者受处分之日起，五年内不得担任任何生产经营单位的主要负责人；对重大、特别重大生产安全事故负有责任的，终身不得担任本行业生产经营单位的主要负责人。

第九十五条 生产经营单位的主要负责人未履行本法规定的安全生产管理职责，导致发生生产安全事故的，由应急管理部门依照下列规定处以罚款：

（一）发生一般事故的，处上一年年收入百分之四十的罚款；

（二）发生较大事故的，处上一年年收入百分之六十的罚款；

（三）发生重大事故的，处上一年年收入百分之八十的罚款；

（四）发生特别重大事故的，处上一年年收入百分之一百的罚款。

第九十六条 生产经营单位的其他负责人和安全生产管理人员未履行本法规定的安全生产管理职责的，责令限期改正，处一万元以上三万元以下的罚款；导致发生生产安全事故的，暂停或者吊销其与安全生产有关的资格，并处上一年年收入百分之二十以上百分之五十以下的罚款；构成犯罪的，依照刑法有关规定追究刑事责任。

第九十七条 生产经营单位有下列行为之一的，责令限期改正，处十万元以下的罚款；逾期未改正的，责令停产停业整顿，并处十万元以上二十万元以下的罚款，对其直接负责的主管人员和其他直接责任人员处二万元以上五万元以下的罚款：

（一）未按照规定设置安全生产管理机构或者配备安全生产管理人员、注册安全工程师的；

（二）危险物品的生产、经营、储存、装卸单位以及矿山、金属冶炼、建筑施工、运输单位的主要负责人和安全生产管理人员未按照规定经考核合格的；

（三）未按照规定对从业人员、被派遣劳动者、实习学生进行安全生产教育和培训，或者未按照规定如实告知有关的安全生产事项的；

（四）未如实记录安全生产教育和培训情况的；

(五)未将事故隐患排查治理情况如实记录或者未向从业人员通报的;

(六)未按照规定制定生产安全事故应急救援预案或者未定期组织演练的;

(七)特种作业人员未按照规定经专门的安全作业培训并取得相应资格,上岗作业的。

第九十八条　生产经营单位有下列行为之一的,责令停止建设或者停产停业整顿,限期改正,并处十万元以上五十万元以下的罚款,对其直接负责的主管人员和其他直接责任人员处二万元以上五万元以下的罚款;逾期未改正的,处五十万元以上一百万元以下的罚款,对其直接负责的主管人员和其他直接责任人员处五万元以上十万元以下的罚款;构成犯罪的,依照刑法有关规定追究刑事责任:

(一)未按照规定对矿山、金属冶炼建设项目或者用于生产、储存、装卸危险物品的建设项目进行安全评价的;

(二)矿山、金属冶炼建设项目或者用于生产、储存、装卸危险物品的建设项目没有安全设施设计或者安全设施设计未按照规定报经有关部门审查同意的;

(三)矿山、金属冶炼建设项目或者用于生产、储存、装卸危险物品的建设项目的施工单位未按照批准的安全设施设计施工的;

(四)矿山、金属冶炼建设项目或者用于生产、储存、装卸危险物品的建设项目竣工投入生产或者使用前,安全设施未经验收合格的。

第九十九条　生产经营单位有下列行为之一的,责令限期改正,处五万元以下的罚款;逾期未改正的,处五万元以上二十万元以下的罚款,对其直接负责的主管人员和其他直接责任人员处一万元以上二万元以下的罚款;情节严重的,责令停产停业整顿;构成犯罪的,依照刑法有关规定追究刑事责任:

(一)未在有较大危险因素的生产经营场所和有关设施、设备上设置明显的安全警示标志的;

(二)安全设备的安装、使用、检测、改造和报废不符合国家标准或者行业标准的;

(三)未对安全设备进行经常性维护、保养和定期检测的;

(四)关闭、破坏直接关系生产安全的监控、报警、防护、救生设备、设施,或者篡改、隐瞒、销毁其相关数据、信息的;

(五)未为从业人员提供符合国家标准或者行业标准的劳动防护用品的;

(六)危险物品的容器、运输工具,以及涉及人身安全、危险性较大的海洋石油开采特种设备和矿山井下特种设备未经具有专业资质的机构检测、检验合格,取得安全使用证或者安全标志,投入使用的;

(七)使用应当淘汰的危及生产安全的工艺、设备的;

(八)餐饮等行业的生产经营单位使用燃气未安装可燃气体报警装置的。

第一百条　未经依法批准,擅自生产、经营、运输、储存、使用危险物品或者处置废弃危险物品的,依照有关危险物品安全管理的法律、行政法规的规定予以处罚;构成犯罪的，依照刑法有关规定追究刑事责任。

第一百零一条 生产经营单位有下列行为之一的，责令限期改正，处十万元以下的罚款；逾期未改正的，责令停产停业整顿，并处十万元以上二十万元以下的罚款，对其直接负责的主管人员和其他直接责任人员处二万元以上五万元以下的罚款；构成犯罪的，依照刑法有关规定追究刑事责任：

（一）生产、经营、运输、储存、使用危险物品或者处置废弃危险物品，未建立专门安全管理制度、未采取可靠的安全措施的；

（二）对重大危险源未登记建档，未进行定期检测、评估、监控，未制定应急预案，或者未告知应急措施的；

（三）进行爆破、吊装、动火、临时用电以及国务院应急管理部门会同国务院有关部门规定的其他危险作业，未安排专门人员进行现场安全管理的；

（四）未建立安全风险分级管控制度或者未按照安全风险分级采取相应管控措施的；

（五）未建立事故隐患排查治理制度，或者重大事故隐患排查治理情况未按照规定报告的。

第一百零二条 生产经营单位未采取措施消除事故隐患的，责令立即消除或者限期消除，处五万元以下的罚款；生产经营单位拒不执行的，责令停产停业整顿，对其直接负责的主管人员和其他直接责任人员处五万元以上十万元以下的罚款；构成犯罪的，依照刑法有关规定追究刑事责任。

第一百零三条 生产经营单位将生产经营项目、场所、设备发包或者出租给不具备安全生产条件或者相应资质的单位或者个人的，责令限期改正，没收违法所得；违法所得十万元以上的，并处违法所得二倍以上五倍以下的罚款；没有违法所得或者违法所得不足十万元的，单处或者并处十万元以上二十万元以下的罚款；对其直接负责的主管人员和其他直接责任人员处一万元以上二万元以下的罚款；导致发生生产安全事故给他人造成损害的，与承包方、承租方承担连带赔偿责任。

生产经营单位未与承包单位、承租单位签订专门的安全生产管理协议或者未在承包合同、租赁合同中明确各自的安全生产管理职责，或者未对承包单位、承租单位的安全生产统一协调、管理的，责令限期改正，处五万元以下的罚款，对其直接负责的主管人员和其他直接责任人员处一万元以下的罚款；逾期未改正的，责令停产停业整顿。

矿山、金属冶炼建设项目和用于生产、储存、装卸危险物品的建设项目的施工单位未按照规定对施工项目进行安全管理的，责令限期改正，处十万元以下的罚款，对其直接负责的主管人员和其他直接责任人员处二万元以下的罚款；逾期未改正的，责令停产停业整顿。以上施工单位倒卖、出租、出借、挂靠或者以其他形式非法转让施工资质的，责令停产停业整顿，吊销资质证书，没收违法所得；违法所得十万元以上的，并处违法所得二倍以上五倍以下的罚款，没有违法所得或者违法所得不足十万元的，单处或者并处十万元以上二十万元以下的罚款;对其直接负责的主管人员和其他直接责任人员处五万元以上十万元以下的罚款;构成犯罪的,依照刑法有关规定追究刑事责任。

第一百零四条　两个以上生产经营单位在同一作业区域内进行可能危及对方安全生产的生产经营活动,未签订安全生产管理协议或者未指定专职安全生产管理人员进行安全检查与协调的,责令限期改正,处五万元以下的罚款,对其直接负责的主管人员和其他直接责任人员处一万元以下的罚款;逾期未改正的,责令停产停业。

第一百零五条　生产经营单位有下列行为之一的,责令限期改正,处五万元以下的罚款,对其直接负责的主管人员和其他直接责任人员处一万元以下的罚款;逾期未改正的,责令停产停业整顿;构成犯罪的,依照刑法有关规定追究刑事责任:

(一)生产、经营、储存、使用危险物品的车间、商店、仓库与员工宿舍在同一座建筑内,或者与员工宿舍的距离不符合安全要求的;

(二)生产经营场所和员工宿舍未设有符合紧急疏散需要、标志明显、保持畅通的出口,或者占用、锁闭、封堵生产经营场所或者员工宿舍出口、疏散通道的。

第一百零六条　生产经营单位与从业人员订立协议,免除或者减轻其对从业人员因生产安全事故伤亡依法应承担的责任的,该协议无效;对生产经营单位的主要负责人、个人经营的投资人处二万元以上十万元以下的罚款。

第一百零七条　生产经营单位的从业人员不落实岗位安全责任,不服从管理,违反安全生产规章制度或者操作规程的,由生产经营单位给予批评教育,依照有关规章制度给予处分;构成犯罪的,依照刑法有关规定追究刑事责任。

第一百零八条　违反本法规定,生产经营单位拒绝、阻碍负有安全生产监督管理职责的部门依法实施监督检查的,责令改正;拒不改正的,处二万元以上二十万元以下的罚款;对其直接负责的主管人员和其他直接责任人员处一万元以上二万元以下的罚款;构成犯罪的,依照刑法有关规定追究刑事责任。

第一百零九条　高危行业、领域的生产经营单位未按照国家规定投保安全生产责任保险的,责令限期改正,处五万元以上十万元以下的罚款;逾期未改正的,处十万元以上二十万元以下的罚款。

第一百一十条　生产经营单位的主要负责人在本单位发生生产安全事故时,不立即组织抢救或者在事故调查处理期间擅离职守或者逃匿的,给予降级、撤职的处分,并由应急管理部门处上一年年收入百分之六十至百分之一百的罚款;对逃匿的处十五日以下拘留;构成犯罪的,依照刑法有关规定追究刑事责任。

生产经营单位的主要负责人对生产安全事故隐瞒不报、谎报或者迟报的,依照前款规定处罚。

第一百一十一条　有关地方人民政府、负有安全生产监督管理职责的部门,对生产安全事故隐瞒不报、谎报或者迟报的,对直接负责的主管人员和其他直接责任人员依法给予处分;构成犯罪的,依照刑法有关规定追究刑事责任。

第一百一十二条 生产经营单位违反本法规定，被责令改正且受到罚款处罚，拒不改正的，负有安全生产监督管理职责的部门可以自作出责令改正之日的次日起，按照原处罚数额按日连续处罚。

第一百一十三条 生产经营单位存在下列情形之一的，负有安全生产监督管理职责的部门应当提请地方人民政府予以关闭，有关部门应当依法吊销其有关证照。生产经营单位主要负责人五年内不得担任任何生产经营单位的主要负责人；情节严重的，终身不得担任本行业生产经营单位的主要负责人：

(一)存在重大事故隐患，一百八十日内三次或者一年内四次受到本法规定的行政处罚的；

(二)经停产停业整顿，仍不具备法律、行政法规和国家标准或者行业标准规定的安全生产条件的；

(三)不具备法律、行政法规和国家标准或者行业标准规定的安全生产条件，导致发生重大、特别重大生产安全事故的；

(四)拒不执行负有安全生产监督管理职责的部门作出的停产停业整顿决定的。

第一百一十四条 发生生产安全事故，对负有责任的生产经营单位除要求其依法承担相应的赔偿等责任外，由应急管理部门依照下列规定处以罚款：

(一)发生一般事故的，处三十万元以上一百万元以下的罚款；

(二)发生较大事故的，处一百万元以上二百万元以下的罚款；

(三)发生重大事故的，处二百万元以上一千万元以下的罚款；

(四)发生特别重大事故的，处一千万元以上二千万元以下的罚款。

发生生产安全事故，情节特别严重、影响特别恶劣的，应急管理部门可以按照前款罚款数额的二倍以上五倍以下对负有责任的生产经营单位处以罚款。

第一百一十五条 本法规定的行政处罚，由应急管理部门和其他负有安全生产监督管理职责的部门按照职责分工决定；其中，根据本法第九十五条、第一百一十条、第一百一十四条的规定应当给予民航、铁路、电力行业的生产经营单位及其主要负责人行政处罚的，也可以由主管的负有安全生产监督管理职责的部门进行处罚。予以关闭的行政处罚，由负有安全生产监督管理职责的部门报请县级以上人民政府按照国务院规定的权限决定；给予拘留的行政处罚，由公安机关依照治安管理处罚的规定决定。

第一百一十六条 生产经营单位发生生产安全事故造成人员伤亡、他人财产损失的，应当依法承担赔偿责任；拒不承担或者其负责人逃匿的，由人民法院依法强制执行。

生产安全事故的责任人未依法承担赔偿责任，经人民法院依法采取执行措施后，仍不能对受害人给予足额赔偿的，应当继续履行赔偿义务；受害人发现责任人有其他财产的，可以随时请求人民法院执行。

五、《中华人民共和国民法典》(铁路运输相关条款摘录)

第一千二百四十条 【从事高空、高压、地下挖掘活动或者使用高速轨道运输工具致害责任】从事高空、高压、地下挖掘活动或者使用高速轨道运输工具造成他人损害的，经营者应当承担侵权责任；但是，能够证明损害是因受害人故意或者不可抗力造成的，不承担责任。被侵权人对损害的发生有重大过失的，可以减轻经营者的责任。

附件

新职司机六步七十八关鉴定提素方案

一、鉴定依据

《电力机车司机》《内燃机车司机》(铁路特有工种技能培训规范)高级工培训科目指导书相关要求。

二、鉴定目标

车间、段两级部门按照“成熟一个、鉴定一个,合格一个、使用一个”的原则开展鉴定提素工作,考评新职司机本岗位作业能力和安全行车基本功,迅速提高其综合素质,使之达到机车司机任职职业标准和技能要求。

三、鉴定方式

1. 先练后考,练考结合:主要利用职工技能实训基地既有培训演练设施设备,结合考评科目,突出应急处置,先进行针对性练习,后进行逐项闯关式考评。

2. 逐一过关,累积考评:新职司机按照六个步骤七十八关逐一考评,必须累积全部合格。

3. 分步晋级,通关取证:所有项目鉴定合格再下令任职。如仅某一步鉴定合格,可在三个月内保留该步骤所有闯关成绩。